REVIRAVOLTA

JARED DIAMOND
REVIRAVOLTA
COMO INDIVÍDUOS E NAÇÕES BEM-SUCEDIDAS SE RECUPERAM DAS CRISES

TRADUÇÃO DE

Alessandra Bonrruquer

1ª edição

EDITORA RECORD
RIO DE JANEIRO • SÃO PAULO
2019

CIP-BRASIL. CATALOGAÇÃO NA PUBLICAÇÃO
SINDICATO NACIONAL DOS EDITORES DE LIVROS, RJ

D528r

Diamond, Jared
    Reviravolta: como indivíduos e nações bem-sucedidas se recuperam das crises /
Jared Diamond; tradução de Alessandra Bonrruquer. – 1ª ed. – Rio de Janeiro:
Record, 2019.

    Tradução de: Upheaval: turning points for nations in crisis
    Inclui índice
    ISBN 978-85-01-11686-4

    1. Etnologia. 2. Civilização – História. 3. Evolução social. 4. História social –
Estudo de casos. 5. Mudança social – Estudo de casos. I. Bonrruquer, Alessandra.
II. Título.

CDD: 303.4
CDU: 316.42

19-55952

Vanessa Mafra Xavier Salgado – Bibliotecária – CRB-7/6644

Copyright © Jared Diamond, 2019

Título original em inglês: Upheaval: turning points for nations in crisis

Mapas e gráfico do miolo adaptados do design original de Matt Zebrowski.

Texto revisado segundo o novo Acordo Ortográfico da Língua Portuguesa.

Direitos exclusivos de publicação em língua portuguesa para o Brasil
adquiridos pela
EDITORA RECORD LTDA.
Rua Argentina, 171 – 20921-380 – Rio de Janeiro, RJ – Tel.: (21) 2585-2000,
que se reserva a propriedade literária desta tradução.

Impresso no Brasil

ISBN 978-85-01-11686-4

Seja um leitor preferencial Record.
Cadastre-se em www.record.com.br
e receba informações sobre nossos
lançamentos e nossas promoções.

Atendimento e venda direta ao leitor:
sac@record.com.br

Dedico este livro
à memória de meus pais,
Louis e Flora Diamond,
e
ao futuro
de minha esposa Marie Cohen
e de meus filhos Max e Joshua Diamond

Sumário

PRÓLOGO

LEGADOS DE COCOANUT GROVE

Duas histórias — O que é uma crise? —
Crises individuais e nacionais — O que este livro é
e o que não é — Plano do livro

Pelo menos uma vez na vida, a maioria de nós passa por uma reviravolta ou crise pessoal que pode ou não ser solucionada através de mudanças pessoais. Da mesma forma, nações passam por crises nacionais que podem ou não ser solucionadas através de mudanças nacionais. Os terapeutas acumularam um amplo conjunto de pesquisas e informações empíricas sobre a resolução de crises pessoais. Mas suas conclusões poderiam nos ajudar a compreender a resolução de crises nacionais?

Para ilustrar crises pessoais e nacionais, começarei este livro com duas histórias de minha própria vida. Dizem que as primeiras memórias consistentes e datáveis de uma criança se estabelecem a partir dos 4 anos, embora possamos reter recordações indistintas de eventos anteriores. Essa generalização se aplica a mim, pois a primeira lembrança que consigo datar é o incêndio da Cocoanut Grove, em Boston, que ocorreu logo após meu quinto aniversário. Apesar de (felizmente) não estar presente no momento do incêndio, eu o vivi indiretamente por meio dos assustadores relatos de meu pai, que era médico.

Em 28 de novembro de 1942, um incêndio se espalhou rapidamente por uma superlotada boate de Boston chamada Cocoanut Grove (na ortografia do proprietário), cuja única saída ficou bloqueada. No total, 492 pessoas morreram, e centenas ficaram feridas em função da asfixia, da inalação de fumaça, ou do fato de terem sido pisoteadas ou sofrido queimaduras (ver figura 1 do encarte). Os médicos e hospitais de Boston ficaram sobrecarregados, não somente com os feridos e agonizantes do incêndio, mas também com as vítimas psicológicas: familiares angustiados por saberem que maridos, esposas, filhos ou irmãos haviam morrido de forma terrível e sobreviventes, traumatizados pela culpa de terem sobrevivido enquanto centenas de outras pessoas haviam morrido. Até as 22h15, suas vidas seguiam normalmente, focadas no feriado de Ação de Graças, em um jogo de futebol americano e na licença dos soldados que lutavam na guerra. Às 23 horas, a maioria das vítimas já estava morta, e as vidas de seus familiares e dos sobreviventes estavam em crise. Suas trajetórias saíram dos trilhos. Sentiam-se envergonhados por estarem vivos enquanto um ente querido estava morto. Os parentes haviam perdido alguém fundamental a suas próprias identidades. Não somente para os sobreviventes, mas também para os moradores de Boston que estavam distantes do local (inclusive eu aos 5 anos), o incêndio abalou a fé em um mundo justo. Os punidos não eram meninos malcriados ou pessoas más, e sim pessoas comuns, mortas sem terem incorrido em nenhuma falta.

Alguns sobreviventes e familiares permaneceram traumatizados pelo resto da vida. Uns poucos cometeram suicídio. Mas a maioria, após várias semanas intensamente dolorosas, durante as quais não conseguiram aceitar a perda, deu início a um lento processo de luto, revendo valores, reconstruindo a vida e descobrindo que nem tudo no mundo estava arruinado. Muitos que haviam perdido cônjuges voltaram a se casar. No entanto, mesmo nos melhores casos, décadas depois eles continuaram a ser mosaicos de suas antigas identidades e das novas, formadas após o incêndio de Cocoanut Grove. Ao longo deste livro, teremos muitas oportunidades de aplicar a metáfora do "mosaico" a indivíduos e nações nos quais elementos discrepantes coexistem com dificuldade.

Cocoanut Grove oferece um exemplo extremo de crise pessoal. Mas só foi extremo porque coisas ruins aconteceram simultaneamente a um grande número de vítimas — na verdade, foram tantas vítimas que o incêndio também provocou uma crise que demandou novas soluções no próprio campo da psicoterapia, como veremos no capítulo 1. Muitos de nós experimentam a tragédia individual diretamente, em nossas próprias vidas, ou de forma indireta, por meio das experiências de amigos ou familiares. Mas as tragédias que atingem somente uma pessoa são tão dolorosas para ela e para seu círculo de amigos quanto Cocoanut Grove foi para os amigos de suas 492 vítimas.

Para efeitos de comparação, eis um exemplo de crise nacional. Morei na Grã-Bretanha no fim da década de 1950 e início da década de 1960, quando a nação passava por uma lenta crise nacional, embora nem eu nem meus amigos britânicos compreendêssemos isso claramente. A Grã-Bretanha era líder mundial em ciências, abençoada com uma rica história cultural, orgulhosa e unicamente britânica, e ainda se deleitava com a lembrança de ter tido a maior frota e a maior riqueza do mundo, além do mais extenso império da história. Infelizmente, na década de 1950, estava sangrando economicamente, perdendo seu império e seu poder, em conflito sobre seu papel na Europa e lutando com duradouras diferenças de classe e recentes ondas de imigração. As coisas atingiram o ponto crítico entre 1956 e 1961, quando a Grã-Bretanha desativou todos os encouraçados remanescentes, experimentou os primeiros distúrbios raciais, teve de começar a conceder independência às colônias africanas e viu a crise do canal de Suez expor a humilhante perda de sua habilidade de agir independentemente como potência mundial. Meus amigos britânicos se esforçavam para entender esses eventos e explicá-los a mim, o visitante americano.

Esses golpes intensificaram as discussões, entre o povo e os políticos, sobre a identidade e o papel da Grã-Bretanha.

Hoje, sessenta anos depois, a Grã-Bretanha é um mosaico de seu antigo e de seu novo ser. Ela se desfez do império, tornou-se uma sociedade multiétnica e adotou o Estado de bem-estar social e escolas públicas de alta qualidade para reduzir as diferenças de classe. Jamais retomou seu domínio naval e econômico e permanece notoriamente em conflito ("Brexit") sobre seu papel na Europa. Mas ainda está entre as seis nações mais ricas do mundo, ainda é uma democracia parlamentar sob uma monarca representativa, ainda é líder mundial em ciência e tecnologia e ainda tem como moeda a libra esterlina, e não o euro.

Essas duas histórias ilustram o tema deste livro. Crises e pressões por mudança atingem indivíduos e grupos em todos os níveis, de uma única pessoa a equipes, negócios, nações e o mundo todo. As crises podem surgir de pressões externas — como quando uma pessoa é abandonada pelo cônjuge ou se torna viúva, ou quando uma nação é ameaçada ou atacada por outra. E podem, ainda, surgir de pressões internas — como quando uma pessoa adoece ou uma nação enfrenta conflitos civis. Lidar de maneira bem-sucedida com pressões externas ou internas requer mudança *seletiva*. Isso é um fato tanto para nações quanto para indivíduos.

A palavra-chave aqui é "seletiva". Não é possível nem desejável que indivíduos ou nações mudem completamente e descartem tudo de sua antiga identidade. O desafio, para nações e indivíduos em crise, é descobrir quais partes de suas identidades ainda funcionam e não precisam mudar e quais já não funcionam e precisam. Indivíduos e nações sob pressão devem avaliar de forma honesta suas habilidades e valores. Devem decidir o que de si mesmos ainda funciona, o que permanece apropriado mesmo que sob novas circunstâncias e, portanto, pode ser mantido. Inversamente, precisam ter coragem para reconhecer o que deve ser mudado a fim de lidarem com a nova situação. Isso exige que encontrem soluções compatíveis com suas habilidades e com o restante do seu ser. Ao mesmo tempo, têm de estabelecer um limite e enfatizar elementos que são tão fundamentais a suas identidades a ponto de não poder modificá-los.

Esses são alguns dos paralelos entre indivíduos e nações no que diz respeito às crises. Mas também há diferenças evidentes, que precisamos reconhecer.

———

Como definimos uma "crise"? Um ponto de partida conveniente é o fato de a palavra derivar do substantivo grego *krisis* e do verbo grego *krino*, que possuem vários significados relacionados: "separar", "decidir", "distinguir" e "ponto de virada". Consequentemente, podemos pensar em uma crise como o momento da verdade, um ponto de virada no qual as condições antes e depois daquele "momento" são "muito mais" diferentes umas das outras do que antes e depois da "maioria" dos outros momentos. Coloquei as palavras "momento", "muito mais" e "maioria" entre aspas porque é um problema prático decidir quão breve deve ser o momento, quão diferentes devem ser as condições modificadas e quão mais raro do que a maioria dos outros momentos deve ser um ponto de virada para que o rotulemos de "crise", em vez de apenas percebê-lo como outro pico na linha de eventos ou uma evolução gradual e natural de mudanças.

O ponto de virada representa um desafio. Cria pressão para concebermos novos métodos de enfrentamento quando os antigos se provam inadequados. Se um indivíduo ou uma nação concebe métodos novos e melhores, dizemos que a crise foi superada com sucesso. Mas veremos no capítulo 1 que a diferença entre sucesso e fracasso ao superar uma crise frequentemente não é nítida, pois o sucesso pode ser parcial ou não durar para sempre, e o mesmo problema pode retornar. (Pense no Reino Unido "solucionando" o problema de seu papel no mundo ao entrar na União Europeia em 1973, e então votando para deixá-la em 2017.)

Ilustremos agora o problema prático: quão breve, sério e raro deve ser um ponto de virada para merecer o uso do termo "crise"? Com que frequência, na vida de um indivíduo ou em um milênio de história regional, é útil rotular o que acontece de "crise"? Essas perguntas possuem respostas alternativas, e diferentes respostas se provam úteis para diferentes objetivos.

Uma resposta extrema restringe o termo "crise" a intervalos longos e reviravoltas raras e dramáticas. Por exemplo, apenas algumas vezes na vida de um indivíduo, e a cada poucos séculos em uma nação. Um historiador da Roma antiga poderia aplicar a palavra "crise" a somente três eventos após a fundação da República Romana, por volta de 509 a.C.: as primeiras duas guerras contra Cartago (264-241 a.C. e 218-201 a.C.), a substituição do governo republicano pelo império (por volta de 23 a.C.) e as invasões bárbaras que levaram à queda do Império Romano do Ocidente (por volta de 476 d.C.). É claro que esse historiador não consideraria trivial todo o restante da história romana entre 509 a.C. e 476 d.C.; ele apenas reservaria o termo "crise" para esses três eventos excepcionais.

No extremo oposto, meu colega da UCLA David Rigby e seus associados Pierre-Alexandre Balland e Ron Boschma publicaram um excelente estudo sobre "crises tecnológicas" nas cidades americanas, que definiram operacionalmente como prolongados períodos de queda nos pedidos de registro de patentes, com a palavra "prolongados" matematicamente definida. De acordo com essas definições, descobriram que as cidades americanas passam por uma crise tecnológica em média a cada doze anos, que as crises duram em média quatro anos e que a cidade americana média as enfrenta por cerca de três anos a cada década. Essa definição foi produtiva para entender uma questão de grande interesse prático: o que permite que algumas cidades, mas não outras, evitem as crises tecnológicas assim definidas? O historiador romano acharia que os eventos estudados por David e seus colegas são bagatelas efêmeras, ao passo que David e seus colegas responderiam que o historiador romano está negligenciando tudo que aconteceu em 985 anos de história romana, com exceção de três eventos.

A questão é que podemos definir "crise" de diferentes maneiras, de acordo com diferentes frequências, durações e escalas de impacto. É útil estudar tanto as crises grandes e raras quanto as crises pequenas e frequentes. Neste livro, a escala temporal que adoto vai de algumas décadas a um século. Todos os países que discuto passaram pelo que considero uma "grande crise" durante minha vida. Mas isso não significa que também não experimentaram pontos de virada menores e mais frequentes.

Tanto nas crises individuais quanto nas nacionais, muitas vezes focamos em um único momento da verdade, por exemplo: o dia em que a esposa diz ao marido que vai pedir o divórcio ou (na história chilena) a data de 11 de setembro de 1973, quando os militares derrubaram o governo democrático do Chile, cujo presidente cometeu suicídio. Algumas crises realmente chegam do nada, sem antecedentes, como o tsunami de 26 de dezembro de 2004 em Sumatra, que matou 200 mil pessoas, ou a morte de meu primo no auge da vida, quando seu carro foi esmagado por um trem em um cruzamento ferroviário, deixando sua esposa viúva e seus quatro filhos órfãos. Mas a maioria das crises individuais e nacionais é o ponto culminante de mudanças evolutivas que se estendem por muitos anos, como o divórcio de um casal com prolongadas questões conjugais ou as dificuldades políticas e econômicas do Chile. A "crise" é a súbita percepção ou ação a respeito de pressões que se acumulam durante muito tempo. Essa verdade foi explicitamente reconhecida pelo primeiro-ministro australiano Gough Whitlam, que (como veremos no capítulo 7) criou um turbilhão de mudanças importantes implementadas durante dezenove dias de dezembro de 1972, mas minimizou as próprias reformas como "reconhecimento do que já aconteceu".

Nações não são indivíduos em larga escala, diferem deles de muitas maneiras óbvias. Por que, apesar disso, é revelador olhar para as crises nacionais através da lente das crises individuais? Quais são as vantagens dessa abordagem?

Uma delas, que reconheço frequentemente ao discutir crises nacionais com amigos e estudantes, é que as crises individuais são mais familiares e compreensíveis para não historiadores. Assim, a perspectiva de crises individuais torna mais fácil a leitores leigos "identificarem-se" com as crises nacionais e compreenderem suas complexidades.

Outra vantagem é que o estudo de crises individuais gerou um roteiro com doze fatores que nos ajudam a entender seus diversos resultados. Esses fatores fornecem um proveitoso ponto de partida para criarmos um roteiro correspondente, com fatores que permitem compreender os resultados das crises nacionais. Veremos que alguns se traduzem diretamente das crises individuais para as nacionais. Por exemplo, indivíduos em crise frequentemente recebem ajuda de amigos, assim como nações em crise podem recrutar o auxílio de nações aliadas. Indivíduos em crise podem modelar suas soluções da forma que outros indivíduos lidaram com crises similares; nações em crise podem adotar e adaptar soluções criadas por nações que enfrentaram problemas similares. Indivíduos em crise podem obter autoconfiança do fato de terem sobrevivido a crises anteriores; o mesmo podem fazer as nações.

———

Esses estão entre os paralelos diretos. Mas veremos também que alguns fatores que esclarecem os resultados das crises individuais, embora não sejam diretamente transferíveis às crises nacionais, servem como metáforas úteis, sugerindo fatores relevantes. Eis um exemplo: terapeutas acharam útil definir uma qualidade dos indivíduos chamada "força do ego". Embora nações não possuam força psicológica do ego, esse conceito sugere um importante correlato, isto é, a "identidade nacional". De modo similar, a liberdade de escolha dos indivíduos na solução de uma crise é frequentemente limitada por restrições práticas, como a responsabilidade pelo cuidado com os filhos e as exigências profissionais. É claro que nações não são limitadas pela responsabilidade pelos filhos e por exigências profissionais. Mas veremos que experimentam limitações a sua liberdade de escolha por outras razões, como restrições geopolíticas e riqueza nacional.

A comparação também destaca características das crises nacionais que não possuem análogos nas crises individuais. Entre essas características distintivas está o fato de as nações possuírem líderes, mas os indivíduos não, de modo que questões sobre o papel da liderança surgem regularmente durante as crises nacionais, mas não durante as crises pessoais. Entre os historiadores, tem havido um longo debate sobre se líderes incomuns realmente mudam o curso da história (frequentemente chamada de visão "Grande Homem") ou se os resultados históricos seriam similares sob qualquer outro provável líder. (A Segunda Guerra Mundial teria ocorrido se um acidente automobilístico que quase matou Hitler em 1930 realmente o tivesse matado?) Nações possuem as próprias instituições políticas e econômicas; indivíduos, não. A resolução das crises nacionais sempre envolve interações e decisões grupais no interior da nação, mas indivíduos frequentemente podem decidir por si mesmos. As crises nacionais podem ser solucionadas por revolução violenta (como no Chile em 1973) ou evolução pacífica (como na Austrália depois da Segunda Guerra Mundial), mas indivíduos sozinhos não realizam revoluções violentas.

Essas similaridades, metáforas e diferenças são a razão de eu considerar útil comparar crises individuais e nacionais a fim de ajudar meus alunos na UCLA a compreenderem as crises nacionais.

Leitores e críticos muitas vezes descobrem gradualmente, enquanto leem, que a cobertura e a abordagem de um livro não são as que esperavam e queriam. Quais são a cobertura e a abordagem deste livro, e o que não incluí aqui?

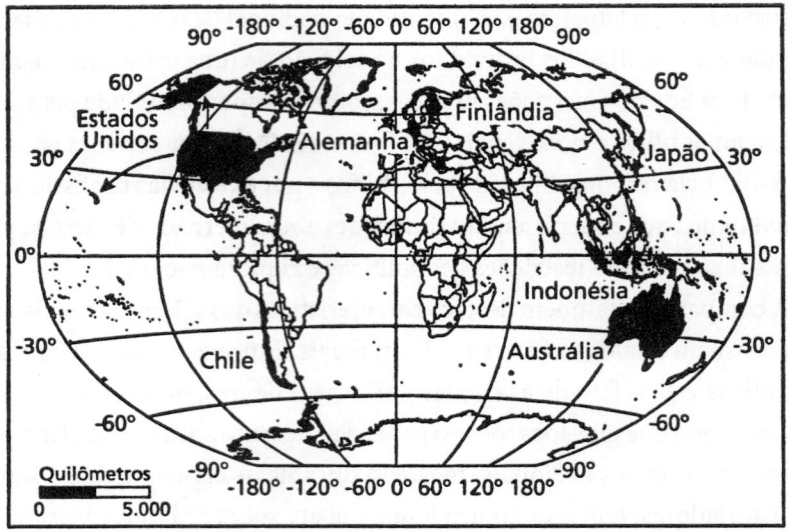

Mapa mundial

Este livro é um estudo comparativo, narrativo e exploratório de crises e mudanças seletivas que ocorrem há muitas décadas em sete nações modernas com as quais tenho muita experiência pessoal. Essas nações são a Finlândia, o Japão, o Chile, a Indonésia, a Alemanha, a Austrália e os Estados Unidos.

Consideremos individualmente essas palavras e frases.

Este é um livro *comparativo*. Não devota suas páginas a discutir apenas uma nação. Em vez disso, divide suas páginas entre sete nações, a fim de que possam ser comparadas. Autores de não ficção precisam escolher entre apresentar estudos de um único caso ou comparar múltiplos casos. Cada abordagem tem diferentes vantagens e limitações. Em determinada extensão de texto, é claro que o estudo de um único caso pode fornecer muito mais detalhes, mas estudos comparativos podem oferecer perspectivas e detectar questões que não emergiriam do estudo de caso individual.

As comparações históricas nos forçam a fazer perguntas que provavelmente não surgiriam ao estudar um único caso: por que certo tipo de evento produz o resultado R1 em um país se produziu um resultado R2, muito diferente, em outro? Por exemplo, histórias sobre a Guerra Civil Americana, que adoro ler, podem devotar seis páginas ao segundo dia da batalha de Gettysburg, mas não podem explorar por que a Guerra Civil Americana, ao contrário da espanhola ou da finlandesa, terminou com os vencedores poupando a vida dos derrotados. Autores de estudos de casos individuais frequentemente criticam estudos comparativos por serem muito simplificados e superficiais, ao passo que autores de estudos comparativos igualmente criticam estudos de casos individuais por serem incapazes de tratar das questões abrangentes. A última visão é expressa na frase "Aqueles que estudam um único país acabam por não entender nenhum". Este livro é um estudo comparativo, com suas vantagens e limitações resultantes.

Como o livro divide suas páginas entre sete nações, estou dolorosamente consciente de que meu relato sobre cada uma delas precisa ser conciso. Sentado à minha mesa e olhando para trás, vejo no chão do escritório doze pilhas de livros e documentos, cada uma com 1,5 metro de altura e dedicada a um capítulo. Foi agonizante contemplar o fato de que precisaria condensar 1,5 metro de material sobre a Alemanha do pós-guerra em um capítulo de 11 mil palavras. Tanta coisa precisou ser omitida! Mas a concisão tem suas compensações: ajuda os leitores a compararem as principais questões entre a Alemanha do pós-guerra e outras nações, sem ficarem distraídos ou confusos com os fascinantes detalhes, exceções, senãos e poréns. Para leitores que queiram descobrir mais detalhes fascinantes, a bibliografia lista livros e artigos dedicados ao estudo de casos individuais.

O estilo de apresentação deste livro é *narrativo*, ou seja, o estilo tradicional dos historiadores desde a fundação da história como disciplina, desenvolvido pelos autores gregos Heródoto e Tucídides há mais de 2.400 anos. "Estilo narrativo" significa que os argumentos são desenvolvidos em prosa, sem equações, tabelas, gráficos ou testes estatísticos de significância, e somente com o estudo de um pequeno número de casos. Esse estilo pode ser comparado à nova e poderosa abordagem quantitativa nas modernas pesquisas de ciências sociais, que faz uso pesado de equações, hipóteses explícitas e testáveis, tabelas de dados, gráficos e amplas amostras (ou seja, muitos casos estudados) que permitem testes estatísticos de significância.

Aprendi a valorizar o poder dos métodos quantitativos modernos, pois os usei em um estudo estatístico sobre desmatamento em 73 ilhas polinésias,[1] a fim de chegar a conclusões que jamais poderiam ter sido extraídas convincentemente do relato narrativo sobre desmatamento em algumas poucas ilhas. Também coeditei um livro[2] em que alguns outros coautores engenhosamente usaram métodos quantitativos para solucionar questões antes interminavelmente debatidas e sem resolução por historiadores narrativos, como se as conquistas militares e as reviravoltas políticas de Napoleão foram boas ou ruins para o subsequente desenvolvimento econômico da Europa.

Inicialmente, tive a esperança de incluir os métodos quantitativos modernos neste livro. Dediquei meses a esse esforço, somente para chegar à conclusão de que teria de ser uma tarefa para um projeto futuro, porque este livro precisava identificar, através do estudo narrativo, hipóteses e variáveis para um subsequente estudo quantitativo a ser testado. Minha amostra de apenas sete países é pequena demais para extrair conclusões estatisticamente significativas. Será preciso muito mais trabalho a fim de "operacionalizar" conceitos da minha narrativa qualitativa como "resolução bem-sucedida de crise" e "autoavaliação honesta", ou seja, para traduzi-los em coisas que possam ser mensuradas em números. Consequentemente, este livro é uma *exploração* narrativa, que espero que estimule um teste quantitativo.

1. ROLETT, Barry e DIAMOND, Jared. "Environmental predictors of pre-European deforestation on Pacific islands". *Nature*, n. 431, pp. 443-446, 2004.
2. DIAMOND, Jared e ROBINSON, James (orgs.). *Natural Experiments of History.* Cambridge: Harvard University Press, 2010.

Entre as mais de 210 nações do mundo, este livro discute somente *sete* que me são familiares. Visitei repetidamente todas elas. Em seis vivi por extensos períodos, começando há setenta anos. Falo ou já falei as línguas dessas seis. Gosto e admiro todas elas, fico feliz em visitá-las novamente, visitei todas nos últimos dois anos e pensei seriamente em me mudar de modo permanente para duas. Como resultado, posso escrever com empatia e conhecimento, com base em minhas próprias experiências e nas de amigos nativos de longa data. Nossas experiências abrangem um período de tempo suficientemente longo para que tenhamos testemunhado grandes mudanças. Entre essas sete nações, o Japão é aquela na qual minha própria experiência é mais limitada, porque não falo a língua e fiz somente breves visitas nos últimos 21 anos. Em compensação, pude me basear nas experiências de vida inteira de parentes por casamento, amigos e alunos japoneses.

É claro que as sete nações que selecionei com base nessas experiências pessoais não são uma amostra aleatória das nações do mundo. Cinco são ricas e industrializadas, uma é modestamente abastada e somente uma é pobre e em desenvolvimento. Nenhuma delas é africana; duas são europeias, duas asiáticas, uma norte-americana, uma sul-americana e uma australiana. Cabe a outros autores testarem em que extensão as conclusões derivadas dessa amostra não aleatória de nações se aplicam a outras nações. Aceitei essa limitação e escolhi essas sete em função do que me pareceu a imensa vantagem de discutir somente nações que compreendo com base em longa e intensa experiência pessoal, amizades e (em seis casos) familiaridade com a língua.

Este livro trata quase inteiramente de crises nacionais *modernas* que ocorreram durante minha vida, permitindo que eu escrevesse da perspectiva de minha própria experiência contemporânea. O ponto fora da curva, em relação ao qual discuto mudanças ocorridas antes de minha época, envolve novamente o Japão, ao qual dedico dois capítulos. Um deles discute o Japão de hoje, e o outro, o Japão da era Meiji (1868-1912).

Incluí esse capítulo sobre a era Meiji porque ela constitui um exemplo impressionante de mudança seletiva consciente, pertence ao passado recente e suas memórias e questões ainda permanecem proeminentes.

É claro que crises e mudanças nacionais também ocorreram no passado e suscitaram questões semelhantes. Embora eu não possa tratar delas a partir da experiência pessoal, elas têm sido tema de uma ampla literatura. Exemplos bem conhecidos incluem o declínio e a queda do Império Romano do Ocidente nos séculos IV e V da era cristã; a ascensão e a queda do Reino Zulu, no sul da África, no século XIX; a Revolução Francesa de 1789 e a subsequente reorganização da França; e a catastrófica derrota da Prússia na batalha de Jena em 1806, sua conquista por Napoleão e as subsequentes reformas sociais, administrativas e militares. Vários anos depois de começar a escrever este livro, descobri que outro livro cujo título se refere a temas similares (*Crisis, Choice, and Change* [Crise, escolha e mudança]) fora publicado por minha própria editora americana (Little, Brown) em 1973![3] Aquele livro difere do meu por incluir vários casos do passado, assim como em outras características básicas. (Era um volume de vários autores usando uma estrutura chamada "funcionalismo do sistema".)

A pesquisa realizada por historiadores profissionais enfatiza os *estudos arquivísticos*, ou seja, a análise de documentos escritos e primários preservados. Cada novo livro de história justifica a si mesmo ao explorar fontes arquivísticas previamente não utilizadas ou subutilizadas ou ao reinterpretar aquelas já empregadas por outros historiadores. Ao contrário da maioria dos numerosos livros citados em minha bibliografia, o meu não é baseado em estudos arquivísticos. Em vez disso, sua contribuição depende de uma nova estrutura derivada de crises pessoais, uma abordagem explicitamente comparativa e uma perspectiva baseada em minhas próprias experiências de vida e nas experiências de meus amigos.

---

3. ALMOND, Gabriel, FLANAGAN, Scott e MUNDT, Robert (orgs.) *Crisis, Choice, and Change: Historical Studies of Political Development.* Boston: Little, Brown, 1973.

———

Este não é um artigo de revista sobre assuntos correntes, escrito para ser lido por algumas semanas após a publicação e então se tornar ultrapassado. É um livro projetado para permanecer em circulação durante muitas décadas. Declaro esse fato óbvio somente porque você pode ficar surpreso ao não encontrar qualquer palavra sobre políticas específicas da atual administração Trump nos Estados Unidos, nem sobre sua liderança, nem sobre as atuais negociações do Brexit na Grã-Bretanha. Qualquer coisa que eu pudesse escrever hoje sobre essas questões em rápida mutação estaria constrangedoramente ultrapassada quando o livro fosse publicado, e seria inútil daqui a algumas décadas. Os leitores interessados no presidente Trump, em suas políticas e no Brexit encontrarão abundantes discussões publicadas em outros veículos. Mas meus capítulos 9 e 10 têm muito a dizer sobre grandes questões americanas que estão em evidência há duas décadas, que exigem ainda mais atenção sob a atual administração e que provavelmente continuarão presentes por ao menos mais uma década.

———

Muito bem, eis aqui um roteiro do próprio livro. No primeiro capítulo, discutirei as crises pessoais, antes de dedicar os restantes às crises nacionais. Por vivermos nossas próprias crises e testemunharmos as de nossos familiares e amigos, todos sabemos que há muita variação nos resultados de uma crise. Nos melhores casos, as pessoas conseguem descobrir métodos novos e mais satisfatórios para lidar com a situação, e emergem mais fortes. Nos casos mais tristes, sentem-se sobrecarregadas e retornam aos métodos antigos ou adotam métodos novos, mas piores. Algumas pessoas em crise até cometem suicídio. Os terapeutas identificaram muitos fatores, doze dos quais discutirei no capítulo 1, que influenciam a probabilidade de uma crise pessoal ser satisfatoriamente resolvida. Esses são os fatores em relação aos quais explorarei fatores paralelos que influenciam os resultados das crises nacionais.

Para qualquer um que esteja resmungando com desânimo, "Doze fatores são muita coisa para lembrar, por que você não diminui esse número?", respondo que seria absurdo pensar que os resultados da vida das pessoas ou da história das nações possam ser proveitosamente reduzidos a algumas palavras-chave. Se você teve o infortúnio de pegar um livro que afirma fazer isso, jogue-o fora sem ler. Inversamente, se teve o infortúnio de pegar um livro que se propõe discutir todos os 76 fatores que influenciam a resolução de uma crise, jogue-o fora também: é trabalho do autor, e não do leitor, resumir e priorizar a infinita complexidade da vida em um quadro referencial útil. Descobri que usar doze fatores oferece um compromisso aceitável entre os dois extremos: eles detalham o suficiente para explicar grande parte da realidade, sem serem tão detalhados que se transformem em uma lista útil para buscar as roupas na lavanderia, mas não para entender o mundo.

O capítulo introdutório é seguido por três pares de capítulos, cada par tratando de um tipo diferente de crise nacional. O primeiro par estuda crises em dois países (Finlândia e Japão) que explodiram em súbitas reviravoltas, provocadas pelo choque com outro país. O segundo também é sobre crises que irromperam subitamente, mas devido a explosões internas (Chile e Indonésia). O último par descreve crises que não explodiram com estrondo, mas se desdobraram de modo gradual (Alemanha e Austrália), especialmente devido a estresses desencadeados pela Segunda Guerra Mundial.

A crise da Finlândia (capítulo 2) explodiu com o monumental ataque da União Soviética em 30 de novembro de 1939. Na resultante Guerra de Inverno, a Finlândia foi praticamente abandonada por todos os potenciais aliados e sofreu pesadas perdas, mas conseguiu preservar sua independência da União Soviética, cuja população superava a dela em 40 para 1.

Passei um verão na Finlândia vinte anos depois, sendo recebido por veteranos, viúvas e órfãos da Guerra de Inverno. O legado da guerra foi uma conspícua mudança seletiva que transformou a Finlândia em um mosaico sem precedentes, uma mistura de elementos contrastantes, uma abastada e pequena democracia liberal perseguindo uma política externa de fazer todo o possível para ganhar a confiança da gigantesca e empobrecida ditadura reacionária soviética. Essa política foi considerada vergonhosa e denunciada como "finlandização" por muitos não finlandeses que não conseguiam compreender as razões históricas de sua adoção. Um dos momentos mais intensos de meu verão na Finlândia ocorreu quando, de modo ignorante, expressei opiniões similares a veteranos da Guerra de Inverno, que polidamente me explicaram as amargas lições que os finlandeses aprenderam quando outras nações lhes negaram ajuda.

A outra das duas crises provocadas por um choque externo envolveu o Japão, cuja duradoura política de isolamento terminou em 8 de julho de 1853, quando uma frota de navios de guerra americanos entrou na baía de Tóquio, exigindo um tratado e direitos para navios e marinheiros americanos (capítulo 3). O resultado final foi a queda do sistema de governo, a adoção consciente de um programa de drásticas e abrangentes mudanças e um igualmente consciente programa de retenção de muitas características tradicionais que levaram o Japão a se tornar o que é hoje: a mais distintiva nação rica e industrializada do mundo. Sua transformação nas décadas após a chegada da frota americana, a assim chamada era Meiji, ilustra visivelmente, no nível nacional, muitos dos fatores que influenciam as crises pessoais. O processo decisório e os resultantes sucessos militares do Japão da era Meiji nos ajudam a compreender, por contraste, por que o Japão tomou decisões diferentes nos anos 1930, levando a sua esmagadora derrota militar na Segunda Guerra Mundial.

O capítulo 4 fala sobre o Chile, o primeiro dos dois países cujas crises foram explosões internas resultantes do colapso do compromisso político entre os cidadãos. Em 11 de setembro de 1973, após anos de impasse político, o governo democraticamente eleito do Chile, presidido por Allende, foi derrubado por um golpe militar cujo líder, o general Pinochet, permaneceu no poder por quase dezessete anos. Nem o golpe nem os recordes mundiais de tortura sádica batidos pelo governo Pinochet foram previstos por meus amigos chilenos quando morei no país vários anos antes. Na verdade, eles orgulhosamente me explicaram as longas tradições democráticas do Chile, tão diferentes das dos outros países sul-americanos. Hoje, o Chile é novamente uma discrepância democrática na América do Sul, mas mudou seletivamente, incorporando partes dos modelos de Allende e de Pinochet. Para os amigos americanos que comentaram o manuscrito deste livro, o capítulo chileno foi o mais assustador, por causa da velocidade e da plenitude com que uma democracia se transformou em uma ditadura sádica.

Pareado com esse capítulo sobre o Chile, o capítulo 5 fala da Indonésia, onde o colapso do compromisso político entre os cidadãos também resultou na explosão interna de uma tentativa de golpe, nesse caso em 1º de outubro de 1965. O resultado foi o oposto daquele do Chile: um contragolpe levou à eliminação genocida da facção que presumivelmente apoiara a tentativa de golpe. A Indonésia contrasta claramente com todas as outras nações discutidas neste livro: é a mais pobre, menos industrializada e menos ocidentalizada das sete, e possui a mais jovem identidade nacional, cimentada somente durante os quarenta anos em que lá trabalhei.

Os dois capítulos seguintes (6 e 7) discutem as crises nacionais na Alemanha e na Austrália, que aparentemente se desdobraram de modo gradual, em vez de explodirem com estrondo. Alguns leitores podem hesitar em aplicar o termo "crise" ou "reviravolta" a esses desdobramentos graduais. Mas, mesmo que se prefira aplicar um termo diferente, ainda acho útil vê-los no mesmo quadro referencial que uso para discutir transições mais abruptas, pois eles apresentam as mesmas questões de mudança seletiva e ilustram os mesmos fatores influenciando os resultados. Além disso, a diferença entre "crise explosiva" e "mudança gradual" é arbitrária, e não nítida, pois possuem pontos de interseção. Mesmo no caso de transições aparentemente abruptas, como o golpe no Chile, décadas de tensões acumuladas levaram ao golpe e décadas de mudanças graduais se seguiram a ele. Descrevo essas crises como "parecendo" ter se desdobrado gradualmente, uma vez que, na verdade, a crise na Alemanha do pós-guerra começou com a mais traumática devastação já experimentada por qualquer um dos países discutidos aqui: sua condição arruinada no momento da rendição ao fim da Segunda Guerra Mundial, em 8 de maio de 1945. De modo similar, embora a crise na Austrália do pós-guerra tenha se desdobrado gradualmente, ela começou com três chocantes derrotas militares em menos de três meses.

A primeira das duas nações que ilustram crises não explosivas é a Alemanha do pós-guerra (capítulo 6), confrontada simultaneamente com os legados da era nazista, a discordância sobre a organização hierárquica da sociedade e o trauma da divisão política entre Alemanha Ocidental e Oriental. Em meu quadro comparativo, características distintivas da resolução da crise na Alemanha do pós-guerra incluem conflitos excepcionalmente violentos entre gerações, fortes restrições geopolíticas e o processo de reconciliação com nações que foram vítimas das atrocidades alemãs nos tempos de guerra.

Meu outro exemplo de crise não explosiva é a Austrália (capítulo 7), que remodelou sua identidade durante os 55 anos em que a visitei. Quando cheguei pela primeira vez, em 1964, a Austrália parecia um remoto posto avançado britânico no oceano Pacífico, ainda olhando para a Grã-Bretanha em busca de identidade e praticando uma política, a Austrália Branca, que limitava ou excluía imigrantes não europeus. Mas enfrentava uma crise identitária, pois sua identidade branca e britânica entrava cada vez em conflito com sua localização geográfica e suas necessidades em termos de política externa, defesa estratégica, economia e composição populacional. Hoje, seu comércio e sua política estão orientados na direção da Ásia, suas ruas e campi universitários estão lotados de asiáticos, e seus eleitores só derrotaram por estreita margem o referendo para demover a rainha da Inglaterra como chefe de Estado. Todavia, como no Japão da era Meiji e na Finlândia, as mudanças foram seletivas: a Austrália ainda é uma democracia parlamentar, sua língua nacional ainda é o inglês e a grande maioria dos australianos ainda possui ascendência britânica.

Todas as crises nacionais discutidas até agora são reconhecidas e foram superadas (ou, ao menos, a superação está em uma etapa avançada), o que significa que podemos avaliar seus resultados. Os quatro últimos capítulos descrevem crises presentes e futuras cujos resultados ainda são desconhecidos. Começo essa seção com o Japão (capítulo 8), já abordado no capítulo 3. O Japão enfrenta hoje numerosos problemas fundamentais, alguns amplamente reconhecidos e admitidos pela população e pelo governo, enquanto outros não são reconhecidos e chegam a ser negados pelos japoneses. No presente, esses problemas não se movem claramente em direção à solução; o futuro do Japão é verdadeiramente incerto e está nas mãos de sua própria população. Será que as memórias de como o Japão na era Meiji superou corajosamente sua crise ajudarão o Japão moderno a fazer o mesmo?

Os dois capítulos seguintes (9 e 10) tratam de meu próprio país, os Estados Unidos. Identifico quatro crises crescentes com potencial de minar a democracia e a força americanas na próxima década, como já aconteceu no Chile. É claro que essas descobertas não são minhas: há discussão aberta sobre elas entre muitos americanos, e o senso de crise é disseminado atualmente nos Estados Unidos. Parece-me que esses quatro problemas não se movem na direção da solução; ao contrário, estão piorando. No entanto, os Estados Unidos, como o Japão da era Meiji, têm as próprias memórias de superação de crises, notadamente nossa longa e dilacerante guerra civil e o fato de termos sido subitamente arrastados do isolamento político para a Segunda Guerra Mundial. Será que essas memórias ajudarão meu país a ter sucesso?

Por fim, vem o mundo como um todo (capítulo 11). Embora pudesse fazer uma lista infinita dos problemas enfrentados pelo mundo, foco em quatro cuja tendência é, ao que me parece, minar os padrões de vida globais nas próximas décadas. De modo diferente do Japão e dos Estados Unidos, que possuem longas histórias de identidade nacional, autogoverno, e memórias e ações coletivas bem-sucedidas, o mundo não possui tal história. Sem memórias assim para nos inspirar, será que o mundo triunfará, agora que, pela primeira vez na história, somos confrontados por problemas potencialmente fatais em âmbito global?

Este livro termina com um epílogo que examina o estudo das sete nações e do mundo à luz de nossos doze fatores. Pergunto se as nações precisam de crises para reanimá-las a passar por grandes mudanças. Foi necessário o choque do incêndio da Cocoanut Grove para transformar a psicoterapia de curto prazo. Será que nações podem decidir se transformar sem um choque assim? Questiono se líderes possuem efeitos decisivos na história; proponho direções para novos estudos; e sugiro lições que podem ser realisticamente aprendidas com o exame da história. Se as pessoas, ou mesmo somente seus líderes, escolherem refletir sobre as crises passadas, o entendimento do passado poderá nos ajudar a resolver crises presentes e futuras.

PARTE 1

INDIVÍDUOS

CAPÍTULO 1

CRISES PESSOAIS

Uma crise pessoal — Trajetórias — Lidando com crises —
Fatores relacionados a resultados — Crises nacionais

Aos 21 anos, experimentei minha mais severa crise profissional. Havia crescido em Boston como filho mais velho de pais cultos; meu pai professor de Harvard, e minha mãe, linguista, pianista e professora. Ambos encorajaram meu amor pelo aprendizado. Frequentei um excelente colégio secundário (Roxbury Latin School) e depois uma excelente faculdade (Harvard College). Prosperei na vida acadêmica, fui bem em todas as matérias, finalizei e publiquei dois projetos de pesquisa laboratorial enquanto ainda estava na faculdade e me formei entre os melhores da turma. Influenciado pelo exemplo de meu pai, que era médico, e por experiências felizes e bem-sucedidas com a pesquisa acadêmica, decidi fazer Ph.D. em fisiologia laboratorial. Em setembro de 1958, comecei a estudar na Universidade de Cambridge, na Inglaterra, na época líder mundial em fisiologia. Atrações adicionais de me mudar para Cambridge incluíam minha primeira oportunidade de morar longe de casa, viajar pela Europa e falar línguas estrangeiras, das quais, até então, eu havia aprendido seis em livros.

Estudar na Inglaterra rapidamente se provou muito mais difícil do que fora em Roxbury Latin e Harvard, ou mesmo durante minhas experiências com pesquisa acadêmica. Meu orientador de Ph.D. em Cambridge, cujo laboratório e escritório eu partilhava, era um grande fisiologista prestes a estudar a geração de eletricidade em enguias elétricas. Ele queria que eu mensurasse o movimento de partículas carregadas (íons de sódio e potássio) pelas membranas geradoras de eletricidade das enguias. Isso exigia que eu projetasse o equipamento necessário. Mas eu nunca havia sido bom com trabalhos manuais. Sequer havia conseguido finalizar sem ajuda uma tarefa do ensino médio que consistia em construir um rádio simples. Certamente não tinha ideia de como projetar uma câmara para estudar membranas de enguias nem como fazer algo remotamente complicado envolvendo eletricidade.

Havia chegado a Cambridge altamente recomendado por meu orientador de pesquisa na Universidade Harvard. Mas ficou óbvio tanto para mim quanto para meu orientador em Cambridge que eu era uma decepção. Era inútil como colaborador de pesquisa. Ele me transferiu para meu próprio laboratório, onde eu poderia descobrir um projeto de pesquisa para mim mesmo.

Em um esforço para encontrar um projeto mais adequado à minha inaptidão tecnológica, agarrei-me à ideia de estudar o transporte de sódio e água pela vesícula biliar, um órgão simples parecido com um saco. A tecnologia requerida era elementar: bastava pendurar, a cada dez minutos, a vesícula biliar de um peixe em uma balança de precisão e pesar a água contida nela. Até eu podia fazer isso! A vesícula biliar em si não é importante, mas pertence a uma classe de tecidos chamada epitélio que inclui órgãos muito mais importantes, como rins e intestinos. Àquela altura de 1959, todos os tecidos epiteliais conhecidos que transportavam íons e água, como a vesícula, desenvolviam voltagens associadas ao transporte dos íons carregados. Mas sempre que eu tentava mensurar a voltagem através da vesícula, registrava zero. Naquela época, isso foi considerado forte evidência de que eu não dominava nem mesmo a simples tecnologia necessária para detectar voltagem em uma vesícula, se houvesse alguma, ou de que, de alguma maneira, matara o tecido e ele não estava funcionando. Em todo caso, foi outro fracasso como fisiologista laboratorial.

Minha desmoralização aumentou quando compareci, em junho de 1959, ao primeiro congresso da Sociedade Biofísica Internacional em Cambridge. Centenas de cientistas de todo o mundo apresentaram artigos sobre suas pesquisas, mas eu não tinha resultados para apresentar. Senti-me humilhado. Estava acostumado a ser sempre um dos primeiros da turma e, naquele momento, não era ninguém.

Comecei a desenvolver dúvidas filosóficas sobre a carreira de pesquisador científico. Li e reli o famoso livro de Thoreau, *Walden*. Fiquei abalado com o que encarei como mensagem pessoal: o real motivo de perseguir a ciência era a egoística necessidade de ser reconhecido por outros cientistas. (Sim, essa realmente é uma grande motivação para a maioria deles!) Mas Thoreau persuasivamente considerava tal motivo uma pretensão vazia. A mensagem central de *Walden* era de que eu deveria descobrir o que realmente queria da vida, e não ser seduzido pela vaidade do reconhecimento. Thoreau reforçou minhas dúvidas sobre se eu deveria ou não continuar com as pesquisas científicas em Cambridge. Mas o momento da decisão se aproximava: meu segundo ano de pós-graduação começaria no fim do verão, e eu teria de me rematricular se quisesse seguir em frente.

No fim de junho, passei um mês de férias na Finlândia, uma experiência profunda e maravilhosa que discutirei no próximo capítulo. Pela primeira vez experimentei aprender uma língua, a difícil e bela língua finlandesa, não a partir de livros, mas ouvindo e falando com as pessoas. Adorei. A experiência foi tão satisfatória e bem-sucedida quanto minha pesquisa fisiológica era deprimente e fracassada.

Ao fim de meu mês na Finlândia, comecei a pensar seriamente em abandonar a carreira científica; aliás, qualquer carreira acadêmica. Em vez disso, pensei em ir para a Suíça e, capitalizando meu amor e minha habilidade com línguas, me tornar intérprete de tradução simultânea das Nações Unidas. Isso significaria virar as costas à vida de pesquisa, pensamento criativo e fama acadêmica que eu imaginara para mim mesmo e que era exemplificada por meu pai professor. Como intérprete, não seria bem pago. Mas, ao menos, faria algo de que gostava e no que seria bom — era o que me parecia então.

Minha crise chegou ao auge ao voltar da Finlândia, quando me juntei a meus pais (que não via fazia um ano) para uma semana em Paris. Falei sobre minhas dúvidas práticas e filosóficas em relação à carreira científica e minha ideia de me tornar intérprete. Deve ter sido agonizante para eles testemunhar minha confusão e infelicidade. Graças a Deus, eles ouviram e não tiveram a pretensão de me dizer o que fazer.

A crise foi solucionada certa manhã, quando estávamos sentados no banco de um parque parisiense, novamente conversando sobre se eu deveria ou não desistir da ciência. Por fim, meu pai gentilmente fez uma sugestão, sem me pressionar. Sim, reconheceu ele, eu tinha dúvidas sobre a carreira de pesquisador. Mas aquele era meu primeiro ano de pós-graduação e eu tentara estudar a vesícula biliar durante apenas alguns meses. Não era cedo demais para desistir da carreira que eu planejara? Por que não dar outra chance a Cambridge e dedicar apenas mais seis meses à tentativa de solucionar os problemas de pesquisa da vesícula biliar? Se não funcionasse, eu ainda poderia desistir na primavera de 1960; não tinha de tomar uma decisão irreversível naquele momento.

Essa sugestão foi como um salva-vidas lançado a um homem que se afoga. Eu podia adiar a grande decisão por uma boa razão (tentar por mais um semestre); não havia nada vergonhoso nisso. A decisão não me comprometia irrevogavelmente com a carreira de pesquisador científico. Ainda tinha a opção de me tornar intérprete simultâneo depois de seis meses.

Isso resolveu a questão. Voltei a Cambridge para iniciar meu segundo ano. Retomei a pesquisa com a vesícula biliar. Dois jovens estudantes de fisiologia, aos quais serei eternamente grato, ajudaram-me a solucionar os problemas tecnológicos. Um deles, em particular, ajudou-me a perceber que meu método de medição de voltagem era perfeitamente adequado: a vesícula biliar desenvolvia voltagens que eu poderia mensurar (chamadas "potenciais de difusão" e "potenciais de propagação") em condições apropriadas. Mas não desenvolvia voltagens enquanto transportava íons e água, pela notável razão de que (sendo a única, entre os tecidos epiteliais conhecidos na época, a fazer isso) transportava igualmente íons positivos e negativos e, desse modo, não transportava carga líquida nem desenvolvia voltagem de transporte.

Meus resultados começaram a interessar outros fisiologistas, e até a me animar. Conforme meus experimentos se mostravam bem-sucedidos, minhas dúvidas filosóficas mais amplas sobre a vaidade do reconhecimento por outros cientistas desapareceram. Permaneci em Cambridge por quatro anos, completei meu Ph.D., retornei aos Estados Unidos, consegui bons empregos universitários fazendo pesquisa e ensinando fisiologia (primeiro em Harvard e depois na UCLA) e me tornei um fisiologista muito bem-sucedido.

Essa foi minha primeira grande crise profissional, um tipo comum de crise pessoal. É claro que não foi a última. Mais tarde, tive duas crises profissionais mais brandas por volta de 1980 e 2000, relacionadas a mudanças na direção de minha pesquisa. Adiante ainda haveria severas crises pessoais relacionadas a me casar e (sete anos e meio depois) me divorciar. Em sua especificidade, aquela primeira crise profissional foi unicamente minha: duvido que qualquer outra pessoa na história tenha se debatido com a decisão de abandonar a pesquisa fisiológica da vesícula biliar em favor de se tornar intérprete simultâneo. Mas, como veremos, as questões mais amplas suscitadas por minha crise de 1959 foram completamente típicas das crises pessoais em geral.

JARED DIAMOND

Quase todos os leitores deste livro experimentaram ou experimentarão uma reviravolta que constituirá uma "crise" pessoal, como aconteceu comigo em 1959. Quando está no meio dela, você não pensa em questões acadêmicas sobre a definição de "crise", pois *sabe* que está passando por uma. Mais tarde, quando a crise passou e você teve tempo de refletir, pode defini-la, em retrospecto, como uma situação na qual enfrentou um importante desafio que parecia insuperável por seus métodos usuais de lidar e solucionar problemas. Você lutou para desenvolver novos métodos. Como eu, questionou sua identidade, seus valores e sua visão de mundo.

Indubitavelmente, você viu como as crises pessoais surgem em diferentes formas, resultam de diferentes causas e seguem diferentes trajetórias. Algumas assumem a forma de um choque único e não antecipado, como a morte súbita de um ente querido, ser despedido sem aviso, um acidente sério ou um desastre natural. A perda resultante pode precipitar uma crise não somente por causa de suas consequências práticas (ou seja, você já não tem um cônjuge), mas também por causa da dor emocional e do golpe em sua crença de que o mundo é justo. Isso foi verdade para os familiares e amigos das vítimas do incêndio de Cocoanut Grove. Já outras crises assumem a forma de um problema que cresce lentamente até explodir, como a desintegração de um casamento, doenças crônicas sérias enfrentadas por você mesmo ou por um ente querido ou problemas relacionados a dinheiro ou carreira. Outras ainda são crises de desenvolvimento que tendem a se desdobrar durante certas transições importantes, como a adolescência, a meia-idade, a aposentadoria e a velhice. Em uma crise de meia-idade, por exemplo, você pode sentir que os melhores anos já se passaram, e ter de lutar para identificar objetivos satisfatórios para o restante de sua vida.

Essas são diferentes formas de crise pessoal. Entre suas causas específicas mais comuns, estão os problemas de relacionamento: divórcio, fim de uma amizade próxima ou profunda insatisfação, levando você e seu parceiro a questionarem a continuidade do relacionamento. O divórcio frequentemente faz com que as pessoas se perguntem: o que fiz de errado?

Por que ele/ela quer me deixar? Por que fiz uma escolha tão ruim? O que posso fazer diferente da próxima vez? Haverá uma próxima vez? Se não consigo manter um relacionamento nem mesmo com a pessoa que me é mais próxima, para que sirvo?

Para além dos problemas de relacionamento, outras causas frequentes de crise pessoal incluem doença e morte de entes queridos e contratempos com a própria saúde, carreira ou segurança financeira. Outras crises ainda envolvem religião: crentes de uma vida inteira em uma fé podem ser atormentados por dúvidas ou (inversamente) não crentes podem ser atraídos a uma religião. No entanto, comum a todos esses tipos de crise, qualquer que seja a causa, é a sensação de que algo importante em sua atual abordagem de vida não está funcionando e você precisa encontrar outra.

Meu próprio interesse em crises pessoais, como o de muitas outras pessoas, surgiu das que experimentei ou vi atingir amigos e familiares. Para mim, esse motivo pessoal e familiar foi estimulado pela carreira de minha esposa Marie, que é psicóloga clínica. Durante nosso primeiro ano de casamento, Marie treinou em um centro comunitário de saúde mental cuja clínica oferecia psicoterapia de curto prazo para clientes em crise. Os clientes visitavam ou telefonavam em estado de crise porque se sentiam sobrecarregados por um grande desafio que não conseguiam superar sozinhos. Quando a porta se abria ou o telefone tocava na recepção da clínica e o próximo cliente entrava ou começava a falar, o conselheiro não sabia de antemão que tipo de questão determinada pessoa enfrentava. Mas sabia que aquele cliente, como todos os anteriores, estaria em estado de aguda crise pessoal, precipitada por ter reconhecido que seus modos estabelecidos de lidar com problemas já não eram suficientes.

Os resultados das sessões nos centros de saúde que oferecem terapia de crise variam amplamente. Nos casos mais tristes, alguns clientes tentam cometer ou cometem suicídio. Outros podem não descobrir um novo método de enfrentamento da situação que funcione para eles: retornam aos antigos hábitos e podem terminar paralisados pelo pesar, pela raiva ou

41

pela frustração. Nos melhores casos, entretanto, o cliente descobre uma maneira nova e melhor e emerge da crise mais forte do que antes. Esse resultado é refletido no ideograma chinês traduzido como "crise", que se pronuncia *wei-ji* e consiste em dois caracteres: *wei*, que significa "perigo"; e *ji*, que significa "ocasião crucial, ponto crítico, oportunidade". O filósofo alemão Friedrich Nietzsche expressou uma ideia similar na frase "O que não nos mata nos fortalece". A frase correspondente de Winston Churchill era "Nunca desperdice uma boa crise!"

Uma observação frequente feita por aqueles que ajudam outros durante crises pessoais agudas é que as coisas acontecem em um período de cerca de seis semanas. Durante esse curto período de transição, questionamos nossas crenças mais caras e somos muito mais receptivos à mudança pessoal do que durante nossos longos períodos anteriores de estabilidade. Não conseguimos viver muito mais do que isso sem *alguma* maneira de lidar com a situação, embora possamos ficar aflitos, sofrendo, desempregados ou furiosos por muito mais tempo. Nessas seis semanas, começamos a explorar uma nova maneira de lidar com a situação que enfim se provará bem-sucedida, embarcamos em uma nova maneira que será mal-ajustada ou retornamos a nossos velhos e desajustados hábitos.

É claro que essas observações sobre crises agudas não implicam que nossas vidas se adaptam a um modelo supersimplificado de: 1) choque recebido, ajuste o alarme para seis semanas; 2) reconheça o fracasso dos métodos anteriores de superação; 3) explore novos métodos; e 4) quando soar o alarme, desista e retorne aos velhos hábitos, ou tenha sucesso / crise superada / viva feliz para sempre. Não. Muitas mudanças se desdobram gradualmente, sem uma fase aguda. Conseguimos identificar e solucionar muitos problemas iminentes ou crescentes antes que se tornem crises e nos soterrem. Mesmo crises com uma fase aguda podem se fundir em uma demorada fase de lenta reconstrução. Isso é especialmente verdadeiro nas crises de meia-idade, quando a explosão inicial de insatisfação e vislumbres de solução pode ser aguda, mas a implementação da nova solução pode demorar anos. Uma crise não é necessariamente superada para sempre. Por exemplo, um casal que resolve uma séria controvérsia e evita o divórcio pode ter de lidar novamente com o mesmo problema ou com um problema similar. Alguém que lidou com um tipo de crise pode acabar encontrando um novo problema e enfrentar uma nova crise, como aconteceu comigo. Mas mesmo essas ressalvas não mudam o fato de que muitos de nós atravessam crises seguindo aproximadamente o curso que descrevi.

———

Como um terapeuta lida com alguém em crise? Obviamente, os métodos tradicionais da psicoterapia de longo prazo, que com frequência focam nas experiências infantis para compreender as raízes dos problemas atuais, são inapropriados durante uma crise, por serem lentos demais. Em vez disso, a terapia de crise foca no problema imediato. Seus métodos foram inicialmente estabelecidos por um psiquiatra, o dr. Erich Lindemann, logo após o incêndio de Cocoanut Grove, quando os hospitais de Boston tiveram de enfrentar não somente o desafio médico de tentar salvar centenas de pessoas com feridas severas e morrendo, mas também o desafio psicológico de lidar com os sentimentos de pesar e culpa de um número ainda maior de sobreviventes, familiares e amigos. Essas pessoas angustiadas se perguntavam por que o mundo permitira que tal coisa acontecesse e por que ainda estavam vivas quando um ente querido acabara de ter uma morte horrível em função de ter sido queimado, pisoteado ou asfixiado. Por exemplo, um marido tomado pela culpa, repreendendo-se por ter levado a esposa a Cocoanut Grove, pulou de uma janela a fim de se unir a ela na morte. Enquanto os cirurgiões ajudavam as vítimas de queimaduras, como os terapeutas poderiam ajudar as vítimas psicológicas? Foi essa a crise que o incêndio da Cocoanut Grove criou para a própria psicoterapia. O incêndio provou-se o momento de nascimento da terapia de crise.

Lutando para ajudar um grande número de pessoas traumatizadas, Lindemann começou a desenvolver a abordagem que hoje é chamada de "terapia de crise" e que rapidamente se expandiu do desastre da Cocoanut Grove para os outros tipos de crise aguda que mencionei. Desde 1942, outros terapeutas continuaram a explorar métodos da terapia de crise, que agora é praticada e ensinada em muitas clínicas, como aquela na qual Marie fez estágio. Da maneira como evoluiu, seu ponto básico é o fato de ser de *curto prazo*, consistindo em somente cerca de seis sessões com intervalos semanais durante a fase aguda da crise.

Tipicamente, quando mergulhamos pela primeira vez em um estado de crise, somos dominados pela sensação de que tudo em nossa vida deu errado. Enquanto permanecermos paralisados, será difícil lidarmos com uma coisa de cada vez. Portanto, o objetivo imediato de um terapeuta na primeira sessão — ou o primeiro passo de alguém lidando com uma crise sozinho ou com a ajuda de amigos — é superar essa paralisia através do que foi chamado de "construir uma cerca". Isso significa identificar as coisas específicas que realmente deram errado durante a crise, para que possamos dizer: "Aqui, dentro dessa cerca, estão os problemas particulares da minha vida, mas todo o restante fora da cerca está normal e bem." Frequentemente, a pessoa em crise se sente aliviada assim que começa a formular o problema e construir uma cerca em torno dele. O terapeuta pode então ajudá-la a explorar maneiras alternativas de superar o problema específico no interior da cerca. Dessa forma, o cliente embarca em um processo de *mudança seletiva*, que é possível, em vez de permanecer paralisada pela aparente necessidade de mudança total, que é impossível.

Para além da construção da cerca, outra questão muito abordada na primeira sessão é "Por que agora?" Isso é uma abreviatura de "Por que você decidiu procurar ajuda em um centro de crise *hoje* e por que tem essa sensação de crise *nesse momento*, em vez de em algum momento anterior ou nunca?" No caso de uma crise surgida de um choque único e imprevisto, como o incêndio da Cocoanut Grove, a pergunta não precisa ser feita, porque a resposta óbvia é o próprio choque. Mas a resposta não é óbvia quando se trata de uma crise que cresceu lentamente até explodir ou uma crise de desenvolvimento associada a uma fase longa da vida, como os anos de adolescência e de meia-idade.

Um exemplo típico é o da mulher que diz que foi até o centro de crise porque o marido está tendo um caso. Mas então se descobre que ela sabe há muito tempo que ele está tendo um caso. Por que decidiu buscar ajuda naquele dia, em vez de um mês ou um ano antes? O ímpeto imediato pode ser uma única frase que dita, um detalhe do caso que ela afirma ter sido "a gota d'água" ou um evento aparentemente trivial que a lembrou de algo significativo de seu passado. Frequentemente, o cliente nem mesmo está consciente da resposta ao "Por que agora?" Mas, quando a resposta é descoberta, pode se provar útil para o cliente, ou para o terapeuta, na compreensão da crise. No caso de minha crise profissional em 1959, que estivera crescendo durante seis meses, a razão pela qual a primeira semana de agosto se tornou o "agora" foi a visita dos meus pais e a necessidade prática de contar a eles que eu não pretendia retornar na semana seguinte aos Laboratórios Fisiológicos de Cambridge para mais um ano.

É claro que a terapia de crise de curto prazo não é a única abordagem para lidar com crises pessoais. Minha razão para discuti-la não tem quaisquer paralelos entre seu período limitado de seis sessões e o período necessário para lidar com uma crise nacional. O curso das crises nacionais não envolve seis discussões nacionais em um curto período de tempo. Em vez disso, foco na terapia de crise de curto prazo, porque se trata de uma especialidade praticada por terapeutas que construíram um amplo conjunto de experiências e partilharam observações entre si. Eles passam muito tempo discutindo e publicando artigos e livros sobre os fatores que influenciam os resultados. Ouvi muito sobre essas discussões através de Marie, em quase todas as semanas durante seu ano de treinamento no centro de terapia de crise. E as considerei úteis para sugerir fatores que valiam a pena ser examinados como possíveis influências sobre o resultado das crises nacionais.

———

Os terapeutas de crise identificaram ao menos doze fatores que tornam mais ou menos provável que um indivíduo tenha sucesso na resolução de uma crise pessoal (Tabela 1.1). Vamos analisá-los, começando com três ou quatro que são inevitavelmente críticos no início do tratamento ou antes dele:

Tabela 1.1. Fatores relacionados aos resultados das crises pessoais

1. Reconhecimento de que se está em crise
2. Aceitação da responsabilidade pessoal de fazer algo
3. Construção de uma cerca para delinear os problemas individuais que precisam ser resolvidos
4. Obtenção de ajuda material e emocional de outros indivíduos e grupos
5. Adoção de outros modelos individuais para resolver os problemas
6. Força do ego
7. Autoavaliação honesta
8. Experiência com crises pessoais anteriores
9. Paciência
10. Personalidade flexível
11. Valores essenciais individuais
12. Liberdade de restrições pessoais

1. Reconhecimento de que se está em crise. Esse é o fato que leva as pessoas a iniciarem a terapia de crise. Sem esse reconhecimento, sequer iriam à clínica ou (se não fossem à clínica) começariam a lidar com a crise por si mesmas. Até que alguém admita, "Sim, eu tenho um problema" — e essa admissão pode levar muito tempo —, não pode haver progresso na direção de solucionar o problema. Minha crise profissional de 1959 começou com o reconhecimento de que eu estava fracassando como cientista laboratorial, após doze anos de sucesso ininterrupto nos estudos.

2. Aceitação da responsabilidade pessoal. Mas não é suficiente reconhecer: "Eu tenho um problema." As pessoas frequentemente continuam: "Sim, mas meu problema é culpa de alguém. Outras pessoas ou forças externas são o que fazem minha vida infeliz." Essa autopiedade e a tendência a assumir o papel de vítima estão entre as desculpas mais comuns que as pessoas oferecem para não solucionar seus problemas pessoais. Eis por que o segundo obstáculo, depois que a pessoa reconhece "Eu tenho um problema", é assumir a responsabilidade por solucioná-lo. "Sim, há forças externas e outras pessoas em jogo, mas elas não são eu. Não posso mudá-las. Sou a única pessoa cujas ações posso controlar totalmente. Se quero que essas outras forças e pessoas mudem, é minha responsabilidade fazer algo a respeito, modificando meu próprio comportamento e minhas respostas. Essas outras pessoas não mudarão espontaneamente se eu mesmo não fizer algo."

3. Construção de uma cerca. Quando a pessoa reconhece a crise, aceita a responsabilidade de fazer algo para solucioná-la e comparece ao centro de terapia de crise, a primeira sessão pode focar na "construção de uma cerca", ou seja, na identificação e delineação do problema a ser resolvido. Se a pessoa em crise não consegue fazer isso, ela se vê como totalmente fracassada e se sente paralisada. Portanto, a questão-chave é: o que está funcionando bem, e não precisa mudar, e é algo a que se pode agarrar? O que você pode e deve descartar e substituir por novos hábitos? Veremos que essa questão da *mudança seletiva* também é central na reavaliação de nações inteiras em crise.

4. Ajuda de outros. A maioria dos que superaram com sucesso uma crise descobriu o valor do apoio material e emocional dos amigos, assim como de grupos de apoio institucionalizados, como aqueles para pacientes com câncer, alcoólatras ou viciados em drogas. Exemplos familiares de apoio material incluem oferecer temporariamente um quarto de hóspedes para permitir que alguém cujo casamento acabou possa se mudar; pensar claramente, para compensar a temporária diminuição da habilidade de solucionar problemas da pessoa em crise; e fornecer assistência prática na obtenção de informações, um novo emprego, novas companhias e novos esquemas para cuidar dos filhos. O apoio emocional inclui ser bom ouvinte, ajudar a esclarecer questões e auxiliar aquele que perdeu temporariamente a esperança e a autoconfiança a recuperar ambos.

Para o cliente de uma clínica de terapia de crise, esse "pedido de ajuda" está inevitavelmente entre os primeiros fatores que surgem para resolução da crise: ele foi até lá *porque* percebeu que precisava de ajuda. Para pessoas em crise que não vão até uma clínica, o pedido de ajuda pode acontecer antes, depois ou simplesmente não acontecer: algumas pessoas dificultam as coisas para si mesmas tentando resolver a crise totalmente sem assistência. Como exemplo pessoal de pedido de ajuda sem recorrer a um centro de terapia de crise, quando minha primeira esposa me chocou ao (finalmente) dizer que queria o divórcio, nos dias seguintes telefonei para quatro de meus amigos mais íntimos e abri o coração. Os quatro entenderam e tiveram empatia com minha situação, porque três também haviam se divorciado e o quarto conseguira reconstruir um casamento problemático. Embora, no meu caso, o pedido de ajuda não tenha evitado o divórcio, foi o primeiro passo em um longo processo de reavaliação de meus relacionamentos e, por fim, de construção de um segundo casamento feliz. Falar com meus amigos íntimos me fez sentir que eu não era o único a falhar e que poderia eventualmente alcançar a felicidade, como eles haviam feito.

5. **Outras pessoas como modelos.** Relacionado ao valor de outras pessoas como fonte de ajuda está o valor delas como modelos de métodos alternativos de superação. Como descobre a maioria daqueles que vencem uma crise, é uma grande vantagem conhecer alguém que resistiu a uma

crise similar, e que constitui um modelo de habilidades bem-sucedidas de superação que se pode tentar imitar. Idealmente, esses modelos são amigos ou outras pessoas com quem você pode conversar e aprender de modo direto como solucionaram problemas similares aos seus. Mas o modelo também pode ser alguém que você não conhece pessoalmente e sobre cuja vida e métodos de superação simplesmente leu ou ouviu falar. Por exemplo, embora poucos leitores deste livro possam ter conhecido pessoalmente Nelson Mandela, Eleanor Roosevelt ou Winston Churchill, suas biografias ou autobiografias renderam ideias e inspiração a outras pessoas que os usaram como modelos para resolução de crises pessoais.

6. **Força do ego.** Um fator importante ao lidar com uma crise, e que difere de pessoa para pessoa, é algo que os psicólogos chamam de "força do ego". Essa força inclui a autoconfiança, mas é muito mais abrangente. Significa termos um senso de nós mesmos, um senso de propósito, e nos aceitarmos como somos, como pessoas orgulhosamente independentes que não dependem de outros para obter aprovação ou sobreviver. A força do ego inclui conseguir tolerar fortes emoções, manter-se focado sob estresse, expressar-se livremente, perceber a realidade de modo acurado e tomar decisões sensatas. Essas qualidades inter-relacionadas são essenciais para explorar novas soluções e superar o medo paralisante que com frequência surge em uma crise. A força do ego começa a se desenvolver na infância, especialmente a partir de pais que aceitam o filho como ele é, sem esperar que ele realize seus sonhos ou que seja mais velho ou mais novo do que realmente é. Pais que ajudam a criança a aprender como tolerar frustrações ao não dar tudo que ela deseja, mas sem tampouco privá-la de tudo que quer. Todo esse contexto está envolvido na força do ego, que nos ajuda a superar crises.

7. **Autoavaliação honesta.** Está relacionada à força do ego, mas merece uma menção separada. Para um indivíduo em crise, fundamental para fazer boas escolhas é a autoavaliação honesta, por mais dolorosa que seja, a fim de mensurar forças e fraquezas, suas partes que funcionam e suas partes que não funcionam. Apenas então se pode mudar seletivamente

de formas que retenham seus pontos fortes e substitua seus pontos fracos por novas maneiras de lidar com a situação. Embora a importância da honestidade ao solucionar uma crise possa parecer óbvia demais para exigir menção, na realidade as razões pelas quais as pessoas frequentemente não são honestas consigo mesmas formam uma legião.

A questão da autoavaliação honesta constituiu um dos conflitos-chave de minha crise profissional em 1959. Superestimei minhas habilidades em um aspecto e as subestimei em outro. Meu amor por idiomas me levou a pensar que possuía as habilidades necessárias para me tornar intérprete simultâneo. Mas comecei a perceber que esse amor sozinho não seria suficiente para me tornar um intérprete bem-sucedido. Crescendo nos Estados Unidos, só comecei a aprender a primeira língua estrangeira aos 11 anos. Só fui morar em um país de língua não inglesa e me tornei fluente nela (alemão) aos 23. Como só comecei a falar outras línguas relativamente tarde, meu sotaque hoje, mesmo nos idiomas que falo melhor, ainda é reconhecivelmente americano. Foi somente aos 70 anos que enfim consegui alternar bem rápido *entre* dois idiomas que não fossem o inglês. Mas, como intérprete simultâneo, estaria competindo com tradutores suíços que já haviam desenvolvido fluência, sotaque e facilidade de alternar vários idiomas aos 8 anos. Acabei tendo de admitir para mim mesmo que estava me iludindo ao sonhar que poderia competir com os suíços como um linguista.

A outra área de autoavaliação com a qual me debati em 1959, e na qual subestimei, em vez de superestimar, minhas habilidades foi a pesquisa científica. Generalizei a partir de minha inabilidade em solucionar um problema tecnologicamente desafiador, a saber, como mensurar fluxos de íons através das membranas das enguias elétricas. Mas ainda era perfeitamente capaz de mensurar o transporte de água na vesícula biliar pelo simples método de pesá-la. Mesmo hoje, sessenta anos depois, ainda uso as tecnologias mais simples para fazer ciência. Aprendi a reconhecer importantes questões científicas que podem ser abordadas com tecnologias simples. Ainda não consigo ligar a TV de casa com seu controle remoto de 47 botões; só consigo fazer as coisas mais simples com meu recém-adquirido iPhone; e dependo completamente de minha secretária e de minha esposa para qualquer coisa que exija um computador. Sempre que quis realizar um projeto de pesquisa que exigia tecnologia complicada — análise por cabo da propagação da corrente epitelial, análise de ruído em canais de íons nas membranas, análise estatística de distribuições par a par de espécies de pássaros —, tive a sorte de encontrar colegas que eram habilidosos nessas análises e estavam dispostos a colaborar comigo.

Assim, finalmente aprendi a avaliar com honestidade o que eu era e não era capaz de fazer.

8. Experiência com crises anteriores. Se você já teve a experiência de lidar de forma bem-sucedida com diferentes crises no passado, isso lhe dá a confiança de que pode solucionar também a nova crise. Isso contrasta com a sensação de desamparo, de que, não importa o que faça, não terá sucesso, advinda de crises anteriores não superadas. A experiência prévia é uma importante razão pela qual as crises tendem a ser muito mais traumáticas para adolescentes e adultos jovens do que para pessoas mais velhas. Enquanto o fim de um relacionamento pode ser devastador em qualquer idade, o fim do primeiro relacionamento é especialmente ruim. Durante os rompimentos posteriores, por mais dolorosos que sejam, nós nos lembramos de ter sentido e superado dores similares. Essa é parcialmente a razão pela qual minha crise de 1959 foi tão traumática: era minha primeira crise aguda. Em comparação, minhas crises profissionais de 1980 e 2000 não foram traumáticas. Finalmente mudei de direção, passando da fisiologia das membranas para fisiologia evolutiva por volta de 1980 e da fisiologia para a geografia depois do ano 2000. Mas essas decisões não foram dolorosas, porque assumi, a partir de minhas experiências anteriores, que tudo provavelmente terminaria bem.

9. Paciência. Outra consideração é a habilidade de tolerar a incerteza, a ambiguidade ou o fracasso nas tentativas iniciais de mudança; em resumo, paciência. É pouco provável que uma pessoa em crise descubra uma maneira efetiva de lidar com ela na primeira tentativa. Em vez disso, podem ser necessárias várias tentativas, testando diferentes maneiras de superação e vendo se são compatíveis com sua personalidade, até que finalmente seja encontrada uma solução que funcione. As pessoas que não conseguem tolerar a incerteza ou o fracasso e desistem da busca já no início têm menos probabilidade de chegar a uma nova maneira de lidar com a crise que seja compatível com elas. Foi por isso que o gentil conselho de meu pai naquele banco de parque em Paris, "Por que você não dedica somente mais um semestre à pós-graduação em fisiologia?", pareceu um salva-vidas para mim. Meu pai fez com que a paciência me parecesse razoável; eu ainda não descobrira isso por mim mesmo.

10. Flexibilidade. Um importante elemento para superar uma crise através da mudança seletiva envolve a vantagem da personalidade flexível sobre a personalidade rígida e inflexível. "Rigidez" significa a crença dominante de que há apenas uma maneira de fazer as coisas. É claro que essa crença é um obstáculo à exploração de outras maneiras e à substituição da velha e falha abordagem por uma nova e bem-sucedida. A rigidez ou inflexibilidade pode resultar de uma história anterior de abuso ou trauma ou de uma criação que não ofereceu à criança a oportunidade de experimentar ou se desviar das normas familiares. A flexibilidade pode vir da liberdade que teve de fazer as próprias escolhas enquanto crescia.

Aprendi a ser flexível tarde na vida, como resultado das expedições que iniciei aos 26 anos para estudar pássaros nas florestas tropicais da ilha de Nova Guiné. Planos detalhados quase nunca funcionavam como previsto na Nova Guiné. Aeroportos, barcos e veículos regularmente paravam, afundavam ou quebravam; pessoas e funcionários públicos não se comportavam como esperado e não seguiam ordens; pontes e estradas se mostravam intransitáveis; montanhas não estavam onde os mapas diziam estar;

e muitas outras coisas davam errado. Quase todas as minhas expedições à Nova Guiné começaram comigo planejando fazer X, chegando à ilha e descobrindo que X era impossível e tendo de ser *flexível*, ou seja, tendo de improvisar um novo plano na hora. Quando eu e Marie tivemos filhos, descobri que essas expedições haviam sido a mais útil preparação para ser pai, porque crianças também são imprevisíveis, não seguem ordens e exigem flexibilidade dos pais.

11. Valores essenciais. A penúltima consideração, ainda relacionada à força do ego, envolve os chamados valores essenciais, ou seja, as crenças que consideramos centrais à nossa identidade e que formam a base de nosso código moral e perspectiva de vida, como a religião e o comprometimento com a família. Em uma crise, você precisa descobrir onde estabelecer o limite na hora de adotar mudanças seletivas: quais valores essenciais você se recusa a modificar, porque os considera inegociáveis? Em que ponto você diz para si mesmo: "Prefiro morrer a mudar ISSO?" Por exemplo, muitas pessoas consideram inegociáveis os compromissos familiares, a religião e a honestidade. Tendemos a admirar alguém que se recusa a trair a família, mentir, renegar a religião ou roubar a fim de sair de uma crise.

Mas as crises podem produzir áreas cinzentas nas quais valores previamente tidos como inegociáveis são reconsiderados. Para citar um exemplo óbvio, aquele que pede o divórcio rompe o compromisso que assumiu com seu cônjuge. O mandamento moral "Não roubarás" teve de ser abandonado pelos prisioneiros dos campos de concentração nazistas durante a Segunda Guerra Mundial: as rações se mostravam tão inadequadas que era impossível sobreviver sem roubar comida. Numerosos sobreviventes abandonaram a religião, porque descobriram ser impossível reconciliar o mal dos campos com a crença em um deus. O grande autor judeu italiano Primo Levi, que sobreviveu a Auschwitz, afirmou: "Minha experiência em Auschwitz destruiu qualquer legado de educação religiosa que eu ainda pudesse possuir. Auschwitz existe; consequentemente, Deus não pode existir. Não encontrei solução para esse dilema."

Desse modo, os valores essenciais tornam mais fácil ou mais difícil superar uma crise. Por um lado, podem fornecer clareza, uma fundação de força e certeza a partir da qual podemos pensar em mudar outras partes de nós mesmos. Por outro, se nos agarramos a nossos valores essenciais mesmo quando se revelam equivocados em circunstâncias modificadas, eles podem impedir que superemos a crise.

12. Liberdade de restrições. O fator que ainda resta mencionar é a liberdade de escolha que deriva de não sermos restringidos por responsabilidades e problemas práticos. É mais difícil tentar novas soluções se você possui pesadas responsabilidades para com outras pessoas (como filhos), se seu trabalho é muito exigente ou se você é frequentemente exposto a perigos físicos. É claro que isso não significa que é impossível atravessar a crise carregando esses fardos, mas eles impõem desafios adicionais. Em 1959, tive a sorte de, em meio ao turbilhão pessoal de ter de descobrir se ainda queria me tornar pesquisador científico, não ter de me submeter a nenhuma limitação prática. Eu tinha uma bolsa da Fundação Nacional de Ciência que garantiria meu sustento e pagaria por minhas despesas acadêmicas durante vários anos; o Departamento de Fisiologia de Cambridge não estava ameaçando me expulsar nem exigindo que eu fosse aprovado em algum teste; e ninguém estava me pressionando a desistir, com exceção de mim mesmo.

———

Esses são os fatores (listados na Tabela 1.1) que os terapeutas me relataram, ou sobre os quais escreveram, e que afetam as crises pessoais. Que utilidade podemos esperar desses fatores ao tentarmos entender os resultados das crises nacionais?

Por um lado, desde o início está claro que nações não são indivíduos. Veremos que as crises nacionais suscitam numerosas questões — de liderança, de tomada de decisões em grupo, instituições nacionais e outras — que não são suscitadas por crises individuais.

Por outro, certamente também está claro que os mecanismos de superação de um indivíduo não existem isoladamente da cultura da nação e dos grupos subnacionais em que ele cresceu e agora vive. Essa cultura mais ampla possui grande influência sobre os traços individuais, como comportamento, objetivos, percepção da realidade e forma de lidar com problemas. Daí esperarmos *algumas* correspondências entre a maneira como os indivíduos lidam com os problemas individuais e a maneira como nações, compostas de muitos indivíduos, lidam com os problemas nacionais. Entre essas correspondências estão a importância (para indivíduos e nações) de aceitar a responsabilidade por fazer algo, em vez de se ver como vítima passiva e indefesa; o delineamento da crise; a busca por ajuda; e o aprendizado a partir de modelos. Por mais óbvias que essas regras simples possam ser, indivíduos e nações as ignoram ou negam com deprimente frequência.

Para estabelecer o contexto das maneiras pelas quais nações se parecem ou não com indivíduos no modo como lidam com crises, considere o seguinte experimento mental. Se compararmos indivíduos escolhidos aleatoriamente em todo o mundo, descobriremos que diferem por múltiplas razões, que podem ser amplamente categorizadas como individuais, culturais, geográficas e genéticas. Compare, por exemplo, a roupa que cobre o torso de cinco homens durante uma tarde de janeiro: um inuíte tradicional ao norte do círculo Ártico, dois americanos comuns em uma rua de Los Angeles, o presidente americano de um banco em seu escritório em Nova York e um papuásio na floresta tropical de planície na Nova Guiné. Por razões geográficas, o inuíte vestirá uma parca quente com capuz, os três americanos usarão camisa, mas não parca, e o papuásio não usará absolutamente nada. Por razões culturais, o presidente de banco provavelmente usará gravata, mas os dois homens na rua em Los Angeles, não. Por razões individuais, os dois homens aleatoriamente selecionados em Los Angeles podem usar camisas de cores diferentes. Se a pergunta estivesse relacionada a cores de cabelo, e não cobertura do torso, razões genéticas também poderiam contribuir para a resposta.

Agora, em relação a esses mesmos cinco homens, considere a diferença em valores essenciais. Embora possa haver diferenças individuais entre os três americanos, é muito mais provável que partilhem valores essenciais uns com os outros do que com o inuíte ou o papuásio. Esses valores essenciais são apenas um exemplo das características culturais amplamente partilhadas entre membros da mesma sociedade e que são aprendidas desde a infância. Mas, na média, os traços individuais entre membros de sociedades diversas diferem por razões inexplicáveis ou apenas parcialmente explicáveis em termos de diferenças geográficas. Se um dos homens de Los Angeles fosse presidente dos Estados Unidos, seus valores essenciais culturalmente derivados — ou seja, seus valores sobre direitos e responsabilidades individuais — teriam forte efeito sobre a política nacional americana.

O que quis demonstrar com esse experimento mental é que esperamos que haja alguma relação entre características individuais e nacionais, porque os indivíduos partilham uma cultura nacional e as decisões nacionais dependem, em última instância, das visões dos indivíduos dessa nação, especialmente dos líderes que compartilham da cultura nacional. Nos países discutidos neste livro, as visões dos líderes se provaram especialmente importantes para o Chile, a Indonésia e a Alemanha.

A Tabela 1.2 lista os doze fatores que este livro discutirá em relação aos resultados das crises nacionais. A comparação com a Tabela 1.1, que lista os fatores que os terapeutas consideram relacionados aos resultados das crises individuais, mostra que a maioria dos fatores em uma lista possui análogos reconhecíveis na outra.

Tabela 1.2. Fatores relacionados aos resultados das crises nacionais

1. Consenso nacional de que a nação está em crise
2. Aceitação da responsabilidade nacional de fazer algo
3. Construção de uma cerca para delinear os problemas nacionais que precisam ser solucionados
4. Obtenção de auxílio material e financeiro de outras nações
5. Adoção dos modelos de solução de outras nações
6. Identidade nacional
7. Honesta autoavaliação nacional
8. Experiência histórica com crises nacionais anteriores
9. Modo de lidar com o fracasso nacional
10. Flexibilidade nacional específica à situação
11. Valores essenciais nacionais
12. Liberdade de restrições geopolíticas

Em sete desses doze fatores, os paralelos são diretos:

Fator 1. Nações, assim como indivíduos, reconhecem ou negam estar em crise. Mas o reconhecimento por parte da nação exige algum nível de consenso nacional, ao passo que o indivíduo reconhece ou nega por si mesmo.

Fator 2. Nações e indivíduos aceitam a responsabilidade de agir para solucionar o problema ou negam essa responsabilidade através da autopiedade, culpando outros ou assumindo o papel de vítima.

Fator 3. Nações adotam mudanças seletivas em suas instituições e políticas ao "construir uma cerca" separando as que precisam de mudança daquelas que devem ser preservadas. Indivíduos similarmente "constroem uma cerca" para adotar mudanças seletivas em alguns traços individuais, mas não em outros.

Fator 4. Nações e indivíduos podem receber apoio material e financeiro de outras nações e indivíduos. Indivíduos, mas não nações, podem receber também apoio emocional.

Fator 5. Nações podem modelar suas instituições e políticas nas de outras nações, assim como indivíduos podem modelar seus métodos de lidar com a situação nos métodos de outros indivíduos.

Fator 7. Nações, assim como indivíduos, realizam ou não autoavaliação honesta. Em uma nação, isso exige certo nível de consenso nacional, mas indivíduos se avaliam honestamente ou não por si mesmos.

Fator 8. Nações possuem experiência histórica, ao passo que indivíduos possuem memórias pessoais de crises individuais ou nacionais anteriores.

Em dois outros casos, a correspondência entre os fatores é mais geral e menos específica:

Fator 9. As nações diferem na maneira como lidam com o fracasso e na disposição para explorar outras soluções para um problema se as primeiras tentativas falharem. Pense, por exemplo, nas respostas drasticamente diferentes à derrota militar de partes da Alemanha após a Primeira Guerra Mundial, da Alemanha e do Japão após a Segunda Guerra Mundial e dos Estados Unidos após a Guerra do Vietnã. Indivíduos também diferem em sua tolerância ao fracasso ou às falhas iniciais, e frequentemente nos referimos a essa característica individual como "paciência".

Fator 12. As nações sofrem diversas limitações a sua liberdade de escolha, em função especialmente da geografia, da riqueza e do poder militar/político. Indivíduos também sofrem diversas limitações a sua liberdade de escolha, mas por razões inteiramente diferentes, como responsabilidade pelos filhos, exigências profissionais e renda individual.

Finalmente, nos três fatores remanescentes, o fator individual serve apenas como metáfora para o fator que descreve as nações:

Fator 6. Os psicólogos escreveram longamente sobre uma característica chamada "força do ego". Ela se aplica somente a indivíduos e não podemos falar de força do ego nacional. Mas as nações possuem uma característica chamada identidade nacional, que teremos frequentes ocasiões para discutir e que desempenha papel semelhante ao da força do ego. A identidade nacional inclui características como língua, cultura e história, que tornam uma nação única entre todas as outras e são partilhadas por seus cidadãos.

Fator 10. Outra característica dos indivíduos sobre a qual os psicólogos escreveram longos textos é a flexibilidade, juntamente com seu oposto, a rigidez. A flexibilidade permeia o caráter e não é específica a uma situação. Se um homem tem o firme hábito de jamais emprestar dinheiro aos amigos, mas é flexível em seus outros comportamentos, não se considera que possui uma personalidade rígida. A personalidade rígida se expressa em regras firmes de comportamento para a maioria das situações. Não está claro se qualquer nação possui rigidez análoga. Inicialmente, poderíamos estar inclinados a considerar o Japão ou a Alemanha "rígidos", mas o fato é que, em certos períodos, ambos foram extraordinariamente flexíveis sobre muitas questões importantes, como discutiremos nos capítulos 3 e 6, respectivamente. A flexibilidade nacional pode ser específica diante de uma situação, diferentemente da flexibilidade individual. Retornaremos a essa questão no epílogo.

Fator 11. Finalmente, indivíduos possuem valores essenciais como honestidade, ambição, religião e laços familiares. Nações possuem o que poderíamos chamar de valores essenciais nacionais, alguns dos quais se sobrepõem aos valores individuais (como honestidade e religião). Os valores essenciais nacionais estão relacionados à identidade nacional, mas não são idênticos a ela. A linguagem de Shakespeare e Tennyson, por exemplo, faz parte da identidade nacional britânica, mas Tennyson não foi a razão pela qual os britânicos se recusaram a negociar com Hitler mesmo nas horas mais sombrias de maio de 1940. A recusa britânica se deveu a um valor essencial: "Jamais nos renderemos."

Como mencionei no prólogo, as crises nacionais suscitam questões adicionais que não surgem, ou surgem apenas como análogos distantes, nas crises individuais. Elas incluem:

- o papel crucial das instituições políticas e econômicas;
- questões sobre o papel do líder ou líderes da nação na resolução de crises;
- questões mais gerais sobre tomada de decisão em grupo;
- a questão sobre se a crise nacional leva a mudanças seletivas através da resolução pacífica ou da revolução violenta;
- a questão sobre se diferentes tipos de mudanças nacionais são introduzidos ao mesmo tempo como parte de um programa unificado ou separadamente em épocas distintas;
- a questão sobre se uma crise nacional foi provocada por desdobramentos internos ou pelo choque externo causado por outro país; e
- o problema de chegar à reconciliação (especialmente após uma crise envolvendo guerras ou assassinatos em massa) entre partes que estavam em conflito, sejam essas partes grupos no interior do país ou um país e seus vizinhos.

Para começar a tratar dessas questões, o capítulo seguinte apresentará o primeiro de dois exemplos de crises nacionais desencadeadas abruptamente pelo ataque ou ameaça de ataque de outro país. Veremos que a Finlândia, cuja língua e suas delícias desempenharam um papel tão grande em minha crise pessoal de 1959, ilustrará muitos fatores relacionados aos resultados das crises nacionais.

PARTE 2

NAÇÕES: CRISES DO PASSADO

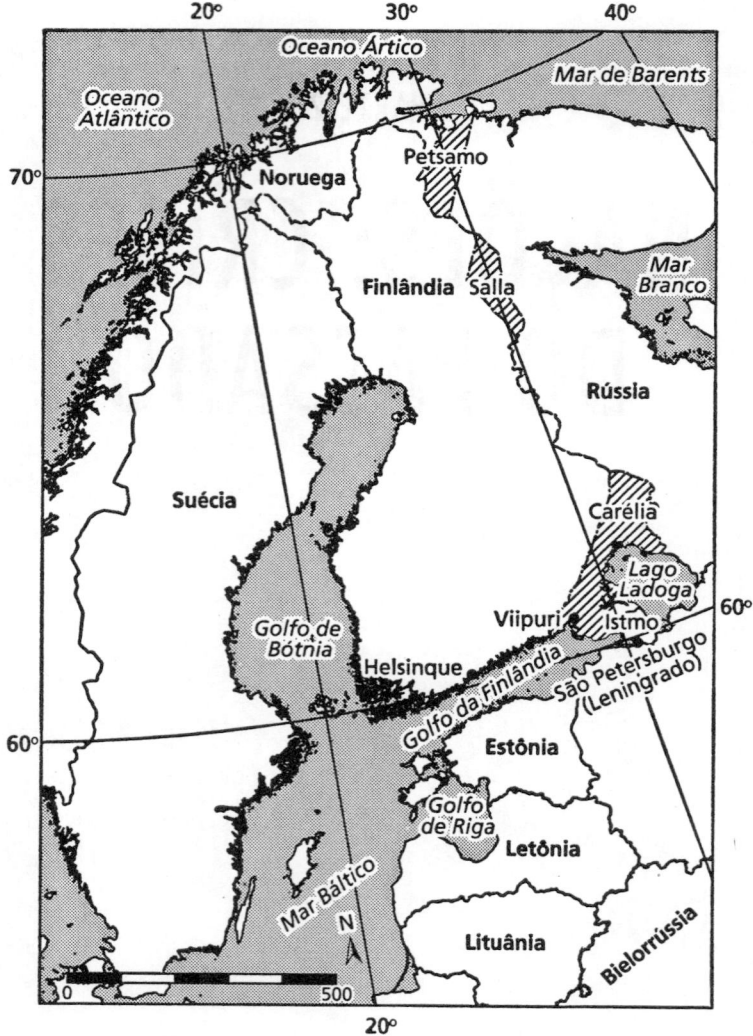

Mapa da Finlândia

CAPÍTULO 2

GUERRA DA FINLÂNDIA CONTRA A UNIÃO SOVIÉTICA

Visitando a Finlândia — Língua — Finlândia até 1939 —
A Guerra de Inverno — O fim da Guerra de Inverno —
A Guerra da Continuação — Após 1945 — Andando na
corda bamba — Finlandização — Estrutura da crise

A Finlândia é um país escandinavo (nórdico) de apenas 6 milhões de habitantes que faz fronteira com a Suécia a oeste e com a Rússia a leste. No século anterior à Primeira Guerra Mundial, era apenas uma parte autônoma da Rússia, não uma nação independente. Era pobre, recebia pouca atenção na Europa e quase nenhuma fora dela. No início da Segunda Guerra Mundial, era independente, mas ainda pobre, com a economia focada na agricultura e nos produtos florestais. Atualmente, a Finlândia é conhecida em todo o globo por sua tecnologia e sua indústria e se tornou um dos países mais ricos do mundo, com uma renda *per capita* média comparável à da Alemanha e à da Suécia. Sua segurança repousa sobre um notório paradoxo: é uma democracia social liberal que, durante muitas décadas, manteve excelentes relações de confiança com a antiga União Soviética comunista e, agora, com a autocrática Rússia. Essa combinação de características constitui um exemplo notável de mudança seletiva.

Se você estiver visitando a Finlândia pela primeira vez e quiser entender seu povo e sua história, um bom lugar para começar é o Cemitério Hietaniemi, o maior do país, localizado na capital, Helsinque. Ao contrário dos Estados Unidos, que enterra seus soldados no Cemitério Nacional de Arlington, em Washington, e em outros cemitérios de veteranos em todo o país, a Finlândia não possui cemitérios militares separados. Os soldados caídos são levados para casa e enterrados em cemitérios civis de sua cidade ou paróquia. Uma grande seção do Cemitério Hietaniemi é dedicada aos soldados mortos de Helsinque. Eles ocupam um local de honra, acima das sepulturas dos presidentes e de outros líderes políticos finlandeses e em torno do monumento ao marechal de campo Carl Gustaf Mannerheim (1867-1951).

Ao se aproximar do Cemitério Hietaniemi, a primeira coisa que você notará é que não consegue entender placas e outdoors (ver figura 2.1 do encarte). Em praticamente qualquer outro país europeu, mesmo que você não fale a língua, conseguirá reconhecer algumas palavras, porque a maioria das línguas europeias pertence à família indo-europeia que inclui o inglês, e todas as línguas indo-europeias partilham muitos radicais. Mesmo na Lituânia, na Polônia e na Islândia, você conseguirá reconhecer algumas palavras em placas e outdoors. Mas a maioria das palavras finlandesas será irreconhecível, porque o finlandês é uma das poucas línguas da Europa que não possui qualquer relação com a família linguística indo-europeia.

A segunda coisa que você notará no cemitério é a simplicidade e a beleza do projeto. A Finlândia é mundialmente famosa por seus arquitetos e decoradores, que sabem como produzir efeitos de grande beleza de maneiras simples. Em minha primeira visita à Finlândia, eu me lembro de entrar na sala de estar de um de meus anfitriões e logo pensar: "Esse é o mais belo cômodo que já vi!" Refletindo a respeito, eu me perguntei por que o achei tão belo, uma vez que se tratava de um cubículo quase vazio com algumas peças simples de mobília. Mas os materiais e o formato do cômodo, além daqueles poucos móveis, eram tipicamente finlandeses em sua simplicidade e beleza.

Em seguida, você pode ficar chocado com o número de soldados enterrados ou relembrados no Hietaniemi. Contei mais de 3 mil lápides, de soldados cujos corpos puderam ser recuperados, arranjadas em fileiras curvas, uma acima da outra. Após essa seção contendo lápides nomeadas, havia um muro de aproximadamente 1,20 metro de altura e centenas de metros de extensão, dividido em 55 painéis com os nomes dos soldados — contei 715 — listados como "desaparecidos", porque seus corpos não puderam ser recuperados e trazidos de volta. Outro monumento coletivo, sem nenhum nome, homenageia todos os soldados finlandeses que morreram em prisões inimigas. Mas todos esses soldados mortos no Hietaniemi são apenas de Helsinque; seções similares podem ser encontradas em qualquer cemitério municipal e paroquial da Finlândia. Você começará a perceber que muitos finlandeses devem ter morrido na guerra.

Enquanto caminha por entre as lápides do Hietaniemi, você notará as inscrições. Mais uma vez, não conseguirá entender muita coisa, porque tudo está em finlandês. Mas a maioria das lápides, em qualquer língua, registra o nome da pessoa falecida, o local e a data de nascimento e o local e a data da morte. Esse formato é fácil de reconhecer mesmo em um cemitério finlandês. Você notará que todas as datas de falecimento estão entre 1939 e 1944, durante a Segunda Guerra Mundial. A maioria das datas de nascimento pertence às décadas de 1910 e 1920, o que significa que a maioria dos soldados morreu com 20 e poucos anos, como seria de esperar. Mas você ficará surpreso de ver que também há muitos soldados que morreram aos 50 e poucos anos ou enquanto ainda eram adolescentes. A lápide de Johan Viktor Pahlsten, por exemplo, registra que ele nasceu em 4 de agosto de 1885 e morreu em 15 de agosto de 1941, onze dias após seu 56º aniversário. Klara Lappalainen nasceu em 30 de julho de 1888 e morreu em 19 de outubro de 1943, aos 55 anos. No outro extremo, o estudante Lauri Martti Hämälainen nasceu em 22 de julho de 1929, voluntariou-se para lutar e morreu em 15 de junho de 1943, aos 13 anos, cinco semanas antes de seu 14º aniversário. Por que a Finlândia convocou não apenas os soldados usuais de 20 e poucos anos, mas também homens e mulheres com mais de 50 e adolescentes (ver figura 2.2 do encarte)?

Ao ler as datas e os locais de falecimento registrados nas lápides, você notará que eles estiveram concentrados em alguns poucos períodos e locais. O maior número ocorreu entre o fim de fevereiro e o início de março de 1940, em agosto de 1941 e entre junho e agosto de 1944. Muitos locais de falecimento são registrados como Viipuri ou vários locais que um amigo finlandês identificará como sendo próximos a Viipuri, como Syväri, Kannas e Ihantola. Isso fará com que você se pergunte: o que aconteceu em Viipuri e por que tantos finlandeses morreram lá em períodos tão curtos de tempo?

A explicação é que Viipuri era a segunda maior cidade do país, até ser cedida à União Soviética juntamente com um décimo da área total da Finlândia, após uma guerra feroz durante o inverno de 1939-1940 e uma segunda guerra entre 1941 e 1944. Em outubro de 1939, a União Soviética fez exigências territoriais a quatro países bálticos: Finlândia, Estônia, Letônia e Lituânia. A Finlândia foi a única a recusar, a despeito de a União Soviética possuir um enorme exército e uma população quase cinquenta vezes maior que a sua. Os finlandeses resistiram com tanta determinação que conseguiram preservar sua independência, muito embora sua sobrevivência tenha permanecido seriamente em dúvida durante uma série de crises que durou uma década. As mais pesadas perdas ocorreram durante os três períodos de pico evidenciados pelas lápides, quando o Exército soviético cercou Viipuri em fevereiro-março de 1940, e os finlandeses a recapturaram em agosto de 1941 e, finalmente, quando o Exército soviético avançou novamente sobre a cidade no verão de 1944 (ver figuras 2.3 e 2.4 do encarte).

O número de finlandeses mortos na guerra contra a União Soviética foi de quase 100 mil, na maioria homens. Para americanos, japoneses e europeus não finlandeses modernos, que se lembram das 100 mil mortes quase instantâneas em cada uma das cidades bombardeadas (Hiroshima, Hamburgo e Tóquio) e das perdas de quase 20 milhões de pessoas cada sofridas pela União Soviética e pela China durante a Segunda Guerra Mundial, as perdas da Finlândia, de apenas 100 mil pessoas durante cinco anos, podem parecer modestas. Mas representaram 2,5% da população total do país, de 3,7 milhões de pessoas, e 5% da população masculina. Seria como se 9 milhões de americanos morressem hoje em uma guerra: quase dez vezes o número total de mortes em todas as guerras de nossos 240 anos de história. Minha mais recente visita ao Cemitério Hietaniemi foi em 14 de maio de 2017, um domingo. Muito embora a última morte relembrada na seção militar tivesse ocorrido mais de setenta anos antes (em 1944), vi flores frescas em muitas sepulturas e famílias caminhando entre elas. Parei para conversar com uma família de quatro pessoas, das quais o mais velho era um homem que parecia ter cerca de 40 anos. Isso significava que o soldado caído cuja sepultura visitavam não podia ser um de seus pais, mas sim avós ou bisavós. Quando comentei sobre as visitas, a lembrança e as flores frescas, ele explicou: "Toda família finlandesa perdeu membros naquela época."

Minha primeira visita à Finlândia ocorreu no verão de 1959, ou seja, quinze anos após o fim da guerra contra a União Soviética e somente quatro anos depois da evacuação da base militar soviética em solo finlandês, perto de Helsinque. Meus anfitriões foram veteranos, viúvas e filhos da guerra e soldados ainda ativos. Eles me contaram suas histórias e a história recente de seu país. Aprendi o suficiente da maravilhosa língua finlandesa para me virar como turista, apreciar como essa língua contribui para o senso de singularidade da Finlândia e precipitar minha própria crise, que descrevi no capítulo anterior. Para os leitores que não tiveram a felicidade de visitar a Finlândia, eis algumas características da estrutura de crise e mudança deste livro que devem ser mantidas em mente ao ler meu relato: a força e as origens da identidade nacional; a avaliação ultrarrealista da situação geopolítica do país; a resultante e paradoxal combinação de mudanças seletivas que mencionei no parágrafo de abertura; e a *ausência* de liberdade de escolha, de auxílio dos aliados em momentos cruciais e de modelos bem-sucedidos que fosse possível adotar.

———

A Finlândia se identifica com a Escandinávia e é considerada parte dela. Muitos finlandeses são loiros de olhos azuis, como os suecos e os norue- gueses. Geneticamente, são 75% escandinavos e somente 25% invasores do leste. Mas geografia, língua e cultura os tornam diferentes dos outros escandinavos, e eles sentem orgulho dessas diferenças. Quanto à geografia, as descrições da Finlândia feitas pelos finlandeses reiteram dois temas: "Somos um país pequeno" e "Nossa geografia jamais mudará". Com essa última frase, querem dizer que a fronteira entre Finlândia e Rússia (ou a encarnação anterior da Rússia como União Soviética) é mais longa que a de qualquer outro país europeu. A Finlândia é, com efeito, uma zona neutra entre a Rússia e o restante da Escandinávia.

Todas as quase cem línguas nativas da Europa são membros inter- -relacionados da família linguística indo-europeia, com exceção da isolada língua basca e de quatro outras. Essas quatro são a língua finlandesa, a proximamente relacionada língua estoniana e as distantemente relacio- nadas línguas húngara e lapônia (sami), todas pertencentes à família lin- guística fino-ugriana. O finlandês é uma bela língua e o foco da identidade e do orgulho nacionais. A epopeia nacional, o poema *Kalevala*, possui um papel ainda maior na consciência nacional finlandesa do que o de Shakespeare para os falantes de inglês. Para os estrangeiros, o finlandês é não somente belo e dotado de uma qualidade musical, mas também muito difícil de aprender. Uma coisa que o torna difícil é o vocabulário, porque suas palavras não possuem os familiares radicais indo-europeus. Isso significa que a maioria das palavras precisa ser memorizada individualmente. As outras coisas que tornam o finlandês difícil são seus sons e sua gramática. A letra *k* é muito comum: das duzentas páginas de meu dicionário finlandês-inglês, 31 são de palavras começadas com *k*. (Tente saborear estas linhas do *Kalevala*: "*Kullervo, Kalervon poika, sinisukka äijön lapsi, hivus keltainen, korea, kengän kauto kaunokainen.*") Não tenho nada contra o *k*, mas, infelizmente, o finlandês, de modo distinto do inglês, possui consoantes duplas (como *kk*) pronunciadas diferentemente das consoantes simples (como *k*). Essa foi a característica de pronúncia que tornou mais difícil para meus tolerantes anfitriões me entenderem nas poucas ocasiões em que falei em sua língua. As consequências de não conseguir pronunciar distintamente consoantes simples e duplas podem ser sérias. Por exemplo, o verbo finlandês para "encontrar-se" é *tapaa*, com um único *p*, ao passo que "matar" é *tappaa*, com *p* duplo. Consequentemente, se pedir que um finlandês se encontre com você, mas, por engano, dobrar o *p*, você pode acabar morto.

O finlandês também possui o que chamamos de vogais curtas e longas. A palavra para "limite", por exemplo, é *raja*, com o primeiro "a" curto, mas a palavra para "perna" ou "braço" é *raaja*, com o primeiro "a" longo, e isso fez com que eu fosse mal compreendido quando estava perto dos limites de um parque nacional e erroneamente alonguei o primeiro "a" ao tentar falar sobre eles. Três vogais finlandesas, "a", "o" e "u", existem nas duas formas, pronunciadas na parte posterior ou anterior da boca e escritas, respectivamente, como "a" e "ä", "o" e "ö", "u" e "y". Na mesma palavra, todas as três vogais precisam ser anteriores ou posteriores, no que é chamado de harmonia vocálica. A palavra finlandesa para "noite", por exemplo, que em frequentes ocasiões usei ao dizer "boa noite", só possui vogais anteriores (*yötä*), ao passo que a palavra para "leito fluvial" só possui vogais posteriores (*uoma*).

Se você fica confuso com os quatro casos do alemão e os seis casos do latim, ficará horrorizado ao saber que o finlandês possui quinze casos, muitos dos quais substituem preposições em inglês. Uma das horas mais prazerosas de minha primeira visita à Finlândia ocorreu quando um soldado, que não falava inglês e só conseguia se comunicar em sua própria língua, ensinou-me os seis casos locativos do finlandês (substituindo as preposições inglesas *on, in, onto, off, into, out of*) ao apontar para uma mesa (*pöytä*) na qual ("on", *pöydällä*: harmonia vocálica!) havia uma xícara, dentro da qual ("in", *pöydässä*) havia um prego. Ele colocou a xícara sobre ("onto", *pöydälle*) a mesa, tirou a xícara da ("off", *pöydältä*) mesa, e então martelou o prego na ("into", *pöytään*) e depois extraiu o prego da ("out of", *pöydästä*) mesa.

Entre outros, os dois casos que os estrangeiros acham mais confusos são o acusativo e o partitivo. Em latim e em alemão, que não possuem caso partitivo, todos os objetos diretos são expressados pelo acusativo: "Eu bati na bola" é *"ich schlage den Ball"* em alemão. Mas, em finlandês, sempre que usa um objeto direto, você precisa decidir se o verbo está fazendo algo ao objeto todo (o que requer acusativo) ou somente a uma parte dele (o que requer partitivo). Pode ser fácil decidir se você está batendo em toda a bola ou somente parte dela. Mas é mais difícil decidir se deve usar acusativo ou partitivo no caso de substantivos abstratos. Se você tem uma ideia, a língua finlandesa exige que decida se está tendo toda a ideia ou parte dela, porque isso determina o uso correto dos casos acusativo ou partitivo. Um de meus anfitriões em 1959 era um sueco naturalizado finlandês que falava sueco em casa, mas era fluente em finlandês. Mesmo assim, não conseguia um emprego público, porque todas as agências governamentais exigiam provas de finlandês e sueco. Meu amigo disse que, na década de 1950, se você cometesse um único erro na escolha entre caso acusativo e caso partitivo, era reprovado no exame e não conseguia o emprego público.

Todas essas características contribuem para tornar a língua finlandesa distinta e bela, fonte de orgulho nacional e não falada por quase ninguém além dos próprios finlandeses. A língua formou a essência da identidade nacional, pela qual tantos finlandeses estavam dispostos a morrer na guerra contra a União Soviética.

Outras peças centrais da identidade finlandesa são seus compositores, arquitetos, designers e corredores de longa distância. O músico Jean Sibelius é considerado um dos maiores compositores do século XX. Arquitetos e designers de interior são mundialmente renomados. (Os leitores americanos se lembrarão do arco de St. Louis; do Aeroporto Dulles, em Washington; e do terminal da TWA no Aeroporto Kennedy, em Nova York, todos projetados pelo arquiteto finlandês Eero Saarinen.) Após a Primeira Guerra Mundial, quando muitos novos países (incluindo a Finlândia) foram criados pelos Aliados, a Finlândia se destacou por causa de Sibelius e do mais famoso corredor e recordista de longa distância do mundo, Paavo Nurmi, apelidado de Finlandês Voador. Nas Olimpíadas de 1924, ele venceu e estabeleceu o recorde olímpico das corridas de 1.500 metros e 5 mil metros e foi o primeiro colocado da corrida cross-country de 10 mil metros dois dias depois, e da corrida de 3 mil metros no dia seguinte. Manteve o recorde mundial da corrida da milha durante oito anos. Isso deu origem ao dito de que Nurmi e outros corredores "correndo botaram a Finlândia no mapa mundial". Todas essas realizações também contribuíram para que os finlandeses se conscientizassem de sua singularidade, sua identidade nacional e sua disposição para lutar com os soviéticos, contra todas as chances.

———

Falantes de uma língua protofinlandesa chegaram à Finlândia em tempos pré-históricos, há vários milhares de anos. Em tempos históricos, ou seja, depois que os primeiros relatos detalhados sobre o país começaram a ser escritos, por volta de 1100, sua posse foi disputada entre Suécia e Rússia. A Finlândia permaneceu sob controle majoritariamente sueco até ser anexada pela Rússia em 1809. Durante a maior parte do século XIX, os tsares russos lhe concederam muita autonomia, com seu próprio Parlamento, administração e moeda, e não impuseram a língua russa. Mas quando

Nicolau II se tornou tsar em 1894 e nomeou para governador o desagradável Bobrikov (assassinado por um finlandês em 1904), o domínio russo se tornou opressivo. Consequentemente, perto do fim da Primeira Guerra Mundial, quando a Revolução Bolchevique irrompeu na Rússia no fim de 1917, a Finlândia declarou sua independência.

O resultado foi uma amarga Guerra Civil Finlandesa em que conservadores finlandeses chamados de Brancos, que consistiam em soldados treinados na Alemanha e auxiliados por tropas alemãs que desembarcaram na Finlândia, lutaram contra comunistas finlandeses chamados de Vermelhos e contra as tropas russas ainda estacionadas no país. Quando os Brancos consolidaram sua vitória em maio de 1918, fuzilaram cerca de 8 mil Vermelhos. Outros 20 mil morreram de fome e doenças em campos de concentração. Quando mensurada pela porcentagem da população nacional morta a cada mês, a Guerra Civil Finlandesa foi o conflito civil mais letal do mundo até o genocídio de 1994 em Ruanda. Isso poderia ter envenenado e dividido o novo país, mas houve uma rápida reconciliação, com os esquerdistas sobreviventes retomando integralmente seus direitos políticos e, em 1926, um esquerdista se tornando primeiro-ministro. Mas as memórias da guerra civil aumentaram o medo da Rússia e do comunismo e tiveram por consequência a subsequente atitude da Finlândia em relação à União Soviética.

Durante as décadas de 1920 e 1930, a Finlândia continuou a temer a Rússia, então reconstituída como União Soviética. Ideologicamente, os dois países eram opostos: a Finlândia era uma democracia capitalista liberal e a União Soviética era uma ditadura comunista repressora. Os finlandeses se lembravam da opressão russa sob o último tsar. Temiam que a União Soviética tentasse reconquistar a Finlândia, entre outras ações apoiando os comunistas finlandeses para que subvertessem o governo. Eles observaram com preocupação o reinado de terror e os expurgos paranoicos de Stalin durante a década de 1930. De modo mais direto, os soviéticos começaram a construir aeródromos e linhas ferroviárias em áreas pouco povoadas da União Soviética a leste da fronteira finlandesa. Essas linhas ferroviárias incluíam algumas que corriam em direção à Finlândia, terminando no meio de uma floresta próxima da fronteira e sem servir a nenhum propósito concebível que não fosse facilitar a invasão.

Nos anos 1930, a Finlândia começou a expandir seu exército e suas defesas sob o general Mannerheim, que liderara as vitoriosas tropas Brancas durante a guerra civil. Muitos finlandeses se voluntariaram a passar o verão de 1939 fortalecendo a principal linha de defesa do país, chamada de Linha Mannerheim, ao longo do istmo da Carélia, que separava o sudeste da Finlândia de Leningrado, a mais próxima e segunda maior cidade soviética. Enquanto a Alemanha se rearmava sob Hitler e se tornava cada vez mais antagônica à União Soviética, a Finlândia tentava manter uma política externa baseada na neutralidade, ignorando a União Soviética e torcendo para que nenhuma ameaça viesse daquela direção. A União Soviética, por sua vez, permanecia desconfiada da vizinha burguesa que derrotara o lado comunista durante a guerra civil, com ajuda de soldados alemães.

Assim como a Finlândia tinha fortes razões geográficas e históricas para se preocupar com a União Soviética, a União Soviética tinha fortes razões geográficas e históricas para se preocupar com a Finlândia. A fronteira pré-guerra entre os dois países ficava a somente 50 quilômetros de Leningrado (ver mapa na página 62). As tropas alemãs já haviam lutado contra os comunistas na Finlândia em 1918; tropas britânicas e francesas já haviam entrado no golfo da Finlândia para bloquear ou atacar Leningrado (antes e agora novamente conhecida como São Petersburgo) durante a Guerra da Crimeia nos anos 1850; e a França construíra uma grande fortaleza no porto de Helsinque, nos anos 1700, para se preparar para um ataque a São Petersburgo. No fim da década de 1930, o medo que Stalin sentia da Alemanha sob Hitler estava crescendo, e com razão. Comunistas e nazistas trocavam propagandas virulentas. Hitler escrevera em sua autobiografia, *Mein Kampf*, sobre sua visão da Alemanha se expandindo para o leste, ou seja, para a União Soviética. Stalin observara a Alemanha de Hitler absorver a Áustria em março de 1938, tomar a Tchecoslováquia em março de 1939 e começar a ameaçar a Polônia. A França, a Grã-Bretanha e a Polônia rejeitaram as propostas de Stalin de cooperar em defesa da Polônia contra a crescente ameaça alemã.

Em agosto de 1939, a Finlândia e o restante do mundo ficaram chocados ao descobrir que Hitler e Stalin haviam encerrado abruptamente suas propagandas de guerra e assinado o Pacto Germano-Soviético de Não Agressão, também chamado de Pacto Molotov-Ribbentrop. Os finlandeses suspeitaram, corretamente, que o pacto incluía acordos secretos para dividir esferas de influência, com os alemães reconhecendo que a Finlândia pertencia à esfera soviética. A assinatura do pacto foi rapidamente seguida da invasão da Polônia pela *blitzkrieg* alemã e, algumas semanas depois, da invasão soviética do leste da Polônia. Stalin compreensivelmente queria empurrar a fronteira soviética para oeste tanto quanto possível, a fim de antecipar a crescente ameaça alemã.

Em outubro de 1939, a União Soviética, ainda temendo um eventual ataque alemão, estava ávida para avançar ainda mais sua fronteira ocidental. Com a segurança temporária oferecida pelo Pacto Molotov-Ribbentrop, a União Soviética fez ultimatos a seus quatros vizinhos bálticos: as assim chamadas repúblicas bálticas da Lituânia, Letônia e Estônia e a Finlândia. Das repúblicas bálticas, exigiu a construção de bases militares em solo nacional e o direito de trânsito de suas tropas até elas. Embora a presença das tropas soviéticas obviamente deixasse as repúblicas indefesas, elas eram tão pequenas que consideraram a resistência inútil, aceitaram as exigências e foram incapazes de evitar a anexação em junho de 1940. Encorajada por esse sucesso, no início de outubro de 1939 a União Soviética fez duas exigências à Finlândia. Uma delas foi que a fronteira entre os dois países no istmo da Carélia fosse movida para mais longe de Leningrado, de modo que a cidade não pudesse ser bombardeada ou rapidamente capturada (por tropas alemãs estacionadas novamente na Finlândia, como já haviam estado em 1918). Embora não houvesse risco de a própria Finlândia atacar a União Soviética, era realista temer que alguma grande potência europeia a atacasse por lá. A segunda exigência foi o estabelecimento de uma base naval soviética na costa sul do país, perto da capital Helsinque, e a cessão de algumas ilhotas no golfo da Finlândia.

As negociações secretas entre a Finlândia e a União Soviética continuaram nos meses de outubro e novembro de 1939. Os finlandeses estavam dispostos a ceder, mas não a todas as demandas soviéticas, embora o general Mannerheim urgisse o governo a fazer mais concessões, pois conhecia a debilidade do Exército finlandês e (como ex-tenente-general do Exército tsarista russo) compreendia as razões geográficas das demandas soviéticas do ponto de vista deles. Mas membros de todo o espectro político — esquerdistas e direitistas, Vermelhos e Brancos — foram unânimes em recusar maiores compromissos. Todos os partidos políticos finlandeses concordaram com a recusa do governo, ao passo que na Grã-Bretanha, em julho de 1940, havia importantes políticos favoráveis ao compromisso com Hitler a fim de comprar a paz.

Uma razão para a unanimidade era o medo de que o objetivo real de Stalin fosse tomar toda a Finlândia. Os finlandeses temiam que ceder às demandas supostamente modestas da União Soviética tornasse impossível resistir a ela no futuro. Ceder suas defesas no istmo da Carélia facilitaria a invasão por terra, ao passo que a base naval perto de Helsinque permitiria que a União Soviética bombardeasse a capital finlandesa por terra e mar. Os finlandeses haviam aprendido essa lição com o destino da Tchecoslováquia, que em 1938 fora pressionada a ceder à Alemanha sua fronteira sudeta e sua melhor linha de defesa, deixando-a vulnerável à ocupação total em março de 1939.

A segunda razão para que os finlandeses recusassem o compromisso era a errônea suposição de que Stalin estava apenas blefando e aceitaria menos do que exigia. Do mesmo modo, Stalin errou em seus cálculos e achou que os finlandeses estavam blefando. Ele não podia imaginar que um país minúsculo fosse louco o bastante para lutar contra outro com uma população cinquenta vezes maior que a sua. Os planos de guerra soviéticos esperavam capturar Helsinque em menos de duas semanas. A terceira razão para a recusa finlandesa em fazer maiores concessões foi acreditar que países tradicionalmente amigáveis à Finlândia ajudariam a defendê-la. Por fim, alguns líderes políticos acharam que o exército poderia resistir à invasão soviética por ao menos seis meses, mesmo com o general Mannerheim avisando que isso era impossível.

Em 30 de novembro de 1939, a União Soviética atacou a Finlândia, alegando que a artilharia finlandesa matara soldados soviéticos. (Kruchev mais tarde admitiu que os cartuchos haviam sido disparados por armas soviéticas de dentro do país, sob ordens de um general soviético que queria provocar a guerra.) A guerra que se seguiu é conhecida como Guerra de Inverno. Exércitos soviéticos atacaram toda a extensão da fronteira e aviões soviéticos bombardearam Helsinque e outras cidades. As mortes naquela primeira noite de bombardeio responderam por 10% de todas as baixas civis finlandesas nos cinco anos da Segunda Guerra Mundial. Quando as tropas soviéticas cruzaram a fronteira e capturaram o vilarejo mais próximo, Stalin imediatamente reconheceu um líder comunista chamado Kuusinen como chefe do governo "democrático" finlandês, a fim de ter a desculpa de não estar invadindo a Finlândia, mas sim indo em defesa "do" governo finlandês. O estabelecimento desse governo fantoche ajudou a convencer os finlandeses ainda em dúvida de que Stalin realmente queria tomar seu país.

———

No início da guerra, em 30 de outubro de 1939, os detalhes desse absurdo desequilíbrio militar eram os seguintes. A União Soviética tinha uma população de 170 milhões de pessoas, comparada à finlandesa, de 3,7 milhões. Atacou a Finlândia com "somente" quatro exércitos, em um total de 500 mil homens, mantendo muitos outros de reserva ou para outros objetivos militares. A Finlândia se defendeu com todo o seu exército, composto de nove divisões, em um total de apenas 120 mil homens. A União Soviética apoiou os ataques da infantaria com milhares de tanques, aviões de guerra e artilharia moderna; a Finlândia quase não tinha tanques, aviões, artilharia moderna, armas antitanques ou defesas antiaéreas. Ainda pior: embora o Exército finlandês tivesse bons rifles e metralhadoras, possuía estoques muito limitados de munição, e os soldados receberam ordens de economizar, só atirando quando os atacantes estivessem próximos.

Todas essas disparidades reduziriam a zero as chances finlandesas de derrotar os soviéticos, se Stalin estivesse determinado a vencer. O mundo já vira quão rapidamente a Polônia, com uma população dez vezes maior que a da Finlândia e equipamento militar muito mais moderno, fora derrotada por exércitos alemães com metade do tamanho dos soviéticos. Consequentemente, os finlandeses não eram loucos a ponto de imaginar que poderiam conseguir uma vitória militar. Em vez disso, como disse um amigo, "Nosso objetivo era tornar a vitória russa tão lenta, dolorosa e custosa quanto possível". Especificamente, o objetivo era resistir por tempo suficiente para que o governo recrutasse auxílio militar de países amigos e Stalin se cansasse dos custos militares para a União Soviética.

Para grande surpresa da União Soviética e do restante do mundo, as defesas finlandesas resistiram. O plano militar soviético de atacar toda a extensão da fronteira partilhada incluiu ataques à Linha Mannerheim, ao longo do istmo da Carélia, e tentativas de "cortar a Finlândia pela cintura", com ataques ao ponto mais estreito do país. Quando os tanques soviéticos atacaram a Linha Mannerheim, os finlandeses compensaram suas deficiências em armas antitanques inventando os "coquetéis Molotov", que eram garrafas cheias de uma mistura explosiva de gasolina e outros elementos químicos, suficientes para prejudicar um tanque soviético. Outros soldados esperavam a passagem dos tanques em uma trincheira e enfiavam um tronco de árvore em suas esteiras, obrigando-os a parar. Ousados finlandeses então corriam até os tanques imobilizados, apontavam os rifles para os canos dos canhões e as fendas de observação e atiravam nos soldados soviéticos dentro dos tanques. Naturalmente, a taxa de baixas entre as tropas antitanques da Finlândia chegava a 70%.

O que mais atraiu a admiração dos observadores mundiais foi o sucesso dos defensores finlandeses em destruir as duas divisões soviéticas que atacaram a cintura do país. Os soviéticos avançavam com veículos motorizados e tanques pelas poucas rodovias que levavam da União Soviética à Finlândia. Pequenos grupos de soldados finlandeses sobre esquis, usando uniformes brancos para se camuflarem na neve, moviam-se pela floresta sem estradas, cortavam as colunas soviéticas em segmentos e aniquilavam um segmento após o outro (ver figura 2.5 do encarte). Um veterano finlandês me contou, em 1959, as táticas que ele e os colegas usaram naquelas batalhas de inverno. À noite, os soldados soviéticos, que haviam estacionado seus veículos em uma longa coluna na estreita rodovia florestal de apenas uma pista, reuniam-se em torno das fogueiras para se manterem aquecidos. (Os soldados finlandeses usavam pequenos aquecedores no interior das barracas, invisíveis do lado de fora.) Meu amigo e seu pelotão esquiavam pela floresta, camuflados em seus uniformes brancos, até estarem à distância de tiro de uma coluna soviética (ver figura 2.6 do encarte). Em seguida, subiam nas árvores próximas com seus rifles e esperavam até identificar os oficiais soviéticos à luz das fogueiras. Então matavam os oficiais e iam embora esquiando, deixando os soviéticos assustados, desmoralizados e sem liderança.

Por que o Exército finlandês conseguiu prevalecer por tanto tempo contra as esmagadoras vantagens do Exército soviético, em números e equipamentos? Uma razão foi a motivação: os soldados finlandeses sabiam que lutavam por suas famílias, seu país e sua independência e estavam dispostos a morrer por isso. Quando as forças soviéticas avançaram pelo congelado golfo da Finlândia, por exemplo, defendido somente por pequenos grupos de soldados nas ilhas, os defensores foram informados de que não haveria como resgatá-los: teriam de ficar nas ilhas e matar tantos soviéticos quanto possível, antes de serem mortos — e foi o que fizeram. A segunda razão foi que os soldados finlandeses estavam acostumados a viver e esquiar nas florestas durante o inverno e estavam familiarizados com o terreno onde lutavam. Terceira, estavam equipados com roupas, botas, barracas e armas adequadas aos invernos finlandeses; os soldados soviéticos, não. Finalmente, o Exército finlandês, como o Exército israelense hoje, era desproporcionalmente efetivo em relação a seus números, por causa da informalidade que enfatizava as iniciativas e as decisões dos soldados, em vez da obediência cega às ordens.

Mas a tenacidade e os sucessos temporários do Exército finlandês estavam apenas ganhando tempo. Com o derretimento do gelo e da neve na primavera, a União Soviética finalmente poderia usar sua superioridade numérica e de equipamentos para avançar pelo istmo da Carélia e pelo golfo da Finlândia. As esperanças finlandesas dependiam do auxílio de voluntários, de equipamentos e de soldados de outros países. O que estava acontecendo na frente diplomática?

A simpatia disseminada pela pequena Finlândia lutando bravamente contra o grande agressor soviético inspirou 12 mil voluntários estrangeiros, na maioria suecos, a lutar. Mas a maioria deles ainda não completara o treinamento militar quando a guerra acabou. Alguns países enviaram equipamentos de vários níveis de utilidade. Um veterano finlandês me contou que velhas peças de artilharia da Primeira Guerra Mundial foram enviadas pela Itália. Quando se atira um projétil a partir de uma peça de artilharia, a arma recua e, por isso, precisa estar encaixada em uma estrutura firme. Cada peça de artilharia requer não somente um atirador, que fica na própria arma, mas também o chamado olheiro, que fica a certa distância, a fim de ver onde o projétil aterrissa e corrigir a mira para o tiro seguinte. Mas, de acordo com meu amigo, aquelas velhas peças italianas de artilharia foram tão mal projetadas que cada arma exigia dois olheiros: um na posição usual em frente à arma, para ver onde o projétil aterrissava, e outro atrás, para ver onde a própria arma aterrissava!

Realisticamente, os únicos países de onde a Finlândia tinha esperança de receber um número significativo de soldados e/ou suprimentos eram a Suécia, a Alemanha, a Grã-Bretanha, a França e os Estados Unidos. A vizinha Suécia, embora conectada à Finlândia por uma longa história e uma cultura partilhadas, recusou-se a enviar soldados por medo de se envolver na guerra contra a União Soviética. Embora a Alemanha tivesse enviado tropas para apoiar a independência finlandesa e mantivesse com ela antigos laços culturais e de amizade, Hitler não estava disposto a violar o Pacto Molotov-Ribbentrop para ajudá-la. Os Estados Unidos estavam muito longe e as mãos do presidente Roosevelt estavam atadas pelas regras americanas de neutralidade, resultado de décadas de políticas isolacionistas.

Isso deixava somente a Grã-Bretanha e a França como fontes realistas de ajuda. No fim, ambas se ofereceram para enviar soldados. Mas estavam em guerra contra a Alemanha, e aquela guerra era a preocupação predominante dos governos britânico e francês, que não podiam permitir interferência em seus objetivos. A Alemanha importava muito minério de ferro da neutra Suécia. Grande parte desse minério era exportado através da Noruega, de trem até o porto não congelado de Narvik e então de navio até a Alemanha. O que a Grã-Bretanha e a França realmente queriam era obter controle sobre os campos de ferro suecos e interromper o tráfego de navios partindo de Narvik. Eles se ofereceram para enviar tropas através das neutras Noruega e Suécia a fim de ajudar a Finlândia, mas somente como pretexto para atingir seus verdadeiros objetivos.

Consequentemente, embora os governos britânico e francês tenham oferecido auxílio à Finlândia na forma de dezenas de milhares de soldados, a maioria deles estacionaria em Narvik e ao longo das ferrovias que levavam ao porto e nos campos de ferro suecos. Somente uma minúscula fração de fato chegaria à Finlândia. E esse posicionamento de tropas exigiria, é claro, a permissão dos governos norueguês e sueco, que permaneceram neutros e não a concederam.

———

Em janeiro de 1940, a União Soviética finalmente começou a digerir as lições de suas assustadoras baixas e derrotas militares em dezembro. Stalin renegou o governo fantoche finlandês que estabelecera sob o líder comunista Kuusinen. Isso significava que já não se recusava a reconhecer o verdadeiro governo finlandês, que enviou emissários de paz. Os soviéticos pararam de tentar cortar a Finlândia pela cintura e concentraram soldados, artilharia e tanques no istmo da Carélia, onde o terreno aberto os favorecia. Os finlandeses lutavam continuamente havia dois meses e estavam exaustos, ao passo que os soviéticos podiam lançar mão de ilimitadas e descansadas reservas. No início de fevereiro, os ataques soviéticos finalmente quebraram a Linha Mannerheim, forçando os finlandeses a recuar para a linha de defesa seguinte, muito mais fraca. Embora os outros generais implorassem para que Mannerheim recuasse para uma posição defensiva melhor, ele tinha nervos de aço: a despeito das pesadas baixas infligidas ao exército, recusou-se a recuar mais, porque sabia que era essencial que a Finlândia ocupasse o máximo possível de seu território na hora das inevitáveis negociações de paz.

No fim de fevereiro de 1940, quando os exaustos finlandeses finalmente estavam prontos para a paz, os britânicos e os franceses os urgiram a continuar. O primeiro-ministro francês Daladier enviou um telegrama urgente dizendo que enviaria 50 mil soldados no fim de março, que tinha cem aviões bombardeiros prontos para decolar e que "arranjaria" a passagem das tropas por terra na Noruega e na Suécia. A oferta induziu os finlandeses a continuarem lutando por mais uma semana, durante a qual vários milhares foram mortos.

Mas os britânicos então admitiram que a oferta de Daladier era um blefe, que os soldados e aviões não estavam prontos, que a Noruega e a Suécia ainda recusavam passagem às tropas e que a oferta francesa fora feita meramente para avançar os objetivos dos Aliados e permitir que Daladier mantivesse as aparências. Consequentemente, o primeiro-ministro finlandês liderou uma delegação enviada a Moscou para negociar a paz. Ao mesmo tempo, a União Soviética manteve a pressão militar avançando sobre a segunda maior cidade finlandesa, Viipuri, capital da província da Carélia. Essas batalhas respondem por todas as lápides com a inscrição "Viipuri, fevereiro ou março de 1940" encontradas no Cemitério Hietaniemi.

As condições que a União Soviética impôs em março de 1940 foram muito mais duras que as rejeitadas pelos finlandeses em outubro de 1939. Os soviéticos agora exigiam toda a província da Carélia; outros territórios mais ao norte, ao longo da fronteira; e o uso do porto de Hanko, perto de Helsinque, como base naval. Em vez de permanecerem em suas casas sob ocupação soviética, todos os habitantes da Carélia, que representavam 10% da população finlandesa, evacuaram a região e recuaram para outros locais. Lá, espremeram-se nas casas e apartamentos de outros finlandeses, até que quase todos tiveram acesso a suas próprias residências em 1945. De maneira única entre os muitos países europeus com grandes contingentes populacionais deslocados internamente, a Finlândia jamais abrigou seus cidadãos em campos de refugiados. Dezenove anos depois, durante minha visita, meus anfitriões ainda se lembravam do grande estresse de encontrar moradia e auxílio para todos aqueles carelianos.

Em março de 1940, por que Stalin não ordenou que o Exército soviético continuasse a avançar e ocupasse toda a Finlândia? Uma das razões foi que a ferrenha resistência finlandesa deixara claro que o avanço seria lento, doloroso e custoso para a União Soviética, que passara a enfrentar o problema muito maior de reorganizar e rearmar seu exército a fim de se preparar para um ataque alemão. O fraco desempenho do grande Exército soviético contra o minúsculo Exército finlandês fora um grande constrangimento: cerca de oito baixas soviéticas para cada baixa finlandesa. Quanto mais se prolongasse a guerra, maior seria o risco de intervenção britânica e francesa, que arrastaria a União Soviética para mais uma guerra e convidaria um ataque britânico-francês aos seus campos de petróleo no Cáucaso. Alguns autores concluíram que os duros termos de paz de março de 1940 demonstraram que os finlandeses deveriam ter aceitado os termos mais brandos exigidos por Stalin em outubro de 1939. Mas os arquivos russos abertos na década de 1990 confirmam a suspeita finlandesa: a União Soviética teria tirado vantagem daqueles ganhos territoriais mais modestos e da resultante quebra da linha de defesa finlandesa em 1939 para atingir seu objetivo de conquistar todo o país, como fizera com as três repúblicas bálticas em 1940. Foram necessárias a ferrenha resistência e disposição de morrer dos finlandeses e a lentidão e o custo da guerra para convencer a União Soviética a não tentar conquistar toda a Finlândia em março de 1940.

———

Após o armistício de março de 1940, a União Soviética reorganizou seu exército e anexou as três repúblicas bálticas. A Alemanha ocupou a Noruega e a Dinamarca em abril de 1940 e derrotou a França em junho do mesmo ano, de modo que a Finlândia já não podia contar com nenhum auxílio externo com exceção da Alemanha. A Finlândia reconstruiu o próprio exército, especialmente com equipamentos alemães.

Hitler decidiu atacar a União Soviética no ano seguinte (1941). Em dado momento, planejadores militares alemães e finlandeses começaram a discutir operações conjuntas "hipotéticas" contra os soviéticos. Embora não sentissem simpatia por Hitler ou pelo nazismo, os finlandeses compreendiam a cruel realidade de que seria impossível preservar a neutralidade na guerra entre Alemanha e União Soviética; se não escolhessem um lado, um dos países ou ambos tentariam ocupar a Finlândia. A amarga experiência de lutarem sozinhos contra a União Soviética na Guerra de Inverno tornava a perspectiva de repetir essa experiência pior do que a alternativa, que era uma aliança de conveniência com a Alemanha nazista; "a menos horrível de várias opções ruins", para citar a biografia de Mannerheim escrita por Steven Zaloga. O fraco desempenho do Exército soviético na Guerra de Inverno convencera todos os observadores — não somente na Finlândia, mas também na Alemanha, na Grã-Bretanha e nos Estados Unidos — de que uma guerra entre Alemanha e União Soviética terminaria em vitória alemã. Naturalmente, os finlandeses também queriam reconquistar a província perdida da Carélia. Em 21 de junho de 1941, a Alemanha atacou a União Soviética. A Finlândia declarou que permaneceria neutra, mas, em 25 de junho, aviões soviéticos bombardearam cidades finlandesas, dando ao governo a desculpa para, naquela noite, declarar que a Finlândia estava novamente em guerra contra a União Soviética.

Essa segunda guerra, que se seguiu à Guerra de Inverno, é chamada de Guerra da Continuação. Dessa vez, a Finlândia mobilizou um sexto de sua população para trabalhar no ou para o exército: a maior porcentagem de qualquer país durante a Segunda Guerra Mundial. É como se os Estados Unidos reinstituíssem o recrutamento compulsório e organizassem um exército de mais de 50 milhões de soldados. Servindo diretamente nas Forças Armadas estavam homens de 16 a 50 anos e algumas mulheres perto das linhas de frente. Finlandeses de ambos os sexos, com idades entre 15 e 64 anos, que não serviam diretamente nas Forças Armadas tinham de trabalhar na indústria de guerra, na agricultura, na silvicultura ou em outros setores necessários à defesa. Crianças e adolescentes trabalhavam nos campos, nas serrarias e na indústria antiaérea.

Com o Exército soviético preocupado em se defender do ataque alemão, os finlandeses rapidamente reocuparam a Carélia finlandesa e (de modo mais controverso) avançaram para além da antiga fronteira, entrando na Carélia soviética. Mas seus objetivos de guerra permaneceram estritamente limitados e eles se descreviam não como "aliados", mas somente "cobeligerantes" da Alemanha nazista. Em particular, a Finlândia foi inflexível ao recusar os pedidos alemães para deter os judeus finlandeses (embora tenha entregado um pequeno grupo de judeus não finlandeses à Gestapo) e atacar Leningrado pelo norte enquanto os alemães atacavam pelo sul. Essa última recusa salvou Leningrado, permitiu que sobrevivesse ao longo cerco alemão e contribuiu para a posterior decisão de Stalin de não invadir a Finlândia para além da Carélia (ver a seguir).

Mesmo assim, permanece o fato de que a Finlândia lutava ao lado da Alemanha nazista. A distinção entre "aliado" e "cobeligerante" não fez diferença para os *outsiders* que não entendiam a situação. Em minha infância nos Estados Unidos durante a Segunda Guerra Mundial, eu pensava na Finlândia como a quarta potência do Eixo, ao lado da Alemanha, da Itália e do Japão. Sob pressão de Stalin, a Grã-Bretanha declarou guerra à Finlândia. Mas a única iniciativa que os britânicos tomaram foi enviar um grupo de bombardeiros a Turku, onde os pilotos britânicos intencionalmente lançaram suas bombas no oceano, em vez de atingir a cidade finlandesa.

No início de dezembro de 1941, o Exército finlandês parou de avançar e, durante quase três anos, nada mais aconteceu na Guerra da Continuação entre União Soviética e Finlândia. Por um lado, os finlandeses não tinham outros objetivos além de ocupar a Carélia. Por outro, o Exército soviético estava muito ocupado lutando contra os alemães para enviar tropas contra a Finlândia. Por fim, a União Soviética havia feito suficiente progresso na expulsão das tropas alemãs para poder voltar sua atenção para a Finlândia e, em junho de 1944, iniciar uma grande ofensiva no istmo da Carélia. As tropas soviéticas quebraram rapidamente a Linha Mannerheim, mas (como em fevereiro de 1941) os finlandeses conseguiram estabilizar a frente. Os soviéticos avançaram e então se dispersaram, em parte porque Stalin achava mais importante chegar a Berlim, vindo do leste, antes dos exércitos americanos e britânicos que avançavam pelo oeste, e em parte por causa dos dilemas já enfrentados durante a Guerra de Inverno: o alto custo de superar a resistência finlandesa, a guerra de guerrilha nas florestas e a decisão sobre o que fazer com a Finlândia se e quando a União Soviética a conquistasse. Assim, tanto em 1941 quanto em 1944, a resistência finlandesa atingiu o objetivo realista expressado por meu amigo: não o de derrotar a União Soviética, mas o de tornar sua vitória proibitivamente cara, lenta e dolorosa. Como resultado, a Finlândia se tornou o único país europeu continental que lutou na Segunda Guerra Mundial para evitar a ocupação inimiga.

Quando a frente de batalha se estabilizou em julho de 1944, os líderes finlandeses voltaram a voar até Moscou para pedir paz e assinar um novo tratado. As demandas territoriais da União Soviética foram quase as mesmas de 1941. Ela retomou a Carélia finlandesa e uma base naval na costa sul da Finlândia. Suas únicas aquisições territoriais adicionais foram o porto e as minas de níquel finlandesas no oceano Ártico. A Finlândia teve de concordar em expulsar os 200 mil soldados alemães estacionados no norte, a fim de evitar que tropas soviéticas entrassem em solo finlandês para fazê-lo. Foram necessários muitos meses, durante os quais os alemães, enquanto recuavam, destruíram praticamente tudo que havia de valor na província da Lapônia. Quando visitei a Finlândia em 1959, meus anfitriões ainda sentiam amargura pelo fato de seus antigos aliados terem se voltado contra eles e destruído a Lapônia.

]As baixas finlandesas causadas por soviéticos e alemães durante as duas guerras, a de Inverno e a da Continuação, chegaram a cerca de 100 mil. Como dito anteriormente, à proporção da população na época, é como se 9 milhões de americanos fossem mortos em uma guerra hoje. Outros 94 mil finlandeses ficaram aleijados, 30 mil mulheres ficaram viúvas, 55 mil crianças ficaram órfãs e 615 mil pessoas perderam suas casas. É como se uma guerra fizesse com que 8 milhões de americanos ficassem aleijados, 2,5 milhões de mulheres ficassem viúvas, 500 mil crianças ficassem órfãs e 50 milhões de pessoas perdessem suas casas. Além disso, em uma das maiores evacuações infantis da história, 80 mil crianças finlandesas foram enviadas para longe (especialmente para a Suécia), com duradouras consequências traumáticas se estendendo à geração seguinte (ver figura 2.7 do encarte). Hoje, as filhas daquelas mães finlandesas evacuadas durante a infância têm duas vezes mais probabilidades de serem hospitalizadas por doenças psiquiátricas do que as nascidas de mães não evacuadas. As baixas soviéticas, muito mais pesadas, foram estimadas em cerca de 500 mil mortos e 250 mil feridos. Elas incluem os 5 mil soldados soviéticos aprisionados pelos finlandeses que, após o armistício, foram repatriados e imediatamente fuzilados por terem se rendido.

O tratado de armistício exigia que a Finlândia "colaborasse com os poderes aliados na apreensão de pessoas acusadas de crimes de guerra". A interpretação aliada de "crimes de guerra finlandeses" incluía os líderes do governo finlandês durante as guerras contra a União Soviética. Se a Finlândia não levasse os próprios líderes a julgamento, os soviéticos o fariam e imporiam pesadas sentenças, provavelmente a pena de morte. Consequentemente, os finlandeses se sentiram compelidos a fazer algo que, em qualquer outra circunstância, seria considerado infame: aprovaram uma lei retroativa declarando ilegal o fato de seus líderes terem defendido o país ao adotar políticas que eram legais e tinham amplo apoio na época em que foram adotadas. Os tribunais finlandeses sentenciaram à prisão o presidente Ryti, os primeiros-ministros Rangell e Linkomies, o ministro do Exterior, quatro outros ministros e o embaixador finlandês em Berlim durante a guerra. Depois que cumpriram suas penas em confortáveis prisões especiais, a maioria deles foi eleita ou nomeada para altas posições públicas.

O tratado de paz também exigia da Finlândia pesadas reparações: 300 milhões de dólares a serem pagos em seis anos. Mesmo depois que os soviéticos estenderam o prazo para oito anos e reduziram o valor para 226 milhões de dólares, foi um fardo pesado para a pequena e não industrializada economia finlandesa. Paradoxalmente, no entanto, essas reparações constituíram um estímulo econômico, forçando a Finlândia a desenvolver indústrias pesadas como a construção de navios e fábricas para exportação. (As reparações, consequentemente, exemplificam a etimologia da palavra chinesa *wei-ji*, que significa "crise", e consiste nos caracteres *wei*, que significa "perigo", e *ji*, que significa "oportunidade".) Essa industrialização contribuiu para seu crescimento econômico após a guerra, a ponto de a Finlândia se tornar um país industrial moderno (e hoje de alta tecnologia), em vez de (como antes) um pobre país agrícola.

Além de pagar essas reparações, a Finlândia teve de aceitar muitos acordos comerciais com a União Soviética, chegando a 20% de seu comércio total. Sua principal importação soviética era o petróleo. Isso se provou uma grande vantagem, pois, ao contrário do restante do Ocidente, deixou de depender do fornecimento do Oriente Médio. Mas, como parte de seus acordos comerciais, também tinha de importar produtos industriais inferiores, como locomotivas, usinas nucleares e automóveis, que poderiam ser obtidos do Ocidente com preços menores e qualidade muito superior. Os finlandeses lidaram com a frustração através do humor negro, assim como haviam feito com a antiquada artilharia italiana já mencionada. Na época de minha visita de 1959, muitos finlandeses tinham carros soviéticos do modelo Moskvich, que quebravam frequentemente. Muitos carros europeus e americanos da época tinham teto solar: um painel deslizante que podia ser aberto para deixar o sol entrar em dias bonitos. De acordo com uma popular piada finlandesa, os novos modelos Moskvich teriam não apenas teto solar, mas também piso solar: outro painel deslizante no piso do carro. Pergunta: qual é a vantagem de ter um piso solar, já que ele não deixa a luz do sol entrar? Resposta: sempre que seu Moskvich quebrar, o que acontece frequentemente, você pode passar os pés pelo piso, ficar em pé dentro de seu Moskvich e empurrar!

———

Os finlandeses se referem aos anos entre 1945 e 1948 como "anos de perigo". Em retrospecto, sabemos que a Finlândia sobreviveu, mas, durante aqueles anos, o resultado parecia incerto. O maior perigo era a tomada comunista, através da subversão doméstica apoiada pela União Soviética. Paradoxalmente, no caso de um país democrático que lutava pela sobrevivência contra uma potência comunista, o Partido Comunista da Finlândia e seus aliados conseguiram um quarto dos assentos nas eleições parlamentares de 1945 e tentaram assumir o controle da força policial. A União Soviética já ocupara a Alemanha Oriental, planejava tomadas comunistas nos quatro países do Leste Europeu (Polônia, Hungria, Bulgária e Romênia), dera um golpe bem-sucedido na Tchecoslováquia e apoiara uma guerrilha malsucedida na Grécia. Será que a Finlândia seria a próxima? O custo das reparações à União Soviética representava um pesado fardo para a economia, ainda amplamente agrícola e não industrializada. A guerra destruíra sua infra-estrutura: as fazendas haviam sido negligenciadas, as instalações industriais não tinham manutenção, dois terços da frota mercantil haviam sido destruídos e os caminhões estavam desgastados, sem peças de reposição e obrigados a queimar madeira em vez de gasolina. Centenas de milhares de carelianos desalojados, cidadãos aleijados, órfãos e viúvas requeriam moradia, dinheiro e apoio emocional das famílias que permaneciam intactas e saudáveis. Dezenas de milhares de crianças que haviam sido evacuadas para a Suécia estavam retornando, traumatizadas, tendo desaprendido a língua finlandesa e quase se esquecido dos pais durante os anos no exílio.

Naqueles anos de perigo, a Finlândia criou uma nova política de pós-guerra para evitar a tomada soviética. Essa política ficou conhecida como linha Paasikivi-Kekkonen, em homenagem aos dois presidentes que a formularam, simbolizaram e implementaram rigorosamente durante 35 anos (Juho Paasikivi, entre 1946 e 1956, e Urho Kekkonen, entre 1956 e 1981). A linha Paasikivi-Kekkonen revertia a desastrosa política dos anos 1930 de ignorar a então Rússia. Paasikivi e Kekkonen aprenderam com aqueles erros. Para eles, as realidades dolorosas essenciais eram que a Finlândia era um país pequeno e fraco, não podia esperar auxílio dos aliados ocidentais, tinha de compreender e sempre manter em mente o ponto de vista soviético, precisava conversar frequentemente com oficiais governamentais soviéticos de todos os níveis, do topo para baixo, e ganhar e manter sua confiança, provando que a Finlândia manteria a palavra e cumpriria seus acordos. Manter a confiança da União Soviética exigia sacrificar parte da independência econômica e da liberdade de expressão que democracias fortes e não ameaçadas consideram direitos nacionais inalienáveis.

Tanto Paasikivi quanto Kekkonen conheciam muito bem a União Soviética e seu povo. Paasikivi conduzira as negociações em outubro de 1939, março de 1940 e setembro de 1944 e fora embaixador em Moscou. Ele concluiu que a principal motivação de Stalin em seu relacionamento com a Finlândia não era ideológica, mas estratégica e política, ou seja, o problema militar de defender sua segunda maior cidade (Leningrado / São Petersburgo) de qualquer ataque via Finlândia ou golfo da Finlândia, como já acontecera no passado. Se a União Soviética se sentisse segura, a Finlândia estaria segura. Mas jamais estaria segura enquanto a União Soviética se sentisse insegura. De modo mais geral, um conflito em qualquer parte do mundo poderia deixar a União Soviética inquieta e disposta a impor demandas, de modo que a Finlândia tinha de ter papel ativo na manutenção da paz. Paasikivi e Kekkonen foram tão bem-sucedidos em desenvolver um relacionamento de confiança com Stalin, e depois com Kruchev e Brejnev, que, quando perguntaram a Stalin por que ele não tentara levar o Partido Comunista ao poder na Finlândia, como fizera em todos os outros países do Leste Europeu, ele respondeu: "Eu tenho Paasikivi, para que precisaria do Partido Comunista?"

Eis a explicação do presidente Kekkonen para a política adotada por ele e Paasikivi, relatada em sua autobiografia política: "A tarefa básica da política externa finlandesa é reconciliar a existência de nossa nação com os interesses que dominam nosso ambiente geopolítico [...] [A política externa finlandesa é] diplomacia preventiva. A tarefa dessa diplomacia é sentir a aproximação do perigo antes que esteja perto demais e tomar medidas que ajudem a evitá-lo, preferencialmente de maneira que tão poucos quanto possível notem que isso foi feito [...]. Particularmente para um Estado pequeno e sem a ilusão de que suas posições farão diferença nos pratos da balança, é vitalmente importante ser capaz de adquirir antecipadamente uma concepção correta sobre a força dos fatores dos quais dependerá o futuro desenvolvimento de seus setores militar e político [...]. Uma nação deve contar somente consigo mesma. Os anos de guerra nos ensinaram uma custosa lição a esse respeito [...]. A experiência também nos ensinou que um país pequeno pura e simplesmente não pode se dar ao luxo de misturar emoções — sejam sentimentos de simpatia ou antipatia — às suas soluções de política externa. Uma política externa realista deve ser baseada na consciência sobre os fatores essenciais da política internacional, a saber, os interesses nacionais e o poder das relações entre os Estados."

As recompensas concretas da adesão à linha Paasikivi-Kekkonen foram o que a União Soviética (hoje Rússia) fez e não fez à Finlândia nos últimos setenta anos. Ela não invadiu a Finlândia. Não planejou sua tomada pelo Partido Comunista quando ele ainda existia. Reduziu o valor e estendeu o prazo das reparações de guerra que a Finlândia devia e pagou. Em 1955, evacuou sua base naval e retirou sua artilharia da costa finlandesa de Porkkala, a apenas 16 quilômetros de Helsinque. Tolerou que a Finlândia intensificasse o comércio com o Ocidente e diminuísse o comércio com a União Soviética. Aceitou a adesão da Finlândia à Comunidade Econômica Europeia (CEE) e à Associação Europeia de Livre Comércio (AELC). Estava em seu poder fazer, não fazer ou proibir a maioria dessas coisas. A União Soviética jamais teria se comportado dessa maneira se não confiasse nem se sentisse segura em relação à Finlândia e seus líderes.

———

Em suas relações exteriores, a Finlândia andou constantemente sobre a corda bamba entre desenvolver suas relações com o Ocidente e manter a confiança soviética. Para estabelecer essa confiança imediatamente após a Guerra da Continuação, em 1944, cumpriu no prazo todas as condições do armistício e do subsequente tratado de paz. Isso significou expulsar as tropas alemãs, julgar os próprios líderes por crimes de guerra, legalizar o Partido Comunista e incluí-lo no governo, ao mesmo tempo impedindo que assumisse o controle do país, e pagar pontualmente as reparações de guerra, mesmo que isso incluísse cidadãos contribuindo com suas joias e alianças de casamento.

Ao expandir seu envolvimento com o mundo ocidental, a Finlândia se esforçou para reduzir a crônica suspeita soviética de que poderia se tornar economicamente integrada ao Ocidente. Ela achou prudente, por exemplo, recusar a oferta americana de auxílio através do Plano Marshall, embora precisasse muito dele. Ao fazer acordos e ao se filiar à CEE e à AELC, simultaneamente fez acordos com países comunistas do Leste Europeu e prometeu à União Soviética as mesmas concessões comerciais que fazia aos parceiros de CEE.

Embora os países ocidentais fossem seus maiores parceiros comerciais, a Finlândia se tornou o segundo maior parceiro comercial ocidental da União Soviética (atrás da Alemanha Ocidental). O transporte de contêineres através da Finlândia era a principal rota para as mercadorias ocidentais importadas pelos soviéticos. As exportações da própria Finlândia para a União Soviética incluíam navios, perfuradoras de gelo, bens de consumo e material para construir hospitais, hotéis e cidades industriais. A Finlândia era a principal fonte soviética de tecnologia ocidental e sua principal janela para o Ocidente. O resultado foi que os soviéticos já não tinham motivos para conquistar a Finlândia, pois ela era muito mais valiosa sendo independente e aliada ao Ocidente do que seria se fosse conquistada ou reduzida a um satélite comunista.

Como os líderes soviéticos confiavam em Paasikivi e Kekkonen, a Finlândia escolheu não alternar seus presidentes, como é normal em uma democracia, mantendo os dois no poder por um total de 35 anos. Paasikivi foi presidente durante dez anos, até sua morte aos 86, e seu sucessor Kekkonen foi presidente durante 25 anos, até que a saúde debilitada o obrigou a renunciar aos 81. Quando Kekkonen visitou Brejnev em 1973, na época das negociações da Finlândia com a CEE, ele o acalmou ao lhe dar sua palavra pessoal de que o relacionamento com a CEE não afetaria o relacionamento com a Rússia. O Parlamento finlandês permitiu que Kekkonen cumprisse essa promessa, adotando uma lei emergencial que estendeu seu mandato por outros quatro anos e adiou a eleição presidencial prevista para 1974.

O governo e a imprensa finlandeses evitavam criticar a União Soviética e praticavam uma autocensura voluntária que normalmente não é associada às democracias. Quando outros países condenaram as invasões da Hungria e da Tchecoslováquia e a guerra contra o Afeganistão, o governo e a imprensa finlandeses permaneceram em silêncio. Uma editora finlandesa cancelou seus planos de publicar *O arquipélago gulag*, de Soljenítsin, por medo de ofender sensibilidades soviéticas. Quando, em 1971, um jornal finlandês declarou (verdadeiramente) que as repúblicas bálticas haviam sido ocupadas pela União Soviética em 1939, um jornal soviético afirmou que isso era uma tentativa burguesa de prejudicar as relações entre os dois países e o ministro soviético do Exterior avisou que a União Soviética esperava que o governo finlandês evitasse tais incidentes no futuro. O governo finlandês respondeu pedindo que a imprensa tivesse mais "responsabilidade", ou seja, autocensurasse tais declarações potencialmente ofensivas.

Esses atos finlandeses na corda bamba serviram para combinar a independência da União Soviética com o crescimento econômico. Também nesse sentido, a Finlândia como um país pequeno precisou aceitar a realidade: os atuais 6 milhões de finlandeses jamais gozarão das vantagens econômicas de grande escala conhecidas pelos 90 milhões de alemães ou

93

330 milhões de americanos. A Finlândia jamais terá sucesso nas esferas econômicas que dependem de baixos padrões de vida e da resultante habilidade de pagar baixos salários, ainda comuns fora da Europa e da América do Norte. Pelos padrões mundiais, sempre terá poucos trabalhadores, que sempre esperarão altos salários. Como consequência, precisa aproveitar integralmente a força de trabalho disponível e desenvolver indústrias altamente lucrativas.

A fim de fazer uso produtivo de toda a população, o sistema escolar finlandês tem por objetivo educar bem todos os cidadãos, ao contrário do sistema americano, que hoje educa bem algumas pessoas, mas não a maioria. A Finlândia possui escolas públicas igualitárias e de alta qualidade e poucas escolas particulares. De modo assombroso para os americanos ricos, mesmo as poucas escolas particulares recebem o mesmo nível de financiamento governamental que as públicas e não têm permissão para aumentar seus fundos cobrando pela educação, coletando taxas de matrícula ou recebendo doações! Enquanto os professores americanos de ensino médio possuem baixo status social e são recrutados predominantemente entre alunos universitários de baixo desempenho, os professores finlandeses passam por um processo seletivo muito competente, são recrutados entre os melhores alunos dos ensinos médio e superior, gozam de alto status (ainda mais alto que o dos professores universitários!), são bem pagos, possuem diplomas de pós-graduação e recebem muita autonomia quanto ao modo de ensinar. Como resultado, os estudantes finlandeses estão no topo ou quase no topo do ranking mundial de alfabetização, matemática e habilidade de solucionar problemas. A Finlândia consegue o melhor tanto de mulheres quanto de homens: foi o segundo país do mundo (após a Nova Zelândia) a estender o direito de voto às mulheres, e a Presidência era ocupada por uma mulher durante uma de minhas visitas. O país consegue o melhor também de sua polícia: novamente para assombro dos americanos, um policial finlandês precisa ter diploma universitário, é considerado confiável por 96% da população e quase nunca usa sua arma. No ano passado, os policiais em serviço atiraram apenas seis vezes, e cinco delas foram tiros de advertência: isso é menos que a média semanal de minha cidade, Los Angeles.

Esse foco intenso na educação gera uma força de trabalho produtiva. A Finlândia tem a maior porcentagem mundial de engenheiros na população. É líder mundial de tecnologia. Suas exportações respondem por quase metade do PIB (produto interno bruto), e as principais são de alta tecnologia — maquinário pesado e bens industriais —, em vez de madeira e produtos florestais convencionais, como era o caso antes da Segunda Guerra Mundial. A Finlândia se tornou líder mundial no desenvolvimento de novos produtos de alta tecnologia a partir de insumos florestais, como geração de eletricidade, fertilizantes, fibras têxteis para substituir madeira e cobre e até mesmo guitarras. O investimento total, privado e governamental, em pesquisa e desenvolvimento é igual a 3,5% do PIB, quase o dobro dos outros países da União Europeia e (assim como a porcentagem do PIB investida em educação) um dos mais altos do mundo. O resultado desse excelente sistema educacional e do alto investimento em pesquisa e desenvolvimento é que, em apenas meio século, a Finlândia deixou de ser um país pobre e se tornou um dos mais ricos do mundo. Sua renda média *per capita* é igual à da França, Alemanha e Reino Unido, todos os três com população dez vezes maior que a sua e ricos há muito tempo.

———

Quando visitei a Finlândia em 1959, sem saber quase nada sobre a história das duas guerras contra a União Soviética, perguntei a meus anfitriões por que eles se submetiam aos soviéticos de tantas maneiras, importavam aqueles carros Moskvich inferiores e tinham tanto medo de um ataque. Eu disse a eles que os Estados Unidos certamente defenderiam a Finlândia se a União Soviética a atacasse. Em retrospecto, foi a coisa mais cruel, ignorante e insensível que poderia ter dito. A Finlândia lembrava amargamente que, ao ser atacada pela União Soviética em 1939, não recebera auxílio dos Estados Unidos, Suécia, Alemanha, Grã-Bretanha ou França. Ela teve de aprender, a partir de sua história, que sua sobrevivência e sua independência dependiam dela mesma e que só estaria a salvo se a União Soviética se sentisse segura e confiante em relação a ela.

Minha atitude ignorante foi partilhada por muitos não finlandeses que deveriam ser mais esclarecidos, mas rotularam a política externa com o derrogatório termo "finlandização". Eis a definição do termo, fornecida pelo *New York Times* em 1979: "Um deplorável estado de coisas no qual um vizinho pequeno e fraco, atemorizado pelo poderio e pela crueldade política de uma superpotência totalitária, faz concessões descaradas e constrangedoras em relação a suas liberdades soberanas." Aqueles que menosprezavam a "finlandização" consideravam a política finlandesa covarde.

Muitas ações finlandesas de fato horrorizaram os observadores europeus ocidentais e americanos. Jamais, nos Estados Unidos ou na Alemanha, uma eleição presidencial seria adiada, um candidato presidencial retiraria sua candidatura, um editor cancelaria um livro ou a imprensa censuraria a si mesma apenas para evitar inflamar as sensibilidades soviéticas. Tais ações pareciam violar o direito de liberdade de ação de uma democracia.

Mas as sensibilidades dos outros países são um problema para todas as nações. Para citar novamente o presidente Kekkonen, "A independência de um país não é usualmente absoluta [...] não há um único Estado que não tenha se curvado às inevitabilidades históricas". Há razões óbvias pelas quais a Finlândia precisa se curvar às inevitabilidades históricas muito mais do que os Estados Unidos ou a Alemanha: o país é pequeno e faz fronteira com a Rússia, ao passo que os Estados Unidos e a Alemanha, não. O que os críticos que condenam a finlandização acham que ela deveria ter feito? Arriscar outra invasão ao não levar em consideração as reações soviéticas?

Parte das objeções dos críticos não finlandeses à finlandização surgiu do temor de que a União Soviética pudesse induzir seus próprios países à deferência. Mas os Estados Unidos e os outros países da Europa Ocidental apresentam uma situação geopolítica inteiramente diferente e não precisam lidar com os problemas geopolíticos finlandeses. A defesa da política finlandesa feita por Kekkonen foi resumida na frase "A finlandização não é para exportação".

De fato, e por necessidade, a política externa finlandesa em relação à União Soviética foi de uma complexidade bizantina. O resultado final foi que, nos setenta anos desde o fim da Segunda Guerra Mundial, a Finlândia sequer chegou perto de se tornar um satélite soviético ou (agora) russo. Em vez disso, aumentou constantemente seus laços com o Ocidente enquanto mantinha boas relações com a Rússia. Ao mesmo tempo, os finlandeses sabem que a vida é incerta e, por isso, o serviço militar ainda é compulsório para homens e voluntário para mulheres. O treinamento dura até um ano e é rigoroso, pois a Finlândia espera que seus soldados realmente sejam capazes de lutar. Ao fim desse período, os finlandeses são chamados para treinamento todos os anos até completarem 30-35 anos ou mais. A reserva do exército constitui 15% da população; é como se os Estados Unidos mantivessem uma reserva de 50 milhões de pessoas.

———

Avaliemos agora, à luz da história recente, os doze fatores associados à resolução das crises nacionais (Tabela 1.2), analogamente aos fatores relevantes às crises pessoais (Tabela 1.1). Entre eles, sete favoreceram, um inicialmente atrapalhou e em seguida favoreceu, e a ausência de três atrapalhou a resolução do problema fundamental da Finlândia: a ameaça de sua poderosa vizinha.

Os sete fatores associados à resolução de crises que a Finlândia conspicuamente exibiu foram aceitação da responsabilidade (fator 2), construção de uma cerca (fator 3), forte identidade nacional (fator 6), autoavaliação honesta (fator 7), modo de lidar com o fracasso nacional (fator 9), flexibilidade (fator 10) e valores essenciais nacionais (fator 11). Em primeiro lugar,

JARED DIAMOND

entre as nações discutidas neste livro, a Finlândia é o principal exemplo de aceitação da responsabilidade e autoavaliação honesta e ultrarrealista. Sua reavaliação foi especialmente dolorosa porque os exércitos soviéticos haviam matado, enviuvado e tornado órfã ou desabrigada uma larga parcela da população. Os finlandeses não caíram na armadilha de permitir que a autopiedade e o ressentimento paralisassem suas relações com a União Soviética. E, por fim, reconheceram a realidade: a Finlândia era pequena, partilhava uma longa fronteira com a União Soviética, não podia contar com seus aliados para apoio efetivo, tinha total responsabilidade por sua sobrevivência e era forte o bastante para resistir durante algum tempo e tornar a invasão lenta, cara e dolorosa, mas não para resistir para sempre. Os finlandeses aprenderam com os erros de sua política externa do pré-guerra. Finalmente enfrentaram o fato de que a única maneira de realmente reterem sua independência era conquistar a confiança soviética, sacrificando parte da independência econômica e da liberdade de expressão.

A Finlândia ilustra bem o tema da mudança seletiva e construção de uma cerca (fator 3). Em sua resposta (após setembro de 1944) ao ataque soviético, ela reverteu sua longa política de ignorar a União Soviética e adotou uma nova política de envolvimento econômico e frequentes discussões políticas. Mas essas mudanças foram altamente seletivas, porque ela permaneceu não ocupada, politicamente autogovernada, democrática e socialmente liberal. Essa coexistência entre duas identidades aparentemente contrastantes, uma modificada e outra não, confundiu e irritou muitos não finlandeses, que cunharam o desdenhoso termo "finlandização", sugerindo que a Finlândia poderia e deveria ter agido de modo diferente.

A Finlândia exibe uma forte e notável identidade nacional (fator 6), muito mais do que alguém não familiarizado poderia esperar de um país tão pequeno e que parece tipicamente escandinavo. A identidade nacional e a crença em sua singularidade surgiram especialmente de sua bela, mas única e difícil língua, que poucos outsiders sequer tentaram aprender; do poema épico oral associado a essa língua (o *Kalevala*); e de uma história secular de autonomia sob o domínio tsarista russo, quando a Finlândia já dispunha de administração, moeda e Parlamento próprios. Outra contribuição para a identidade nacional foi o reconhecimento mundial de seus músicos, atletas, arquitetos e designers. Hoje, essa identidade também se apoia fortemente no orgulho em relação aos feitos militares durante a Guerra de Inverno. Os finlandeses veem a Segunda Guerra Mundial com mais orgulho do que os cidadãos de qualquer outro país, com exceção da Grã-Bretanha. As celebrações do centenário de sua independência em 2017 focaram tanto em seus feitos durante a Segunda Guerra Mundial quanto na obtenção da independência em 1917. É como se as celebrações americanas do Dia da Independência (4 de julho) focassem em nossas vitórias da Segunda Guerra Mundial tanto quanto na Declaração da Independência em 1776.

A Finlândia ilustra a disposição de tolerar o fracasso inicial e continuar buscando soluções para a crise, até que uma funcione (fator 9). Quando a União Soviética fez suas exigências em outubro de 1939, a Finlândia não respondeu oferecendo o envolvimento econômico e político que por fim adotaria. Mesmo que tivesse feito tal oferta, Stalin provavelmente teria recusado; foi necessária a feroz resistência finlandesa durante a Guerra de Inverno para convencê-lo a manter a Finlândia independente. De 1944 em diante, quando reconheceu o fracasso da política do pré-guerra de ignorar a União Soviética e da política de tempos de guerra de buscar uma solução militar, a Finlândia passou por um longo e quase ininterrupto período de experimentação, a fim de descobrir quanto de sua independência política e econômica podia reter e o que precisava fazer para satisfazer à União Soviética.

A Finlândia ilustra a flexibilidade nascida da necessidade (fator 10). Em resposta aos medos e sensibilidades soviéticos, fez coisas impensáveis para qualquer outra democracia: julgou e aprisionou seus próprios líderes de tempos de guerra, obedecendo a uma lei retroativa; o Parlamento aprovou um decreto emergencial para adiar uma eleição presidencial agendada; o principal candidato à Presidência foi induzido a retirar sua candidatura; e a imprensa autocensurou declarações que poderiam ofender a União Soviética. Outras democracias teriam considerado essas ações vergonhosas. Na Finlândia, elas refletiram flexibilidade: o sacrifício de princípios democráticos sagrados na extensão requerida para manter a independência política, considerada o princípio mais sagrado de todos. Citando novamente a biografia de Mannerheim escrita por Zaloga, os finlandeses se distinguiram na negociação da "menos horrível de várias opções ruins".

A história finlandesa ilustra a crença em um valor essencial inegociável (fator 11): a independência e a não ocupação por outra potência. Os finlandeses estavam preparados para lutar por esse valor essencial, mesmo correndo o risco de morte em massa. Felizmente para eles, sobreviveram e mantiveram sua independência. Não há resposta universalmente correta para esse dilema agonizante. Os poloneses em 1939, os iugoslavos em 1941 e os húngaros em 1956 também recusaram as exigências alemãs e soviéticas e lutaram pela independência, mas sem o resultado obtido pelos finlandeses: os três países perderam, foram ou permaneceram ocupados e sofreram crueldades durante a ocupação. Inversamente, a Tchecoslováquia em 1938; a Estônia, a Letônia e a Lituânia em 1939; e o Japão em agosto de 1945 aceitaram o ultimato alemão, soviético e americano, respectivamente, porque julgaram que sua situação era militarmente irremediável. Em retrospecto, as situações da Tchecoslováquia e da Estônia poderiam não ser irremediáveis, mas jamais saberemos.

O fator que no início atrapalhou e subsequentemente favoreceu a resolução da crise finlandesa foi a falta e, em seguida, a presença de consenso nacional (fator 1). Durante a década de 1930, a Finlândia ignorou amplamente a crise iminente com a União Soviética e, em 1939, concluiu erroneamente que as demandas de Stalin faziam parte de um blefe. De 1944 em diante, houve consenso, formulado na linha Paasikivi-Kekkonen, de que o governo finlandês tinha de conversar frequentemente com os líderes políticos soviéticos e aprender a ver as coisas de seu ponto de vista.

Os três fatores favoráveis à solução de crises conspicuamente ausentes no caso da Finlândia, cuja ausência foi compensada de outras maneiras, foram o apoio de aliados (fator 4), a disponibilidade de modelos (fator 5) e a liberdade de restrições geopolíticas (fator 12). Das nações discutidas neste livro, nenhuma recebeu menos apoio do que a Finlândia: todos os seus aliados tradicionais e potenciais se recusaram a fornecer o apoio substantivo de que ela precisava durante a Guerra de Inverno. (A Suécia forneceu uma pequena ajuda não governamental na forma de 8 mil voluntários e aceitando crianças finlandesas refugiadas, ao passo que a Alemanha forneceu auxílio militar e econômico essencial durante a Guerra da Continuação.) A Finlândia não podia olhar para nenhum modelo de país fraco que conseguira resistir às demandas soviéticas ou nazistas: quase todos os outros países europeus as aceitaram e perderam sua independência (como as repúblicas bálticas), ou resistiram e foram brutalmente conquistados (como a Polônia e a Iugoslávia), ou resistiram com sucesso através do próprio poderio militar, muito maior do que o finlandês (somente a Grã--Bretanha), ou preservaram a independência através de concessões muito mais brandas do que as que a União Soviética exigiu da Finlândia (as acomodações suíças e suecas à Alemanha nazista). Inversamente, nenhuma outra nação pôde usar o bem-sucedido exercício finlandês na corda bamba como modelo ("A finlandização não é para exportação"). Sua liberdade de escolha foi severamente limitada pela restrição geopolítica de sua longa fronteira com a poderosa vizinha soviética; somente a Alemanha do pós--guerra se aproximou dessa situação em relação ao grau em que países mais poderosos limitaram sua liberdade de ação.

Entre as questões específicas às crises nacionais que não surgem durante crises pessoais, duas merecem discussão: o papel da liderança e a reconciliação após o conflito. A Finlândia se beneficiou de habilidosa liderança militar e política durante e após a Segunda Guerra Mundial. Como líder militar, o general Mannerheim era mestre na alocação de recursos escassos, julgando os perigos relativos apresentados pelas ameaças soviéticas em várias frentes, mantendo a calma, pensando com clareza durante situações excruciantemente dolorosas e conquistando a confiança de seus soldados e oficiais. O primeiro-ministro e mais tarde presidente Juho Paasikivi e seu sucessor Urho Kekkonen, ambos fluentes em russo, mostraram-se habilidosos na negociação com Stalin a partir de uma posição de fraqueza, conquistando e mantendo sua confiança a despeito de sua paranoia e o convencendo de que manter a independência finlandesa era uma boa política para a União Soviética. (Imagine-se no lugar de Paasikivi em setembro de 1944, quando voou até Moscou para se encontrar com Stalin a fim negociar o fim da Guerra da Continuação, depois de já ter voado até lá para as conversações de paz de março de 1940, que puseram fim à Guerra de Inverno, e depois de a Finlândia ter rompido esse acordo ao ficar ao lado da Alemanha e reconquistar a Carélia no verão de 1941. O que *você* teria dito a Stalin em 1944? "Acredite, você pode confiar em mim dessa vez"?) Mas o impacto de Mannerheim, Paasikivi e Kekkonen como líderes não deve ser exagerado, porque seus objetivos e estratégias eram similares aos de outros generais e políticos finlandeses, embora suas habilidades fossem excepcionais.

A outra questão específica às crises nacionais se refere à reconciliação após um cruel conflito interno ou guerra civil. A reconciliação na Finlândia após a Guerra Civil de 1918 foi muito mais rápida e completa do que a do Chile após a ditadura militar de Pinochet (capítulo 4), ao passo que os indonésios ainda não fizeram muito para superar o genocídio inspirado pelo exército de 1965 (capítulo 5). Uma explicação parcial envolve diferenças nacionais na medida em que o exército permaneceu poderoso e continuou a ameaçar os antigos adversários. O exército ficou no poder na Indonésia depois de 1965 e continuou visível e ameaçador no Chile mesmo depois que Pinochet deixou a Presidência, ao passo que o Exército finlandês se tornou menos visível após a guerra civil. Outra parte da explicação é o senso de singularidade partilhado por todos os finlandeses: a crença de que vencedores e perdedores da guerra civil partilhavam a mesma tradição igualitária e eram únicos entre os povos do mundo por falar finlandês, recitar o *Kalevala* e serem compatriotas de Jean Sibelius e Paavo Nurmi.

Assim, a Finlândia é o primeiro de dois exemplos de países que passaram por uma crise em razão de um súbito choque externo. No próximo capítulo, sobre o Japão da era Meiji, discutiremos outro país com forte identidade nacional e linguagem única, culturalmente muito mais distintivo do que a Finlândia, que passou por uma mudança seletiva ainda mais drástica e com notável realismo, mas com uma situação geopolítica diferente, que permitiu que adotasse uma estratégia de longo prazo mais independente.

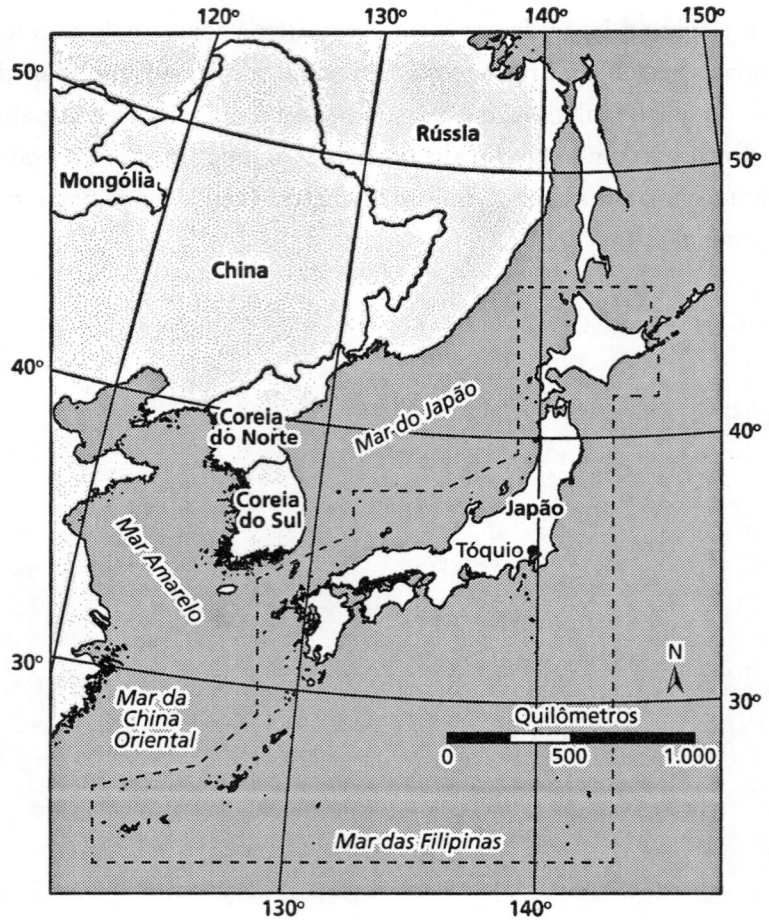

Mapa do Japão

CAPÍTULO 3

AS ORIGENS DO JAPÃO MODERNO

Minhas conexões japonesas — O Japão antes de 1853 —
Perry — De 1853 a 1868 — A era Meiji — As reformas Meiji
— "Ocidentalização" — Expansão ultramarina —
Estrutura da crise — Questões

Diferentemente dos outros países discutidos neste livro, do Japão eu não falo a língua, nele não vivi por períodos prolongados e o visitei pela primeira vez há somente duas décadas. Todavia, tive muitas oportunidades de indiretamente aprender sobre suas mudanças seletivas e sua mistura de características europeias e japonesas tradicionais. Quando me mudei para a Califórnia vindo de Boston, na Costa Leste, onde nasci e fui criado, vi-me em uma parte dos Estados Unidos com uma população asiática muito mais ampla, incluindo muitos japoneses ou nipo-americanos. Os asiáticos constituem hoje a maior proporção do corpo estudantil de minha universidade (a Universidade da Califórnia, em Los Angeles), superando os estudantes de ascendência europeia. Incluindo uma maravilhosa assistente de pesquisa, tenho muitos amigos e colegas japoneses que conhecem bem os Estados Unidos e a Europa por terem vivido muito tempo nesses locais e que, em alguns casos, realizaram casamentos mistos. Inversamente, tenho muitos amigos e colegas americanos que conhecem bem o Japão por terem vivido lá durante muito tempo e, em alguns casos, terem se miscigenado pelo casamento. Eu mesmo passei a ter primos e sobrinhas japoneses ao me unir pelo casamento a uma família com dois ramos japoneses.

Como resultado, ouço constantemente sobre as diferenças entre Japão e Estados Unidos ou Europa de japoneses, americanos e europeus com longa experiência tanto no Japão quanto nos Estados Unidos e/ou Europa. Todos os meus familiares, alunos, amigos e colegas japoneses falam sobre as grandes diferenças que coexistem com grandes similares entre as sociedades japonesa e americana/europeia. Em ordem alfabética, sem qualquer critério de importância, algumas das diferenças que identificam envolvem altruísmo, comportamento abertamente misógino, comunicação médico-paciente, desculpar-se (ou não), destacar-se por ser diferente, dificuldade para aprender a ler e escrever, enfrentar as dificuldades em silêncio, extensa socialização com clientes potenciais, extrema polidez, falar diretamente sobre sentimentos, individualismo reduzido, maneiras de discordar, orgulho pela beleza da caligrafia, relações com sogros, sentimentos em relação a estrangeiros, status das mulheres e muitas outras.

Todas essas diferenças são legados do Japão tradicional, coexistindo com influências ocidentais no Japão moderno. Essa mistura começou com a crise que explodiu em 8 de julho de 1853 e se acelerou com a Restauração Meiji em 1868 (sobre a qual falaremos adiante), quando o Japão embarcou em um programa de mudança seletiva que se estendeu por meio século. O Japão da era Meiji talvez seja o mais notável exemplo moderno de mudança nacional seletiva e adoção de modelos de outras nações. Como a crise finlandesa, que discutimos no capítulo anterior, a crise japonesa começou com uma ameaça externa (embora sem um ataque). Como a Finlândia, o Japão realizou uma autoavaliação notavelmente honesta e teve paciência para experimentar diferentes soluções, até encontrar uma que funcionasse. Ao contrário da Finlândia, adotou mudanças seletivas muito abrangentes e gozou de maior liberdade de ação. Consequentemente, o Japão da era Meiji oferece um bom estudo de caso para acompanhar nossa discussão sobre a Finlândia.

———

O Japão foi o primeiro país não europeu moderno a se comparar às sociedades europeias e não europeias ultramarinas (Estados Unidos, Canadá, Austrália e Nova Zelândia) em termos de padrão de vida, industrialização e tecnologia. O Japão de hoje se parece com os países europeus e não europeus não somente econômica e tecnologicamente, mas também em muitos aspectos políticos e sociais, como ser uma democracia parlamentar, ter altos níveis de alfabetização, importar o modo de vestir ocidental e adotar a música ocidental paralelamente à música tradicional japonesa. Mas, em outros aspectos, especialmente sociais e culturais, ainda difere mais das sociedades europeias do que qualquer uma delas de todas as outras. Não há nada surpreendente nesses aspectos não europeus da sociedade japonesa. Eles são completamente previsíveis, porque o Japão está a 13 mil quilômetros da Europa Ocidental e foi fortemente influenciado por países próximos da Ásia continental (especialmente a China e a Coreia), com os quais partilha uma longa história.

Até 1542, nenhuma influência europeia chegara ao Japão. Houve então um período de influência associado à expansão ultramarina da Europa (mas limitado pela grande distância), entre 1542 e 1639, seguido de um período de influência reduzida até 1853. A maioria dos aspectos europeus da sociedade japonesa contemporânea chegou a partir de 1853. É claro que eles não substituíram todos os aspectos do Japão tradicional, dos quais muitos permanecem. Ou seja, o Japão, como os sobreviventes do incêndio de Cocoanut Grove e a Grã-Bretanha após a Segunda Guerra Mundial, é um mosaico de seu antigo e seu novo ser, mais do que qualquer uma das outras seis sociedades discutidas neste livro.

Até a Restauração Meiji, o governante de fato do Japão era um ditador militar hereditário chamado xogum, ao passo que o imperador era um títere sem nenhum poder real. Entre 1639 e 1853, os xoguns limitaram o contato japonês com estrangeiros, dando continuidade à longa história japonesa de isolamento, surgida dos efeitos de sua geografia insular. Essa história pode nos surpreender quando olhamos para um mapa-múndi e comparamos a geografia do Japão à das ilhas Britânicas.

Superficialmente, esses dois arquipélagos parecem ser equivalentes geográficos nas costas leste e oeste da Eurásia. (Para se convencer disso, dê uma olhada em um mapa-múndi.) O Japão e a Grã-Bretanha são aproximadamente similares em área e ambos ficam perto do continente eurasiano, de modo que esperaríamos histórias similares de envolvimento com o continente. Na verdade, desde os tempos de Cristo, a Grã-Bretanha foi invadida quatro vezes a partir do continente, e o Japão, nunca. Inversamente, a Grã-Bretanha teve exércitos lutando no continente em todos os séculos desde a conquista normanda em 1066, mas, até o fim do século XIX, não houve exércitos japoneses no continente, com exceção de dois breves períodos. Já na Idade do Bronze, há mais de 3 mil anos, havia vigoroso comércio entre a Grã-Bretanha e a Europa continental, pois as minas britânicas na Cornualha eram a principal fonte de estanho para a fabricação do bronze europeu. Há um ou dois séculos, a Grã-Bretanha era a principal nação comercial do mundo, enquanto o comércio japonês ultramarino permanecia pequeno. Por que essas grandes diferenças aparentemente contradizem expectativas geográficas claras?

A explicação envolve importantes detalhes geográficos. Embora, à primeira vista, o Japão e a Grã-Bretanha pareçam similares em área e isolamento, o Japão está na verdade cinco vezes mais distante do continente (177 km *versus* 36 km), possui área 50% maior e é muito mais fértil.

Daí a população japonesa ser mais do que o dobro da britânica e sua produção agrícola, madeireira e de frutos do mar ser maior. Até que a indústria moderna exigisse importação de petróleo e metais, o Japão foi amplamente autossuficiente em recursos essenciais e teve pouca necessidade de comércio exterior, ao contrário da Grã-Bretanha. Esse é o contexto geográfico do isolamento que caracterizou a maior parte da história japonesa e meramente se intensificou após 1639.

Os europeus chegaram pelo mar à China e ao Japão em 1514 e 1542, respectivamente. O Japão, que já tinha algum comércio com a China e a Coreia, começou a negociar com quatro grupos de europeus: portugueses, espanhóis, holandeses e britânicos. Isso não constituiu comércio direto entre o Japão e a Europa, mas comércio em assentamentos na costa chinesa e outros locais do Sudeste Asiático. Esses contatos europeus afetaram esferas da sociedade japonesa que iam das armas à religião. Quando os primeiros aventureiros portugueses chegando ao Japão em 1542 atiraram em patos com suas armas primitivas, os observadores japoneses ficaram tão impressionados que avidamente desenvolveram suas próprias armas de fogo, e o resultado foi que, em 1600, o Japão tinha mais e melhores armas do que qualquer outro país do mundo. Os primeiros missionários cristãos chegaram em 1549 e, em 1600, o Japão tinha 300 mil cristãos.

Mas os xoguns tinham razões para se preocupar com a influência europeia em geral e o cristianismo em particular. Os europeus eram acusados de se intrometer na política e fornecer armas aos que se rebelavam contra o governo. Os católicos pregavam intolerância às outras religiões, desobedeciam às ordens governamentais para não rezar e eram percebidos como leais a um dirigente estrangeiro (o papa). Consequentemente, após crucificar milhares de cristãos, entre 1636 e 1639 o xogum cortou a maior parte dos laços entre o Japão e a Europa. O cristianismo foi banido. A maioria dos japoneses foi proibida de viajar ou viver além-mar. Pescadores japoneses que ficavam à deriva eram recolhidos por navios europeus ou americanos e conseguiam retornar frequentemente ficavam mantidos em

109

prisão domiciliar ou proibidos de falar sobre suas experiências. As visitas de estrangeiros foram banidas, com exceção dos mercadores chineses, confinados a uma área de Nagasaki, e holandeses, confinados à ilha Dejima, no porto de Nagasaki. (Como os holandeses eram protestantes, o Japão não os considerava cristãos.) A cada quatro anos, os comerciantes holandeses recebiam ordens de levar tributos à capital japonesa, viajando por uma rota predeterminada sob olhos vigilantes, como micróbios perigosos mantidos em um recipiente selado. Alguns domínios japoneses conseguiram continuar negociando com a Coreia, a China e as ilhas Riu-Kiu, o arquipélago a várias centenas de quilômetros ao sul do Japão que inclui Okinawa. As intermitentes visitas comerciais coreanas eram disfarçadas de audiências para pagar "tributos". Mas todos esses contatos permaneceram limitados em escala.

O pequeno comércio entre a Holanda e o Japão era economicamente insignificante. Sua significância residia no fato de os mercadores holandeses serem uma importante fonte de informações sobre a Europa. Entre os cursos de instrução oferecidos pelas academias particulares, havia os chamados "estudos holandeses". Eles transmitiam informações adquiridas da Holanda sobre assuntos práticos e científicos, especialmente medicina ocidental, astronomia, mapas, levantamento topográfico, armas e explosivos. Na Secretaria de Astronomia do governo japonês, havia um departamento dedicado à tradução de livros holandeses sobre o assunto. Muita informação sobre o mundo exterior (incluindo a Europa) também chegava através da China, de livros chineses e de livros europeus traduzidos para o chinês.

Em resumo, até 1853 o contato japonês com estrangeiros foi limitado e controlado pelo governo.

———

O Japão em 1853 era, de modo significativo, muito diferente do Japão hoje, e mesmo do Japão em 1900. Como a Europa medieval, em 1853 o Japão ainda era uma sociedade feudal e hierárquica, dividida em domínios controlados por senhores feudais chamados daimiôs, cujo poder excedia o dos senhores medievais europeus. No ápice do poder estava o xogum (ver figura 3.1 do encarte), pertencente à linhagem Tokugawa, que governava o Japão desde 1603 e controlava um quarto das terras produtoras de arroz. Os daimiôs precisavam da permissão do xogum para se casar, se mudar e construir ou reformar castelos. Em anos alternados, eram obrigados a reunir seus serviçais e morar por algum tempo na capital do xogunato, com grandes custos. Para além da resultante tensão entre xogum e daimiôs, outros problemas surgiram no Japão Tokugawa em função da crescente distância entre as despesas e as receitas do xogum, as rebeliões cada vez mais frequentes, a urbanização e a ascensão da classe mercante. Mas os xoguns Tokugawa lidavam com problemas e permaneciam no poder havia 250 anos, e não havia risco iminente de serem derrubados. Em vez disso, o choque que levou à sua queda foi a chegada do Ocidente.

O cenário da pressão ocidental sobre o Japão foi a pressão ocidental sobre a China, que produzia muito mais mercadorias desejadas pelo Ocidente do que o Japão. Os consumidores europeus queriam chá e seda chineses, mas o Ocidente produzia muito pouco do que a China queria em troca, de modo que os europeus compensavam o déficit comercial com prata. A fim de reduzir a hemorragia dos estoques de prata, os comerciantes britânicos tiveram a brilhante ideia de enviar ópio barato da Índia para ser vendido na China, a preços inferiores aos praticados pelas fontes locais. (Não, a política britânica do ópio não é uma falsa calúnia antiocidental: foi verdadeira e precisa ser lembrada se quisermos entender as modernas atitudes chinesas em relação ao Ocidente.) O governo chinês compreensivelmente respondeu denunciando o ópio como prejudicial à saúde, banindo sua importação e exigindo que contrabandistas europeus entregassem todo o ópio estocado nos navios ancorados na costa chinesa. A Grã-Bretanha objetou que a resposta chinesa era uma restrição ilegal ao comércio.

O resultado foi a Guerra do Ópio de 1839-1842 entre Grã-Bretanha e China, o primeiro teste de força militar sério entre a China e o Ocidente. Embora a China fosse muito maior e mais populosa, a Marinha e o Exército britânicos estavam muito mais bem equipados e treinados do que os chineses. Consequentemente, a China foi derrotada e forçada a fazer humilhantes concessões, pagando uma grande indenização e assinando um tratado que abria cinco portos chineses ao comércio britânico. A França e os Estados Unidos conseguiram obter as mesmas concessões.

Quando o governo japonês soube desses desdobramentos, temeu que fosse apenas uma questão de tempo até que alguma potência ocidental exigisse um tratado portuário semelhante do Japão. Isso realmente aconteceu em 1853, e a potência ocidental responsável foram os Estados Unidos. Os EUA foram a única potência ocidental motivada a agir contra o Japão em função da conquista da Califórnia, que até então pertencia ao México, em 1848, acompanhada da descoberta do ouro, que causou uma explosão no tráfego naval americano para a costa do Pacífico. O tráfego de navios baleeiros e mercantes no Pacífico também aumentou. Inevitavelmente, alguns desses navios naufragaram, alguns naufrágios ocorreram perto do Japão, e alguns dos marinheiros terminaram em terras japonesas, onde foram mortos ou presos, de acordo com a política isolacionista Tokugawa. Mas os EUA queriam que esses marinheiros recebessem proteção e ajuda e que navios americanos pudessem comprar carvão no Japão.

Assim, o presidente americano Millard Fillmore enviou o comodoro Matthew Perry ao Japão com uma frota de quatro navios, incluindo dois navios de guerra a vapor, infinitamente superiores a qualquer navio japonês da época. (O Japão não tinha navios nem mesmo motores a vapor.) Em 8 de julho de 1853, Perry entrou com sua frota não convidada na baía de Edo (hoje chamada de baía de Tóquio), recusou as ordens para partir, entregou a carta de exigências do presidente Fillmore e anunciou que esperava uma resposta quando retornasse no ano seguinte.

Para o Japão, a chegada de Perry e sua ameaça declarada de usar força se conformam a nossa definição de "crise": um sério desafio que não podia ser solucionado pelos métodos existentes. Após a partida de Perry, o xogum fez com que a carta de Fillmore circulasse entre os daimiôs e perguntou sua opinião sobre a melhor maneira de agir; a pergunta em si já era incomum. Entre as várias respostas, os temas comuns eram o forte desejo de manter o isolamento japonês, mas também o reconhecimento da impossibilidade prática de se defender contra os navios de guerra de Perry. Então a sugestão era ganhar tempo enquanto o Japão adquiria armas e tecnologia ocidental para se defender. E essa sugestão prevaleceu.

Quando Perry retornou em 13 de fevereiro de 1854, dessa vez com uma frota de nove navios de guerra, o xogum respondeu assinando o primeiro tratado japonês com um país ocidental. Embora tenha conseguido se desvencilhar de um acordo comercial, fez outras concessões que puseram fim a uma política de isolamento que já durava 215 anos. Abriu dois portos japoneses para abrigar navios americanos, aceitou que um cônsul americano residisse em um desses portos e concordou em tratar humanamente os marinheiros americanos vítimas de naufrágio. Após a assinatura do acordo com os Estados Unidos, os comandantes navais britânicos, russos e holandeses no Extremo Oriente rapidamente firmaram acordos semelhantes com o Japão.

———

O período de catorze anos que se iniciou em 1854, quando o governo do xogum (chamado de *bakufu*) assinou o tratado que pôs fim a séculos de isolamento, foi tumultuado para o Japão. O *bakufu* lutou para solucionar os problemas nascidos da abertura forçada. Mas não conseguiu, porque a abertura deu início a mudanças inevitáveis na sociedade e no governo. Essas mudanças levaram à derrubada do xogum por seus rivais japoneses e, em seguida, a mudanças muito mais abrangentes durante o novo governo liderado por eles.

O tratado de Perry e seus equivalentes britânico, russo e holandês não satisfizeram o objetivo ocidental de abrir o Japão para o comércio. Assim, em 1858, o novo cônsul americano no Japão negociou um tratado comercial mais amplo que, novamente, foi logo seguido por tratados similares com a Grã-Bretanha, a França, a Rússia e a Holanda. Esses tratados eram vistos pelos japoneses como humilhantes e "desiguais", porque corporificavam a visão ocidental de que o Japão não merecia ser tratado da maneira como as potências ocidentais tratavam umas às outras. Como exemplo, os tratados forneciam extraterritorialidade aos cidadãos ocidentais no Japão, ou seja, eles não estavam sujeitos às leis japonesas. Um grande objetivo da política japonesa no meio século seguinte foi desfazer esses tratados desiguais.

A fraqueza militar do Japão em 1858 relegou esse objetivo ao futuro distante. Em vez disso, o objetivo imediato e muito mais modesto do *bakufu* em 1858 era minimizar a invasão de ocidentais, de suas ideias e de sua influência. Isso foi conseguido quando o Japão manteve a ficção de obedecer aos tratados enquanto, na prática, frustrava-os criando atrasos, fazendo alterações unilaterais nos acordos, tirando vantagem da falta de familiaridade ocidental com os ambíguos nomes de locais japoneses e jogando os diferentes países ocidentais uns contra os outros. Com os tratados de 1858, o Japão conseguiu limitar seu comércio a apenas dois portos, chamados de "portos dos tratados", e restringir os estrangeiros a distritos específicos desses portos, para além dos quais estavam proibidos de viajar.

A estratégia básica do *bakufu* de 1854 em diante foi ganhar tempo. Isso significava satisfazer às potências ocidentais (com o mínimo possível de concessões) enquanto adquiria conhecimento, equipamentos e tecnologia ocidentais, além de ganhar força, tanto militar quanto não militar, para resistir ao Ocidente o mais rápido possível. O *bakufu*, e os poderosos domínios de Satsuma e Choshu,[4] que eram nominalmente sujeitos ao *bakufu*, mas gozavam de muita autonomia, compraram navios e armas ocidentais, modernizaram suas Forças Armadas e enviaram estudantes para a Europa e os Estados Unidos. Esses estudantes aprenderam não apenas questões práticas, como navegação, navios, indústria, engenharia, ciência e tecnologia, mas também leis, línguas, Constituições, economia, ciência política e alfabetos ocidentais. O *bakufu* criou um Instituto para Estudo de Livros Bárbaros (ou seja, estrangeiros), traduziu livros ocidentais e financiou a produção de gramáticas e de um dicionário de bolso de inglês.

Mas, enquanto o *bakufu* e os grandes domínios tentavam se fortalecer, os problemas resultantes do contato com o Ocidente cresciam. O *bakufu* e os domínios acabaram tendo pesadas dívidas junto a credores estrangeiros, como resultado das despesas com armas e envio de estudantes para além-mar. Os preços ao consumidor e o custo de vida subiram. Muitos samurais (a classe guerreira) e mercadores se opuseram aos esforços do *bakufu* para monopolizar o comércio exterior. Depois que o xogum pediu conselhos aos daimiôs após a primeira visita de Perry, alguns deles quiseram se envolver com a política e o planejamento, em vez de deixar tudo a cargo do xogum, como antes. Fora o xogum quem negociara e assinara os tratados com as potências ocidentais, mas ele não conseguia controlar os daimiôs distantes que os violavam.

O resultado foi que surgiram vários grupos de conflito. As potências ocidentais estavam em conflito com o Japão sobre abri-lo mais (o objetivo ocidental) ou menos (o principal objetivo japonês) ao Ocidente.

---

4. Esses dois poderosos domínios rivais — Satsuma na extremidade sul da ilha mais ao sul do Japão, Kyushu, e Choshu na extremidade sudoeste da ilha principal de Honshu — desempenharam importante papel nos muitos estágios da história japonesa recente. Ambos foram derrotados pelos exércitos Tokugawa em 1600. No início da década de 1860, assumiram a liderança nos ataques contra marinheiros e navios ocidentais e, consequentemente, foram os que mais sofreram com a retaliação. Os dois domínios encerraram sua rivalidade a fim de derrubar o último xogum em 1868, mas, em seguida, iniciaram as maiores revoltas contra o governo Meiji na década de 1870.

Domínios como Satsuma e Choshu, que tradicionalmente já se opunham ao *bakufu*, estavam em conflito ainda mais intenso, com cada lado tentando usar conhecimentos, equipamentos ocidentais e aliados contra o outro. Os conflitos entre os domínios aumentaram. Havia conflito até mesmo entre o *bakufu* e o imperador-títere na corte imperial, em cujo nome supostamente agia. A corte imperial se recusou a aprovar o tratado de 1858 negociado com os Estados Unidos, por exemplo, mas o *bakufu* o assinou mesmo assim.

O mais agudo conflito interno se referia ao dilema estratégico básico enfrentado pelo Japão: tentar resistir e expulsar os estrangeiros naquele momento ou esperar até que o país estivesse mais forte. A assinatura dos tratados desiguais pelo *bakufu* teve como reação a raiva pelos estrangeiros que haviam desonrado o país e pelo xogum e os outros senhores que haviam permitido essa desonra. Por volta de 1859, samurais jovens, ingênuos, ressentidos e exaltados, empunhando espadas, começaram a perseguir o objetivo de expulsar os estrangeiros através de uma campanha de assassinatos. Eles se tornaram conhecidos como *shishi*, que significa "homens de propósito elevado". Apelando para o que acreditavam ser valores japoneses tradicionais, eles se consideravam moralmente superiores aos políticos mais velhos.

A seguinte declaração dos princípios *shishi*, publicada em 1861, fornece uma ideia da raiva que sentiam: "É fonte do mais profundo pesar para nosso imperador que nosso magnífico e divino país tenha sido humilhado pelos bárbaros e que o espírito do Japão, transmitido desde a antiguidade, esteja a ponto de ser extinto [...]. Diz-se que, quando um senhor é humilhado, seus servos devem escolher a morte. Mas não vemos ainda mais ênfase na atual situação, na qual a Corte Imperial está prestes a conhecer a desgraça? [...] Juramos por nossas divindades que, se a Bandeira Imperial for novamente hasteada, atravessaremos fogo e água para tranquilizar o imperador, realizar a vontade de nosso antigo senhor e purgar nosso país desse mal. Se qualquer um nesta causa tentar apresentar considerações pessoais, deverá sofrer a punição dos deuses enfurecidos e será convocado à presença de seus colegas para cometer haraquiri."

O terrorismo *shishi* era dirigido a estrangeiros e, ainda mais frequentemente, a japoneses que trabalhavam para estrangeiros ou negociavam com eles. Em 1860, um grupo de *shishi* conseguiu decapitar o regente Ii Naosuke, que defendia os tratados com o Ocidente. Os ataques a estrangeiros chegaram ao ápice com dois incidentes, em 1862 e 1863, envolvendo os domínios de Satsuma e Choshu. Em 14 de setembro de 1862, Charles Richardson, um mercador inglês de 28 anos, foi atacado por espadachins em uma estrada e deixado para sangrar até a morte, por não ter demonstrado respeito por uma procissão que incluía o pai do daimiô de Satsuma. Os britânicos exigiram indenização, um pedido de desculpas e a execução dos perpetradores não somente de Satsuma, mas também do *bakufu*. Após quase um ano de frustradas negociações, uma frota de navios de guerra britânicos bombardeou e destruiu a maior parte da capital de Satsuma, Kagoshima, e matou cerca de 1.500 soldados. O outro incidente ocorreu no fim de junho de 1863, quando as armas costeiras de Choshu atiraram em navios ocidentais e fecharam o estreito de Shimonoseki, entre as principais ilhas do Japão, Honshu e Kyushu. Um ano depois, uma frota de dezessete navios de guerra britânicos, franceses, americanos e holandeses bombardeou e destruiu essas armas costeiras e levou embora os canhões remanescentes de Choshu.

Essas duas retaliações convenceram os exaltados de Satsuma e Choshu do poderio das armas ocidentais e da futilidade das tentativas de expulsar os estrangeiros enquanto o país estivesse em uma condição enfraquecida. Eles teriam de esperar até que o Japão adquirisse igualdade militar com o Ocidente. Ironicamente, essa era a política que o *bakufu* seguia e pela qual os exaltados o censuravam.

Mas alguns domínios, especialmente Satsuma e Choshu, convenceram-se de que o xogum era incapaz de fortalecer o Japão a ponto de resistir ao Ocidente. Os daimiôs concluíram que, embora partilhassem do objetivo de adquirir tecnologia ocidental, isso exigiria reorganizar a sociedade e o governo. Assim, gradualmente, tentaram se livrar do xogum. Satsuma e Choshu haviam sido rivais, suspeitado um do outro e lutado um contra o outro. Reconhecendo que os esforços do xogum para adquirir força militar ameaçavam ambos, formaram uma aliança.

Após a morte do xogum anterior em 1866, o novo xogum iniciou um programa intensivo de modernização e reforma, incluindo a importação de equipamentos e conselheiros militares da França. Isso aumentou a ameaça percebida para Satsuma e Choshu. Quando o antigo imperador também morreu, em 1867, seu filho de 15 anos subiu ao trono imperial (ver figura 3.2 do encarte). Os líderes de Satsuma e Choshu conspiraram com seu avô, conseguindo o apoio da corte. Em 3 de janeiro de 1868, os conspiradores tomaram os portões do Palácio Imperial em Kyoto, convocaram um conselho que destituiu o xogum de suas terras e sua posição no conselho e puseram fim ao xogunato. O conselho proclamou a fictícia "restauração" da responsabilidade de governar o Japão: anteriormente pertencente ao xogum, ela passaria a caber ao imperador. Esse evento é conhecido como Restauração Meiji e marca o início da chamada era Meiji: o período de governo do novo imperador.

——

Depois que o golpe lhes deu o controle de Kyoto, o problema imediato enfrentado pelos líderes Meiji foi ganhar o controle de todo o Japão. Embora o xogum tivesse aceitado a derrota, muitos outros não o fizeram. O resultado foi uma guerra civil entre exércitos que apoiavam e se opunham ao novo governo imperial. Foi somente quando as últimas forças de oposição em Hokkaido, a ilha mais ao norte do Japão, foram derrotadas, em 1869, que as potências estrangeiras reconheceram o governo imperial. E apenas então os líderes Meiji puderam prosseguir em seus esforços para reformar o país.

No início da era Meiji, grande parte do Japão estava em disputa. Alguns líderes queriam um imperador autocrático; outros desejavam uma figura representativa, com o poder real nas mãos dos "conselheiros" (essa foi a solução que finalmente prevaleceu); e outros ainda propunham que o Japão se tornasse uma república, sem imperador. Alguns japoneses que haviam passado a apreciar os alfabetos ocidentais propuseram que eles substituíssem seu belo, mas complexo sistema de escrita, que consiste em caracteres derivados do chinês combinados a dois silabários japoneses. Alguns queriam iniciar uma guerra contra a Coreia sem demora; outros argumentavam que era necessário esperar. Os samurais queriam que suas milícias privadas fossem mantidas e empregadas; outros queriam desarmar e banir os samurais.

Desse turbilhão de propostas conflitantes, os líderes Meiji se decidiram rapidamente por três princípios básicos. Primeiro, embora alguns fizessem parte dos exaltados que queriam expulsar os ocidentais imediatamente, o realismo prevaleceu. Ficou tão claro para eles quanto fora para o xogum que o Japão era incapaz de expulsar os ocidentais naquele momento. Antes que isso pudesse ser feito, o país precisava se fortalecer adotando fontes ocidentais de força, ou seja, não apenas armas, mas políticas e reformas sociais abrangentes que fornecessem a base da força ocidental.

Segundo, um dos objetivos finais dos líderes Meiji era revisar os tratados desiguais impostos ao Japão pelo Ocidente. Mas isso exigia que o Japão fosse forte *e* visto pelo Ocidente como Estado legítimo, com constituição e leis no estilo ocidental. O secretário do Exterior britânico, Lord Granville, disse sem rodeios que a Grã-Bretanha reconheceria a "jurisdição japonesa sobre os súditos britânicos [residentes no Japão] na precisa proporção do avanço [japonês] em esclarecimento e civilização", julgados por britânicos pelos padrões britânicos. Foram necessários 26 anos a partir do golpe Meiji para que o Japão conseguisse fazer com que o Ocidente revisasse os tratados desiguais.

O terceiro princípio básico dos líderes Meiji era identificar, adotar e modificar, em todas as esferas da vida, o modelo estrangeiro que melhor se adequasse às condições e aos valores japoneses. O Japão da era Meiji seguiu especialmente os modelos britânicos, alemães, franceses e americanos. Diferentes países terminaram sendo modelos para diferentes esferas: por exemplo, a nova marinha e o novo exército foram modelados pela Marinha britânica e pelo Exército alemão. No interior de cada esfera, o Japão frequentemente tentou uma sucessão de modelos estrangeiros: ao criar o código civil, o ministro da Justiça pediu que um erudito francês produzisse o primeiro esboço e seguiu o modelo alemão no segundo.

Na era Meiji, os intercâmbios com o Ocidente foram maciços, conscientes e planejados. Alguns envolveram levar ocidentais até o Japão, como os professores que forneceram consultoria sobre educação e dois eruditos alemães que ajudaram a elaborar a Constituição, fortemente inspirada na alemã. Mas a maior parte envolvia japoneses viajando até a Europa e os Estados Unidos como observadores. Um passo crucial, dado somente dois anos após a consolidação do governo Meiji, foi a Missão Iwakura, de 1871-1873 (ver figura 3.3 do encarte). Composta de cinquenta representantes governamentais, a missão viajou pelos Estados Unidos e por doze países europeus, visitou fábricas e gabinetes governamentais, foi recebida pelo presidente americano Grant e por líderes europeus e publicou um relatório de cinco volumes que fazia relatos detalhados sobre uma ampla variedade de práticas ocidentais. A missão anunciou que seu propósito era "escolher, entre as várias instituições prevalecentes nas nações esclarecidas, as mais adequadas a nossa presente condição". Quando começou a guerra entre França e Prússia em 1870, o Japão enviou dois observadores com um propósito muito mais limitado: ver, em primeira mão, como os europeus lutavam.

Um subproduto dessas viagens foi que os japoneses com experiência ultramarina tenderam a assumir papéis de liderança tanto no governo Meiji quanto nas esferas privadas. Dos mais importantes homens a subirem ao poder no governo Meiji na década de 1880, Ito Hirobumi (que liderou a elaboração da nova Constituição) fizera várias e longas visitas à Europa, ao passo que Yamagata Aritomo (que se tornou primeiro-ministro) estudara ciências militares na Alemanha. Godai Tomoatsu usou sua experiência europeia para se tornar presidente da Câmara de Comércio de Osaka e empresário de ferrovias e minas, ao passo que Shibusawa Eiichi (controlador financeiro da missão japonesa de 1867 em Paris) desenvolveu as indústrias bancária e têxtil do Japão.

A fim de tornar essas maciças adoções ocidentais palatáveis aos tradicionalistas japoneses, as inovações eram apresentadas não como novidades, mas como retornos às práticas tradicionais. Quando o próprio imperador promulgou a primeira Constituição japonesa em 1889, fortemente baseada na Constituição alemã, invocou sua ascensão "ao trono de uma linhagem sucessória ininterrupta desde eras imemoriais" e "o direito à soberania do Estado [que] herdamos de nossos ancestrais". De modo similar, os novos rituais inventados para a corte imperial durante a era Meiji foram apresentados como antigos e atemporais rituais da corte.

Essa ressignificação das inovações como tradições supostamente retidas — o fenômeno das "tradições inventadas", com frequência invocado pelos inovadores em outros países além do Japão — contribuiu para o sucesso dos líderes Meiji na promoção de mudanças drásticas. O fato cruel era que eles enfrentavam uma situação perigosa ao assumir o poder em janeiro de 1868. O Japão corria o risco de ser atacado por potências estrangeiras, de guerra civil entre oponentes e apoiadores do *bakufu*, de guerras entre os domínios e de revoltas promovidas por grupos ameaçados de perder sua posição e poder. A abolição dos privilégios dos samurais provocou várias rebeliões, com a mais séria sendo a revolta de Satsuma, em 1877. Levantes de camponeses armados ocorreram periodicamente na década de 1870. Mas a oposição às reformas do governo Meiji foi menos violenta do que se poderia ter esperado. Os líderes se provaram habilidosos na compra, cooptação e reconciliação com oponentes reais ou potenciais. Enomoto Takeaki, por exemplo, o almirante da frota que defendera Hokkaido contra as forças Meiji até 1869, acabou sendo absorvido em suas fileiras como ministro e emissário.

———

Consideremos agora as mudanças seletivas adotadas no Japão Meiji. Elas afetaram quase todas as esferas da vida: artes, vestimentas, política doméstica, economia, educação, papel do imperador, feudalismo, política externa, governo, cortes de cabelo, ideologia, leis, Forças Armadas, sociedade e tecnologia. As mais urgentes, implementadas ou iniciadas durante os primeiros anos da era Meiji, tinham por objetivo criar um exército nacional moderno, abolir o feudalismo, fundar um sistema nacional de educação e garantir receita para o governo através da reforma tributária. A atenção em seguida se voltou para a reforma dos códigos legais, a criação de uma Constituição, a expansão ultramarina e a extinção dos tratados desiguais. Em paralelo com a atenção dada a prementes questões práticas, os líderes também começaram a enfrentar o desafio de criar uma ideologia explícita para conseguir o apoio dos cidadãos.

A reforma militar começou com a compra de equipamentos ocidentais modernos, o recrutamento de oficiais franceses e alemães para treinar o exército e (mais tarde) os experimentos com modelos franceses e britânicos para desenvolver uma marinha moderna. Os resultados ilustram a habilidade Meiji na seleção dos melhores modelos estrangeiros: em vez de selecionar as Forças Armadas de apenas um país como modelo para todos os braços de suas Forças Armadas, o Japão terminou modelando seu exército no alemão, mas sua marinha, na britânica (porque, na Europa do fim do século XIX, a Alemanha tinha o exército mais forte, mas a marinha mais forte era britânica!). Como exemplo, quando o Japão quis aprender como construir os rápidos navios de guerra chamados de cruzadores, inventados na Grã-Bretanha, pediu que um estaleiro britânico projetasse e construísse o primeiro cruzador japonês. Então o usou como modelo para construir três outros em três estaleiros japoneses.

Uma lei nacional de recrutamento, adotada em 1873 e baseada nos modelos europeus, criou um exército nacional de homens que usavam armas e serviam por três anos. Antigamente, cada domínio feudal tinha sua própria milícia de espadachins samurais, inúteis na guerra moderna, mas ainda uma ameaça ao governo nacional (ver figura 3.4 do encarte). Por isso, os samurais foram primeiro proibidos de carregar espadas ou administrar punições privadas, então as ocupações hereditárias (incluindo a de ser samurai) foram abolidas, os ex-samurais passaram a ser pagos em estipêndios governamentais e, finalmente, esses estipêndios foram convertidos em títulos públicos remunerados.

Outra providência urgente de mercado era acabar com o feudalismo. Fortalecer o Japão exigia a construção de um Estado centralizado no estilo ocidental. Esse era um problema delicado porque, em janeiro de 1868, os únicos poderes reais do novo governo imperial eram os antigos poderes do xogum; os demais permaneciam com os daimiôs (os senhores feudais). Por isso, em março de 1868, quatro daimiôs, incluindo os de Satsuma e Choshu, que haviam instigado a Restauração Meiji, foram persuadidos a oferecer suas terras e seus servos ao imperador, por meio de um documento ambíguo. Quando o imperador aceitou essa oferta em julho, os outros daimiôs receberam ordens para fazer o mesmo e, como compensação, foram nomeados "governadores" de seus antigos domínios feudais. Finalmente, em agosto de 1871, foram informados de que seus domínios (e governanças) seriam substituídos por prefeituras de administração central. Mas receberam permissão para manter 10% da receita de seus antigos domínios e foram poupados do fardo de todas as despesas anteriores. Assim, em três anos e meio, séculos de feudalismo japonês foram desmantelados.

O imperador permaneceu imperador, isso não mudou. Todavia, já não ficava enclausurado no Palácio Imperial de Kyoto, foi transferido para a capital, Edo, renomeada de Tóquio. Em seus 45 anos de governo, fez 102 viagens por todo o Japão, comparadas ao total de apenas três viagens de todos os imperadores combinados durante os 265 anos da era Tokugawa (1603-1868).

A educação passou por grandes reformas, com grandes consequências. Pela primeira vez na história, o Japão tinha um sistema nacional de educação. As escolas básicas compulsórias foram criadas em 1872, seguidas pela fundação da primeira universidade em 1877, pelas escolas de ensino fundamental em 1881 e pelas escolas de ensino médio em 1886. No início o sistema escolar seguiu o altamente centralizado modelo francês, mudando em 1879 para o modelo americano de controle local e, em 1886, para o modelo alemão. O resultado dessa reforma educacional é que, hoje, o Japão possui a mais alta porcentagem mundial de cidadãos alfabetizados (99%), a despeito de também possuir o mais complicado e difícil sistema de escrita do mundo. Embora o novo sistema de educação fosse inspirado pelo Ocidente, seus propósitos declarados eram totalmente nacionais: transformar os japoneses em cidadãos leais e patrióticos que reverenciavam o imperador e imbuídos do senso de unidade nacional.

Um propósito mais mundano, mas igualmente importante da reforma educacional era treinar funcionários para cargos governamentais e desenvolver o capital humano, de modo que o Japão pudesse ascender e prosperar. Na década de 1880, o recrutamento para a burocracia do governo central passou a ser baseado em um teste de conhecimentos ocidentais, e não mais da filosofia de Confúcio. A educação nacional, juntamente com a abolição oficial das ocupações hereditárias, minou as divisões de classe tradicionais, uma vez que a alta educação, e não o nascimento, tornou-se o caminho para os altos cargos públicos. Parcialmente como resultado, entre as catorze maiores democracias ricas de hoje, o Japão é a que conta

com a divisão mais igualitária de riqueza e possui o menor número pro-
porcional de bilionários entre a população; os Estados Unidos estão no
extremo oposto em ambos os quesitos.

A prioridade do governo Meiji ainda era produzir um fluxo de receita que financiasse as operações governamentais. O Japão jamais tivera
impostos no estilo ocidental. Cada daimiô taxava as próprias terras para
bancar seus custos operacionais. O xogum fazia o mesmo, mas exigia dinheiro adicional dos daimiôs para objetivos específicos. Mesmo assim, o
governo Meiji afastara os daimiôs de suas responsabilidades como "governadores", convertera seus domínios em prefeituras e decretara que seriam
administradas pelo governo central, fazendo com que os daimiôs já não
precisassem (assim diziam os líderes) de receita para financiar operações
administrativas próprias. Consequentemente, o Ministério das Finanças
concluiu que precisava, pelo menos, da mesma receita anual que o xogum
e todos os daimiôs combinados obtinham anteriormente. E atingiu esse
objetivo com uma manobra ocidental, ao impor um imposto nacional de
3% sobre a terra. Os fazendeiros se queixavam e se revoltavam periodicamente, porque tinham de pagar todos os anos, independentemente do
tamanho da colheita. Mas poderiam ter se considerado afortunados se
tivessem previsto os impostos ocidentais modernos. Aqui no meu estado,
a Califórnia, por exemplo, pagamos um imposto estadual de 1% sobre a
propriedade, *além de* um imposto estadual de 12% sobre a renda, *e* um
imposto nacional de 44% sobre a renda.

Questões menos urgentes incluíam substituir o tradicional sistema
de justiça japonês por um sistema legal de estilo ocidental. Os tribunais
com juízes nomeados foram introduzidos em 1871, seguidos por um
Supremo Tribunal em 1875. A reforma dos direitos criminal, comercial e
civil seguiu diferentes caminhos de ocidentalização, como resultado dos
experimentos com vários modelos estrangeiros. O código penal seguiu
inicialmente o modelo francês, depois passou para o modelo alemão; o
código comercial usava o modelo alemão; e o código civil usou conceitos

franceses, britânicos e nativos japoneses antes de adotar um modelo de inspiração alemã. Em todos os casos, os desafios que influenciaram essas escolhas incluíam encontrar soluções compatíveis com a visão de mundo japonesa e adotar instituições ocidentais a fim de obter a respeitabilidade internacional necessária para revisar os tratados desiguais. Isso exigiu, entre outras coisas, abolir a tradicional tortura japonesa e o amplo uso da pena de morte, que o Ocidente já não considerava respeitável.

A modernização da infraestrutura começou no início da era Meiji. O ano de 1872 viu a fundação de um sistema nacional de correios e a construção da primeira ferrovia e da primeira linha telegráfica, seguidas pelo estabelecimento de um banco nacional em 1873. Iluminação pública a gás foi instalada em Tóquio. O governo também se envolveu na industrialização do Japão, criando fábricas para produzir tijolos, cimento, vidro, máquinas e seda com maquinário e métodos ocidentais. Após a bem-sucedida guerra contra a China em 1894-1895, os gastos governamentais se concentraram nas indústrias relacionadas à guerra, como as de carvão, eletricidade, armas, ferro, aço, ferrovias e estaleiros.

A reforma governamental era especialmente importante para que o Japão pudesse obter respeitabilidade internacional — e especialmente desafiadora. O gabinete de governo foi introduzido em 1885. Já em 1881 fora anunciada a criação de uma Constituição, parcialmente em resposta à pressão pública. Mas foram necessários oito anos para redigir um texto de estilo ocidental que estivesse em harmonia com as circunstâncias japonesas. A solução para esse desafio foi tomar como modelo não a Constituição americana, mas a alemã, porque a ênfase alemã em um imperador forte correspondia às condições japonesas. A Constituição evocava a crença de que seu imperador descendia dos deuses através de uma linhagem ininterrupta e milenar. Em 11 de fevereiro, o 2.549º aniversário do dia tradicionalmente associado à fundação do império, em uma cerimônia realizada na sala de audiências do Palácio Imperial, o imperador evocou seus ancestrais e entregou o rolo contendo a nova Constituição ao primeiro-ministro, como um presente para o Japão. Para garantir que todos entenderiam a mensagem, estavam presentes à cerimônia representantes de corpos diplomáticos estrangeiros e da comunidade internacional. O Japão era agora uma nação civilizada com um governo constitucional igual aos outros governos constitucionais do mundo (e atenção, atenção, já não podia ser submetido a tratados desiguais).

Como em outras esferas da vida japonesa, a cultura se tornou um mosaico de novos elementos ocidentais e de elementos japoneses tradicionais. As roupas e os cortes de cabelo ocidentais são predominantes no Japão de hoje e foram adotados rapidamente — pelos homens (ver figuras 3.5 e 3.6 do encarte). Por exemplo, uma fotografia de cinco dos membros da Missão Iwakura em 1872, apenas quatro anos após a Restauração Meiji e dezenove anos após a chegada do comodoro Perry, mostra quatro deles usando terno, gravata, cartola e corte de cabelo ocidental e somente um (o próprio Iwakura) ainda de quimono e com o cabelo preso no tradicional coque samurai no alto da cabeça (ver figura 3.3 do encarte). Nas artes, a música, a pintura, a impressão xilográfica, o teatro cabúqui e as peças nô tradicionais sobreviveram ao lado de danças de salão, bandas militares, orquestras, óperas, teatro, pintura e romances ocidentais.

Qualquer nação corre o risco de se desintegrar se seus cidadãos não se sentem unidos por alguma ideologia nacional. Cada nação tem seus próprios e familiares ideais, com expressões que cumprem a tarefa de criar essa ideologia unificadora. Os ideais americanos, por exemplo, incluem democracia, igualdade, liberdade e oportunidade, como capturados nas expressões "dos trapos à riqueza", "caldeirão cultural", "terra da liberdade", "terra das oportunidades" e "terra das possibilidades ilimitadas". Particularmente em países recém-independentes, como a Indonésia (capítulo 5), ou que passam por rápidas mudanças, como o Japão Meiji, o governo conscientemente formula e promove as ideologias nacionais unificadoras. Como o Japão Meiji fez isso?

A necessidade de uma ideologia unificadora foi expressa em um comentário amplamente disseminado de 1891 sobre o Rescrito da Educação feito pelo imperador em 1890: "O Japão [...] é um país pequeno. Como agora existem aqueles que engolem países inteiros impunemente, precisamos considerar o mundo todo nosso inimigo [...] assim, qualquer japonês verdadeiro deve possuir um senso de dever público em função do qual valoriza a própria vida levemente como poeira, avança com determinação e está pronto para se sacrificar pelo bem da nação [...]. O objetivo do Rescrito é fortalecer a base da nação ao cultivar as virtudes do amor filial e fraterno, a lealdade e a sinceridade, e preparar para qualquer emergência ao nutrir o espírito de patriotismo coletivo [...]. Se não unirmos nosso povo, fortificações e navios de guerra não serão suficientes. Se o unirmos, mesmo um milhão de inimigos formidáveis não poderão nos prejudicar."

Nas duas últimas décadas da era Meiji, tendo lidado com questões mundanas, mas urgentes, como a reforma tributária e os códigos legais, o governo conseguiu dedicar mais atenção à tarefa de imbuir os japoneses de um senso de dever público. Isso foi obtido parcialmente através do apoio à religião tradicional e ainda mais pela atenção dada à educação. A religião tradicional serviu para unificar o povo ao pregar as crenças partilhadas na ancestralidade divina do imperador, no patriotismo, no dever cívico, na piedade filial, no respeito pelos deuses e no amor pelo país. Assim, o governo promoveu a religião xintoísta e a filosofia confuciana tradicionais, subsidiando os principais santuários xintoístas do país e nomeando seus sacerdotes. Esses valores, associados à adoração do imperador como um deus vivo, foram apresentados com destaque nos padronizados textos escolares presentes em todos os níveis da educação.

Agora que resumimos os principais componentes das mudanças seletivas no Japão Meiji — para além das mudanças nas políticas de expansão ultramarina, que serão examinadas nas páginas seguintes —, vamos refletir sobre essas mudanças e esclarecer possíveis mal-entendidos.

O objetivo dos líderes Meiji não era, de modo algum, "ocidentalizar" o Japão, no sentido de convertê-lo em uma sociedade europeia longe da Europa, ao contrário dos colonizadores britânicos da Austrália, cujo objetivo era convertê-la em uma sociedade britânica longe da Grã-Bretanha (capítulo 7). Seu objetivo era adotar certas características ocidentais, mas adequá-las às circunstâncias japonesas e reter muito do Japão tradicional. Essas características ocidentais adotadas e modificadas foram enxertadas em um núcleo de história japonesa. O Japão não precisava da Europa como modelo de alfabetização e urbanização, por exemplo. O Japão de Tokugawa já apresentava alto índice de alfabetização e a capital do *bakufu*, Edo (renomeada Tóquio), já era a maior cidade do mundo um século e meio antes da chegada do comodoro Perry. A ocidentalização Meiji tampouco consistiu em imitar cegamente instituições ocidentais específicas: seus líderes operavam a partir de um entendimento claro da sociedade ocidental que foi a base das instituições militares, educacionais e outras adotadas de modo modificado no Japão.

O Japão Meiji conseguiu usar muitos modelos britânicos, alemães, franceses e americanos, em diferentes esferas. Também havia muitos modelos nativos nos quais se basear: o Japão Tokugawa tardio consistia em 240 domínios separados, com diferentes políticas tributárias e outras instituições. Além desses modelos positivos, o Japão Meiji tirou proveito de um importante modelo negativo: a China, cujo destino de dominação pelo Ocidente deixou claro o que era preciso evitar.

As reformas foram dirigidas a duas "audiências" diferentes: uma doméstica japonesa e outra ultramarina ocidental. Por um lado, as reformas eram voltadas ao próprio Japão, a fim de fortalecê-lo militar e economicamente e imbuir o povo de uma ideologia unificadora. Por outro, pretendiam fazer com que os países ocidentais respeitassem o Japão como igual, uma vez que adotara as instituições que o Ocidente respeitava. Essas instituições incluíam instrumentos básicos de governo, como a Constituição e os códigos legais de estilo ocidental, e elementos de aparência, como roupas, cortes de cabelo e o fato de o imperador celebrar um casamento de estilo ocidental com uma única esposa, a imperatriz. (Os imperadores anteriores se relacionavam abertamente com muitas concubinas.)

Embora os líderes Meiji concordassem sobre o objetivo geral de fortalecer o Japão para que pudesse resistir ao Ocidente, eles não possuíam um plano abrangente desde o início. As reformas foram projetadas e adotadas uma a uma e gradualmente: primeiro, criando um exército nacional, um fluxo de receita e um sistema nacional de educação e abolindo o feudalismo; em seguida, implementando uma Constituição e códigos civis e criminais; e, mais tarde, buscando a expansão ultramarina através de guerras (a serem discutidas nas próximas páginas). Nem todas essas reformas foram adotadas suave e unanimemente: houve conflitos internos, como as já mencionadas rebeliões de samurais e os levantes dos camponeses.

———

A grande linha remanescente de mudança seletiva na era Meiji que ainda não consideramos foi a transformação do Japão de alvo em agente de expansão e agressão militar ultramarina. Vimos que o Japão Tokugawa se isolou e não aspirou a conquistas ultramarinas. Em 1853, o país parecia estar sob ameaça iminente de potências estrangeiras militarmente muito mais fortes.

Mas no início da era Meiji, em 1868, as reformas militares e o desenvolvimento industrial haviam removido essa ameaça iminente e permitido uma expansão gradativa. O primeiro passo foi a anexação formal, em 1869, da ilha de Hokkaido, ao norte, originalmente habitada por um povo (os ainus) bastante diferente do japonês, mas já parcialmente controlado pelo *bakufu*. Em 1874, uma expedição militar punitiva foi enviada à ilha de Taiwan, cujos nativos haviam matado dezenas de pescadores de Riu-Kiu. No fim da expedição, todavia, o Japão retirou suas forças e não tentou anexar Taiwan. Em 1879, as próprias ilhas Riu-Kiu (um arquipélago várias centenas de quilômetros ao sul do Japão) foram anexadas. Entre 1894 e 1895, o Japão Meiji lutou e venceu sua primeira guerra internacional contra a China e anexou Taiwan.

A guerra de 1904-1905 contra a Rússia permitiu que, pela primeira vez, o país se testasse contra um poder ocidental; tanto a Marinha quanto o Exército japonês derrotaram suas contrapartes russas (ver figuras 3.7 e 3.8 do encarte). Foi um marco na história mundial: a derrota de uma grande potência europeia por uma potência asiática em uma guerra total. Com o resultante tratado de paz, o Japão anexou a metade sul da ilha Sacalina e ganhou o controle da Ferrovia do Sul da Manchúria. Estabeleceu seu protetorado sobre a Coreia em 1905 e a anexou em 1910. Em 1914, conquistou a esfera de influência chinesa da Alemanha e as colônias micronésias no oceano Pacífico (ver figura 3.9 do encarte). Finalmente, em 1915, apresentou à China suas Vinte e Uma Exigências, que praticamente a converteram em um Estado vassalo; a China atendeu a algumas, mas não a todas.

O Japão pensara em atacar a China e a Coreia antes de 1894, mas recuara por reconhecer que não era forte o bastante e corria o risco de dar às potências europeias uma desculpa para intervir. A única ocasião na qual o Japão Meiji superestimou sua força foi em 1895, ao fim da guerra contra a China. As concessões que conseguira obter incluíam a cessão da península de Liaodong, que controla as rotas terrestres e marítimas entre a China e a Coreia. Mas a França, a Rússia e a Alemanha reagiram e o forçaram a abandonar a península, que a Rússia alugou da China três anos depois. Esse humilhante recuo tornou o país consciente de sua fraqueza perante as potências europeias. Consequentemente, em 1902 o Japão fez uma aliança com a Grã-Bretanha em busca de proteção e garantias antes de atacar a Rússia em 1904. Mesmo com a segurança oferecida pela aliança britânica, o Japão esperou e só fez exigências à China quando as Forças Armadas das potências europeias estavam envolvidas na Primeira Guerra Mundial e incapazes de ameaçar com uma intervenção, como haviam feito em 1895.

Em resumo, expansão militar japonesa durante a era Meiji foi consistentemente bem-sucedida porque guiada a cada passo por avaliações honestas, realistas, cautelosas e informadas sobre suas forças relativas e as de seus alvos e pela correta determinação do que era realisticamente possível fazer. Agora, compare essa bem-sucedida expansão com a situação do Japão em 14 de agosto de 1945. Nessa data, o país estava em guerra simultaneamente contra a China, os Estados Unidos, a Grã-Bretanha, a Rússia, a Austrália e a Nova Zelândia (assim como muitos outros países que haviam declarado guerra, mas não participavam ativamente das batalhas). Era uma combinação desesperadora de inimigos contra os quais lutar. Grande parte do Exército japonês ficara presa durante anos na China. Os bombardeiros americanos haviam destruído a maioria das principais cidades japonesas. Duas bombas atômicas eliminaram Hiroshima e Nagasaki. Uma frota anglo-americana bombardeava a costa. Os exércitos russos avançavam contra a débil resistência japonesa na Manchúria e em Sacalina. As tropas australianas e neozelandesas derrotavam as guarnições japonesas em algumas ilhas do Pacífico. Quase todos os maiores navios de guerra e a frota mercante do Japão haviam sido afundados ou avariados. Mais de 3 milhões de japoneses haviam morrido.

Teria sido bastante ruim se erros da política externa japonesa tivessem feito com que todos esses países atacassem o Japão. Mas os erros japoneses foram ainda piores: o próprio Japão iniciou o ataque a esses países. Em 1937, lançou uma guerra em grande escala à China. Lutou em duas breves, mas sangrentas, guerras de fronteira contra a Rússia em 1938 e 1939. Em 1941, simultânea e subitamente atacou os Estados Unidos, a Grã-Bretanha e a Holanda, mesmo ainda estando suscetível à retomada da luta contra a Rússia. O ataque à Grã-Bretanha resultou na automática declaração de guerra dos domínios britânicos no Pacífico, Austrália e Nova Zelândia; o Japão então bombardeou a Austrália. Em 1945, a Rússia finalmente atacou. Em 15 de agosto de 1945, o Japão finalmente se curvou ao longamente evitado, mas inevitável resultado, e se rendeu. Por que, de 1937 em diante, o país gradualmente iniciou essa expansão militar pouco realista e malsucedida se, na era Meiji, a partir de 1868, fora tão realista e obtivera tanto sucesso?

Há numerosas razões: a guerra bem-sucedida contra a Rússia, a desilusão com o Tratado de Versalhes, o colapso do crescimento econômico impulsionado pela exportação em 1929 e outras. Mas uma razão adicional é especialmente relevante para este livro: a diferença entre o Japão da era Meiji e o Japão das décadas de 1930 e 1940 em conhecimento e capacidade de autoavaliação honesta por parte dos líderes. Na era Meiji, muitos japoneses, incluindo os líderes das Forças Armadas, faziam viagens ao exterior. Assim, obtinham conhecimento detalhado e em primeira mão sobre a China, os Estados Unidos, a Alemanha e a Rússia, incluindo seus exércitos e marinhas. Podiam fazer uma avaliação honesta da força japonesa comparada à força desses outros países. Dessa forma, o Japão atacava somente quando estava confiante sobre o sucesso. Nos anos 1930, em contraste, o Exército japonês no continente asiático era comandado por oficiais jovens e impulsivos que não tinham experiência internacional (a não ser na Alemanha nazista) e não obedeciam às ordens dos líderes mais experientes em Tóquio. Esses jovens exaltados não conheciam em primeira mão a força industrial e militar dos Estados Unidos e dos outros potenciais oponentes. Não entendiam a psicologia americana e consideravam os Estados Unidos uma nação de comerciantes sem disposição para lutar.

Muitos líderes experientes do governo e das Forças Armadas japonesas (especialmente da Marinha) nos anos 1930 conheciam em primeira mão a força americana e europeia. O momento mais pungente de minha primeira visita ao Japão, em 1998, ocorreu em certa noite na qual descobri que meu colega de mesa durante o jantar era um executivo aposentado da indústria de aço, na época com 90 anos, que a meu pedido relatou suas visitas às fábricas americanas de aço na década de 1930. Ele me disse que ficara estupefato ao descobrir que a capacidade de fabricação de aço de alta qualidade dos Estados Unidos era cinquenta vezes maior que a do Japão, e bastara esse fato para convencê-lo de que seria insano iniciar uma guerra contra os Estados Unidos.

Mas esses velhos líderes com experiências internacionais na década de 1930 foram intimidados e dominados, e muitos assassinados, pelos jovens impulsivos e sem experiência internacional — de maneira muito parecida com a dos exaltados *shishi* das décadas de 1850 e 1860, que intimidaram e assassinaram os líderes da época. É claro que os *shishi* não possuíam mais experiência sobre a força dos países estrangeiros do que os jovens oficiais da década de 1930. A diferença era que os ataques dos *shishi* contra ocidentais haviam provocado o bombardeio de Kagoshima e do estreito de Shimonoseki por poderosos navios de guerra ocidentais, que demonstraram convincentemente, mesmo para os *shishi*, que sua estratégia não era realista. Nos anos 1930, não houve tal bombardeio estrangeiro para forçar os jovens oficiais que não haviam viajado para o exterior a ter algum realismo.

Além disso, a experiência histórica da geração de líderes que chegou à maioridade no Japão Meiji era praticamente oposta à dos líderes da década de 1930. Os líderes Meiji haviam passado seus anos de formação em um Japão fraco que corria o risco de ser atacado por fortes inimigos potenciais. Mas, para os líderes dos anos 1930, a guerra significava o intoxicante sucesso da Guerra Russo-Japonesa, com a destruição da frota russa no Pacífico, no cais de Porto Arthur, em um ataque-surpresa que serviu de modelo para o ataque japonês à frota americana em Pearl Harbor (ver figura 3.7 do encarte) e para a espetacular destruição da frota russa no Báltico durante a Batalha do Estreito de Tsushima (ver figura 3.8 do encarte). Quando discutirmos a Alemanha, no capítulo 6, encontraremos outro exemplo de gerações sucessivas no interior do mesmo país tendo visões políticas drasticamente diferentes como resultado de distintas experiências históricas.

Assim, parte — não toda, mas parte — da razão de o Japão iniciar a Segunda Guerra Mundial contra todas as probabilidades foi o fato de os jovens líderes do exército nos anos 1930 não possuírem o conhecimento básico e a experiência histórica necessários para uma avaliação honesta, realista e cautelosa. O resultado foi desastroso.

————

O Japão Meiji ilustra de forma marcante paralelos com a maioria dos doze fatores identificados no capítulo 1 como afetando os resultados das crises individuais. Em relação a um fator (o fator 5 da Tabela 1.2), fornece *o* mais notável exemplo entre nossos sete países; em relação a outro (fator 7), fornece um dos dois principais exemplos; sete outros fatores (1, 3, 4, 6, 9, 10 e 11) também são importantes; e um fator (12) operou tanto positiva quanto negativamente.

Mais que qualquer outra nação discutida neste livro, o Japão Meiji ilustra a mudança através da adoção de modelos estrangeiros (fator 5), após cuidadosa comparação, a fim de identificar o mais adequado às circunstâncias japonesas em determinada esfera. O resultado foi que a Constituição e o Exército japoneses foram baseados em modelos alemães, a frota no modelo britânico, o primeiro esboço de código civil no modelo francês e as reformas educacionais de 1879 no modelo americano. Mesmo a Declaração da Independência americana parece ter servido de modelo para a proposta de reforma governamental esboçada em 1870 por Itagaki Taisuke e Fukuoka Kotei, que a iniciaram com um preâmbulo que declarava que todos os homens eram iguais por direito, declaração da qual retiraram muitas conclusões. (Pense na segunda frase da Declaração da Independência americana: "Consideramos que essas verdades são autoevidentes, que todos os homens são criados iguais...", levando a muitas conclusões.) Essa proposta de governo baseada no modelo americano não foi adotada, mas muitos outros modelos estrangeiros o foram.

Discutimos na seção anterior o papel da autoavaliação realista (fator 7) no Japão Meiji, que rivaliza apenas com seu papel na Finlândia. Nossa discussão tornou claro que a autoavaliação nacional bem-sucedida requer dois elementos. O primeiro é a disposição de enfrentar verdades dolorosas: no caso do Japão, o fato de que os odiados bárbaros eram mais fortes e que o Japão só podia se fortalecer se aprendesse com eles. O segundo pré-requisito é o conhecimento. Não foi suficiente que os líderes Meiji e os *shishi* da década que precedeu a Restauração Meiji estivessem dispostos a enfrentar a dolorosa verdade da força militar ocidental: também era necessário que conhecessem essa força, através da observação ou da experiência em primeira mão. Mas os jovens oficiais do exército nos anos 1930 não possuíam conhecimento em primeira mão sobre a força militar ocidental. A autoavaliação realista Meiji estava ligada a outro de nossos fatores previsores de resultado: o disseminado consenso sobre a crise que a visita do comodoro Perry criou no Japão (fator 1).

O Japão Meiji ilustra bem a necessidade de construir uma cerca e adotar mudanças seletivas (fator 3). Mudanças maciças foram adotadas em muitas esferas da sociedade Meiji, incluindo as esferas econômica, legal, militar, política, social e tecnológica. Mas outras características do Japão tradicional foram mantidas, incluindo moralidade confuciana, veneração pelo imperador, homogeneidade étnica, piedade filial, xintoísmo e sistema de escrita. Inicialmente, foram propostas mudanças também nessas características, como transformar o país em república e adotar um alfabeto ocidental. Mas o Japão rapidamente construiu uma cerca separando as características tradicionais que deviam ser mantidas daquelas consideradas em necessidade de mudança. Embora o desejo por mudança fosse grande, o desejo de permanecer tradicional também era tão forte que algumas mudanças tiveram de ser retratadas como fictícias retenções de "tradições inventadas", a fim de torná-las palatáveis. Essa coexistência entre mudança drástica e retenção conservadora também ilustra o fator da flexibilidade nacional específica a uma situação (fator 10).

Juntamente com o valor dos modelos estrangeiros, o Japão Meiji ilustra o valor da ajuda externa (fator 4). Inumeráveis exemplos incluem o mercador britânico baseado em Nagasaki, Thomas Glover, que enviou um grupo de dezenove homens de Satsuma para estudar na Inglaterra já em 1864; os muitos ocidentais na Europa e nos Estados Unidos que hospedaram visitantes japoneses; os conselheiros alemães Albert Mosse e Hermann Roesler, que foram ao Japão em 1886 para ajudar Ito Hirobumi a criar uma Constituição; e o estaleiro britânico Vickers, que construiu o primeiro cruzador japonês, *Kongo*, que serviu de modelo para os cruzadores *Haruna*, *Hiei* e *Kirishima*, construídos no Japão.

O Japão Meiji e o Japão de hoje ilustram a forte identidade nacional (fator 6). O povo japonês e seus líderes consideram o Japão único, superior e distinto do restante do mundo. Essa crença partilhada permitiu que suportassem os estresses da era Meiji, às vezes discordando sobre como assegurar o futuro do Japão, mas sem jamais duvidar de seu valor.

O Japão Meiji exemplifica a paciência, a disposição para tolerar o fracasso inicial e a persistência até que uma solução viável seja encontrada (fator 9). Sua resposta inicial às ameaças internacionais dos anos 1850 e 1860 foi tentar manter os estrangeiros fora do país e, depois que foram admitidos em portos de tratado específicos, tentar expulsá-los novamente. Mas aos poucos se tornou claro e aceito pelo *bakufu* e pelos líderes *shishi* e Meiji que essa abordagem não funcionava e era necessário escolher outra: abrir o Japão ao Ocidente, aprender com ele e fortalecer o Japão. De modo similar, os esforços para criar códigos legais, um sistema nacional de educação e uma Constituição levaram anos de esboços, experimentos e mudanças. Em cada uma dessas três esferas, o governo inicialmente tentou um ou mais modelos estrangeiros e então escolheu um modelo diferente, como o código civil, que começou com inspiração francesa e britânica e terminou com inspiração alemã.

Valores essenciais inegociáveis (fator 1) uniram os japoneses em sua disposição para o sacrifício. Entre os mais importantes estava a lealdade ao imperador. Isso foi dramaticamente ilustrado no fim da Segunda Guerra

Mundial, quando os Estados Unidos exigiram rendição incondicional. Mesmo após duas bombas atômicas e em uma situação militar sem esperanças, o Japão insistiu em uma condição: "que a dita declaração [de rendição] não inclua nenhuma exigência que prejudique as prerrogativas de Sua Majestade como governante soberano". Se essa condição não fosse aceita, o Japão estava preparado para resistir à prometida invasão americana. A força dos valores essenciais também foi ilustrada durante a Segunda Guerra Mundial pela disposição para cometer suicídio de grande número de soldados japoneses, muito maior do que a dos soldados de qualquer outra nação moderna. Os mais conhecidos foram os pilotos camicases das aeronaves tradicionais, os pilotos *baka* dos planadores-bomba, que lançavam suas máquinas de transporte de bombas contra navios inimigos, e os marinheiros *kaiten*, que montavam e pilotavam torpedos lançados dos navios japoneses contra navios inimigos. As armas suicidas de alta tecnologia camicase, *baka* e *kaiten* introduzidas somente perto do fim da Segunda Guerra Mundial foram precedidas por vários anos de suicídios de baixa tecnologia, nos quais soldados japoneses que fingiam se render detonavam granadas de mão escondidas para matar seus captores e a si mesmos. Todas essas formas de suicídio serviram a propósitos militares imediatos ao matar soldados inimigos. Além disso, os soldados e oficiais derrotados também se suicidavam rotineiramente, mesmo sem matar qualquer inimigo, em deferência ao inculcado valor de "não rendição". Por exemplo, dos 2.571 soldados japoneses de elite que em novembro de 1943 defenderam o atol de Tarawa contra a invasão de tropas americanas, 2.563 morreram, muitos dos últimos por suicídio, deixando somente oito para serem levados como prisioneiros.

O Japão, como arquipélago sem fronteiras terrestres, está em uma situação relativamente favorável no que diz respeito às restrições geopolíticas (fator 12), se comparado a nações como Finlândia e Alemanha, que partilham fronteiras terrestres com outros países. Vimos no último capítulo que a longa fronteira com a Rússia constitui o problema fundamental da Finlândia. Veremos no capítulo 6 que fronteiras terrestres com vizinhos poderosos também foram um tema importante da história alemã. No entanto, nações poderosas constituíram o problema fundamental do Japão Tokugawa e Meiji, mesmo estando do outro lado do mundo, separadas pelos oceanos. Desde o século XIX, e mesmo hoje, no mundo moderno, a tecnologia modifica restrições geopolíticas, mas não as elimina completamente.

———

Vamos concluir nossa discussão sobre o Japão Meiji perguntando onde está ele em relação às quatro questões suscitadas por crises nacionais, e não por crises individuais: revolução *versus* evolução, liderança, conflito de grupo e reconciliação e presença ou ausência de uma visão unificada.

As crises nacionais podem assumir a forma de uma revolução violenta (Chile em 1973, Indonésia em 1965) ou de uma evolução pacífica (Austrália do pós-guerra). O Japão Meiji é intermediário, mas está próximo dessa última ponta do *continuum*. O xogunato terminou em 3 de janeiro de 1868 com um golpe quase sem sangue. Alguns apoiadores do xogum, mas não ele mesmo, resistiram e acabaram derrotados em uma guerra civil que durou um ano e meio. Mas essa guerra civil causou proporcionalmente muito menos baixas do que o golpe e o contragolpe na Indonésia em 1965, o golpe chileno em 1973 e suas consequências ou a Guerra Civil Finlandesa em 1918.

Não houve nenhum líder dominando a Restauração Meiji da maneira como Hitler, Pinochet e Suharto imprimiram sua marca respectivamente na Alemanha nazista, no Chile pós-1973 e na Indonésia pós-1965. Em qualquer período, sempre houve múltiplos líderes Meiji e uma transição gradual da liderança na década de 1880. Os vários líderes partilhavam a qualificação de terem experiência em primeira mão com o Ocidente e comprometimento com uma estratégia básica de fortalecimento do Japão ao adotar seletivamente modelos estrangeiros. O imperador permaneceu uma figura simbólica, em vez de um verdadeiro líder.

Quanto ao conflito de grupo e à reconciliação, de 1853 a 1868 houve discordância sobre a estratégia básica a ser adotada no Japão. De 1868 em diante, quando a estratégia foi estabelecida, houve discordâncias naturais, que surgem em qualquer país, sobre as políticas que a afetavam. Até 1877, algumas dessas discordâncias foram resolvidas pela violência: especialmente entre o *bakufu* e a aliança Satsuma-Choshu até 1869; entre os *shishi* e os moderados japoneses na década de 1960 e entre o governo Meiji e os samurais dissidentes nas rebeliões de samurais. Novamente, o nível de violência foi modesto se comparado ao do Chile e ao da Indonésia. A subsequente reconciliação entre partes opostas foi mais completa do que no Chile e muito mais completa do que na Indonésia, em parte porque menos pessoas foram mortas e em parte porque os líderes do governo Meiji se esforçaram mais e exibiram mais habilidades na hora de se reconciliar com seus oponentes do que os líderes militares naqueles países. Entre os outros países discutidos neste livro, a Finlândia após a guerra civil de 1918 oferece o paralelo mais próximo do Japão Meiji em termos de dissipar os legados dos conflitos violentos.

A resolução da maioria das crises nacionais requer numerosas mudanças políticas, que podem ser adotadas gradativamente ou fazer parte de uma visão unificada. O Japão Meiji é o que mais se aproxima desse último extremo de visão unificada. Isso não significa que seus líderes iniciaram todas as mudanças simultaneamente; eles sabiam que alguns problemas eram mais urgentes do que outros. Começaram então criando um exército imperial, realizando a reforma tributária e solucionando algumas outras questões prementes no início da década de 1870, mas só iniciaram a primeira guerra ultramarina total em 1894. No entanto, todas essas políticas derivavam de um princípio em relação ao qual houvera concordância já no início da era Meiji: a necessidade de fortalecer o Japão em muitas esferas diferentes, por meio do aprendizado seletivo com o Ocidente.

Assim, o Japão Meiji oferece um bom segundo estudo de caso para explorar as questões envolvidas na resolução de crises nacionais através da mudança seletiva. A Finlândia (nosso primeiro caso) e o Japão Meiji são similares no enfrentamento de crises que explodiram subitamente, quando se materializou uma ameaça militar externa que se desenvolvia fazia anos. Tanto finlandeses quanto japoneses possuem fortes identidades nacionais e valores essenciais que defenderam com suas vidas, contra probabilidades esmagadoras; os japoneses passaram por esse teste durante a Segunda Guerra Mundial, e não na era Meiji. Tanto finlandeses quanto japoneses Meiji foram brutalmente honestos e realistas. Em alguns outros aspectos, no entanto, viram-se em extremos opostos. O Japão Meiji recebeu ajuda de muitas nações, as mesmas que o ameaçavam; os finlandeses não receberam praticamente nenhuma ajuda durante a Guerra de Inverno. O Japão solucionou seus problemas lançando mão de abundantes modelos; a Finlândia não pôde recorrer a nenhum. A grande população, a força econômica e a distância dos inimigos deram ao Japão o tempo e o espaço necessários para adquirir igualdade militar com as nações que o ameaçavam; a proximidade e os tamanhos relativos da Finlândia e da Rússia eliminaram essa opção para a Finlândia. Nos dois próximos capítulos, nos voltaremos a nações cujas crises chegaram ao clímax tão subitamente quanto as da Finlândia e do Japão Meiji, mas cujas explosões foram internas.

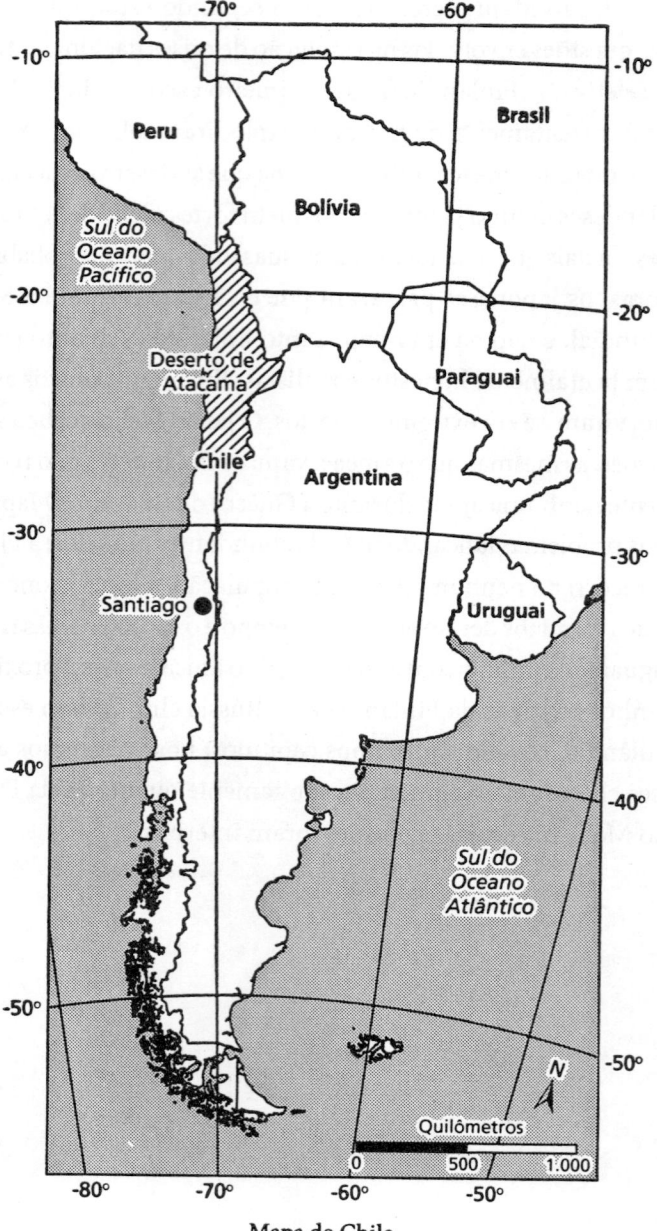

Mapa do Chile

CAPÍTULO 4

UM CHILE PARA TODOS OS CHILENOS

Visitando o Chile — O Chile até 1970 — Allende — O golpe
e Pinochet — Economia até o "não!" — Após Pinochet —
A sombra de Pinochet — Estrutura da crise —
Retornando ao Chile

Em 1967, passei um ano sabático no Chile, em uma época em que tudo ali parecia pacífico. Meus anfitriões enfatizaram para mim que o Chile era muito diferente dos outros países latino-americanos. Tinha uma longa história de governo democrático, explicaram, pontuado por apenas alguns golpes militares com relativamente pouco derramamento de sangue. O Chile não tinha governos militares frequentes, como o Peru, a Argentina e outros países das Américas Central e do Sul. Estava entre os países mais politicamente estáveis da América Latina.

Os chilenos se identificavam com a Europa e os Estados Unidos, e não com a América Latina. Minha visita, por exemplo, ocorreu em função do programa de intercâmbio entre a Universidade do Chile e a Universidade da Califórnia. O programa fora fundado para reconhecer não apenas o fato geográfico de que Chile e Califórnia ocupavam posições similares na zona mediterrânea da Costa Oeste de seus respectivos continentes, mas também que eram similares em sua atmosfera social e estabilidade política. Meus amigos chilenos resumiram isso com a frase "Nós chilenos sabemos como nos governar".

Porém, em 1973, apenas seis anos após minha visita, o Chile foi tomado por uma ditadura militar que superou todos os recordes mundiais de tortura sádica perpetrada pelo governo. No curso do golpe militar de 11 de setembro, o presidente chileno democraticamente eleito cometeu suicídio no palácio presidencial. A junta chilena não se limitou a matar um grande número de chilenos, torturar um número ainda maior, criar técnicas vis de tortura psicológica e física e forçar muitos chilenos ao exílio, mas também coordenou assassinatos políticos terroristas fora do Chile, incluindo o que foi, até o ataque ao World Trade Center em 11 de setembro de 2001 (coincidentemente, o aniversário do golpe chileno), o único assassinato político terrorista de um cidadão americano em solo americano (em Washington, DC em 1976). Esse governo militar permaneceu no poder por quase dezessete anos.

Hoje, 29 anos após a saída do governo militar, o Chile luta com o legado deixado por ele. Alguns torturadores e líderes militares foram mandados para a prisão; mas os principais, não. Muitos chilenos, embora deplorem a tortura, ainda veem o golpe militar como necessário e inevitável.

Enquanto estiver lendo sobre a história chilena recente nas próximas páginas, você terá muitas perguntas em mente. Como se pode explicar uma mudança tão abrupta de direção em um país com fortes tradições democráticas? Como o Chile e outros países lidam com um hediondo passado recente? Como os temas de crise nacional e mudança se desenvolvem no Chile? Você reconhecerá grandes mudanças seletivas na política econômica do governo e no compromisso político. Também reconhecerá alguns temas recorrentes: a autoavaliação honesta e sua ausência, a liberdade de ação e sua ausência, o apoio ou a oposição dos aliados e o papel de um modelo real ou presumido. Dois dos líderes chilenos suscitam a recorrente questão histórica sobre se líderes com personalidades distintivas realmente mudam o curso da história.

Principalmente para meus colegas americanos, o Chile suscita uma assustadora questão que deve ser mantida em mente ao ler este capítulo. Os Estados Unidos partilham com o Chile uma forte tradição democrática. A desistência dessa tradição pela adoção de uma ditadura parecia profundamente inconcebível aos chilenos em 1967, assim como parece inconcebível a muitos americanos hoje. Mas aconteceu no Chile e, em retrospecto, os sinais de alerta eram visíveis. Será que também poderia acontecer nos Estados Unidos?

———

Vamos começar com a geografia, a história e o povo chilenos. Ao olhar para o mapa (página 142), você notará que o Chile é o país mais comprido e estreito do mundo. Embora tenha apenas pouco mais de 160 quilômetros de leste a oeste, tem quase 5 mil quilômetros de norte a sul: tem de comprimento quase o que os Estados Unidos têm de largura. Geograficamente, o Chile está isolado dos outros países pela alta cadeia montanhosa dos Andes a leste, separando-o da Argentina, e pelo deserto mais árido do mundo ao norte, separando-o da Bolívia e do Peru. Como resultado, as únicas guerras estrangeiras nas quais o Chile lutou desde a independência foram com seus dois vizinhos ao norte, Bolívia e Peru, entre 1836 e 1839 e entre 1879 e 1883.

A despeito de seu enorme comprimento, as terras produtivas, a agricultura e a população estão concentradas em somente uma fração da área do país, no vale Central que cerca a capital, Santiago. A somente 96 quilômetros de Santiago está o principal porto chileno, Valparaíso, o maior porto da costa oeste da América do Sul. Essa concentração geográfica, somada à homogeneidade étnica mencionada a seguir, contribuiu para

a unidade do Chile, que jamais teve de lidar com os movimentos secessionistas geográficos que atormentaram a maioria dos países de mesma
extensão territorial.

Ao contrário dos outros países da América do Sul, que são tropicais,
o Chile partilha com a Argentina e o Uruguai as duas grandes vantagens
de estar localizado na zona temperada do sul do continente: maior produtividade agrícola e menor índice de doenças, em comparação com os
trópicos. Como consequência, Chile, Argentina e Uruguai são os países
da América do Sul com a maior renda média *per capita*, a despeito das
cronicamente equivocadas políticas econômicas do governo argentino. A
relativa prosperidade do Chile vem da agricultura, pesca, minerais (mais
sobre isso a seguir) e indústrias. O Chile já era um grande exportador de
trigo para a Califórnia e a Austrália durante a corrida do ouro da década
de 1840 e permaneceu um exportador agrícola desde então. Em décadas
recentes, tornou-se o principal exportador de produtos pesqueiros da
América do Sul e um dos maiores do mundo. Por fim, desenvolveu mais
sua indústria do que qualquer outro país latino-americano.

Quanto à história e ao povo chilenos, antes da chegada dos europeus, a
área que hoje é o Chile sustentava apenas uma esparsa população amerín-
dia, sem as realizações culturais e políticas do rico, populoso e poderoso
Império Inca ao norte, no que hoje são Bolívia, Peru e Equador. Como na
maior parte das Américas Central e do Sul, os europeus que conquistaram
e colonizaram o Chile eram espanhóis que chegaram a partir da década
de 1540. Eles importaram poucos escravos africanos e se casaram com
ameríndios. Assim, ao contrário da maior parte dos outros países sul-
-americanos, o Chile hoje é etnicamente bastante homogêneo e não possui
grandes minorias ameríndias ou africanas. Os chilenos são majoritariamente espanhóis ou mestiços (filhos de espanhóis e ameríndios), quase
todos católicos e falantes de espanhol (ao contrário das grandes minorias
falantes de línguas ameríndias em outros países latino-americanos).

O maior grupo minoritário, os ameríndios mapuches, constitui somente 1% da população. Relativamente poucas pessoas possuem ancestrais não espanhóis ou ameríndios.

Assim, a geografia, a história e o povo do Chile contribuíram para sua unidade. Isso foi uma força positiva na história chilena, tendendo a torná-la menos tumultuada do que a história dos outros países latino-americanos. Mas uma grande força negativa é partilhada pelo Chile com muitos outros desses países: os colonizadores espanhóis se estabeleceram em grandes propriedades, ao contrário das pequenas fazendas criadas pelos colonos europeus na América do Norte. Consequentemente, enquanto os Estados Unidos e o Canadá desenvolveram governos democráticos de bases amplas desde o início de sua colonização, no Chile uma pequena oligarquia controlava a maior parte das terras, da riqueza e da política. Essa concentração de poder político constituiu um problema básico em sua história.

O conflito subjacente entre o poder tradicional de uma oligarquia intransigente e o poder crescente das outras classes sociais poderia ter sido resolvido através do compromisso político ou permanecido sem solução em razão de um impasse político. Esse último efeito se tornou cada vez mais frequente depois que o Chile adotou, em 1925, uma nova Constituição que previa a realização de eleições para presidente, senadores e deputados em diferentes anos. Essa ideia bem-intencionada, adotada em nome do virtuoso princípio do equilíbrio de poder, infelizmente fez com que o controle da Presidência, do Senado e do Congresso estivesse distribuído entre diferentes partidos, dependendo de qual era mais forte no ano de cada eleição. Duas mudanças subsequentes nos procedimentos eleitorais aumentaram os votos de esquerda, à custa da anterior dominância da oligarquia. Uma foi que as chilenas finalmente obtiveram direito ao voto nas eleições municipais de 1934 e nas eleições presidenciais de 1949. A outra foi que a votação havia sido até então tradicionalmente aberta e pública, permitindo que os proprietários de terras observassem e influenciassem os votos dos camponeses. Assim, a adoção do voto secreto em 1958 produziu uma guinada para a esquerda.

Os partidos políticos chilenos passaram a formar três blocos — esquerda, centro e direita — de força similar. O governo era controlado pela direita ou pela esquerda, dependendo de para que lado tendia o centro. Cada um desses blocos continha elementos mais ou menos extremados em conflito com os outros. No interior do bloco de esquerda, por exemplo, havia moderados (incluindo a maioria dos comunistas ortodoxos), que queriam promover mudanças constitucionais, competindo com radicais impacientes, que queriam mudanças revolucionárias. O exército ficou de fora dos conflitos políticos modernos — até 1973.

A mais recente eleição presidencial chilena antes que eu morasse lá em 1967 ocorrera em 1964. De modo excepcional para o Chile, onde o principal candidato à Presidência usualmente obtinha menos de 50% dos votos, a eleição de 1964 produziu uma grande maioria para o presidente do centro, Eduardo Frei. Ele era visto como bem-intencionado e honesto. O medo do programa marxista e da força cada vez maior da coalizão de esquerda levara muitos eleitores de direita a apoiarem Frei, e seu partido também obtivera o controle do Congresso nas eleições de 1965. Isso criou a esperança de que Frei pudesse iniciar grandes mudanças e pôr fim ao impasse político.

Frei agiu rapidamente para permitir que o governo comprasse 51% das mineradoras americanas de cobre em solo chileno. Ele investiu na economia chilena, expandiu o acesso dos pobres às oportunidades educacionais, conseguiu transformar o país no maior recebedor *per capita* de auxílio econômico americano na América Latina e iniciou um programa de reforma agrária para pôr fim aos latifúndios. Mas sua capacidade de mudar a sociedade foi restrita pelo longo impasse político. Por um lado, seu programa era radical demais para a direita. Por outro, não era radical o bastante para a esquerda, que queria ainda mais controle chileno sobre as mineradoras de cobre, mais investimento governamental e mais redistribuição de terras. Sob Frei, a economia continuou a sofrer com greves, inflação e escassez de produtos. Durante meus meses no Chile, houve escassez crônica de carne: mesmo carne de baleia e carne-seca só surgiam nos açougues ocasionalmente, embora olhos de ovelhas estivessem disponíveis todos os dias. Meus amigos eram vítimas da violência nas ruas. Em 1969, todos os três blocos políticos — direita, centro, esquerda — estavam frustrados com os políticos chilenos.

———

Os desdobramentos de 1970 em diante foram guiados por dois líderes consecutivos que representavam extremos opostos de política e personalidade: Salvador Allende e Augusto Pinochet. Eles eram similares somente no fato de que, até hoje, não está claro o motivo que os levaram a agir da maneira como agiram.

Meu entendimento de Allende é baseado em informações públicas e nas lembranças de um amigo chileno que o conhecia bem. Allende era um profissional chileno quintessencial, de família de classe alta, rico, inteligente, idealista, bom orador e dotado de personalidade atraente (ver figura 4.1 do encarte). Ainda estudante, tornara-se marxista declarado e fundara o Partido Socialista Chileno, que estava mais à esquerda que o Partido Comunista. Mas Allende era considerado moderado pelos padrões socialistas locais, porque seu objetivo era instituir o governo marxista no Chile através de meios democráticos, e não da revolução armada. Ele se formou em Medicina e, com apenas 31 anos, tornou-se ministro da Saúde, um cargo que desempenhou com reconhecido sucesso. Concorreu à Presidência nas eleições de 1952, 1958 e 1964 e foi derrotado nas três, em duas delas por ampla margem. Portanto, quando se candidatou novamente em 1970 como líder da Unidade Popular, uma coalizão de socialistas, comunistas, radicais e centristas, sua reputação era de perdedor perene e inofensivo.

Nas eleições de 1970, Allende recebeu a maior parte do voto popular (36%), mas somente porque a grande porcentagem (64%) do eleitorado que se opunha a ele estava dividida entre as coalizões de direita (35%, somente

1,4% atrás de Allende!) e de centro (28%). Como não obteve maioria absoluta, sua eleição exigiu confirmação do Congresso, que a concedeu em troca de uma série de emendas constitucionais que garantiam liberdade de imprensa e outras. A despeito de sua personalidade inofensiva e de seu histórico comportamental, a eleição de Allende imediatamente provocou uma malsucedida tentativa americana de fazer com que o Congresso chileno rejeitasse sua confirmação, além de causar a emigração da família de um de meus amigos, que não queria esperar para ver as políticas que ele iria implementar. Por que a eleição de um gentil moderado para a Presidência foi recebida com uma reação tão negativa?

A razão foi o declarado objetivo de Allende e sua coalizão partidária de implantar um governo marxista: uma perspectiva que horrorizou direitistas e centristas chilenos e as Forças Armadas do país, além do governo americano. Hoje, décadas após o colapso da União Soviética e do fim da Guerra Fria, meus leitores mais jovens, que ainda não eram nascidos nas décadas de 1940, 1950 e 1960, não conseguem imaginar por que esses poderosos círculos foram tão inflexíveis na decisão de que um governo marxista no Chile tinha de ser impedido por qualquer meio. A explicação começa com o fato de que, após a Segunda Guerra Mundial, a União Soviética embarcou em uma política de dominação mundial e desenvolveu suas próprias bombas atômicas, bombas de hidrogênio e mísseis balísticos intercontinentais. Tentou estrangular a democrática Berlim Ocidental em 1948 ao fechar todas as rodovias de acesso à cidade. Foi autora de brutais tomadas comunistas e sangrentas repressões de revoltas na Tchecoslováquia, Alemanha Oriental, Hungria e Polônia. Estabeleceu ditaduras apoiadas por tropas soviéticas nesses e em outros países do Leste Europeu.

Ainda mais perigoso, depois que Fidel Castro instaurara um governo marxista, ele e Kruchev começaram a instalar mísseis balísticos a serem armados com ogivas nucleares no litoral cubano, a apenas 145 quilômetros da costa americana. Durante uma aterrorizante semana de outubro de 1962, marcada indelevelmente na memória de todos nós que temos idade para nos lembrar, o mundo esteve mais próximo de uma guerra nuclear do que em qualquer outra época da história, antes ou depois (ver figura 4.2 do encarte). Depois da crise, a gradual liberação de informações confidenciais tanto pelos Estados Unidos quanto pela União Soviética deixou claro que havíamos estado ainda mais perto da destruição do que pensamos na época. Os líderes militares americanos sabiam que ao menos 162 mísseis haviam sido levados para Cuba, mas achavam que as ogivas nucleares ainda não haviam chegado, só que elas já estavam lá.

Depois da crise dos mísseis cubanos, a União Soviética acelerou seu programa para desenvolver armas nucleares e mísseis balísticos intercontinentais ainda mais poderosos. Os Estados Unidos responderam com a determinação de que nunca mais permitiriam a instauração de um governo comunista no hemisfério ocidental. Qualquer presidente americano que falhasse em evitar essa instauração logo seria destituído por grave negligência dos interesses americanos, assim como o presidente Kennedy fora avisado de que sofreria um impeachment se falhasse em retirar os mísseis soviéticos de Cuba. A partir da década de 1960, os Estados Unidos também passaram a se preocupar com a ameaça comunista no Vietnã e em outros países do Sudeste Asiático. A direita, o centro e as Forças Armadas do Chile estavam igualmente determinados a não permitir um governo marxista, pois viram o que acontecera a Cuba e aos cubanos antimarxistas quando Castro chegara ao poder. Eles não tolerariam que a história se repetisse no Chile.

O outro motivo de preocupação para os Estados Unidos era o fato de as mineradoras de cobre do Chile, o maior setor da economia chilena, serem de propriedade americana e terem sido desenvolvidas com capital americano, porque o Chile do século XIX não possuía o capital e a tecnologia necessários para minerar cobre por si mesmo. Sob o presidente Frei, o Chile já expropriara (e pagara por) 51% das mineradoras; os Estados Unidos temiam (com razão, como se viu) que Allende pudesse expropriar os 49% restantes sem pagar. Assim, dos anos 1960 em diante, através de um programa chamado Aliança para o Progresso, o governo americano apoiou partidos centristas de reforma (inclusive os chilenos) e enviou auxílio monetário aos países latino-americanos governados por tais partidos, a fim de minar o apoio às revoluções de esquerda. Sob o presidente Frei, o Chile se tornou o principal beneficiário latino-americano do auxílio monetário para o desenvolvimento fornecido pelos Estados Unidos.

Dadas essas realidades, que políticas Allende adotou ao se tornar presidente? Mesmo sabendo que sua candidatura fora apoiada por somente 36% dos eleitores e enfrentara a oposição das Forças Armadas chilenas e do governo americano, ele rejeitou a moderação, a cautela e o compromisso e adotou políticas que eram anátemas para aquelas forças de oposição. Sua primeira medida, com apoio unânime do Congresso, foi nacionalizar as mineradoras de cobre americanas sem pagar indenização; essa era uma receita para fazer poderosos inimigos internacionais. (O pretexto de Allende para não pagar indenização foi rotular os lucros acima de certo nível dessas mineradoras de "excessivos", a serem deduzidos da indenização, a ponto de cancelá-la.) Ele nacionalizou outras grandes empresas internacionais. Horrorizou as Forças Armadas ao levar grande número de cubanos para o Chile, carregar consigo uma metralhadora pessoal que fora presente de Fidel Castro e convidar Castro para uma visita ao país que durou cinco semanas. Ele congelou os preços (mesmo de pequenos itens de consumo, como cadarços), substituiu os elementos de livre mercado da economia pela planificação estatal no estilo socialista, concedeu grandes aumentos salariais, elevou imensamente os gastos governamentais e imprimiu dinheiro para cobrir os déficits resultantes. Expandiu a reforma agrária do presidente Frei, expropriando grandes propriedades e transformando-as em cooperativas campesinas. Embora a reforma agrária e outros objetivos fossem bem-intencionados, foram implementados de maneira incompetente. Por exemplo, um de meus amigos chilenos, na época um estudante de Economia de 19 anos, recebeu a enorme responsabilidade de estabelecer os preços dos bens de consumo. Outro amigo chileno descreveu as políticas de

Allende assim: "Ele tinha boas ideias, mas não as executava bem. Embora tenha reconhecido corretamente os problemas chilenos, adotou as soluções erradas para esses problemas."

O resultado das políticas de Allende foi a disseminação do caos econômico, da violência e da oposição. Os déficits governamentais cobertos pela impressão de moeda causaram hiperinflação, a ponto de os salários reais (ou seja, corrigidos pela inflação) caírem para níveis abaixo dos de 1970, embora os salários não corrigidos tivessem aumentado nominalmente. O investimento interno e externo e o auxílio externo secaram. O déficit comercial aumentou. Os bens de consumo, incluindo papel higiênico, tornaram-se escassos nos mercados, que passaram a ser cada vez mais caracterizados por prateleiras vazias e longas filas. O racionamento de comida e até de água se tornou severo. Os operários, que haviam sido os apoiadores naturais de Allende, uniram-se à oposição e iniciaram greves nacionais; especialmente danosas para a economia foram as greves dos mineiros de cobre e dos caminhoneiros. A violência nas ruas e as previsões de um golpe aumentaram. Na esquerda, os apoiadores radicais de Allende se armaram; na direita, havia cartazes nas ruas dizendo "*Yakarta viene*". Literalmente, "Jacarta está vindo", uma referência aos massacres de comunistas por indonésios de direita em 1965, a serem discutidos no próximo capítulo. Era uma ameaça clara, por parte dos chilenos de direita, de fazer o mesmo com os chilenos de esquerda, como realmente fizeram. Mesmo a poderosa Igreja católica do Chile se voltou contra Allende quando ele propôs reformas mandatórias do currículo escolar tanto em escolas católicas particulares quanto em escolas públicas, com o objetivo de criar uma geração de "Novos Homens", cooperativos e altruístas, ao enviar estudantes para trabalharem nos campos.

O resultado de todos esses desdobramentos foi o golpe de 1973, que muitos de meus amigos chilenos caracterizaram como inevitável, mesmo que a forma que ele assumiu não fosse. Um amigo economista resumiu a queda de Allende da seguinte forma: "Allende caiu porque suas políticas econômicas dependiam de medidas populistas que haviam falhado várias vezes em outros países. Elas produziram benefícios de curto prazo, ao custo de hipotecar o futuro do Chile e criar uma inflação descontrolada." Muitos chilenos admiravam Allende e o viam quase como um santo. Mas virtudes santificadoras não necessariamente se traduzem em sucesso político.

Iniciei meu relato sobre Allende dizendo que não está claro por que ele agiu da maneira como agiu. Continuo a me perguntar: por que Allende, um político experiente e moderado, adotou políticas extremistas que sabia serem inaceitáveis para a maioria dos chilenos, assim como para as Forças Armadas do país? Meus amigos chilenos sugeriram algumas respostas, mas ninguém sabe com certeza qual delas explica as decisões de Allende, se é que alguma o faz. Uma possibilidade é que seus sucessos políticos anteriores o tenham levado a pensar que poderia desarmar a oposição. Ele já tivera sucesso como ministro da Saúde; inicialmente, apaziguara as dúvidas do Congresso sobre sua eleição com emendas constitucionais que não amarraram suas mãos no tocante às políticas econômicas; e o Congresso aprovara unanimemente a expropriação sem indenização das mineradoras de cobre. Ele então esperava aplacar as Forças Armadas ao levar seus três comandantes para o gabinete presidencial. A outra possibilidade é que tenha sido levado a medidas extremas, a despeito das próprias objeções, por seus apoiadores mais radicais, membros do Movimento da Esquerda Revolucionária (MIR, na sigla em espanhol), que queriam uma rápida revolução para derrubar o Estado capitalista. Eles estocavam armas, adotaram o slogan "Armar o povo", queixavam-se por Allende estar sendo muito fraco e se recusavam a ouvi-lo quando pedia, "Aguardem pacientemente durante mais alguns anos".

Acho que ambas as hipóteses são pouco satisfatórias para explicar seus motivos. Parece-me que, mesmo na época, e não somente com a sabedoria do retrospecto, as políticas de Allende foram baseadas em avaliações pouco realistas.

———

O tão esperado golpe ocorreu em 11 de setembro de 1973, depois que os três ramos das Forças Armadas chilenas — Exército, Marinha e Força Aérea — concordaram com um plano estabelecido dez dias antes. Embora a CIA apoiasse constantemente a oposição a Allende e tentasse enfraquecê-lo, mesmo os americanos que expuseram sua interferência concordam que o golpe foi executado pelos próprios chilenos, e não pela agência. A Força Aérea chilena bombardeou o palácio presidencial em Santiago, já cercado por tanques do Exército (ver figura 4.3 do encarte). Reconhecendo que a situação era irremediável, Allende se matou com a metralhadora que ganhara de Fidel Castro. Confesso que fiquei cético e suspeitei que tivesse sido assassinado pelos soldados. Mas uma comissão de investigação criada pelo governo democrático restaurado após o fim do governo militar concluiu que Allende realmente morreu sozinho, suicidando-se. Essa conclusão foi confirmada por meu amigo chileno, que conhecia um dos bombeiros da brigada de incêndio que fora até o palácio em chamas e encontrara os companheiros finais de Allende, incluindo a última pessoa a vê-lo vivo.

O golpe foi recebido com alívio e amplo apoio pelos centristas e direitistas, por grande parte da classe média e, é claro, pelos oligarcas. A essa altura, o caos econômico, as insensatas políticas econômicas do governo e a violência nas ruas haviam se tornado intoleráveis. Os apoiadores do golpe viam a junta meramente como um estágio de transição inevitável antes da restauração do *status quo* de domínio político das classes média e alta, que prevalecera até 1970. Um amigo chileno me contou a história de um jantar com dezoito pessoas ao qual compareceu em dezembro de 1973, apenas três meses após o golpe. Quando a conversa se voltou para a questão de quanto tempo os convidados esperavam que a junta permanecesse no poder, dezessete dos dezoito convidados previram apenas dois anos. A previsão do décimo oitavo, de sete anos, foi considerada absurda; os outros disseram que isso não aconteceria no Chile, onde os governos militares anteriores haviam rapidamente devolvido o poder ao governo civil. Ninguém previu que a junta permaneceria no poder por quase dezessete anos. Ela suspendeu todas as atividades políticas, fechou o Congresso, baniu os partidos de esquerda e até o centrista Partido Democrata Cristão (para grande surpresa dos centristas), assumiu o controle das universidades e nomeou comandantes militares como reitores.

O membro da junta que se tornou seu líder, essencialmente por acidente, se juntara a ela no último minuto e não participara do planejamento do golpe: general Augusto Pinochet (ver figura 4.4 do encarte). Apenas algumas semanas antes do golpe, o Exército chileno pressionara seu antigo chefe de Estado-Maior a se demitir, porque ele se opunha à intervenção militar. Pela norma, o novo chefe de Estado-Maior do Exército passou a ser Pinochet, que comandava unidades na área de Santiago. Mesmo naquela época, Pinochet era considerado relativamente velho (58 anos). Os outros generais do Exército e comandantes das Forças Armadas achavam que entendiam o colega, assim como a CIA, que reunira extensas informações sobre ele. A avaliação de Pinochet feita pela CIA dizia: quieto, cortês, honesto, inofensivo, amigável, trabalhador, prático, religioso, de estilo de vida modesto, marido devotado e pai tolerante, sem interesses para além do exército, da Igreja católica e da própria família — em resumo, sem muita probabilidade de liderar um golpe. A junta esperava ser um comitê de iguais, com liderança rotativa. Escolheram Pinochet como líder inicial principalmente porque ele era o mais velho, era chefe do Estado-Maior do maior ramo das Forças Armadas chilenas (o Exército), e talvez porque partilhassem a visão da CIA de que era inofensivo. Quando a junta assumiu o poder, o próprio Pinochet anunciou que a liderança seria rotativa.

No entanto, quando chegou a hora de revezar e renunciar à liderança, ele não o fez. Em vez disso, conseguiu intimidar os colegas de junta com o serviço secreto que criou. Centenas de incidentes se seguiram, todos envolvendo dissidências no interior da junta, mas, de modo geral, Pinochet conseguiu impor sua vontade. Nem os membros da junta, nem a CIA, nem ninguém mais previu sua crueldade, sua forte liderança e sua habilidade de se agarrar ao poder, ao mesmo tempo que continuava a projetar, na mídia controlada pelo Estado, a imagem de homem idoso, bondoso e católico devoto, que frequentava a igreja ao lado dos filhos.

Os atos bárbaros cometidos no Chile após 11 de setembro de 1973 não podem ser compreendidos sem reconhecermos o papel de Pinochet. Como Hitler na Alemanha das décadas de 1930 e 1940, Pinochet, embora fizesse parte de um contexto mais amplo, foi um líder que deixou sua marca no curso da história. Ele foi um enigma ainda maior que Allende. Mencionei as duas interpretações que me foram oferecidas para as ações de Allende, mas não ouvi qualquer explicação plausível para o sadismo conduzido por Pinochet. Como me disse um amigo chileno, "Não entendo a psicologia de Pinochet".

Assim que a junta assumiu o poder, ela deteve os líderes da Unidade Popular e outros supostos esquerdistas (como estudantes universitários e o famoso cantor folclórico Victor Jara; ver figura 4.5 do encarte), com o objetivo de literalmente exterminar a esquerda chilena. Nos primeiros dez dias, milhares de esquerdistas foram levados a dois estádios de Santiago, interrogados, torturados e assassinados. (O corpo de Jara, por exemplo, foi encontrado em uma vala com 44 buracos de bala, todos os dedos decepados e o rosto desfigurado.) Cinco semanas após o golpe, Pinochet ordenou pessoalmente que um general percorresse as cidades chilenas no que ficou conhecido como "Caravana da Morte", assassinando prisioneiros políticos e membros da Unidade Popular que o exército fora lento demais para matar. A junta baniu todas as atividades políticas, fechou o Congresso e assumiu o controle das universidades.

Dois meses após o golpe, Pinochet fundou uma organização que evoluiu e se transformou na DINA, a diretoria de inteligência nacional e força policial secreta. Seu chefe se reportava diretamente a Pinochet, e a organização se tornou o principal agente da repressão do Chile. Era notória por sua brutalidade, mesmo para os padrões de outras unidades de inteligência das Forças Armadas chilenas. Criou redes secretas de campos de detenção, inventou novos métodos de tortura e fez chilenos "desaparecerem" (ou seja, serem assassinados sem deixar rastros). Um centro chamado La Venda Sexy se especializou no abuso sexual para extrair informações — como, por exemplo, deter e abusar sexualmente de membros da família de um prisioneiro, na frente dele, usando métodos revoltantes demais para serem descritos e empregando roedores e cães treinados. Se você visitar Santiago, tiver estômago forte e não for suscetível a pesadelos, pode fazer um tour por esse centro de detenção na Villa Grimaldi, agora transformado em museu.

Em 1974, a DINA iniciou suas operações fora do Chile. Começou na Argentina, plantando um carro-bomba que matou o ex-comandante em chefe do Exército chileno, o general Carlos Prats, e sua esposa Sofia, porque Prats se recusara a participar do golpe e era temido por Pinochet como potencial ameaça. A DINA então lançou uma campanha internacional de terrorismo governamental, chamada de Operação Condor, convocando uma reunião dos chefes das polícias secretas do Chile, Argentina, Uruguai, Paraguai, Bolívia e, por fim, Brasil, a fim de cooperarem em caçadas transfronteiriças de exilados, esquerdistas e figuras políticas. Centenas de chilenos foram rastreados e assassinados em outros países sul-americanos, na Europa e mesmo nos Estados Unidos. O caso americano ocorreu em 1976, em Washington, DC, a somente catorze quarteirões da Casa Branca, quando um carro-bomba matou o ex-diplomata chileno Orlando Letelier (ministro da Defesa sob Allende) e um colega americano. Como já mencionei, foi o único caso conhecido de assassinato terrorista por estrangeiros de um cidadão americano em solo americano, até o ataque ao World Trade Center em 2001.

Em 1976, o governo Pinochet já prendera 130 mil chilenos, ou 1% da população. Embora a maioria tenha sido libertada, a DINA e outros agentes da junta assassinaram ou fizeram "desaparecer" milhares de chilenos (a maioria com menos de 35 anos), além de quatro americanos e vários cidadãos de outras nacionalidades. Os assassinatos eram frequentemente precedidos de tortura, com o objetivo ao menos parcial de extrair informações. Mas não está claro em que extensão a tortura era motivada também pelo puro sadismo; os estudantes chilenos com quem conversei sobre essa questão sugeriram ambos os motivos. Cerca de 100 mil chilenos foram para o exílio, muitos dos quais jamais retornaram.

Não há como não nos perguntarmos como um país antes democrático poderia descer a esse nível de comportamento, adotando ações que excediam em muito as intervenções militares anteriores em duração, número de assassinatos e sadismo. Parcialmente, a resposta envolve a crescente polarização chilena, a violência e a quebra do compromisso político que culminaram, sob Allende, no armamento da extrema esquerda e nos avisos de *"Yakarta viene"* de ataques iminentes pela extrema direita. Os projetos marxistas e as conexões cubanas de Allende, muito mais do que programas prévios da esquerda, deixaram as Forças Armadas assustadas e dispostas a tomar ações preventivas. A outra parte da resposta, de acordo com os chilenos com quem conversei, envolve o próprio Pinochet, que era uma pessoa incomum, embora parecesse tão normal e tentasse projetar a imagem de católico idoso e bondoso. Poucos documentos o ligam diretamente às atrocidades; talvez a coisa mais próxima de uma evidência seja a ordem ao general que enviou para liderar a Caravana da Morte. Muitos chilenos de direita acreditam até hoje que ele não ordenou as torturas e os assassinatos e que a carnificina foi conduzida por outros generais e líderes. Mas acho impossível acreditar que Pinochet pudesse se encontrar com o chefe de seu serviço secreto (DINA) todos os dias ou semanas ou que outros oficiais militares pudessem praticar tortura rotineiramente sem suas ordens explícitas.

Pinochet, como Hitler, parece um exemplo de líder cruel que fez diferença no curso da história. Todavia, os crimes militares chilenos não podem ser imputados somente a ele, pois ninguém jamais sugeriu que ele torturou ou fuzilou alguém pessoalmente. Em seu auge, a DINA tinha mais de 4 mil funcionários cujo trabalho era interrogar, torturar e assassinar.

Não pretendo com isso afirmar que a maioria dos chilenos são especialmente cruéis: todo país tem milhares de sociopatas que cometeriam atrocidades se recebessem ordens ou mesmo simples permissão. Qualquer um que já foi preso, mesmo em países que geralmente não são cruéis, como a Grã-Bretanha ou os Estados Unidos, e teve o infortúnio de experimentar o sadismo de carcereiros e agentes da lei que não foram ordenados a serem especificamente sádicos pode imaginar como eles se comportariam se tivessem recebido ordens explícitas para agir assim.

———

O outro grande esforço da ditadura Pinochet, para além de exterminar a esquerda, foi reconstruir a economia de livre mercado, revertendo a norma anterior de intensa intervenção governamental. Essa reversão não aconteceu durante o primeiro ano e meio de Pinochet no poder, período em que a economia continuou a se contrair, a inflação persistiu e o desemprego aumentou. Mas, de 1975 em diante, Pinochet entregou o gerenciamento da economia a um grupo de conselheiros neoliberais que se tornaram conhecidos como Chicago Boys, porque muitos haviam estudado com o economista Milton Friedman na Universidade de Chicago. Suas políticas enfatizavam a livre empresa, o livre comércio, a orientação para o mercado, o equilíbrio orçamentário, a baixa inflação, a modernização das empresas e a redução da intervenção governamental.

Os governos militares sul-americanos usualmente preferem uma economia que possam controlar para seu próprio benefício, em vez de uma economia de livre mercado fora de seu controle. Assim, a adoção das políticas dos Chicago Boys foi inesperada, e ainda não se sabe bem por que ocorreu. Poderia não ter ocorrido sem Pinochet, porque as políticas sofriam oposição de alguns importantes oficiais chilenos, inclusive de um membro da junta (o general da Força Aérea Gustavo Leigh) que Pinochet forçou a renunciar em 1978. A adoção às vezes é atribuída à visita do próprio Milton Friedman, que em 1975 se reuniu com Pinochet por 45 minutos e depois lhe enviou uma longa carta de recomendações. Mas Friedman não teve uma boa impressão de Pinochet, que fez uma única pergunta durante a reunião. Na verdade, o programa dos Chicago Boys diferia significativamente das recomendações de Friedman e se baseava em planos detalhados que economistas chilenos já haviam registrado em um documento apelidado de "o tijolo" (por ser tão longo e pesado).

Uma possível explicação é que Pinochet reconheceu que nada sabia sobre economia, retratando-se como (ou sendo) um homem simples, e achou atraentes as consistentes e persuasivas propostas dos Chicago Boys. Ou pode ter identificado os Chicago Boys e suas políticas com os Estados Unidos, que o apoiavam, partilhavam de seu ódio pelos comunistas e retomaram os empréstimos ao Chile imediatamente após o golpe. Como em outras ações de Pinochet (e Allende), os motivos não são claros.

Quaisquer que fossem, as resultantes políticas de livre mercado incluíram a reprivatização de centenas de empresas nacionalizadas (mas não as mineradoras de cobre) por Allende; a redução do déficit público através de cortes generalizados de 15% a 25% no orçamento de todos os departamentos governamentais; a redução das tarifas médias de importação de 120% para 10%; e a abertura da economia chilena à competição internacional. Isso fez com que o programa dos Chicago Boys se opusesse à oligarquia de industriais e famílias poderosas e tradicionais, cuja gestão ineficiente era protegida da competição internacional por altas taxas alfandegárias e que foram então forçadas a competir e inovar. Mas os resultados foram que a taxa de inflação caiu de 600% ao ano sob Allende para apenas 9% ao ano, a economia cresceu quase 10% ao ano, os investimentos externos aumentaram, o consumo disparou e as exportações se expandiram e se diversificaram.

Esses resultados positivos tiveram reveses e dolorosas consequências. A infeliz decisão de atrelar o peso chileno ao dólar americano produziu um grande déficit comercial e uma crise econômica em 1982. Os benefícios econômicos para os chilenos foram distribuídos de modo desigual: as classes média e alta prosperaram, mas muitos sofreram e se viram abaixo da linha da pobreza. Em uma democracia, teria sido difícil infligir um sofrimento tão disseminado aos pobres e impor políticas contrárias aos ricos oligarcas. Isso só foi possível sob uma ditadura repressiva. Mesmo assim, um amigo chileno que não simpatizava com Pinochet explicou: "Sim, mas muitos chilenos já estavam sofrendo por causa dos problemas econômicos anteriores, sob Allende, sem esperança de melhorar algum dia." Quando ficou claro que a junta não era uma fase temporária de transição, mas pretendia permanecer no poder, muitos chilenos das classes média e alta continuaram a apoiar Pinochet por causa da (desigualmente distribuída) melhoria econômica e a despeito da repressão governamental. O otimismo, e um suspiro de alívio pelo fim do caos econômico que prevalecera sob Allende, surgiu entre os chilenos que estavam fora dos setores da sociedade que eram torturados e assassinados.

Assim como muitos chilenos, o governo americano apoiou Pinochet durante mais da metade da ditadura militar; no caso americano, por causa de sua enfática postura anticomunista. A política do governo americano era oferecer apoio econômico e militar ao Chile e, publicamente, negar as violações dos direitos humanos cometidas por Pinochet, mesmo quando aqueles sendo torturados e assassinados eram cidadãos americanos. Como disse o secretário de Estado Henry Kissinger, "por mais desagradáveis que sejam as ações [da junta], esse governo [ou seja, Pinochet] é melhor para nós do que o de Allende". O apoio do governo americano a Pinochet e a cegueira para seus abusos continuaram durante as Presidências de Richard Nixon, Gerald Ford, Jimmy Carter e, inicialmente, Ronald Reagan.

Mas, de meados dos anos 1980 em diante, duas coisas voltaram o governo americano contra Pinochet. A primeira foi o acúmulo de evidências de violações, incluindo violações contra cidadãos americanos, que se tornaram cada vez mais difíceis de ignorar. Um ponto de virada foi o horrível assassinato em Santiago de Rodrigo Rojas, um adolescente chileno que era residente legal nos Estados Unidos e morreu após ser encharcado de gasolina e incendiado por soldados chilenos. A outra coisa que virou o governo Reagan contra Pinochet foi a retração econômica do Chile entre 1982 e 1984, que fez com que boa parte do público chileno ficasse contra ele. Como a recuperação econômica de 1984 em diante não conseguiu melhorar as condições de vida de muitos chilenos, a esquerda ganhou força, a Igreja católica chilena se tornou um foco aberto de oposição (a despeito de Pinochet ser católico devoto) e mesmo os militares ficaram insatisfeitos. Em resumo, Pinochet não era apenas cruel; da perspectiva do governo americano, era algo pior: tornara-se um risco para seus interesses políticos.

Em 1980, a junta propôs uma nova Constituição consolidando os interesses da direita e dos militares e pediu que os eleitores legitimassem Pinochet pelo voto estendendo seu mandato por oito anos (de 1981 a 1989). Após uma campanha eleitoral estritamente controlada pela junta, a grande maioria dos chilenos aprovou a nova Constituição e o mandato estendido para Pinochet. Quando esse mandato chegou perto do fim, a junta anunciou outro plebiscito para 1988, que estenderia o mandato por outros oito anos, até 1997, quando Pinochet completaria 82 anos.

Mas, dessa vez, ele calculou mal e foi vencido por seus oponentes. A atenção internacional forçou a campanha a ser conduzida abertamente e a votação a ser honesta. Os Estados Unidos cederam recursos à oposição, que organizou um esforço maciço para registrar 92% dos potenciais eleitores e criou uma brilhante campanha em torno do simples slogan "Não!" (ver figura 4.6 do encarte). Para surpresa de Pinochet, o "Não!" prevaleceu, com 58% dos votos. Embora sua resposta inicial na noite da eleição tenha sido tentar negar o resultado, os outros membros da junta o forçaram a aceitar. Mas 42% dos chilenos ainda votaram nele nas eleições livres de 1988.

Com a vitória do "Não!", os oponentes de Pinochet finalmente tiveram a oportunidade de retornar ao poder nas eleições presidenciais agendadas para 1990. Mas os promotores do "Não!" consistiam em dezessete grupos diferentes, com dezessete visões distintas sobre o Chile pós-Pinochet. O país corria o risco de seguir o caminho trilhado pelas democracias aliadas que derrotaram a Alemanha e o Japão na Segunda Guerra e sobre as quais Winston Churchill escreveu, no último de seus seis volumes sobre a Segunda Guerra Mundial, *Triunfo e tragédia*: "Como as grandes democracias triunfaram, puderam retornar às tolices que quase custaram suas vidas." Uma questão similar estava pendente no Chile: os chilenos retornariam às suas tolices de intransigência e postura de não compromisso, que haviam custado a eles tantas vidas, e ao país seu governo democrático?

Dos oponentes de esquerda que não haviam sido assassinados por Pinochet, 100 mil haviam fugido para outros países a partir de 1973. Eles permaneceram no exílio por um longo tempo, cerca de dezesseis anos (até 1989), e tiveram muito tempo para refletir sobre sua antiga intransigência. Muitos haviam se mudado para a Europa Ocidental ou para o Leste Europeu, onde passaram anos observando como operavam e se saíam socialistas, comunistas e outros esquerdistas. Os exilados que foram para o Leste Europeu tendiam a ficar deprimidos ao descobrir que os esquerdistas intransigentes e idealistas no poder não criavam felicidade nacional. Os que fugiram para a Europa Ocidental viram democracias sociais moderadas em ação, o alto padrão de vida resultante e uma atmosfera política mais calma do que a que tinha prevalecido no Chile. Eles descobriram que esquerdistas não precisavam ser radicais e intransigentes, podendo atingir muitos de seus objetivos através da negociação e do compromisso com pessoas com diferentes visões políticas. Os exilados viram o colapso da União Soviética e dos governos comunistas do Leste Europeu e a sangrenta supressão das manifestações na China em 1989. Tudo isso serviu para moderar suas simpatias extremistas e comunistas.

Já durante a campanha de 1989, os apoiadores do "Não!", que possuíam visões díspares, perceberam que não poderiam vencer a menos que aprendessem a cooperar uns com os outros. Também perceberam que Pinochet ainda tinha muito apoio entre a comunidade empresarial e a classe alta, e que eles não conseguiriam vencer ou, se vencessem, jamais conseguiriam assumir o poder a menos que fornecessem garantias de segurança pessoal a esses segmentos numa era pós-Pinochet. Por mais dolorosa que fosse essa perspectiva, os esquerdistas no poder teriam de praticar a tolerância em relação a seus antigos inimigos, cujas visões eles odiavam e cujo comportamento em relação a eles fora horrível. Tinham de deixar clara sua disposição de construir "um Chile para todos os chilenos": o objetivo que Patricio Aylwin, o primeiro presidente democraticamente eleito após Pinochet, declarou em seu discurso de posse em 12 de março de 1990.

Quando a aliança de dezessete grupos que apoiavam o "Não!" venceu o plebiscito, seus membros esquerdistas foram confrontados pela necessidade de convencer os centristas do Partido Democrata Cristão de que um novo governo da esquerda não precisava ser temido e não seria tão radical quanto o de Allende. Assim, partidos da esquerda e do centro se uniram em uma aliança eleitoral chamada Concertación. Os esquerdistas concordaram que, se a aliança vencesse as eleições de 1990 (como venceu), a Presidência seria alternada entre um esquerdista e um centrista, e os democratas cristãos ocupariam o cargo primeiro. Eles concordaram com essas condições porque perceberam que era a única maneira de retornarem ao poder.

Na verdade, a Concertación venceu as primeiras quatro eleições pós-Pinochet, em 1990, 1993, 2000 e 2006. Os primeiros dois presidentes foram os democratas cristãos Patricio Aylwin e Eduardo Frei Jr. (filho do ex-presidente Eduardo Frei). Os dois seguintes foram os socialistas Ricardo Lagos e Michelle Bachelet — a primeira mulher presidente do Chile e filha de um general que havia sido torturado e aprisionado pela junta. Em 2010, a Concertación foi derrotada pelo presidente de direita Sebastián Piñera, em 2014 a socialista Bachelet retornou ao poder e, em 2018, venceu o direitista

Piñera novamente. Assim, o Chile pós-Pinochet voltou a ser uma democracia funcional e ainda anômala para a América Latina, mas com uma enorme mudança seletiva: a disposição para a tolerância, o compromisso e a partilha e alternância de poder.

Além de abandonar a intransigência política, a outra grande mudança de direção dos novos governos democráticos da aliança Concertación em relação aos governos democráticos da era pré-Pinochet foi o respeito à política econômica. Os novos governos deram continuidade à maioria das políticas de livre mercado de Pinochet, vistas como amplamente benéficas no longo prazo. Na verdade, as levaram ainda mais longe, reduzindo tarifas de importação a uma média de somente 3% em 2007, as menores do mundo. Acordos de livre comércio foram assinados com os Estados Unidos e a União Europeia. As principais mudanças introduzidas pela Concertación nas políticas econômicas do governo militar foram o aumento dos gastos governamentais com programas sociais e a reforma das leis trabalhistas.

O resultado tem sido que, desde a mudança de governo em 1990, a economia chilena cresce a uma taxa impressionante e o país é o líder econômico da América Latina. A renda média chilena correspondia a somente 19% da renda média americana em 1975; essa proporção subiu para 44% no ano 2000, ao passo que a renda média no restante da América Latina diminuiu no mesmo período. As taxas de inflação são baixas, o estado de direito é forte, os direitos de propriedade são assegurados e a corrupção generalizada com a qual tive de lidar durante minha visita de 1967 diminuiu. Uma consequência (e causa parcial) desse clima econômico melhorado foi a duplicação do investimento estrangeiro, que ocorreu rapidamente durante os sete primeiros anos após o retorno da democracia.

Hoje, Santiago é completamente diferente da cidade que conheci em 1967. Está repleta de arranha-céus (incluindo o mais alto da América do Sul) e tem um novo metrô e um novo aeroporto. Todavia, o desempenho econômico do Chile está longe de ser um sucesso uniformemente distribuído. A desigualdade econômica permanece alta, a mobilidade socioeconômica é baixa e o Chile continua a ser uma terra de contrastes entre riqueza e pobreza, embora os ricos de hoje tendam a ser novos líderes comerciais, e não as famílias de antigos latifundiários. Mas a grande melhoria geral da economia chilena significa que, embora a distância *relativa* entre ricos e pobres persista, o status econômico *absoluto* dos pobres melhorou muito. A porcentagem de chilenos vivendo abaixo da linha da pobreza caiu de 24% no último ano de Pinochet no poder para somente 5% em 2003.

———

A vitória eleitoral do "Não!" em 1989 não significou que o Chile se viu livre de Pinochet e das Forças Armadas. Longe disso: antes de deixar a Presidência, Pinochet aprovou leis que o instauraram como senador vitalício, permitiram que nomeasse vários novos juízes do Supremo Tribunal e o mantiveram como comandante em chefe das Forças Armadas até finalmente se aposentar em 1998, aos 83 anos. Isso significou que ele e sua ameaça implícita de outro golpe militar estavam sempre na mente dos líderes democráticos. Como explicou um amigo chileno: "É como se, quando a Alemanha nazista se rendeu em 9 de maio de 1945, Hitler não tivesse cometido suicídio, mas permanecesse senador vitalício e comandante em chefe do Exército alemão!" Fortalecendo ainda mais a posição dos militares, a Constituição de Pinochet incluía uma provisão (ainda efetiva) especificando que 10% da receita obtida com as *vendas* (isso mesmo, vendas, não somente lucros!) nacionais de cobre deve ser destinada, todos os anos, ao orçamento militar. Isso dá às Forças Armadas chilenas uma base financeira muito maior do que a necessária para defender o Chile de qualquer ameaça externa plausível, especialmente considerando-se que a última (e apenas segunda) guerra chilena terminou há mais de um século, em 1883, que suas fronteiras são protegidas pelo oceano, pelo deserto e por altas montanhas e que seus vizinhos (Argentina, Bolívia e Peru) não são perigosos. O único emprego provável das Forças Armadas chilenas é contra o próprio povo.

A Constituição aprovada sob Pinochet continha três provisões favorecendo a direita. Uma especificava que, dos 35 membros do Senado, dez não seriam eleitos pelo povo, mas nomeados pelo presidente a partir de uma lista de oficiais com grande probabilidade de serem de direita (como ex-chefes do Exército e da Marinha). Ex-presidentes se tornavam senadores vitalícios. Uma segunda provisão (só derrubada em 2015) especificava que cada distrito deveria eleger dois representantes para o Congresso, o primeiro precisando apenas do maior número de votos, mas o segundo, de uma maioria de 80%; isso tornou muito difícil que qualquer distrito elegesse dois esquerdistas. A última provisão exigia uma maioria de cinco sétimos dos eleitores para alterar a Constituição; mas é difícil, em uma democracia (especialmente uma tão fraturada quanto a chilena), fazer com que cinco sétimos dos eleitores concordem sobre qualquer coisa. Como resultado, embora décadas tenham se passado desde que Pinochet não foi reeleito à Presidência, o Chile ainda opera sob uma versão modificada de sua Constituição que a maioria dos chilenos considera ilegítima.

É doloroso para qualquer país reconhecer e reparar os atos malévolos cometidos por seus oficiais contra o próprio povo ou contra cidadãos de outros países. É doloroso porque nada pode desfazer o passado e, frequentemente, muitos dos perpetradores ainda estão vivos, não sentem remorso, são poderosos e contam com muito apoio. O reconhecimento e a reparação têm sido especialmente difíceis para o Chile, porque Pinochet foi apoiado por um grande número de eleitores mesmo durante o plebiscito livre de 1988, porque continuou a ser comandante em chefe das Forças Armadas e porque o governo democrático tinha boas razões para temer outro golpe militar se agisse contra os perpetradores militares. Em duas ocasiões — quando o filho de Pinochet foi investigado e quando uma comissão de direitos humanos começou a investigar as atrocidades —, soldados surgiram nas ruas de uniforme completo. Sua presença supostamente constituía apenas um "exercício de rotina", mas a ameaça implícita ficou óbvia para todos.

Patricio Aylwin, o primeiro presidente pós-Pinochet, procedeu com cautela. Quando prometeu justiça "na medida do possível", os chilenos que esperavam um acerto de contas ficaram desapontados e temeram que a frase fosse apenas um eufemismo para "nenhuma justiça". Mas Aylwin criou a Comissão da Verdade e Reconciliação, que, em 1991, publicou os nomes dos 3.200 chilenos que haviam sido assassinados ou estavam "desaparecidos". Em 2003, uma segunda comissão publicou um relatório sobre tortura. Falando na televisão, Aylwin quase chorou ao implorar perdão às famílias das vítimas em nome do governo chileno. Pedidos sinceros de desculpas feitos por governantes pelas crueldades cometidas pelo governo são extremamente raras na história moderna; o paralelo mais próximo foi o sincero pedido de desculpas do chanceler alemão Willy Brandt no gueto de Varsóvia às vítimas do antigo governo nazista (ver capítulo 6 para mais detalhes).

Um ponto de virada no acerto de contas com Pinochet foi o mandado de prisão britânico expedido em 1998, enquanto ele recebia atendimento médico em uma clínica londrina. O mandado foi emitido a pedido de um juiz espanhol que queria sua extradição para a Espanha, a fim de responder por crimes contra a humanidade e pelo assassinato de cidadãos espanhóis. Os advogados de Pinochet inicialmente argumentaram que ele era imune, pois tortura e assassinato eram funções legítimas do governo. Quando a Câmara dos Lordes britânica rejeitou essa defesa, os advogados de Pinochet alegaram que ele era idoso, estava enfermo e devia ser liberado por questões humanitárias. Só permitiram que fosse fotografado em uma cadeira de rodas. Após 503 dias de prisão domiciliar, o ministro do Interior negou o pedido espanhol de extradição, supostamente porque Pinochet não tinha forças para depor durante o julgamento e possivelmente por causa da ajuda que dera à Grã-Bretanha durante a Guerra das Malvinas, contra a Argentina, em 1982. Pinochet imediatamente voltou para o Chile. Quando seu avião pousou, ele desembarcou na cadeira de rodas e, em seguida, levantou-se e caminhou pela pista, apertando as mãos dos generais chilenos que estavam lá para cumprimentá-lo e parabenizá-lo (ver figura 4.7 do encarte).

Mas mesmo os chilenos de direita ficaram chocados quando um subcomitê do Senado dos Estados Unidos revelou que Pinochet tinha 30 milhões de dólares depositados em 125 contas americanas secretas. Embora estivessem preparados para tolerar tortura e assassinato, ficaram decepcionados ao descobrir que Pinochet, a quem consideravam diferente e melhor do que outros ditadores latino-americanos desonestos, roubara e escondera dinheiro. O Supremo Tribunal do Chile o destituiu da imunidade de que gozava como senador vitalício. A autoridade fiscal chilena o processou por apresentar falsas declarações de renda. (Talvez tenha sido inspirada pelo exemplo do notório gângster americano Al Capone, que conseguiu evitar condenações por ordenar e cometer assassinatos, fazer contrabando e possuir casas de aposta e prostituição, mas finalmente foi preso por evasão fiscal.) Pinochet foi indiciado por outros crimes financeiros e assassinatos e condenado à prisão domiciliar, juntamente com a esposa e quatro filhos. Em 2002, todavia, foi declarado inimputável em função da demência. Ele morreu de ataque cardíaco em 2006, aos 91 anos.

Finalmente, centenas de torturadores e assassinos chilenos foram indiciados e dezenas foram presos, incluindo o general Manuel Contreras, diretor da agência secreta de inteligência de Pinochet, a DINA. Contreras foi sentenciado a 526 anos de prisão e permaneceu impenitente até sua morte. Muitos chilenos mais velhos continuam a achar que as sentenças foram duras demais e a ver Pinochet como homem maravilhoso e injustamente acusado. Muitos outros acham que as sentenças foram poucas, brandas e tardias demais, atingindo principalmente criminosos de pouca importância e sendo cumpridas em prisões especiais, confortáveis como resorts. Foi somente em 2015, por exemplo, que juízes chilenos acusaram dez oficiais militares pelo assassinato do famoso cantor Victor Jara em 1973, e sete outros pelo assassinato de Rodrigo Rojas em 1986; respectivamente, 42 e 29 anos após os crimes. Em 2010, a presidente Michelle Bachelet inaugurou em Santiago o Museu Villa Grimaldi, que documenta em horripilantes detalhes as torturas e os assassinatos cometidos pelo governo militar. Isso teria sido impensável enquanto Pinochet era comandante em chefe das Forças Armadas.

Os chilenos ainda se debatem com o dilema moral de pesar os aspectos positivos e negativos do antigo governo militar, especialmente benefícios econômicos *versus* crimes cometidos. Esse dilema é insolúvel. Uma resposta simples seria: por que tentar fazer isso? Por que não reconhecer simplesmente que o governo militar fez tanto coisas benéficas quanto coisas horríveis? Mas os chilenos foram forçados a enfrentar esse dilema no plebiscito de 1988, quando tiveram de escolher entre "sim" ou "não" para manter ou não Pinochet na Presidência por mais oito anos, e não puderam votar "sim, mas..." ou "não, mas..." Confrontados com essa escolha, 42% dos chilenos votaram "sim", a despeito dos atos nauseantes mais tarde exibidos no Museu Villa Grimaldi. Embora a maioria dos jovens chilenos despreze Pinochet, a divisão de opiniões entre chilenos com idade suficiente para se lembrar dos anos de Allende e Pinochet foi exemplificada por dois casais que entrevistei. Em ambos os casos, marido e mulher me pediram para entrevistá-los separadamente, pois tinham opiniões diferentes sobre esse assunto doloroso. Mas, em ambos os casos, os maridos me disseram algo como: "As políticas de Pinochet beneficiaram economicamente o Chile, mas a tortura e os assassinatos são imperdoáveis." E as esposas disseram algo como: "A tortura e os assassinatos cometidos por Pinochet foram cruéis, mas você precisa entender que suas políticas beneficiaram economicamente o Chile."

———

Da perspectiva da estrutura deste livro, o Chile ilustra muitos dos fatores que facilitam ou dificultam a resolução de crises.

Primeiro, as mudanças foram grandes e seletivas (fator 3 da Tabela 1.2). Inicialmente, o Chile quebrou sua longa tradição de intervenção militar mínima e solucionou a antiga tensão entre intervencionismo econômico e livre mercado ao dar uma guinada drástica na direção da segunda abordagem. Eventualmente, quando se reverteu a intervenção militar, essa reversão foi feita de modo seletivo; sim, o governo democrático foi restaurado, mas se manteve a economia de livre mercado introduzida pelos militares. Essa foi uma das duas mudanças seletivas duradouras do Chile, que também demonstra notável flexibilidade (fator 10): os socialistas que retornaram ao poder abandonaram seu comprometimento com o socialismo e deram continuidade às políticas econômicas do odiado governo militar. A outra mudança seletiva duradoura foi o fim (ao menos por várias décadas) da intransigente rejeição ao compromisso político que caracterizou a política nacional durante a maior parte da história recente do país.

O Chile realizou essas mudanças seletivas em duas rodadas de incerteza e fracasso (fator 9). A primeira foi a tentativa fracassada de Allende de solucionar os crônicos problemas econômicos e sociais da nação ao rejeitar o compromisso e implementar um governo marxista. A segunda foi a tentativa fracassada de Pinochet de também rejeitar o compromisso e criar um governo militar duradouro e uma Presidência prolongada para si mesmo, o que foi evitado por seus erros de cálculo em relação ao resultado do plebiscito de 1988.

Como o Chile conseguiu emergir de quase dezessete anos de repressão militar e crueldade governamental inaudita sem um trauma ainda mais profundo? Embora o país ainda se debata com as consequências dos anos Pinochet, foi uma feliz surpresa constatar que os chilenos não estão mais atormentados. Grande parte do crédito por esse resultado se deve à identidade e ao orgulho nacional (fator 6). Os chilenos ainda concordam com as palavras de meus amigos em 1967: "O Chile é muito diferente dos outros países latino-americanos; nós sabemos como nos governar." Eles fizeram um grande esforço para permanecerem diferentes e governarem a si mesmos de modo efetivo. Mostraram-se dispostos a aderir ao lema de construir "um Chile para todos os chilenos", a despeito dos poderosos motivos de tantos chilenos para não aceitarem outros como pertencentes à mesma pátria. Sem essa identidade nacional, o Chile não teria escapado da paralisia política e poderia não ter voltado a ser o mais rico e democrático país da América Latina.

O Chile ilustra tanto uma avaliação realista e honesta de sua força em um estágio quanto a falta de tal realismo em outro (fator 7). Pinochet e os outros líderes militares se provaram corretos, em 1973, na estimativa de que podiam prevalecer contra seus adversários no Chile e no exterior; Allende se provou errado na crença de que poderia instaurar um governo marxista por meios democráticos. Essa diferença ilustra uma triste verdade: o sucesso não é garantido para as pessoas bem-intencionadas e decentes nem necessariamente negado às pessoas cruéis.

O Chile ilustra o papel do apoio externo e de sua ausência (fator 4) e dos modelos com os quais aprender (fator 5). A oposição dos Estados Unidos desempenhou um papel na queda de Allende e o pronto restabelecimento do auxílio econômico americano após o golpe de 1973 desempenhou um papel na longa sobrevivência do governo militar. A percepção de Pinochet (não inteiramente fiel à realidade) da economia americana como modelo de livre mercado desempenhou um papel na adoção das políticas econômicas dos Chicago Boys.

De modo similar, o Chile ilustra tanto as vantagens da liberdade de ação quanto as desvantagens de sua ausência (fator 12). O isolamento geográfico do país, provocado por montanhas e desertos, em relação a seus vizinhos latino-americanos reduziu muito a necessidade de Allende ou Pinochet se preocuparem com a possibilidade de suas políticas provocarem intervenções da Argentina, do Peru ou da Bolívia. Em contraste, governos ditatoriais em Uganda, Ruanda, Paquistão Oriental, Camboja e muitos outros foram derrubados por intervenções de países vizinhos. Mas a liberdade de ação de Allende foi restringida pelos distantes Estados Unidos, ao passo que a liberdade de ação de todos os governos chilenos foi restringida pela exposição da indústria do cobre (o maior pilar da economia chilena) às condições mundiais de mercado, fora do controle do país.

Essas são características da crise chilena vistas da perspectiva das crises individuais. Consideremos agora as características únicas às crises nacionais (ou seja, não partilhadas com as crises individuais) e comparemos os eventos no Chile com eventos nas outras nações que estamos discutindo.

Primeira: a crise de 1973 no Chile, assim como a crise de 1965 na Indonésia, a ser discutida no próximo capítulo, foi interna, ao contrário dos choques externos sofridos pelo Japão em 1853 e pela Finlândia em 1939. (Sem negar o papel da pressão externa exercida pelos Estados Unidos na crise chilena.) Essas crises internas tanto no Chile quanto na Indonésia surgiram da polarização política, da discordância sobre valores essenciais profundos e da disposição para matar e correr o risco de morrer em vez de se comprometer.

Segunda: a história do Chile ilustra o tema da evolução pacífica *versus* revolução violenta. Na Alemanha em 1848 e novamente na violência radical que lá se iniciou em 1968, a revolução violenta falhou, mas a subsequente evolução pacífica conseguiu atingir muitos dos mesmos objetivos. As mudanças na Austrália de 1945 em diante foram realizadas inteiramente por evolução pacífica, sem nenhuma tentativa de revolução violenta. Em contraste, as crises tanto no Chile quanto na Indonésia, respectivamente em 1973 e 1965, culminaram em revoluções violentas que levaram duradouros governos militares ao poder. Mas, nos dois casos, esses governos militares foram removidos por manifestações pacíficas. Embora o sucesso dessas manifestações não estivesse assegurado, a outra opção era tentar remover Pinochet no Chile e Suharto na Indonésia através de uma revolta violenta que certamente teria provocado as Forças Armadas e sido esmagada por elas. Mas nem as Forças Armadas do Chile nem as Forças Armadas da Indonésia puderam se obrigar a atirar contra as grandes multidões manifestando-se pacificamente nas ruas.

Terceira: o Chile, novamente como a Indonésia em 1965 e a Alemanha em 1933 e ao contrário do Japão Meiji ou da Austrália após a Segunda Guerra Mundial, ilustra o papel de um líder excepcional: no caso de Pinochet, um líder excepcionalmente cruel (em minha opinião). Meus amigos chilenos me dizem que a crescente polarização do fim da década de 1960 e início da década de 1970 prenunciava que a resolução dessa polarização seria violenta. Mesmo antes do golpe de 11 de setembro de 1973, a violência já vinha crescendo havia seis anos. O que surpreendeu os chilenos que esperavam que o governo militar permanecesse no poder por menos de dois anos, como meus amigos no jantar de dezembro de 1973, foi a duração dessa violência. Não foram apenas rápidos espasmos letais durante alguns dias ou semanas após o golpe; os chilenos continuaram a ser torturados e assassinados por muitos anos, e Pinochet continuou no poder por quase dezessete anos. Esse resultado foi inesperado não somente para os chilenos comuns, mas também para os dois grupos que deveriam ser capazes de prever seu comportamento: seus parceiros na junta, que haviam acompanhado e partilhado sua carreira profissional durante várias décadas, e a CIA, cujo trabalho era entender o que podia acontecer em outros países. Os parceiros de junta de Pinochet ficaram tão surpresos quanto a CIA com sua crueldade e sua determinação de permanecer no poder, tão contrárias às tradições de todos os líderes de golpes anteriores na história chilena. Sua psicologia individual continua a desconcertar os historiadores.

O tema remanescente ilustrado pela moderna história chilena envolve as restrições que criam obstáculos para lidar com as crueldades do passado. Em maio de 1945, a Alemanha nazista foi militarmente derrotada, muitos líderes nazistas cometeram suicídio e o país foi ocupado por seus inimigos. Após a Segunda Guerra Mundial, ainda havia muitos ex-nazistas no governo alemão, mas eles não podiam defender abertamente seus crimes.

Assim, a Alemanha acabou lidando publicamente com os crimes nazistas. No extremo oposto, quando o Exército indonésio assassinou ou promoveu o assassinato de mais de meio milhão de pessoas em 1965, o governo indonésio por trás desses assassinatos em massa permaneceu no poder, e lá permanece até agora. Não surpreende que, mesmo hoje, mais de cinquenta anos depois, os indonésios hesitem em falar sobre eles.

O Chile é um caso intermediário. O governo militar que ordenou os assassinatos foi pacificamente sucedido por um governo democrático. Mas os líderes militares permaneceram vivos e retiveram muito poder. O novo governo democrático inicialmente não ousou tomar medidas contra os criminosos militares. Mesmo hoje, ainda procede cautelosamente. Por quê? Porque o exército pode voltar. Porque ainda há muitos chilenos que defendem Pinochet. Porque o "Chile para todos os chilenos" significa, infelizmente, um Chile que inclui criminosos de guerra.

Finalmente, muitos de meus leitores americanos, preocupados com a crescente polarização dos Estados Unidos, acharão assustador esse relato sobre a história recente do Chile. A despeito de suas fortes tradições democráticas, a polarização política e o colapso do compromisso culminaram em uma violência e uma ditadura que poucos chilenos previram. Será que o mesmo poderia acontecer nos Estados Unidos?

Alguém poderia logo objetar: "Não, é claro que não! Os Estados Unidos são diferentes do Chile. O Exército americano jamais se revoltaria e levaria uma ditadura ao poder."

Sim, os Estados Unidos de fato são diferentes do Chile. Algumas dessas diferenças reduzem, e outras aumentam, o risco de a democracia americana chegar ao fim. Se a democracia de fato chegar ao fim nos Estados Unidos, não será através de um levante liderado pelos chefes das Forças Armadas. Há outras maneiras de pôr fim a uma democracia. Mas deixaremos a discussão dessas questões sobre os Estados Unidos para o capítulo 9.

___

Quando retornei ao Chile em 2003, pela primeira vez desde que deixei o país em 1967, visitei o palácio presidencial de Allende, agora transformado em atração turística. Haviam-me dito que a entrada era livre. À porta, havia um policial (*carabinero*) de aspecto sombrio, armado com um fuzil e em pé sobre uma caixa de 50 centímetros de altura, de modo que estava muito mais alto que eu. Ele me olhou de cima para baixo, sem sorrir, e perguntou o que eu queria. Respondi que era turista e ele me deixou passar. Mas fiquei me perguntando o que ele poderia fazer e se, sem saber, eu estava violando algum regulamento. Refleti: "Foi um policial ou soldado como esse que cobriu Rodrigo Rojas de gasolina e depois ateou fogo." Fiquei com medo e fui embora apenas um minuto depois, compreendendo melhor por que o governo democrático chileno agiu cautelosamente ao indiciar os torturadores e assassinos da era Pinochet.

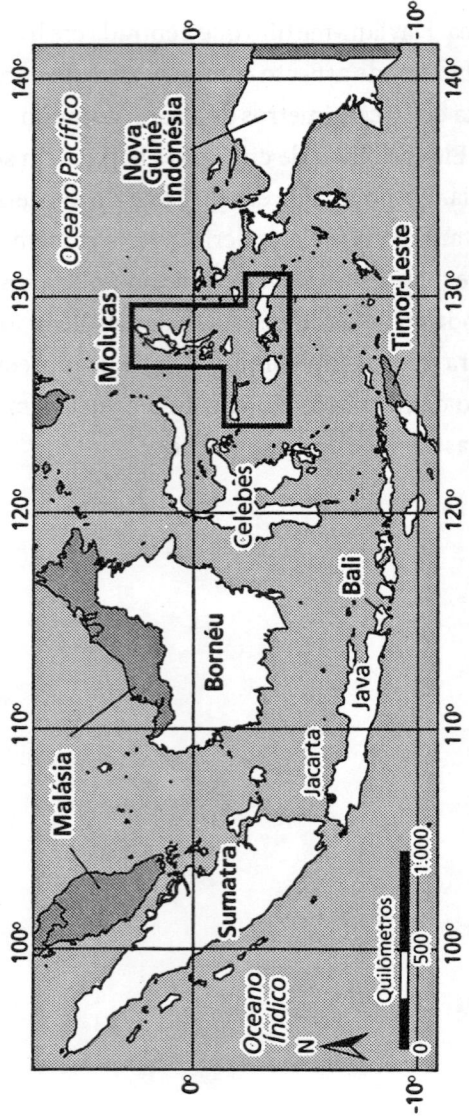

Mapa da Indonésia

CAPÍTULO 5

INDONÉSIA, O SURGIMENTO DE UM NOVO PAÍS

Em um hotel — Contexto da Indonésia — A era colonial —
Independência — Sukarno — Golpe — Assassinato
em massa — Suharto — Legados de Suharto —
Estrutura da crise — Retornando à Indonésia

A Indonésia é o quarto país mais populoso do mundo, com cerca de 260 milhões de habitantes, atrás apenas da China, da Índia e dos Estados Unidos. Também é o mais populoso com população predominantemente muçulmana, mais do que Paquistão, Bangladesh ou Irã. Esses fatos poderiam nos levar a esperar que a Indonésia recebesse muita atenção dos jornais americanos e europeus.

Na verdade, a palavra "muçulmano" faz com que pensemos em outros países com muito mais presença na consciência ocidental do que a Indonésia. Atualmente, os jornais americanos e europeus mencionam a Indonésia com pouca frequência. Nos últimos quinze anos, as poucas ocasiões em que me lembro de ter visto matérias de primeira página sobre o país foi quando dois grandes terremotos mataram muitas pessoas em 2018; quando vários traficantes de droga, incluindo cidadãos estrangeiros, foram executados em 2015, a despeito dos protestos internacionais; quando 200 mil pessoas foram mortas por um tsunami em 2004; e quando uma bomba em Bali fez muitas vítimas no ano 2000. A falta geral de atenção se deve ao fato de a Indonésia hoje não ser caracterizada por fatos que chegam às manchetes, como guerras civis, terroristas ou imigrantes sendo enviados para o exterior, ser uma nação rica ou desesperadamente pobre ou gerar muito ruído na política internacional. Quando nós americanos pensamos na Indonésia, nossa imagem é a de um país em desenvolvimento com agradáveis atrações turísticas, especialmente a paisagem, as praias e os templos hindus de Bali, os mais ricos recifes de coral do mundo, os melhores mergulhos tanto com escafandro quanto com snorkel e os belos tecidos batique.

Minha primeira viagem à Indonésia foi em 1979, quando iniciei minha visita me hospedando em um hotel cujo lobby tinha paredes decoradas com pinturas que contavam a história nacional. Nos Estados Unidos, uma exposição similar poderia exibir pinturas da Revolução Americana, da Guerra Civil, da corrida do ouro na Califórnia, das ferrovias transcontinentais e de outros eventos de 150 ou 250 anos atrás. Mas, no lobby do hotel indonésio, todas as pinturas mostravam eventos dos últimos 35 anos. O tema da maioria era a Revolta Comunista de 1965. As pinturas, e o texto explicativo abaixo delas, retratavam vividamente como os comunistas torturaram e mataram sete generais, e como um dos generais que os comunistas tentaram matar conseguira escapar de sua casa por cima de um muro, mas sua filha de 5 anos levara um tiro acidental e morrera alguns dias depois. A exposição dava a impressão de que a tortura e o assassinato daqueles generais e da garotinha haviam sido o mais horrível incidente já ocorrido na história indonésia.

A exposição não fazia nenhuma menção ao que se seguiu à morte dos generais: o assassinato, instigado pelas Forças Armadas, de cerca de meio milhão de pessoas. Não mencionar esses assassinatos em uma mostra da história indonésia é uma grande omissão, porque, entre os assassinatos em massa em todo o mundo desde a Segunda Guerra Mundial, poucos excedem a taxa de mortalidade indonésia. Nas duas décadas desde minha primeira visita, durante outras e longas estadas, não ouvi uma única menção de meus amigos indonésios a esses assassinatos até a mudança de governo em 1998. É como se o governo do general Pinochet, no Chile, tivesse assassinado cem vezes mais chilenos do que realmente assassinou, mas esses assassinatos jamais fossem mencionados pelos sobreviventes chilenos ou pelos relatos da história chilena.

Entre as questões de crise e mudança para se ter em mente ao ler as próximas páginas, a mais óbvia é a comparação entre Indonésia e Chile. Ambos os países experimentaram o colapso do compromisso político, o esforço da esquerda para controlar o governo e um golpe militar que pôs fim a esse esforço e instaurou uma longa ditadura. Ambos os países ilustram o papel não de um, mas de dois líderes sucessivos, com personalidades distintivas, mas contrastantes. Em termos de reconciliação nacional após o massacre de um grupo político por seus oponentes, a Indonésia prova estar no extremo oposto da Finlândia, com o Chile no meio. Mais do que qualquer outro país discutido neste livro, você verá que a Indonésia, nosso país mais jovem, ilustra o processo de construção bem-sucedida de uma identidade nacional.

———

Para entender o que aconteceu durante e depois da crise indonésia de 1965, comecemos com seu contexto. A Indonésia é um país novo que só se tornou independente em 1945 e só foi unificado como colônia por volta de 1910. É tropical, fica na região equatoriana entre a Nova Guiné e a Austrália a leste e a Ásia a oeste e possui altas montanhas, incluindo muitos vulcões ativos. Um deles, o Cracatoa, é famoso pela mais catastrófica erupção na história recente (1883), que explodiu quase toda a ilha e injetou na atmosfera cinzas suficientes para mudar o clima mundial no ano seguinte. Das ilhas indonésias, as mais conhecidas são Java, Bali, Sumatra e Celebes, além das ilhas de Bornéu e Nova Guiné, que a Indonésia partilha com outros países (página 178).

Geograficamente, a Indonésia é o país mais fragmentado do mundo, com milhares de ilhas habitadas espalhadas por 5.470 quilômetros no sentido oeste-leste. Durante a maior parte dos últimos 2 mil anos, houve Estados autóctones em algumas ilhas indonésias. Mas nenhum deles conseguiu controlar a maior parte do arquipélago, nem havia um nome ou um conceito para o que conhecemos hoje como Indonésia. Linguisticamente, é um dos países mais diversos do mundo, com mais de setecentas línguas. Também é religiosamente diverso: embora a maior parte dos indonésios seja muçulmana, também há grandes minorias cristãs e hindus, além de budistas, confucianos e seguidores das religiões tradicionais locais. Embora tenha havido violência e levantes religiosos, eles foram em escala muito menor do que na Ásia Meridional e no Oriente Médio. Muitos indonésios de religiões diferentes são relativamente tolerantes uns com os outros. Estive em partes do país onde vilarejos cristãos e muçulmanos ficavam próximos uns dos outros e não consegui identificar a religião local até encontrar uma mesquita ou igreja.

———

A partir de 1510, portugueses, holandeses (de 1595 em diante) e britânicos tentaram estabelecer colônias na cadeia de ilhas que hoje é a Indonésia. O controle britânico acabou sendo confinado a partes de Bornéu, e a única colônia portuguesa que sobreviveu ficava na metade leste da ilha de Timor. Os colonizadores mais bem-sucedidos foram os holandeses, concentrados na ilha de Java, que tinha de longe a maior população nativa (mais da metade da população da Indonésia moderna). Nos anos 1800, a fim de fazer com que os esforços coloniais se pagassem e dessem lucro, os holandeses desenvolveram plantações de exportação em Java e Sumatra. Mas foi somente por volta de 1910, mais de três séculos após sua chegada, que os holandeses obtiveram o controle de todo o vasto arquipélago. Como exemplo de por quanto tempo o arquipélago permaneceu inexplorado, foi somente em 1910 que um governador holandês descobriu que a ilha de Flores, a leste, e a ilha mais próxima de Komodo abrigavam o maior lagarto do mundo, o assim chamado dragão de Komodo. Embora chegue a 3 metros de comprimento e possa pesar mais de 100 quilos, ele permaneceu desconhecido dos europeus durante quatro séculos.

Deve-se enfatizar que a palavra "Indonésia" sequer existiu até ser cunhada por um europeu por volta de 1850. Os holandeses chamavam sua colônia de "Índias", "Índias Holandesas" ou "Índias Orientais Holandesas". Os habitantes do arquipélago não partilhavam uma identidade nacional, uma língua nacional ou um senso de unidade em oposição aos holandeses. Como exemplo, soldados javaneses se uniram aos soldados holandeses para conquistar o principal Estado da ilha de Sumatra, um rival tradicional dos Estados javaneses.

No início dos anos 1900, o governo colonial iniciou esforços para passar de uma política puramente exploratória para o que chamou de "política ética", ou seja, finalmente tentar fazer algum bem aos indonésios. Os holandeses construíram escolas, ferrovias e canais de irrigação em Java, estabeleceram conselhos governantes locais nas principais cidades e tentaram minimizar os problemas de superpopulação apoiando a emigração para ilhas menos densamente povoadas (contra os desejos das populações nativas dessas ilhas). Mas esses esforços de política ética produziram resultados limitados, por um lado porque a Holanda era pequena demais para investir muito dinheiro na colônia e, por outro, porque os esforços holandeses, assim como os da posteriormente independente Indonésia, para melhorar as condições de vida foram frustrados pelo rápido crescimento populacional, que criou mais bocas para alimentar. Hoje, os indonésios acham que os efeitos negativos do colonialismo holandês pesam muito mais do que os positivos.

Por volta de 1910, um número cada vez maior de habitantes da Índias Orientais Holandesas passou a desenvolver o início de uma "consciência nacional". Em outras palavras, começaram a sentir que não eram apenas habitantes de um sultanato particular governado pelos holandeses em algum lugar de Java ou Sumatra, mas pertenciam a uma entidade mais ampla chamada "Indonésia". Os indonésios com esse princípio de identidade formavam muitos grupos distintos, mas frequentemente sobrepostos: um grupo javanês que se sentia culturalmente superior, um movimento islâmico que buscava uma identidade islâmica para a Indonésia, sindicatos, um partido comunista, jovens enviados para estudar na Holanda e outros. Ou seja, o movimento de independência indonésio era fragmentado nas linhas ideológica, geográfica e religiosa, pressagiando problemas que continuaram a assolar o país após a independência.

Os resultados foram não somente greves, complôs e levantes contra os holandeses, mas também conflitos entre os grupos indonésios, gerando uma situação muito confusa. Mesmo assim, suas ações contra os colonizadores chegaram a tal ponto que, na década de 1920, os holandeses adotaram uma política de repressão e enviaram muitos dos líderes para o que era, na prática, um campo de concentração em uma área remota e tomada por doenças da Nova Guiné Holandesa.

Uma importante contribuição para a eventual unidade indonésia foi a evolução do malaio, uma língua comercial com uma longa história, e sua transformação em indonésio, a língua nacional hoje partilhada por todos. Mesmo a maior das centenas de línguas locais, o javanês de Java Central, é a língua nativa de menos de um terço da população. Se o javanês tivesse se tornado a língua nacional, isso teria simbolizado dominação javanesa e exacerbado um problema que persiste ainda hoje, a saber, o medo do domínio javanês sentido pelos indonésios de outras ilhas.

O javanês possui a desvantagem adicional de ser uma língua consciente das hierarquias, com palavras diferentes para pessoas de status mais alto ou baixo. Partilho com os indonésios a apreciação pelas vantagens de sua maravilhosa língua nacional. Ela é fácil de aprender. Dezoito anos depois de a Indonésia assumir o controle da Nova Guiné Holandesa e introduzir o indonésio, eu o encontrei sendo falado mesmo por papuásios não alfabetizados em vilarejos remotos. A gramática é simples, mas flexível na adição de prefixos e sufixos a muitos radicais, a fim de criar novas palavras com significados imediatamente previsíveis. O adjetivo que significa "limpo", por exemplo, é *bersih*, o verbo para "limpar" é *membersihkan*, o substantivo "limpidez" é *kebersihan* e o substantivo "limpeza" é *pembersihan*.

Quando o Japão declarou guerra aos Estados Unidos em dezembro de 1941 e começou sua expansão pelas ilhas do Pacífico e do Sudeste Asiático, rapidamente conquistou as Índias Orientais Holandesas. Os campos de petróleo da Bornéu holandesa, juntamente com a borracha e o estanho malaios, eram um importante motivo por trás da guerra, talvez o maior motivo individual, uma vez que o Japão não possuía petróleo e dependia das exportações americanas, que o presidente Roosevelt interrompera como retaliação pela guerra contra a China e pela ocupação da Indochina francesa. Os campos de petróleo de Bornéu eram a fonte alternativa mais próxima.

No começo, os líderes militares japoneses que ocupavam as Índias Orientais Holandesas alegaram que indonésios e japoneses eram irmãos asiáticos na luta por uma nova ordem anticolonial. Os nacionalistas indonésios inicialmente aceitaram os japoneses e ajudaram a arrebanhar os holandeses. Mas os japoneses buscavam essencialmente extrair matérias-primas (em especial petróleo e borracha) das Índias Orientais

Holandesas para sua máquina de guerra e se tornaram ainda mais repressores do que os holandeses. Quando a guerra se virou contra os japoneses, em setembro de 1944, eles prometeram independência aos indonésios, embora sem estabelecer uma data. Quando o Japão se rendeu em 15 de agosto de 1945, os indonésios declararam sua independência dois dias depois, ratificaram a Constituição no dia seguinte e fundaram milícias locais. Mas rapidamente descobriram que a derrota dos holandeses pelos japoneses, a promessa japonesa de independência e a derrota do Japão pelos Estados Unidos e seus aliados não asseguravam a independência indonésia. Em setembro de 1945, chegaram soldados britânicos e australianos para assumir o controle no lugar dos japoneses e, em seguida, tropas holandesas com o objetivo de restabelecer o controle holandês. Houve conflitos dos soldados britânicos e holandeses contra soldados indonésios.

Os holandeses, evocando a diversidade étnica e a grande extensão territorial do arquipélago indonésio, e provavelmente motivados pela própria regra de "dividir e conquistar" para se manterem no controle, promoveram a ideia de uma federação. Assim, criaram Estados federativos separados nas áreas que reconquistaram. Em contraste, muitos revolucionários indonésios buscavam um único governo republicano para toda a extensão das antigas Índias Orientais Holandesas. Em um acordo preliminar assinado em novembro de 1946, os holandeses reconheceram a autoridade da República da Indonésia, mas somente em Java e Sumatra. Todavia, em julho de 1947, ficaram exasperados e iniciaram o que chamaram de "ação policial", com o objetivo de destruir a república. Após um cessar-fogo, seguido de outra "ação policial" e da pressão das Nações Unidas e dos Estados Unidos, os holandeses cederam e concordaram em transferir a autoridade para a república. A transferência final ocorreu em dezembro de 1949, mas com duas grandes limitações que enfureceram os indonésios e que levaram doze anos para serem revertidas. Uma era que os holandeses não abriram mão da metade holandesa (ocidental) da ilha de Nova Guiné. Em vez disso, mantiveram-na sob administração holandesa, afirmando que a Nova Guiné era muito menos politicamente desenvolvida do que o restante das Índias Orientais Holandesas, que não estava nem remotamente preparada para a independência e que a maioria de seus habitantes era tão etnicamente diferente da maioria dos indonésios quanto ambos os grupos eram diferentes dos europeus. A outra limitação foi que empresas holandesas como a Shell Oil mantiveram a posse dos recursos naturais indonésios.

Os esforços holandeses para retomar o controle da Indonésia entre 1945 e 1949 empregaram métodos brutais que meus colegas indonésios relataram com amargura mesmo trinta anos depois, e que foram retratados vividamente nas pinturas no lobby daquele hotel em 1979. (Como exemplo, uma delas mostrava dois soldados holandeses estuprando uma indonésia.) Simultaneamente, métodos brutais também foram empregados pelos indonésios contra outros indonésios, porque, no interior do país, havia muita resistência à república, vista por muitos indonésios orientais e habitantes de Sumatra como dominada pelos javaneses. Mais uma vez, percebi muito ressentimento e muito desejo de separação política por parte de amigos indonésios não javaneses na década de 1980. Também havia oposição à liderança da república por parte dos comunistas, culminando em uma revolta esmagada em 1948 pelo Exército republicano, que matou ao menos 8 mil deles, em uma prévia do que estava por vir, em escala muito maior, após o golpe fracassado de 1965.

———

A nova nação enfrentou problemas paralisantes trazidos da era pré--independência, alguns dos quais foram exacerbados. Como ex-colônia longamente governada pelos holandeses para benefício dos holandeses, a Indonésia independente começou sua existência economicamente muito subdesenvolvida. O crescimento populacional (de quase 3% ao ano durante a década de 1960) continuou a ser um pesado fardo para a economia, como fora nos tempos holandeses. Muitos indonésios ainda não possuíam um senso de identidade nacional e continuavam a se identificar como javaneses, molucanos, sumatranos ou membros de alguma outra população regional, em vez de indonésios. A língua indonésia que contribuiria para sua unidade ainda não estava amplamente estabelecida; em vez disso, as setecentas línguas locais eram usadas. Aqueles que se consideravam indonésios diferiam em suas visões. Alguns líderes muçulmanos queriam que a Indonésia se tornasse um Estado islâmico. O Partido Comunista indonésio queria que se tornasse um Estado comunista. Alguns não javaneses queriam muita autonomia regional ou a independência total de certas regiões e fizeram revoltas regionais, derrotadas pelas Forças Armadas da república.

As próprias Forças Armadas eram um foco de cismas e debates sobre seu papel. Deveriam ser controladas, como em outras democracias, por políticos civis, dos quais os oficiais militares desconfiavam cada vez mais? Ou deveriam ser mais autônomas e perseguir suas próprias políticas? Os militares se viam como salvadores da revolução e baluartes da identidade nacional e exigiam um bloco garantido de votação no Parlamento. O governo civil, em contrapartida, queria economizar dinheiro eliminando unidades militares, reduzindo o tamanho dos corpos de oficiais e empurrando os soldados para fora do serviço militar e da folha de pagamento. Também havia discordâncias internas entre ramos das Forças Armadas, especialmente da Força Aérea contra os outros ramos. Havia discordâncias entre os próprios comandantes do Exército, especialmente entre os revolucionários regionais e os conservadores centrais. A fim de obter dinheiro para seus objetivos, os líderes militares extorquiam outros indonésios e empresas, faziam contrabando, taxavam a posse de rádios e eletricidade e passaram a controlar cada vez mais as economias regionais, institucionalizando a corrupção, que é até hoje um dos maiores problemas do país.

O presidente fundador da Indonésia, Sukarno (1901-1970), começara sua carreira política ainda no tempo dos holandeses, como líder nacionalista contra o governo colonial (ver figura 5.1 do encarte). (Como muitos indonésios, Sukarno só tinha prenome, sem sobrenome.) Os holandeses o enviaram para o exílio, do qual os japoneses o trouxeram de volta. Foi Sukarno o autor da Proclamação da Independência da Indonésia em 17 de agosto de 1945. Consciente da fraca identidade nacional, ele formulou um conjunto de cinco princípios chamados de Pancasila, que até hoje servem como ideologia para unificar a Indonésia e foram preservados na Constituição de 1945. Os princípios são amplos: acreditar em um deus, a unidade nacional indonésia, o humanitarismo, a democracia e a justiça social para todos os indonésios.

Como presidente, Sukarno culpou o imperialismo holandês e o capitalismo pela pobreza da Indonésia, ab-rogou as dívidas herdadas pelo país, nacionalizou as propriedades holandesas e entregou a administração da maioria delas ao exército. Ele desenvolveu uma economia centrada no Estado que o exército, a burocracia civil e ele mesmo podiam usar para benefício próprio. Sem surpresa, tanto os empreendimentos privados indonésios quanto o auxílio externo diminuíram. Os governos dos Estados Unidos e da Grã-Bretanha ficaram alarmados e tentaram desestabilizar a posição de Sukarno, assim como os Estados Unidos haviam tentado desestabilizar Allende no Chile. Ele respondeu dizendo aos Estados Unidos para "irem para o inferno com seu auxílio"; então, em 1965, expulsou o Corpo de Paz americano e retirou a Indonésia das Nações Unidas, do Banco Mundial e do Fundo Monetário Internacional. A inflação disparou, e a moeda indonésia (a rupia) perdeu 90% de seu valor durante 1965.

Na época em que a Indonésia se tornou independente, ela não tinha história de autogoverno democrático. Sua experiência de governo era o domínio holandês, que, em suas décadas finais, se aproximou de um Estado policial, assim como o domínio japonês após 1942. Fundamentais para qualquer democracia funcional são a disseminação da alfabetização, o reconhecimento do direito de se opor às políticas governamentais, a tolerância para com diferentes pontos de vista, a aceitação de perder nas votações e a proteção governamental àqueles sem poder político. Por razões compreensíveis, todos esses pré-requisitos eram débeis na Indonésia. Consequentemente, durante a década de 1950, primeiros-ministros e gabinetes surgiram e desapareceram em rápida sucessão. Nas eleições de setembro de 1955, assombrosos 92% dos eleitores registrados compareceram às urnas, mas o resultado foi um impasse, porque cada um dos quatro principais partidos obteve entre 15% e 22% dos votos e dos assentos parlamentares. Eles não conseguiram chegar a um acordo e caíram na paralisação política. Essa ruptura do comprometimento entre vários partidos igualmente fortes já nos é familiar em razão do Chile e o golpe de Pinochet (capítulo 4), com a diferença de que o Chile ao menos tinha uma população alfabetizada e escolarizada e uma longa história de governo democrático, ao passo que a Indonésia não tinha nenhuma dessas coisas.

A partir de 1957, o presidente Sukarno pôs fim ao impasse decretando lei marcial e substituindo a democracia pelo que ele chamou de "democracia guiada", que considerava mais adequada ao caráter nacional. Sob a "democracia guiada", o Parlamento deveria praticar a "cooperação mútua" ou o "consenso através da deliberação", em vez do usual conceito democrático de legislatura como ambiente no qual os partidos competem. A fim de assegurar que o Parlamento cooperasse com seus objetivos, Sukarno fez com que mais da metade dos assentos deixasse de pertencer a políticos eleitos e passasse a ser ocupada por representantes nomeados por ele e designados para "grupos funcionais", e não mais para partidos políticos, com o exército sendo um deles.

Sukarno se convenceu de que tinha a capacidade única de adivinhar e interpretar os desejos (incluindo os inconscientes) do povo indonésio e servir como seu profeta. Após a conferência de Bandung, em 1955, composta por países asiáticos e africanos, Sukarno estendeu seus objetivos ao palco mundial e começou a ver como sua responsabilidade pessoal fazer com que a Indonésia desempenhasse papel de liderança nas políticas anticoloniais do Terceiro Mundo, em uma época em que seus próprios problemas internos eram tão urgentes (ver figura 5.3 do encarte). Em 1963, ele se declarou presidente vitalício.

Sukarno iniciou duas campanhas para traduzir sua posição anticolonialista em atos, tentando anexar dois territórios à beira da independência. A primeira campanha foi dirigida contra a Nova Guiné Holandesa, que, em função de sua distinção étnica, os holandeses haviam se recusado a ceder à Indonésia após a revolução. Os holandeses iniciaram um programa intensivo para preparar a Nova Guiné para a independência, e os líderes da Nova Guiné adotaram uma bandeira e um hino nacionais. Mas Sukarno reivindicou a Nova Guiné Holandesa para a Indonésia, aumentou a pressão diplomática sobre os holandeses e, em 1961, ordenou que os três ramos das Forças Armadas tomassem a Nova Guiné Holandesa à força.

O resultado foi um sucesso político para Sukarno, mas uma tragédia para muitos soldados indonésios envolvidos e para os habitantes da Nova Guiné Holandesa que queriam a independência. Embora uma das pinturas exibidas no lobby do meu hotel em 1979 retratasse o que foi descrito como "navio de guerra" indonésio navegando contra os holandeses, tratava-se na verdade de apenas um pequeno barco de patrulha afundado por um navio de guerra holandês, causando a morte de muitos marinheiros. Paraquedistas indonésios foram lançados por aviões da Força Aérea na Nova Guiné Holandesa. Os resultados foram descritos por um amigo que serviu nas forças holandesas de defesa. Provavelmente por medo das capacidades antiaéreas holandesas durante o dia, os paraquedistas saltaram durante a noite, às cegas e em uma área cheia de árvores, em um ato de inacreditável crueldade. Os infelizes paraquedistas aterrissaram em um pântano de palmeiras-sagu quente e infestado de mosquitos, onde aqueles que sobreviveram ao impacto contra as árvores se viram pendurados nelas pelos paraquedas. A fração ainda menor que conseguiu se livrar dos paraquedas caiu na água do pântano. Meu amigo e sua unidade holandesa cercaram o pântano, esperaram uma semana e então entraram com botes para recuperar os poucos paraquedistas ainda vivos.

A despeito desses sucessos militares holandeses, o governo americano queria dar a impressão de apoiar o movimento anticolonialista do Terceiro Mundo, e conseguiu forçar os holandeses a cederem a Nova Guiné Holandesa. Para manter a aparência de dignidade, eles a cederam não diretamente à Indonésia, mas às Nações Unidas, que, sete meses depois, transferiram o controle administrativo (mas não a posse) para a Indonésia, aguardando um futuro plebiscito. O governo indonésio iniciou um programa de maciça transmigração de outras províncias, em parte para assegurar uma maioria de não papuásios na Nova Guiné Indonésia. Sete anos depois, uma assembleia de líderes papuásios escolhida a dedo votou sob pressão pela incorporação da Nova Guiné Holandesa à Indonésia. Os papuásios que haviam estado à beira da independência da Holanda iniciaram uma campanha de guerrilha pela independência da Indonésia que continua até hoje, mais de meio século depois.

A outra campanha de Sukarno para traduzir sua posição anticolonial em ações foi dirigida contra certas partes da Malásia, um grupo de ex-colônias britânicas. A Malásia consiste em estados da península da Malásia, no continente asiático, que conquistaram a independência em 1957, mais duas ex-colônias britânicas (Sabá e Sarawak) na ilha de Bornéu, que é partilhada com a Indonésia e com Brunei. Sabá e Sarawak se uniram à Malásia independente em 1963. Embora Sukarno tivesse reivindicado o direito de herdar a Nova Guiné Holandesa como parte das antigas Índias Orientais Holandesas, não podia fazer o mesmo em relação à Bornéu malaia. Mesmo assim, encorajado por seu sucesso na Nova Guiné Holandesa, iniciou o que chamou de "confronto" com a

Malásia em 1962, seguido por ataques militares à Bornéu malaia no ano seguinte. Mas a população malaia de Bornéu não deu sinais de querer se unir à Indonésia, enquanto soldados da Grã-Bretanha e da Commonwealth forneceram uma defesa militar efetiva, e o Exército indonésio perdeu seu apetite pelo confronto.

———

Durante a década de 1960, um complexo e confuso conflito tripartite pelo poder surgiu entre as maiores forças indonésias. Uma dessas forças era Sukarno, um líder carismático e político habilidoso que gozava de amplo apoio entre os indonésios como pai da independência e primeiro (e até então único) presidente do país. A segunda força eram as Forças Armadas, que monopolizavam o poder militar. A terceira era o Partido Comunista Indonésio (PKI, *Partai Komunis Indonesia*), que não possuía poder militar, mas se tornara o mais forte e bem-organizado partido político.

Mas cada uma dessas três forças estava dividida e era puxada em diferentes direções. Embora a "democracia guiada" repousasse sobre a aliança entre Sukarno e as Forças Armadas, ele também se alinhou cada vez mais ao PKI como contrapeso às Forças Armadas. Os chineses indonésios haviam ficado tão alarmados com o sentimento antichinês que muitos retornaram para a China. Simultaneamente, no entanto, a Indonésia aprofundou sua aliança diplomática com a China e anunciou que em breve a imitaria na construção de sua própria bomba atômica, para horror dos Estados Unidos e da Grã-Bretanha. As Forças Armadas ficaram divididas entre os apoiadores de Sukarno, os apoiadores do PKI e os oficiais que queriam que as Forças Armadas destruíssem o PKI. Para remediar sua debilidade militar, em 1965 o PKI, com apoio de Sukarno, propôs armar os camponeses e operários, ostensivamente para que formassem o quinto ramo das Forças Armadas nacionais, juntamente com o

Exército, a Marinha, a Força Aérea e a polícia. Em amedrontada resposta, os oficiais anticomunistas do exército supostamente criaram um conselho de generais para preparar medidas contra o que era percebido como crescente ameaça comunista.

Esse conflito tripartite chegou ao auge por volta das 3h15 da madrugada de 1º de outubro de 1965, quando duas unidades do exército com comandantes de esquerda e 2 mil soldados se revoltaram e enviaram esquadrões para capturar sete importantes generais (incluindo o comandante do exército e o ministro da Defesa) em suas casas, declaradamente para levá-los vivos até o presidente Sukarno e persuadi-lo a reprimir o conselho de generais. Às 7h15, os líderes do golpe, tendo tomado o edifício de telecomunicações em um dos lados da praça central da capital, Jacarta, difundiram um anúncio no rádio afirmando serem o Movimento 30 de Setembro e declarando que seu objetivo era proteger o presidente Sukarno ao evitar o golpe planejado por generais corruptos que eram instrumentos da CIA e dos britânicos. Às 14 horas, os líderes fizeram mais três transmissões, depois ficaram em silêncio. Nota: a despeito do relato de um golpe comunista descrito vividamente na exibição do lobby de meu hotel em 1979, a revolta foi promovida por unidades do exército, e não por uma multidão comunista.

Mas o golpe foi muito mal planejado. Os sete esquadrões designados para sequestrar os generais não tinham treinamento, estavam nervosos e se reuniram no último minuto. Não haviam ensaiado os sequestros. Os dois esquadrões mais importantes, designados para sequestrar (*não* para matar) os dois principais generais, eram liderados por oficiais inexperientes de baixo escalão. Os esquadrões acabaram matando três generais em suas casas, dois a tiros e um com baioneta. Um quarto general conseguiu escapar pelo muro dos fundos de sua casa. O esquadrão acidentalmente atirou em sua filha de 5 anos, como retratado em uma das pinturas do hotel, e matou um de seus tenentes, confundido com o próprio general. (Por questões de brevidade, continuarei fazendo referência aos "sete generais".)

Os esquadrões conseguiram capturar vivos somente os três generais remanescentes, que também assassinaram, em vez de cumprirem a ordem de levá-los vivos até Sukarno.

A despeito de os líderes do golpe incluírem um comandante da escolta do presidente Sukarno, cujo trabalho era saber onde ele estava em todos os momentos, não conseguiram encontrá-lo, pois ele passava a noite na casa de uma de suas quatro esposas. Um erro crucial foi que os líderes do golpe não tentaram capturar a sede da Reserva Estratégica do Exército (chamada de Kostrad), localizada em um dos lados da praça central, embora soldados tenham controlado os três outros lados. Os líderes do golpe não tinham tanques nem walkie-talkies. Como fecharam o sistema telefônico de Jacarta quando ocuparam o prédio das telecomunicações, ao tentarem se comunicar em diferentes partes de Jacarta se viram obrigados a enviar mensageiros pelas ruas. Inacreditavelmente, sequer forneceram água e comida para os soldados estacionados na praça central e, como resultado, um batalhão faminto e sedento se dispersou. Outro batalhão foi para Halim, a base da Força Aérea em Jacarta, mas encontrou os portões fechados e passou a noite na rua. O líder do PKI, que aparentemente era um dos organizadores do golpe, não alertou nem coordenou as ações com o restante do partido e, como consequência, não houve um levante comunista das massas.

O comandante da Reserva Estratégica do Exército foi, depois de Sukarno, o segundo líder político indonésio com qualidades incomuns e que influenciou o curso da história. Ele lembrava Sukarno por ter o nome confusamente similar de Suharto, ser javanês e possuir habilidades políticas (ver figura 5.2 do encarte). Mas diferia de Sukarno por ser vinte anos mais jovem (1921-2008), não ter desempenhado papel significativo no conflito contra o governo colonial holandês e ser pouco conhecido fora dos círculos do exército até a manhã de 1º de outubro de 1965. Quando soube do levante pela manhã, Suharto adotou uma série de contramedidas, enquanto tentava ganhar tempo e compreender uma sequência de processos rápidos e confusos. Ele convidou os comandantes dos dois batalhões do exército na praça central a se reunirem com ele no interior da sede da Kostrad, onde lhes disse que estavam em sublevação e ordenou que o seguissem; eles respeitosamente obedeceram. Os líderes do golpe e Sukarno, para quem a situação em rápida evolução pode ter sido tão confusa quanto para Suharto, se reuniram em Halim, porque a Força Aérea era o ramo das Forças Armadas mais simpático aos comunistas. Suharto respondeu enviando soldados confiáveis para capturar primeiro o edifício de telecomunicações e então a base Halim, o que conseguiram fazer com mínimo combate. Às 21 horas daquele 1º de outubro, Suharto anunciou em uma transmissão de rádio que passara a controlar o exército, que esmagaria o Movimento 30 de Setembro e protegeria o presidente Sukarno. Os líderes do golpe fugiram de Halim e de Jacarta, seguindo separadamente de trem e avião para outras cidades de Java Central, e organizaram outros levantes, nos quais outros generais foram assassinados. Mas esses levantes foram suprimidos por soldados legalistas do exército em um ou dois dias, assim como havia acontecido em Jacarta.

———

Até hoje, muitas perguntas sobre o golpe fracassado permanecem sem resposta. O que parece claro é que o golpe foi um esforço coordenado de dois conjuntos de líderes: alguns oficiais militares com simpatias comunistas e um ou mais líderes do PKI. Mas por que militares profissionais se envolveram em um golpe tão amadoristicamente realizado, com tamanha falta de planejamento militar? Por que não fizeram uma coletiva de imprensa para ganhar o apoio popular? Por que o envolvimento do PKI no golpe se resumiu a alguns líderes? A China comunista esteve envolvida no planejamento e no apoio ao golpe? Por que os líderes do golpe não incluíram Suharto em sua lista de generais a sequestrar? Por que as forças do golpe não capturaram a sede da Kostrad em um dos lados da praça central? O presidente Sukarno soube com antecedência do golpe? O general Suharto soube com antecedência do golpe? Os generais anticomunistas sabiam sobre o golpe, mas permitiram que ocorresse, a fim de lhes dar um pretexto para suprimir o PKI?

A última possibilidade é fortemente sugerida pela velocidade da reação militar. Em três dias, os comandantes militares começaram uma campanha de propaganda para justificar a captura e o assassinato em larga escala dos comunistas e seus simpatizantes (ver figura 5.4 do encarte). O próprio golpe matou somente doze pessoas em Jacarta em 1º de outubro e algumas outras em cidades javanesas em 2 de outubro. Mas esses poucos assassinatos deram a Suharto e aos militares um pretexto para os assassinatos em massa. A resposta ao golpe foi tão rápida, eficiente e maciça que dificilmente poderia ter sido improvisada em alguns dias, como reação a acontecimentos inesperados. Deve ter envolvido planejamento prévio que esperava apenas uma desculpa, o que a fracassada tentativa de golpe de 1º e 2 de outubro forneceu.

Os motivos dos militares para os assassinatos em massa surgiram do colapso do comprometimento político e do governo democrático nos anos 1950 e 1960, culminando em um conflito tripartite pelo poder em 1965 entre o PKI, as Forças Armadas e o presidente Sukarno. Parecia que as Forças Armadas estavam começando a perder. Como maior e mais bem organizado partido político, o PKI ameaçava o poder político do exército e o dinheiro que extraía dos negócios públicos, do contrabando e da corrupção. A proposta do PKI de armar operários e camponeses como uma força separada ameaçou o monopólio de poder militar. Como os eventos subsequentes mostrariam, o presidente Sukarno não podia resistir sozinho ao exército. Mas ele olhava para o PKI como potencial aliado e contrapeso. Além disso, os próprios militares estavam divididos e incluíam simpatizantes comunistas, que foram os organizadores do golpe (junto com um ou mais líderes do PKI). Consequentemente, o golpe deu aos oficiais anticomunistas uma oportunidade de expurgar seus oponentes políticos no interior do próprio exército. Sem surpresa, os comandantes militares, alarmados com o crescente poder do PKI, prepararam seu próprio plano de contingência, para o qual o golpe ofereceu um gatilho. Não se sabe se o próprio Suharto esteve envolvido na preparação desse plano de contingência ou se (como o general Pinochet no Chile) ele se tornou, no último minuto, o líder de uma tomada militar preparada por outros.

Em 4 de outubro, Suharto chegou a uma área chamada Lubang Buaya ("buraco de crocodilo" em indonésio), onde os esquadrões do golpe haviam jogado os corpos dos generais assassinados. Diante de fotógrafos e câmeras de TV, os corpos decompostos foram retirados de um poço. No dia seguinte, 5 de outubro, os caixões dos generais desfilaram pelas ruas de Jacarta, tomadas por milhares de pessoas. A liderança militar anticomunista rapidamente culpou o PKI pelos assassinatos, embora tivessem sido cometidos por unidades das próprias Forças Armadas. Uma campanha de propaganda que só poderia ter sido planejada de antemão foi imediatamente iniciada para gerar uma atmosfera histérica, avisando aos não comunistas que eles corriam perigo mortal, que os comunistas estavam fazendo listas de pessoas para assassinar e praticando técnicas para arrancar olhos. Membros da força auxiliar de mulheres do PKI teriam praticado tortura sexual sádica e mutilação nos generais sequestrados. O presidente Sukarno tentou minimizar a importância do golpe de 1º de outubro e fez objeção à escala das contramedidas militares, mas o exército retirou o controle da situação de suas mãos. A partir de 5 de outubro, os militares iniciaram um arrebanhamento destinado a eliminar todos os membros do PKI e de qualquer organização filiada a partido, além de suas famílias.

A reação do PKI não foi a que se poderia esperar de uma organização que planejara um golpe. Durante os meses de outubro e novembro, quando membros do partido foram convocados às bases militares e delegacias, muitos compareceram voluntariamente, porque esperavam ser interrogados e liberados. O PKI poderia ter apoiado o golpe e frustrado as contramedidas militares ao mobilizar trabalhadores ferroviários para sabotar trens, mecânicos para sabotar veículos do exército e camponeses para bloquear estradas, mas não fez nenhuma dessas coisas.

Como os assassinatos indonésios não foram realizados com a meticulosa organização e documentação dos assassinatos nazistas nos campos de concentração da Segunda Guerra Mundial, há muita incerteza sobre o número de vítimas. As estimativas mais altas são de cerca de 2 milhões; o número mais amplamente citado é uma estimativa contemporânea de meio milhão, feita por um membro da comissão de investigação do próprio presidente Sukarno. A tecnologia indonésia de assassinato era muito mais simples do que a nazista: as vítimas eram mortas uma a uma, com machetes e outras armas ou por estrangulamento, em vez de serem assassinadas às centenas em câmaras de gás. O descarte dos corpos também era aleatório, e não contava com grandes fornos construídos especialmente para isso. Mesmo assim, o que aconteceu na Indonésia em 1965 e 1966 foi um dos maiores episódios mundiais de assassinato em massa desde a Segunda Guerra Mundial.

Um engano comum é achar que os assassinatos foram somente ou principalmente de chineses. Não, a maioria das vítimas não era chinesa, mas sim suspeitos indonésios de serem comunistas e seus afiliados. Outro engano é pensar que os assassinatos foram a explosão espontânea de uma multidão de pessoas irracionais, emocionalmente instáveis e imaturas, com tendência a surtar e, como diria uma expressão malaia que se refere a indivíduos que enlouquecem e se tornam assassinos, começar a matar. Não estou ciente de nenhuma evidência de que indonésios sejam intrinsecamente instáveis e homicidas. Os militares planejaram e orquestraram os assassinatos a fim de proteger seus próprios interesses, e sua campanha de propaganda convenceu muitos civis a cometerem assassinatos a fim de também protegerem seus interesses. A campanha militar de assassinatos foi cruel, mas não irracional: pretendia destruir os oponentes mais fortes das Forças Armadas, e atingiu seu objetivo.

A situação no fim de outubro de 1965 era tal que Suharto contava com a lealdade de alguns, mas não de todos os líderes militares. Sukarno ainda era presidente vitalício, reverenciado por grande parte do público como pai fundador da Indonésia, popular entre soldados e oficiais militares e politicamente habilidoso. Suharto não podia simplesmente deixá-lo de lado, assim como alguns ambiciosos generais americanos não puderam deixar George Washington de lado no meio do segundo mandato presidencial de nosso amado pai fundador.

Antes, Suharto era considerado somente um general eficiente, nada mais. Mas exibiu habilidades políticas que excediam as de Sukarno. Gradualmente, conseguiu o apoio dos outros líderes militares, substituiu os oficiais e civis que simpatizavam com o PKI por oficiais leais a ele mesmo e, nos dois anos e meio seguintes, procedeu lenta e cautelosamente para afastar Sukarno enquanto fingia agir em seu benefício. Em março de 1966, Sukarno foi pressionado a assinar uma carta na qual cedia a autoridade a Suharto; em março de 1967, Suharto se tornou presidente em exercício e, em março de 1968, substituiu Sukarno na Presidência. Ele permaneceu no poder por outros trinta anos.

———

Em contraste com Sukarno, Suharto não adotou uma política anticolonialista de Terceiro Mundo nem demonstrou ambições territoriais fora do arquipélago indonésio. Ele se concentrou nos problemas domésticos. Em particular, pôs fim ao "confronto" armado de Sukarno com a Malásia em relação a Bornéu, afiliou a Indonésia novamente às Nações Unidas, abandonou o alinhamento ideologicamente motivado com a China comunista e, em vez disso, alinhou-se ao Ocidente, por razões econômicas e estratégicas.

Suharto não possuía ensino superior e nada entendia de teorias econômicas. Assim, colocou a economia "oficial" (em contraste com a economia informal descrita a seguir) nas mãos de economistas indonésios altamente qualificados, muitos dos quais haviam estudado na Universidade da Califórnia, em Berkeley. O resultado foi o apelido "a máfia de Berkeley". Sob Sukarno, a economia fora atrelada a um déficit orçamentário que resultara em pesadas dívidas e inflação maciça. Como os Chicago Boys do general Pinochet no Chile, a máfia de Berkeley de Suharto instituiu reformas econômicas que equilibraram o orçamento, cortaram subsídios, adotaram uma orientação de mercado e reduziram a dívida nacional e a inflação. Tirando vantagem do fato de Suharto ter abandonado a política de tendências esquerdistas de Sukarno, a máfia de Berkeley encorajou o investimento estrangeiro e atraiu auxílio americano e europeu para desenvolver os recursos naturais da Indonésia, especialmente petróleo e minerais.

O outro corpo de planejamento econômico foram os militares. Suharto declarou: "As Forças Armadas possuem grande interesse no processo de modernização do Estado e da sociedade e desejam desempenhar um papel vital nesse processo [...]. Se o exército permanece neutro em face dos problemas para consolidar a Nova Ordem, repudia seu papel e o chamado da história [...]. Os militares possuem duas funções, a de ser uma ferramenta armada do Estado e a de ser um grupo funcional na conquista dos objetivos da revolução." Imagine um general americano se tornando presidente e dizendo isso sobre o Exército dos Estados Unidos! Na verdade, os militares desenvolveram um governo paralelo, com um orçamento paralelo aproximadamente igual ao orçamento oficial. Sob Suharto, os oficiais constituíam mais da metade dos prefeitos, administradores locais e governadores provinciais. Os oficiais locais tinham autoridade para prender e deter indefinidamente qualquer um suspeito de ações "prejudiciais à segurança".

Os oficiais militares fundaram empresas e praticaram corrupção e extorsão em larga escala, a fim de financiar os objetivos militares e encher seus próprios bolsos. Embora o próprio Suharto não tivesse um estilo de vida ostensivamente luxuoso, sua mulher e seus filhos tinham a reputação de serem muito corruptos. Sem investir fundos próprios, seus filhos iniciaram negócios que os tornaram ricos. Quando sua família foi acusada de corrupção, Suharto ficou furioso e insistiu que a recém-adquirida riqueza dos filhos se devia apenas a suas habilidades como empresários. Os indonésios deram à mulher de Suharto (Ibu Tien = Madame Tien) um apelido que significava "Madame Dez por Cento", porque se dizia que ela ficava com 10% dos contratos governamentais. Ao fim do reinado de Suharto, a Indonésia estava entre os países mais corruptos do mundo.

A corrupção permeava todos os aspectos da vida indonésia. Por exemplo, quando trabalhei no país pela organização ambiental internacional World Wildlife Fund (WWF), um colega apontou para um diretor indonésio da organização e sussurrou que seu apelido era "Sr. Corrupção", porque não era somente corrupto, mas excepcionalmente corrupto. Um barco que doadores internacionais haviam comprado para aquele escritório da WWF terminara sendo o barco particular do Sr. Corrupção. Em outro exemplo de corrupção não governamental, meu trabalho na Indonésia requeria que eu rotineiramente voasse com grandes volumes que constituíam excesso de bagagem. Acostumei-me ao fato de, sempre que fazia check-in em um aeroporto indonésio, os funcionários saírem de trás do balcão e exigirem o pagamento do excesso de bagagem em dinheiro para seus próprios bolsos, e não para a companhia aérea.

Suharto substituiu o princípio diretor de Sukarno de "democracia guiada" pelo que ficou conhecido como "Nova Ordem", e supostamente significava voltar aos conceitos puros da Constituição de 1945 e aos cinco princípios da Pancasila. Suharto alegou estar revertendo as mudanças ruins introduzidas subsequentemente pelos partidos políticos, que considerava inúteis. Afirmava que o povo indonésio era indisciplinado, ignorante e suscetível a ideias perigosas e não estava preparado para a democracia. Em sua autobiografia, escreveu: "Na democracia Pancasila, não há lugar para a oposição no estilo ocidental. No reino da democracia Pancasila, reconhecemos a *musyawarah* [deliberação] para chegar ao *mufakat* [consenso] do povo [...] não reconhecemos a oposição, como no Ocidente. Aqui, não reconhecemos a oposição baseada no conflito, a oposição que está apenas tentando ser diferente [...]. A democracia deve conhecer a disciplina e a responsabilidade, porque, sem elas, democracia significa somente confusão."

Esse leitmotiv — de que havia apenas um caminho, e não devia haver disputas — se aplicava a muitas esferas. Havia somente uma ideologia aceitável, a Pancasila, que funcionários públicos e membros das Forças Armadas tinham de estudar em um programa de doutrinação burocrática. As greves trabalhistas eram proibidas, é claro, por serem contrárias à Pancasila. A única identidade étnica aceitável era uniformemente indonésia, de modo que os chineses indonésios eram proibidos de usar escrita chinesa ou manter seus nomes chineses. A unidade política nacional não admitia autonomia local para Achém, Timor Leste, Nova Guiné Indonésia ou outras regiões distintas. Idealmente, Suharto teria preferido apenas um partido político, mas eleições parlamentares compostas de muitos partidos eram necessárias para que o governo parecesse legítimo aos olhos internacionais. Todavia, um único "grupo funcional" do governo, chamado Golkar, sempre vencia as eleições com mais de 70% dos votos, ao passo que os outros partidos eram fundidos em dois outros grupos funcionais, um islâmico e o outro não islâmico, que sempre perdiam as eleições. Assim, a Indonésia sob Suharto se tornou um Estado militar, muito parecido com o que fora na última década do governo colonial holandês, com a diferença de que era agora dirigido por indonésios, e não estrangeiros.

A mostra histórica que vi no lobby do hotel em 1979 refletia a ênfase no golpe abortado de 1965 como um complô do Partido Comunista, retratado como *o* momento definidor da história indonésia moderna. No enorme Monumento Pancasila erigido em 1969 para rememorar o assassinato dos sete generais (ver figura 5.5 do encarte), considerados os "sete heróis da revolução", uma cerimônia solene de renovada dedicação à Pancasila era (e ainda é) celebrada todos os anos. Um baixo-relevo no monumento e um adjacente Museu da Traição do PKI retratam a história da Indonésia pós-colonial como uma sequência de traiçoeiros atos comunistas culminando na tentativa de golpe de 1965. Todos os anos, em 30 de setembro, todas as estações de TV são obrigadas a transmitir, e todas as crianças em idade escolar são obrigadas a assistir, um sombrio filme de quatro horas, encomendado pelo governo, sobre os sete sequestros e assassinatos. É claro que não há menção ao meio milhão de indonésios mortos em retaliação. E foi somente doze anos depois, no ano em que comecei a trabalhar na Indonésia (1979), que a maioria dos prisioneiros políticos finalmente foi libertada.

O Parlamento reelegeu Suharto para a Presidência por um mandato de cinco anos após o outro. Após quase 33 anos, logo depois de o Parlamento o ter aclamado presidente pelo sétimo mandato de cinco anos, seu regime caiu rápida e inesperadamente em maio de 1998. Ele fora minado por uma combinação de muitos fatores. Um deles foi a crise financeira asiática, que reduzira o valor da moeda indonésia em 80% e provocara tumultos. Outro foi que o próprio Suharto, aos 77 anos, perdera contato com a realidade e com suas habilidades políticas e, em 1996, fora abalado pela morte da esposa, sua âncora e parceira mais próxima. Houve um generalizado furor público devido à corrupção e à riqueza acumulada por sua família. Os próprios sucessos de Suharto haviam criado uma sociedade industrializada moderna, cujos cidadãos já não toleravam sua insistência de que eles não eram capazes de autogoverno. Os militares indonésios evidentemente concluíram, como os militares chilenos após o "Não!" de 1998, que não poderiam impedir a onda de protestos, e que Suharto (como Pinochet) devia renunciar antes que a situação saísse do controle.

Em 1999, o ano da queda de Suharto, a Indonésia realizou suas primeiras eleições relativamente livres em mais de quarenta anos. Desde então, teve uma série de eleições com comparecimentos muito superiores aos americanos: entre 70% e 90%, ao passo que o comparecimento americano mal chega aos 60%, mesmo nas eleições presidenciais. Em 2014, a última eleição presidencial foi vencida por um civil que se opõe ao establishment, o ex-prefeito de Jacarta Joko Widodo, cujo oponente era um general do exército. A corrupção diminuiu e, às vezes, é punida.

———

Vamos resumir o regime de Suharto e os legados da crise provocada pela tentativa fracassada de golpe em 1965 e do contragolpe bem-sucedido. Os legados ruins são óbvios. Os piores são o assassinato de meio milhão de indonésios e o aprisionamento de centenas de milhares por mais de uma década. A imensa corrupção reduziu a taxa de crescimento econômico para menos do que teria sido se tanto dinheiro não houvesse sido desviado para o bolso dos militares, que administravam seu próprio governo paralelo, com um orçamento paralelo. Esse exemplo de corrupção foi amplamente imitado por toda a sociedade (e mesmo pelos funcionários de companhias aéreas). A crença de Suharto de que seus súditos eram incapazes de autogoverno adiou em várias décadas a oportunidade de os indonésios aprenderem como governar a si mesmos democraticamente.

Com os eventos de 1965, as Forças Armadas aprenderam a lição de que o sucesso seria obtido com o uso da força e com assassinatos, não com a resolução dos problemas que deixavam as pessoas insatisfeitas. Essa política de repressão homicida do exército custou caro na Nova Guiné Indonésia, em Sumatra e, especialmente, na ilha do Timor, a leste, que

foi dividida politicamente entre uma colônia portuguesa no leste e um
território indonésio no oeste. Quando Portugal abriu mão de suas últimas
colônias em 1974, toda lógica geográfica dizia que o Timor Leste devia se
tornar outra província da Indonésia, que já acomodava tantas províncias
com diferentes culturas, línguas e histórias. É claro que se pode objetar
que as fronteiras nacionais não são modeladas apenas pela lógica geográfica: o Canadá não faz parte dos Estados Unidos e a Dinamarca não faz
parte da Alemanha. Mas o Timor Leste não é comparável ao Canadá ou
à Dinamarca: trata-se apenas da metade leste de uma pequena ilha em
uma longa cadeia de muitas ilhas, todas inteiramente indonésias. Se o
governo e o exército tivessem agido com um mínimo de tato, poderiam
ter negociado um acordo para incorporar o Timor Leste, com alguma
autonomia, à Indonésia. Em vez disso, o exército invadiu, massacrou e
anexou o Timor Leste. Sob pressão internacional e para horror do exército, o presidente Habibie, que sucedeu Suharto, permitiu a realização de
um referendo sobre a independência do Timor Leste em agosto de 1999.
Àquela altura, é claro que a população votou esmagadoramente pela independência. Por causa disso, o exército organizou milícias pró-Indonésia
para massacrar novamente e evacuar à força grande parte da população
para o Timor Ocidental, e queimou a maior parte dos edifícios do novo
país — sem resultado, porque as tropas internacionais restauraram a
ordem e o Timor Leste retomou o controle de si mesmo como nação. Os
custos para os timorenses foram que cerca de um quarto da população
morreu e os sobreviventes agora constituem a mais pobre micronação da
Ásia, com renda *per capita* seis vezes inferior à indonésia. Os custos para
os indonésios foram que agora eles têm em seu meio uma nação separada
e soberana, localizada sobre um leito oceânico potencialmente rico em
petróleo, cujas receitas não fluirão para a Indonésia.

Após termos nos demorado nesses estarrecedores legados do regime
Suharto, pode parecer que não há nada a dizer. Mas em raras ocasiões a
história se apresenta puramente má ou puramente boa, e deve ser analisada

com honestidade. Por mais terrível que tenha sido em outros aspectos, o regime Suharto teve legados positivos. Ele criou e manteve o crescimento econômico, mesmo que esse crescimento tenha sido reduzido pela inflação (ver figuras 5.6 e 5.7 do encarte). Atraiu investimento estrangeiro. Concentrou suas energias nos problemas domésticos, em vez de dissipá-las em políticas anticolonialistas mundiais ou no esforço para destruir a vizinha Malásia. Promoveu o planejamento familiar, tratando de um dos maiores e mais fundamentais problemas enfrentados tanto pela Indonésia independente quanto pelo regime colonial holandês. (Mesmo nos mais remotos vilarejos da Nova Guiné, vi cartazes governamentais descrevendo o planejamento familiar.) Presidiu uma revolução verde que, ao fornecer fertilizantes e sementes melhoradas, fez crescerem imensamente as colheitas de arroz e outros cereais, aumentando a produção agrícola e melhorando a nutrição da população. A Indonésia *estava* sob grande tensão antes de 1965; hoje, não corre risco iminente de se desintegrar, a despeito de sua fragmentação em ilhas, de sua extensão territorial de milhares de quilômetros, das centenas de línguas nativas e da coexistência de religiões, todas receitas para o desastre. Há oitenta anos, os indonésios não pensavam em si mesmos como indonésios; hoje, aceitam a identidade nacional como fato consumado.

Mas muitas pessoas, indonésias ou não, não dão crédito ao regime de Suharto. Objetam que a Indonésia poderia ter feito esses mesmos avanços sob um regime diferente. Trata-se de um "E se...?" histórico, mas questões assim não podem ser respondidas com certeza. Podemos apenas comparar o que realmente aconteceu na Indonésia após 1965 com o que poderia ter acontecido sob as únicas duas alternativas: a continuação do regime Sukarno ou sua substituição por um regime comunista sob o PKI, que buscava tomar o poder. Por um lado, o regime Sukarno levou a Indonésia ao caos político e à paralisia econômica de 1965. A tortura, os assassinatos, a pobreza opressiva e as políticas insanas associadas às ditaduras comunistas no Camboja, na Coreia do Norte e em outros países alertam que uma alternativa comunista teria sido pior. Por outro, há pessoas que argumentam que o regime de Sukarno se dirigia para algo maravilhoso ou que o regime comunista sob o PKI teria se provado diferente dos regimes comunistas em outros lugares do mundo. Nunca saberemos.

————

Como a crise indonésia se encaixa em nossa estrutura de contraste entre crises nacionais e individuais?

A Indonésia ilustra a mudança seletiva e a construção de uma cerca (fator 3 da Tabela 1.2). No interior da cerca, havia grandes áreas consideradas prontas para mudança. Essas áreas incluíram a substituição do governo civil por uma ditadura militar, ocorrida sob Suharto, a reversão dessa mudança por seus sucessores, a contratação de economistas treinados no Ocidente para trocar a regressão econômica pelo crescimento e o abandono das aspirações de Sukarno pela liderança política do Terceiro Mundo. Em contrapartida, do lado de fora da cerca havia muitas características que foram mantidas intactas após 1965, incluindo a integridade territorial, a considerável tolerância religiosa e o governo não comunista. Essas continuidades foram consideradas valores essenciais inegociáveis por Sukarno, Suharto e pelos sucessores de Suharto, com exceção da disposição de Sukarno de se alinhar aos comunistas.

Alguns fatores dificultaram a resolução dos problemas. Como ex--colônia recém-independente, a Indonésia começou com uma identidade nacional limitada (fator 6), ao contrário da Finlândia, que já gozava de autogoverno consideravelmente autônomo um século antes da independência. Sendo um novo país, a Indonésia não tinha como obter confiança de uma história prévia de mudanças bem-sucedidas, com exceção de suas lutas pela independência entre 1945 e 1949 (fator 8). A autoavaliação realista e honesta (fator 7) foi deficiente sob o presidente Sukarno, que se acreditava dotado da habilidade única de interpretar os desejos inconscientes do povo. Os valores essenciais de muitos ou da maioria dos oficiais das Forças Armadas eram valores pelos quais eles estavam dispostos a matar, mas não a morrer (fator 11). A liberdade de ação era limitada pelas restrições internas da pobreza e do crescimento populacional (fator 12). Em contrapartida, a Indonésia também contou com vantagens na solução de seus problemas. Como arquipélago, goza de liberdade de restrições externas, como o Chile e ao contrário da Finlândia: nenhuma nação a ameaçou desde a partida dos holandeses (fator 12 novamente). A máfia de economistas de Berkeley pôde usar modelos testados em outros países a fim de reformar a economia e promover o crescimento econômico (fator 5). Depois que Suharto abandonou a política externa pró-China comunista de seu predecessor e adotou uma política pró-Ocidente, a Indonésia recebeu muitos investimentos e o auxílio de países ocidentais para reconstruir sua economia (fator 4).

Suharto ilustrou com frequência a autoavaliação honesta, realista e maquiavélica (fator 7). Ao afastar gradualmente o popular pai fundador e primeiro presidente, ele procedeu com cautela, descobriu a cada passo o que podia e não podia fazer e, finalmente, conseguiu substituí-lo, mesmo que tenha levado tempo. Suharto também foi realista ao abandonar as ambições de política externa que estavam muito além dos meios indonésios, incluindo a guerra de guerrilha contra a Malásia e a tentativa de liderar o movimento anticolonialista mundial.

A Indonésia também ilustra três questões sobre crises nacionais que não surgem em crises individuais. Como o Chile, mas ao contrário da Finlândia, ilustra o colapso do comprometimento político que produziu o impasse e os movimentos secessionistas do início dos anos 1950, levando à instalação da "democracia guiada" de Sukarno e ao armamento de operários e camponeses pelo Partido Comunista Indonésio, o que, por sua vez, levou aos assassinatos em massa cometidos pelo exército. Também como o Chile e ao contrário da Finlândia, ilustra o papel desempenhado por líderes incomuns. No caso indonésio, esses líderes foram Sukarno, abençoado com carisma e amaldiçoado com excesso de confiança nesse carisma; e Suharto, abençoado com paciência, cautela e habilidades políticas e amaldiçoado por sua política de crueldade homicida, sua cegueira à corrupção da própria família e sua falta de fé em seus compatriotas. Finalmente, quanto à reconciliação após os assassinatos provocados pelo colapso do comprometimento político, a Indonésia está no extremo oposto da Finlândia, tendo o Chile como intermediário: rápida reconciliação na Finlândia após a guerra civil; muitas discussões e julgamento dos perpetradores no Chile, mas reconciliação incompleta; e discussão e reconciliação muito limitada, sem julgamentos, na Indonésia. Os fatores responsáveis pela falta de julgamentos da Indonésia incluem as fracas tradições democráticas do país; o fato de que o lema chileno pós-Pinochet, "uma pátria para todos os chilenos", encontrou menos eco na Indonésia pós-Suharto; e, acima de tudo, o fato de que a Indonésia continuou a ser uma ditadura militar por 33 anos após os assassinatos em massa e as Forças Armadas continuam muito mais poderosas lá do que no Chile.

———

Posso acrescentar a essas observações minha experiência pessoal com as mudanças seletivas na Indonésia. Trabalhei no país durante dezessete anos da era Suharto, de 1979 a 1996. Depois, só voltei em 2012 (catorze anos após a queda de Suharto), mas continuei a visitá-la desde então. Muitas surpresas me aguardavam em meu retorno.

A primeira envolveu a viagem aérea. Nas décadas de 1980 e 1990, as operações das linhas aéreas comerciais eram frequentemente descuidadas e perigosas. Além de ser extorquido por subornos e taxas desviadas por excesso de bagagem, estive em um voo em que grandes galões de combustível foram colocados, sem medidas de segurança, na cabine, o comissário permaneceu em pé durante a decolagem e não havia cintos de segurança nem sacos de vômito para os passageiros (nem mesmo para os que estavam vomitando). Durante outro voo em um grande jato comercial para Jayapura, o piloto e o copiloto estavam tão absortos batendo papo com a comissária de bordo através da porta aberta da cabine que não notaram que estavam se aproximando da pista a uma altitude muito elevada. Então tentaram corrigir a negligência com um mergulho acentuado, tiveram de frear abruptamente ao aterrissar e só conseguiram parar o avião a 6 metros do fosso que cercava a pista. Mas, em 2012, a principal companhia aérea da Indonésia, a Garuda, foi considerada uma das melhores companhias regionais do mundo. Desde 2012, sempre que fiz check-in com excesso de bagagem, fui enviado a um escritório para pagar a taxa com cartão de crédito, para a própria Garuda e com recibo. Regularmente me pediram suborno até 1996; desde 2012, isso nunca mais aconteceu.

Enquanto estava nas águas costeiras indonésias em 2012, vi um barco de aparência militar por perto e descobri, para minha surpresa, que se tratava de uma patrulha governamental atrás de barcos ilegais de pesca. Até 1996, eu teria visto a expressão "patrulha governamental indonésia" como um oximoro tão contraditório quanto "camarão-baleia". Eu me acostumara às atividades militares indonésias criando a necessidade de patrulhas, e não as realizando.

Quando aterrissei na costa da Nova Guiné Indonésia em 2014, fiquei pasmo ao encontrar pássaros grandes e coloridos, anteriormente o principal alvo da caça ilegal, nos vilarejos costeiros: pombos imperiais, calaus, cacatuas-das-palmeiras e pássaros-do-paraíso. Antes, essas espécies eram mortas ou capturadas perto dos vilarejos e só encontradas longe das habitações.

Ao chegar, meus amigos relataram o que inicialmente pareceram as mesmas ocorrências dos anos 1980 e 1990. Em certo vilarejo da Nova Guiné Indonésia, um policial indonésio atirara em quatro papuásios; em certo distrito, o administrador era muito corrupto. Bem, é claro, qual é a novidade? A diferença era que, nessa época, tanto o policial quanto o administrador haviam sido julgados e presos; isso jamais acontecera antes.

Embora haja sinais de progresso, eles não devem ser exagerados. Muitos dos antigos problemas persistem, em graus variados. As propinas supostamente ainda são comuns, embora eu não as tenha encontrado por mim mesmo. Meus amigos não comentam sobre os assassinatos em massa de 1965; os mais jovens ainda não haviam nascido e os mais velhos permanecem em silêncio em relação a isso comigo, embora colegas americanos tenham me dito que encontraram muitos indonésios interessados no assunto. Ainda há medo da interferência militar na democracia: quando um político civil derrotou um general na eleição presidencial de 2014, meses aflitivos se passaram antes que ficasse claro que o general não seria bem-sucedido em seus esforços para anular a eleição. Em 2013, um rifle disparado do solo quebrou o para-brisa do helicóptero que eu alugara, enquanto sobrevoávamos a parte indonésia da Nova Guiné. Não tenho certeza se o tiro foi disparado por guerrilheiros papuásios em sua luta pela independência ou pelos próprios soldados indonésios fingindo manter atividades de guerrilha a fim de justificar a repressão.

Minha observação pessoal remanescente requer mais explicações. Entre as nações discutidas neste livro, a Indonésia possui a mais curta história nacional e a maior diversidade linguística e, inicialmente, foi a única nação em sério risco de desintegração territorial. A ex-colônia das Índias Orientais Holandesas poderia ter se dissolvido em vários Estados-nação, assim como a ex-colônia francesa da Indochina se dissolveu no Vietnã, Camboja e Laos. Essa dissolução era, evidentemente, a intenção dos holandeses quando tentaram estabelecer Estados federativos separados no interior de sua colônia no fim da década de 1940, com o objetivo de minar a nascente e unificada República da Indonésia.

Mas a Indonésia não se fragmentou. Ela construiu do zero e com rapidez surpreendente um senso de identidade nacional. Esse senso se desenvolveu espontaneamente e se fortaleceu por meio de esforços conscientes do governo. Uma de suas bases é o orgulho pela revolução de 1945-1949, e pela saída do poder holandês. O governo reforçou esse senso de orgulho espontâneo contando a história do período, com considerável justificativa, como um conflito heroico pela independência nacional, assim como as escolas americanas contam a história de nossa própria revolução para todas as crianças. Os indonésios sentem orgulho de sua vasta extensão territorial, expressa na canção nacional "Dari Sabang sampai Merauke" ("De Sabang a Merauke", as extremidades oeste e leste da Indonésia, separadas por 5.470 quilômetros). Outra base da identidade nacional é a rápida adoção da fácil e maravilhosamente flexível Bahasa Indonesia como *a* língua nacional, coexistindo com setecentas línguas locais.

Além dessas raízes subjacentes da identidade nacional, o governo continua a tentar reforçá-la enfatizando o sistema de cinco pontos chamado Pancasila e realizando cerimônias anuais que relembram os sete generais assassinados no Monumento Pancasila, em Jacarta. Mas, a despeito de ter ficado em muitos hotéis desde meu retorno em 2012, não vi outra exibição parecida com o relato do "golpe comunista" que me recebeu no lobby daquele primeiro hotel em 1979. Os indonésios agora se sentem suficientemente seguros de sua identidade nacional para não precisarem reforçá-la com relatos enganosos sobre um "golpe comunista". Para mim, como visitante, o aprofundamento desse senso de identidade nacional foi uma das maiores mudanças percebidas no país.

Mapa da Alemanha

CAPÍTULO 6

RECONSTRUINDO A ALEMANHA

Alemanha em 1945 — 1945 a 1961 — Julgamentos
alemães — 1968 — Consequências de 1968 — Brandt e a
reunificação — Restrições geográficas — Autopiedade?
— Líderes e realismo — Estrutura da crise

A rendição da Alemanha em 7 e 8 de maio de 1945 marcou o fim da Segunda Guerra Mundial na Europa. Eis a situação alemã naquela data.

Os líderes nazistas Hitler, Goebbels, Himmler e Bormann haviam
cometido ou estavam prestes a cometer suicídio. Os exércitos alemães,
após conquistar a maior parte da Europa, haviam sido rechaçados e derrotados. Cerca de 7 milhões de alemães haviam sido mortos, incluindo
soldados, civis atingidos por bombas ou civis refugiados mortos enquanto
fugiam, particularmente dos exércitos soviéticos que avançavam pelo leste
vingando-se das atrocidades que os militares alemães haviam feito aos
civis soviéticos.

Dezenas de milhões de alemães que sobreviveram ficaram traumatizados pelos severos bombardeios (ver figura 6.1 do encarte). Praticamente todas as principais cidades alemãs haviam sido reduzidas a

escombros, em virtude dos bombardeios e combates (ver figura 6.2 do encarte). Entre um quarto e metade das residências de todas as cidades alemãs fora destruído.

Um quarto do antigo território alemão foi perdido para a Polônia e a União Soviética. O que permaneceu foi dividido em quatro zonas de ocupação que acabariam se tornando dois países separados.

Cerca de 10 milhões de alemães eram refugiados e estavam desabrigados. Milhões procuravam por familiares desaparecidos, alguns dos quais ressurgiram miraculosamente anos depois. Mas a maioria jamais apareceu e, em relação a muitos deles, o tempo, o local e as circunstâncias da morte permanecerão desconhecidos para sempre. Meu primeiro professor de alemão, que vivia no exílio em 1954, mencionara ter um filho. Quando ingenuamente perguntei a respeito, ele explodiu de dor: "Eles o levaram embora e jamais ouvi falar dele novamente!" Quando conheci meu professor, ele e a esposa viviam naquela incerteza havia dez anos. Dois outros amigos foram mais "afortunados": um soube da morte provável do pai "somente" um ano após deixar de ter notícias dele e outro soube da morte do irmão após três anos.

Em 1945, a economia alemã entrou em colapso. A moeda rapidamente perdia valor em função da inflação. O povo alemão passara por doze anos de programação nazista. Praticamente todos os oficiais governamentais e juízes haviam sido nazistas convictos ou cúmplices, porque haviam feito um juramento pessoal de lealdade a Hitler a fim de manter o emprego público. A sociedade alemã era autoritária.

Hoje, a Alemanha é uma democracia liberal. Sua economia é a quarta maior do mundo e uma das líderes mundiais em exportação. A Alemanha é o mais poderoso país da Europa a oeste da Rússia. Estabeleceu sua própria moeda estável (o marco alemão) e, em seguida, teve papel de liderança na criação de uma moeda comum (o euro) e da União Europeia, que a uniu pacificamente aos países que atacara tão recentemente. Em grande medida, a Alemanha lidou com seu passado nazista. A sociedade alemã é muito menos autoritária do que era antes.

O que aconteceu entre maio de 1945 e hoje para produzir essas mudanças? Fui à Alemanha pela primeira vez em 1959, vivi lá durante a maior parte de 1961 e retornei frequentemente para visitas desde então. Discutirei agora as cinco mudanças que presenciei na Alemanha do pós--guerra. Duas delas (a divisão e a recuperação econômica da Alemanha Ocidental) estavam quase completas quando fui morar lá; duas outras (alemães enfrentando os legados do nazismo, e as mudanças sociais) ainda estavam ocorrendo, mas em ritmo acelerado; e uma (a reunificação) ocorreu somente décadas depois e parecia totalmente inconcebível para mim e para meus amigos alemães em 1961. Da perspectiva da estrutura de crise e mudança deste livro, a Alemanha representa um caso extremo em muitos aspectos, incluindo suas restrições geopolíticas e o papel de líderes distintivos, para o bem e para o mal. Acima de tudo, representa um extremo na magnitude da crise que enfrentou. O Japão Meiji foi meramente ameaçado por um ataque; a Finlândia e a Austrália foram atacadas, mas permaneceram não ocupadas; mas a Alemanha e o Japão em 1945 foram atacados, conquistados, ocupados e muito mais devastados que qualquer outra nação discutida neste livro.

———

Os vitoriosos Aliados da Segunda Guerra Mundial dividiram a Alemanha em quatro zonas de ocupação: americana no sul, francesa no sudoeste, britânica no noroeste e soviética no leste. Embora a capital Berlim ficasse no meio da zona soviética, também foi dividida em setores de ocupação entre as quatro potências, como uma ilha de ocupação não soviética. Em 1948, os soviéticos impuseram um bloqueio terrestre ao acesso americano, britânico e francês a seus enclaves no interior de Berlim, a fim de compelir os três Aliados Ocidentais a abandoná-los. Os Aliados responderam criando a ponte-aérea Berlim e abastecendo a cidade através de transporte aéreo durante quase um ano, até que os soviéticos desistiram do bloqueio em 1949.

Também em 1949, os Aliados uniram suas zonas em uma entidade chamada República Federal da Alemanha, também conhecida como Alemanha Ocidental, ou *Bundesrepublik Deutschland*. A zona soviética se tornou uma entidade separada chamada República Democrática Alemã, também conhecida como Alemanha Oriental, ou pelo acrônimo em alemão DDR. Hoje, a Alemanha Oriental é rotineiramente considerada uma ditadura comunista fracassada que finalmente ruiu e foi absorvida pela Alemanha Ocidental. O termo "República Democrática Alemã" é lembrado como uma grande mentira, assim como o nome "República Popular Democrática da Coreia", que a Coreia do Norte adota hoje. É fácil esquecer que não foi somente a força bruta soviética, mas também o idealismo comunista alemão, que contribuiu para a fundação da Alemanha Oriental, e que numerosos intelectuais alemães *escolheram* se mudar para lá, saídos da Alemanha Ocidental ou do exílio.

Mas, com o tempo, o padrão de vida e a liberdade na Alemanha Oriental ficaram muito atrás da Alemanha Ocidental. Enquanto o auxílio econômico americano jorrava na Alemanha Ocidental, os soviéticos impuseram reparações econômicas em sua zona, desmantelaram e levaram fábricas inteiras para a Rússia e reorganizaram sua agricultura na forma de fazendas coletivas. Cada vez mais, nas duas gerações seguintes até a reunificação em 1990, a Alemanha Oriental se mostrou incapaz de adquirir a motivação, tida pelas pessoas nas democracias ocidentais, para trabalhar duro a fim de melhorar as condições de vida.

Como resultado, os alemães orientais começaram a fugir para o Ocidente. Consequentemente, em 1952, a Alemanha Oriental fechou suas fronteiras com o Ocidente, mas os alemães orientais ainda podiam fugir passando de Berlim Oriental para Berlim Ocidental e de lá voando para a Alemanha Ocidental. O sistema público de transporte do pré-guerra (U-Bahn e S-Bahn) incluía linhas que conectavam Berlim Oriental e Ocidental, de modo que qualquer um do lado oriental podia passar para o lado ocidental apenas embarcando em um trem.

Quando visitei Berlim pela primeira vez, em 1960, fiz como os outros turistas ocidentais e peguei o U-Bahn para visitar Berlim Oriental e retornar a Berlim Ocidental.

Em 1953, a insatisfação na Alemanha Oriental gerou uma greve que se transformou em rebelião, esmagada pelas tropas soviéticas. Alemães orientais insatisfeitos continuaram a fugir para o Ocidente através do sistema de transporte público de Berlim. Finalmente, na noite de 13 de agosto de 1961, enquanto eu morava na Alemanha, o regime da Alemanha Oriental subitamente fechou as estações de U-Bahn de Berlim Oriental e construiu um muro entre Berlim Oriental e Berlim Ocidental, patrulhado por guardas de fronteira que atiravam e matavam as pessoas que tentavam pulá-lo (ver figura 6.3 do encarte). Eu me lembro da descrença, do choque e da raiva de meus amigos alemães ocidentais na manhã após a construção do muro. Os alemães orientais justificaram a construção alegando que o muro tinha a função de proteger a Alemanha Oriental de infiltrados e criminosos da Alemanha Ocidental, em vez de admitir que seu objetivo era evitar que os alemães orientais insatisfeitos fugissem para o Ocidente. Os Aliados Ocidentais não ousaram derrubar o muro, porque sabiam que nada podiam fazer por uma Berlim Ocidental cercada pela Alemanha Oriental e por soldados russos.

Desse momento em diante, a Alemanha Oriental permaneceu um Estado separado de onde não havia possibilidade de fugir sem grande probabilidade de morrer na fronteira. (Mais de mil alemães morreram tentando.) Não havia esperança realista de reunificação, dada a polarização entre a União Soviética e o bloco comunista do Leste Europeu, de um lado, e os Estados Unidos e a Europa Ocidental, do outro. Era como se os Estados Unidos fossem divididos pelo rio Mississippi, com um leste comunista de um lado e um oeste democrático do outro, sem perspectiva de reunificação no futuro próximo.

Quanto à Alemanha Ocidental logo após a Segunda Guerra Mundial, uma política considerada pelos Aliados Ocidentais foi evitar que ela reconstruísse suas indústrias, forçar sua economia a voltar a depender somente da agricultura, sob o Plano Morgenthau, e cobrar reparações de guerra, como os Aliados haviam feito após a Primeira Guerra Mundial e os soviéticos estavam fazendo na Alemanha Oriental. Essa estratégia surgiu da disseminada visão dos Aliados de que a Alemanha fora responsável não somente por instigar a Segunda Guerra Mundial, sob Hitler (como é amplamente aceito), mas também por instigar a Primeira Guerra Mundial, sob o kaiser Guilherme II (uma questão histórica muito debatida), e que permitir que ela se reindustrializasse levaria a uma nova guerra mundial.

O que fez os Aliados mudarem de ideia foi a evolução da Guerra Fria e a resultante percepção de que o risco real de outra guerra não vinha da Alemanha, mas da União Soviética. Como expliquei no capítulo 4 em relação à política americana no Chile, esse medo foi o principal motivador da política externa americana nas décadas após a Segunda Guerra Mundial. As tomadas comunistas de todos os países do Leste Europeu já ocupados por tropas soviéticas; a aquisição soviética de bombas atômicas e bombas de hidrogênio; a tentativa soviética, em 1948-1949, de bloquear e estrangular o enclave ocidental em Berlim; e a força dos partidos comunistas mesmo em algumas democracias europeias ocidentais (especialmente a Itália) fizeram com que a Europa Ocidental parecesse o local mais provável para que a Guerra Fria explodisse em uma nova guerra mundial. Ainda em 1961, quando eu estava prestes a me mudar para a Alemanha, meu pai (americano) me aconselhou, com toda seriedade, a estar pronto para fugir para um refúgio seguro na Suíça ao primeiro sinal de perigo na Europa.

Dessa perspectiva, a Alemanha Ocidental, localizada no centro da Europa e fazendo fronteira com as comunistas Alemanha Oriental e Tchecoslováquia, era crucial para a liberdade da Europa Ocidental. Os Aliados Ocidentais precisavam que ela fosse forte novamente, como um baluarte contra o comunismo. Os outros motivos para desejarem que a nação se fortalecesse eram reduzir o risco de que uma Alemanha fraca e frustrada voltasse a desandar novamente para o extremismo político (como ocorrera durante a Primeira Guerra Mundial) e diminuir o custo econômico de alimentá-la e auxiliá-la economicamente.

Após 1945, foram necessários vários anos, durante os quais a Alemanha Ocidental continuou a se deteriorar economicamente, para que essa mudança de opinião amadurecesse entre os Aliados Ocidentais. Finalmente, em 1948, os Estados Unidos começaram a estender à Alemanha Ocidental o auxílio econômico do Plano Marshall, já fornecido a outros países da Europa Ocidental em 1947. Simultaneamente, a Alemanha Ocidental substituiu sua fraca e inflacionada moeda por uma nova, o marco alemão. Quando os Aliados Ocidentais uniram suas zonas de ocupação, criando uma única Alemanha Ocidental, mantiveram o poder de veto sobre sua legislação. Todavia, o primeiro chanceler da Alemanha Ocidental, Konrad Adenauer, provou-se habilidoso ao explorar os temores americanos de um ataque comunista a fim de obter a aquiescência para delegar cada vez mais autoridade ao país e menos aos Aliados. O ministro da Economia de Adenauer, Ludwig Erhard, instituiu políticas modificadas de livre mercado e utilizou o auxílio do Plano Marshall para alimentar uma recuperação econômica espetacularmente bem-sucedida que ficou conhecida como *Wirtschaftswunder*, ou "milagre econômico". O racionamento foi abolido, a produção industrial e os padrões de vida se elevaram e o sonho de poder comprar um carro e uma casa se tornou realidade para os alemães ocidentais.

Quando me mudei da Grã-Bretanha para a Alemanha Ocidental, ela já dava a sensação de ser mais próspera e estar mais satisfeita do que a Grã--Bretanha. Note a ironia, frequentemente comentada com amargura por meus amigos britânicos: a *Alemanha* perdera e a *Grã-Bretanha* vencera a Segunda Guerra Mundial, mas fora a Alemanha Ocidental, e não a Grã--Bretanha, quem passara por um milagre econômico. Politicamente, em 1955 a Alemanha Ocidental resgatara sua soberania e a ocupação militar

Aliada chegara ao fim. Depois que os Aliados lutaram em duas guerras mundiais para derrotar e desarmar a Alemanha, a Alemanha Ocidental começou a se rearmar e a reconstruir seu exército, não por iniciativa própria, mas (inacreditavelmente!) por incentivo ocidental e contra os votos do próprio Parlamento alemão, a fim de partilhar o fardo de defender a Europa Ocidental. Da perspectiva de 1945, isso representava a mais surpreendente mudança nas políticas americana, britânica e francesa em relação à Alemanha.

A economia da Alemanha Ocidental fora caracterizada por relações trabalhistas relativamente boas, greves pouco frequentes e condições flexíveis de emprego. Empregadores e empregados concordavam tacitamente que não haveria greves, os negócios prosperariam e os empregadores partilhariam com os empregados a prosperidade resultante. A indústria alemã desenvolveu um sistema de estágio que existe até hoje, no qual jovens se tornam aprendizes de empresas que pagam para que eles aprendam o ofício. No fim do estágio, eles são contratados naquela empresa. Hoje, a Alemanha é a maior economia da Europa.

———

Após o fim da Segunda Guerra Mundial, os Aliados julgaram em Nuremberg por crimes de guerra os 24 principais líderes nazistas sobreviventes. Dez foram condenados à morte, dos quais os de patente mais alta eram o ministro do Exterior Joachim von Ribbentrop e o chefe da Luftwaffe, Hermann Göring. (Que conseguiu cometer suicídio usando veneno na noite da véspera de sua execução.) Sete outros receberam sentenças perpétuas ou de longos anos na prisão. O tribunal de Nuremberg também julgou e sentenciou numerosos nazistas de baixo escalão a períodos mais curtos na prisão. Os Aliados submeteram um número muito maior de alemães aos procedimentos de "desnazificação", que consistia em examinar seu passado nazista e reeducá-los.

Mas os julgamentos de Nuremberg e os procedimentos de desnazifi-cação não apagaram os legados do nazismo. Milhões de alemães de baixo escalão que haviam sido nazistas convictos ou seguido ordens não foram julgados. Como os julgamentos foram conduzidos pelos Aliados, e não pelos alemães, não envolveram alemães assumindo a responsabilidade por ações alemãs. Na Alemanha, os julgamentos foram desprezados como *Siegerjustiz*: mera vingança dos vencedores contra os vencidos. O próprio sistema judiciário da Alemanha Ocidental realizou outros julgamentos, mas seu escopo foi inicialmente limitado.

Um problema prático tanto para os Aliados quanto para os próprios alemães no desenvolvimento de um governo pós-guerra funcional foi que qualquer governo requer funcionários experientes. Mas, em 1945, a vasta maioria dos alemães experientes nas funções de governo ad-quirira essa experiência sob o nazismo, o que significava que todos os potenciais oficiais do governo no pós-guerra (incluindo os juízes) eram nazistas convictos ou pelo menos colaboradores. As únicas exceções eram os que haviam partido para o exílio ou sido enviados para campos de concentração, onde não puderam adquirir experiência de governo. O primeiro chanceler após a guerra, por exemplo, foi Konrad Adenauer, um não nazista que os nazistas haviam expulsado do cargo de prefeito de Colônia. Sua política ao se tornar chanceler foi descrita como "anis-tia e integração", que era um eufemismo para não perguntar a nenhum alemão o que ele fizera durante a era nazista. Em vez disso, o foco do governo foi totalmente para as urgentes tarefas de alimentar e abrigar dezenas de milhões de alemães subnutridos e desabrigados, reconstruir as cidades bombardeadas e a economia arruinada e restabelecer o governo democrático após doze anos de domínio nazista.

Como resultado, a maioria dos alemães passou a adotar a visão de que os crimes nazistas cabiam a apenas um minúsculo grupo de líderes do mal, que a vasta maioria dos alemães era inocente, que os soldados comuns que haviam lutado heroicamente contra os soviéticos não tinham culpa nenhuma e que (em meados dos anos 1950) já não havia qualquer investigação importante sobre os crimes nazistas a ser realizada. O que também contribuiu para a falha do governo da Alemanha Ocidental em julgar os nazistas foi a presença disseminada de ex-nazistas entre os próprios promotores do governo pós-guerra: 33 dos 47 oficiais do gabinete de crimes federais (*Bundeskriminalamt*) e muitos membros do serviço de inteligência da Alemanha Ocidental haviam sido líderes da fanática organização nazista SS. Durante minha estadia na Alemanha em 1961, ocasionalmente ouvi defesas da era nazista feita por alemães mais velhos que tinham 30 ou 40 anos naquela época, que eu conhecia bem e que falavam comigo em caráter privado. Por exemplo, o marido de uma musicista com quem eu tocava sonatas para violoncelo e piano me explicou que o suposto extermínio de milhões de judeus era matematicamente impossível e a maior mentira já contada. Outra amiga alemã mais idosa pôs um discurso gravado de Hitler para que eu ouvisse, e ela ouviu com uma mistura de prazer e diversão.

Em 1958, os secretários de Justiça de todos os estados da Alemanha Ocidental criaram um escritório central para coordenar seus esforços para punir crimes nazistas cometidos em qualquer lugar, dentro ou fora do território alemão. A principal figura nesses processos era um advogado judeu alemão chamado Fritz Bauer, que fora membro do antinazista Partido Social Democrata e fora compelido a fugir para a Dinamarca em 1935. Ele começou a investigar esses casos assim que retornou à Alemanha em 1949. De 1956 até sua morte em 1969, trabalhou como promotor-chefe do estado de Hessen. O princípio central de sua carreira foi que os alemães deviam julgar a si mesmos. Isso significava levar a julgamento pessoas comuns, e não apenas os líderes acusados pelos Aliados.

Bauer ficou famoso pelo que ficou conhecido na Alemanha como os julgamentos de Auschwitz, nos quais acusou alemães de baixa patente que foram ativos em Auschwitz, o maior dos campos de extermínio nazistas.

Os acusados consistiam em oficiais subalternos, como gerentes de rouparia, farmacêuticos e médicos. Então ele acusou policiais nazistas de baixa patente; juízes que haviam proferido sentenças de morte ou sentenças prejudiciais para judeus e líderes da resistência; nazistas que haviam perseguido empresários judeus; os envolvidos na eutanásia nazista, incluindo médicos, juízes e outros; oficiais do ministério do Exterior; e, o que foi mais perturbador para o povo alemão, soldados culpados de atrocidades, particularmente na frente leste — e foi perturbador devido à disseminada crença de que as atrocidades foram cometidas por grupos fanáticos como a SS, mas não por soldados comuns.

Além desses processos, Bauer tentou rastrear os mais importantes e cruéis nazistas que haviam desaparecido após a guerra: o assistente de Hitler, Martin Bormann; o médico do campo de concentração de Auschwitz, Josef Mengele, que fizera experimentos médicos nos prisioneiros; e Adolf Eichmann, que organizara o arrebanhamento dos judeus. Bauer não conseguiu rastrear Mengele, que morreu no Brasil em 1979, ou Bormann, que mais tarde se descobriu ter cometido suicídio em 1945, quase ao mesmo tempo que Hitler.

Mas recebeu informações sobre a localização de Eichmann, que fugira para a Argentina. Bauer concluiu que não podia passar essa informação ao serviço secreto alemão, pois temia que avisassem Eichmann e permitissem sua fuga. Em vez disso, deu a informação de seu paradeiro ao serviço secreto israelense, que sequestrou Eichmann na Argentina, o enviou às escondidas para Israel em um avião da El Al, realizou um julgamento público e o enforcou, em um procedimento que atraiu a atenção mundial não somente para Eichmann, mas para todo o tema da responsabilidade individual pelos crimes nazistas.

Os processos de Bauer atraíram muita atenção na Alemanha. Mais do que qualquer outra coisa, eles revelaram aos alemães da década de 1960 o que os alemães das décadas de 1930 e 1940 haviam feito durante a era nazista. Todos os réus nazistas processados por Bauer tendiam a oferecer o mesmo conjunto de desculpas: eu estava apenas seguindo ordens; estava me conformando aos padrões e leis de minha sociedade naquela época; não fui o responsável pelo assassinato daquelas pessoas; só organizei o transporte ferroviário dos judeus para os campos de extermínio; era apenas farmacêutico ou guarda em Auschwitz; não assassinei ninguém pessoalmente; estava cego pela crença na autoridade e na ideologia proclamada pelo governo nazista, o que me tornou incapaz de reconhecer que o que estava fazendo era errado.

A resposta de Bauer, que a expressou vezes sem conta em julgamentos e em público, era a seguinte: Os alemães que estava processando haviam cometido crimes contra a humanidade. As leis do Estado nazista eram ilegítimas. Ninguém podia defender suas ações dizendo estar obedecendo àquelas leis. Não havia lei que pudesse justificar crimes contra a humanidade. Todos devem possuir seu próprio senso de certo e errado e obedecer a ele, independentemente do que diz o governo estatal. Qualquer um que tivesse tomado parte do que Bauer chamava de máquina de assassinatos, como o aparato de extermínio de Auschwitz, tornava-se culpado de um crime. Além disso, ficou claro que muitos dos réus que levou a julgamento, e que deram a desculpa de só terem feito o que fizeram porque foram forçados, haviam agido não por coação, mas pelas próprias convicções.

Na realidade, muitas, talvez a maioria, das acusações de Bauer falharam: os réus muitas vezes eram inocentados pelos tribunais mesmo na década de 1960. O próprio Bauer frequentemente era alvo de ataques verbais e ameaças de morte. A importância de seu trabalho foi que ele, um alemão, em tribunais alemães, demonstrou várias vezes ao público alemão, em excruciantes detalhes, as crenças e ações dos alemães durante a era nazista. As maldades nazistas não haviam sido apenas obra de alguns poucos líderes cruéis. Em vez disso, massas de soldados e oficiais comuns, incluindo muitos que agora eram membros importantes do governo da Alemanha Ocidental, haviam cumprido as ordens nazistas e, consequentemente, eram culpados de crimes contra a humanidade. Os esforços de Bauer formaram um pano de fundo essencial às revoltas estudantis alemãs de 1968, que serão discutidas mais adiante.

A mudança nas visões alemãs sobre a era nazista depois que morei na Alemanha ficou brutalmente clara para mim 21 anos depois, em 1982. Naquele ano eu e minha esposa Marie passamos férias na Alemanha. Conforme dirigíamos pela autobahn e nos aproximávamos de Munique, uma placa indicava uma saída para um subúrbio chamado Dachau, local de um antigo campo de concentração nazista (acrônimo alemão KZ), que os alemães haviam convertido em museu. Nenhum de nós visitara previamente um KZ. Mas não previmos que uma "mera" exposição de museu pudesse nos afetar, afinal, já sabíamos sobre os KZ através das histórias dos pais de Marie (sobreviventes de KZ) e dos cinejornais de minha infância. Tampouco esperávamos ser afetados pela maneira como os alemães explicavam (ou tentavam explicar) seus próprios campos.

Nossa visita a Dachau foi uma experiência arrasadora, ao menos tão poderosa quanto nossa subsequente visita ao maior e muito mais notório campo de Auschwitz, que também é uma exposição, mas não uma exposição alemã, porque fica na Polônia. Fotografias e textos em alemão descreviam vividamente e explicavam Dachau KZ e seu contexto: a ascensão nazista ao poder em 1933, a perseguição nazista aos judeus e aos alemães não nazistas durante a década de 1930, os passos de Hitler em direção à guerra e a operação do próprio Dachau KZ e do restante do sistema nazista de campos. Longe de isentar os alemães da responsabilidade, a exposição exemplificava o lema de Fritz Bauer: "alemães julgando a si mesmos."

O que minha esposa e eu vimos em Dachau é parte do que todas as crianças alemãs viram de 1970 em diante. Na escola, aprendem detalhadamente sobre as atrocidades nazistas e muitas são levadas em excursões escolares até antigos KZs que, como Dachau, foram transformados em exposições. Tal enfrentamento nacional dos crimes do passado não deve ser tomado levianamente. Na verdade, não conheço nenhum outro país que assuma a responsabilidade de modo tão sério quanto a Alemanha. As crianças indonésias nada aprendem sobre os assassinatos em massa de 1965 (capítulo 5); jovens japoneses que conheço me disseram nada ter aprendido sobre os crimes de guerra de seu país (capítulo 8); e não é política nacional nos Estados Unidos que as crianças conheçam os sombrios detalhes dos crimes de guerra americanos no Vietnã, contra nativos americanos e contra escravos africanos. Em 1961, eu vira muito menos reconhecimento alemão do passado sombrio da nação. Na medida em que se pode considerar um único ano o divisor de águas para a Alemanha nesse aspecto, esse ano foi — como agora veremos — 1968.

————

Revoltas e protestos, especialmente de estudantes, espalharam-se por grande parte do mundo livre na década de 1960. Começaram nos Estados Unidos, com o Movimento pelos Direitos Civis; protestos contra a Guerra do Vietnã; o Movimento pela Livre Expressão da Universidade da Califórnia, em Berkeley; e o movimento chamado Estudantes por uma Sociedade Democrática. Protestos estudantis também se disseminaram na França, na Grã-Bretanha, no Japão, na Itália e na Alemanha. Em todos esses países, assim como nos Estados Unidos, representaram parcialmente a revolta da geração mais jovem contra a geração mais velha. Mas esse conflito de gerações assumiu uma forma particularmente violenta na Alemanha, por duas razões. Primeira, o envolvimento nazista da geração mais velha de alemães significava que o abismo entre a geração mais nova e a mais velha era muito mais profundo do que nos Estados Unidos. Segunda, as atitudes autoritárias da sociedade alemã tradicional faziam que com a geração mais velha e a geração mais jovem fossem especificamente desdenhosas uma em relação à outra. Embora os protestos que levaram à liberalização tivessem crescido na Alemanha durante toda a década de 1960, as coisas explodiram em 1968 (ver figura 6.4 do encarte). Por que em 1968?

Não somente na Alemanha, mas também nos Estados Unidos, diferentes gerações possuem diferentes experiências e adquirem diferentes nomes. Nos Estados Unidos, falamos sobre gerações definidas de modo amplo: *baby boomers*, geração X, *millennials* e assim por diante. Mas essas mudanças de ano para ano foram mais rápidas e profundas na Alemanha do que nos Estados Unidos. Ao conhecer um americano e trocar histórias de vida, você provavelmente não começará dizendo: "Nasci em 1945, e saber disso o ajudará a imaginar muita coisa sobre minha vida e minhas atitudes, sem que eu tenha de dizer." Mas os alemães podem iniciar uma conversa dizendo *"Ich bin Jahrgang 1945"*, o que significa "Meu ano de nascimento é 1945". Isso porque todos os alemães sabem que seus compatriotas passaram por experiências de vida muito diferentes, dependendo de quando nasceram e cresceram.

Bons exemplos são as experiências dos amigos alemães de minha idade, nascidos por volta de 1937. Nenhum deles cresceu tendo o que americanos ou alemães modernos mais jovens reconheceriam como vidas normais. Coisas ruins aconteceram a todos eles quando eram crianças, em função da guerra. Entre meus seis amigos alemães mais próximos nascidos por volta de 1937, uma ficou órfã quando o pai, que era soldado, foi morto; um viu à distância o distrito onde o pai vivia ser bombardeado, embora o pai tenha sobrevivido; uma esteve separada do pai entre 1 e 11 anos de idade, porque ele era prisioneiro de guerra; um perdeu os dois irmãos mais velhos na guerra; um passou as noites da infância dormindo debaixo de uma ponte, porque sua cidade era bombardeada todas as noites e não era seguro dormir dentro de casa; e um era enviado pela mãe todos os dias para roubar carvão do pátio de uma ferrovia, a fim de que pudessem se aquecer. Assim, meus amigos de *Jahrgang* 1937 são velhos o bastante para terem sido traumatizados pelas memórias da guerra, pelo caos e pela pobreza que se seguiram e pelo fechamento das escolas. Mas não são velhos o bastante para terem tido visões nazistas instiladas neles pela organização da juventude nazista chamada Hitler Jugend. A maioria era jovem demais para ter sido convocada para o novo Exército da Alemanha Ocidental criado em 1955; *Jahrgang* 1937 foi o último a não ser convocado naquele recrutamento.

Esses fatos sobre as diferentes experiências de alemães nascidos em diferentes anos ajudam a explicar por que a Alemanha experimentou uma violenta revolta estudantil no ano de 1968. Na média, os manifestantes de 1968 haviam nascido por volta de 1945, logo no fim da guerra. Eram jovens demais para terem sido criados como nazistas, terem experimentado a guerra ou se lembrarem dos anos de caos e pobreza que se seguiram. Eles cresceram, na maior parte dos casos, após a recuperação econômica, em tempos economicamente confortáveis. Não lutavam para sobreviver e tinham suficiente tempo livre e segurança para se dedicarem aos protestos. Em 1968, estavam na casa dos 20 anos. Haviam sido adolescentes durante a década de 1950 e o início da década de 1960, quando Fritz Bauer revelou os crimes nazistas de alemães comuns da geração de seus pais. Os pais dos manifestantes nascidos em 1945 teriam nascido, na maior parte dos casos, entre 1905 e 1925. Isso significava que eram vistos pelos filhos como alemães que haviam votado em Hitler, obedecido a Hitler, lutado por Hitler ou sido doutrinados nas crenças nazistas pelas organizações escolares da Hitler Jugend.

Todos os adolescentes tendem a criticar e desafiar os pais. Quando Fritz Bauer publicou suas descobertas na década de 1960, a maioria dos pais dos jovens nascidos em 1945 não falava sobre os tempos nazistas, retraindo-se em seu mundo de trabalho e milagre econômico do pós--guerra. Se um filho perguntasse: "Mãe, pai, o que *vocês* fizeram durante a era nazista?", esses pais dariam respostas similares às dos alemães mais velhos que se mostraram dispostos a conversar comigo em 1961: "Você, meu jovem, não tem ideia do que é viver em um Estado totalitário, onde não é possível agir de acordo com suas crenças." É claro que essa desculpa não satisfazia aos jovens.

O resultado foi que os alemães de *Jahrgang* em torno de 1945 desmereceram seus pais e a geração de seus pais como nazistas. Isso ajuda a explicar por que os protestos estudantis também assumiram uma forma mais violenta na Itália e no Japão, os outros dois países agressores da Segunda Guerra Mundial. Em contraste, nos Estados Unidos, os pais dos americanos nascidos em 1945 não são vistos como criminosos por terem lutado na Segunda Guerra Mundial, mas sim como heróis. Isso não significa que os adolescentes americanos da década de 1960 criticaram menos seus pais do que os adolescentes de qualquer outro lugar; significa somente que não podiam desmerecer seus pais como criminosos de guerra.

Amplamente lembrado como momento simbólico de 1968 na Alemanha foi um ato de uma jovem alemã não judia chamada Beate Klarsfeld (vários anos mais velha do que *Jahrgang* 1945), casada com um judeu cujo pai morrera nas câmaras de gás de Auschwitz. Em 7 de novembro de 1968, ela gritou "nazista!" para o chanceler Kurt Kiesinger, da Alemanha Ocidental, e o estapeou no rosto, porque ele fora membro do Partido Nazista. Mas, embora a cumplicidade dos pais nos crimes nazistas tenha tornado os alemães nascidos por volta de 1945 particularmente inclinados a desprezá-los, o passado nazista em si não foi a única causa dos protestos em 1968. Os protestos dos estudantes alemães eram similares aos dos estudantes e hippies americanos de 1968: contra a Guerra do Vietnã, a autoridade, a vida burguesa, o capitalismo, o imperialismo e a moralidade tradicional. Os alemães de 1968 comparavam a sociedade capitalista da época ao fascismo, ao passo que os conservadores mais velhos viam os jovens e violentos rebeldes esquerdistas como "filhos de Hitler", uma reencarnação das organizações nazistas violentamente fanáticas SA e SS. Muitos dos rebeldes eram extremistas de esquerda; alguns chegaram a se mudar para a Alemanha Oriental, o que lhes permitiu enviar dinheiro e documentos para os simpatizantes na Alemanha Ocidental. Os alemães ocidentais mais velhos responderam dizendo aos rebeldes: "Muito bem, vão para a Alemanha Oriental se não gostam daqui!"

Os estudantes radicais alemães de 1968 lançaram mão da violência muito mais do que os estudantes radicais americanos contemporâneos. Alguns foram para a Palestina a fim de receber treinamento em terrorismo. O mais conhecido desses grupos terroristas alemães chamava a si mesmo de Rote Armee Fraktion, Fração do Exército Vermelho (acrônimo RAF), também conhecido como gangue Baader-Meinhof em função de dois de seus líderes (Ulrike Meinhof e Andreas Baader), que se tornaram especialmente notórios. Os terroristas começaram incendiando lojas e depois passaram para sequestros, bombas e assassinatos. Ao longo dos anos, entre as vítimas que sequestraram ou assassinaram havia líderes do *establishment* alemão, como o presidente do Supremo Tribunal de Berlim Ocidental, um candidato a prefeito de Berlim Ocidental, o procurador federal, o chefe do Deutsche Bank e o líder da Associação de Trabalhadores da Alemanha Ocidental. Como resultado, até mesmo a maioria dos esquerdistas se sentiu cada vez mais ameaçada pela violência da esquerda radical e retirou seu apoio. O terrorismo na Alemanha Ocidental aumentou a partir de 1971, chegando ao ápice em 1977, quando Andreas Baader e dois outros líderes da RAF cometeram suicídio na prisão após o fracasso de um atentado para libertar terroristas aprisionados por terem sequestrado um avião da Lufthansa. Duas ondas de terrorismo se seguiram, até que a RAF anunciou, em 1998, que se dissolvera.

———

A revolta estudantil alemã de 1968 às vezes é descrita como um "fracasso bem-sucedido". Ou seja, embora os estudantes extremistas tenham fracassado em substituir o capitalismo por um sistema econômico diferente e em derrubar o governo democrático, conseguiram alguns de seus objetivos indiretamente, porque partes de sua agenda foram cooptadas pelo governo e muitas de suas ideias foram adotadas pela sociedade tradicional. Em troca, alguns dos radicais de 1968 mais tarde ascenderam a posições políticas de liderança no Partido Verde, como Joschka Fischer, que, após ser um ativo radical atirador de pedras, passou a gostar de ternos e vinhos finos e se tornou ministro do Exterior e vice-chanceler da Alemanha Ocidental.

A sociedade tradicional alemã fora política e socialmente autoritária. Essas qualidades, já presentes muito antes de Hitler, foram explicitadas na sociedade nazista por sua ênfase no *Führerprinzip*, literalmente, "princípio da liderança". Não somente Hitler era oficialmente conhecido como *Führer*, ao qual todos os alemães juraram obediência política incondicional, como, sob o nazismo, a obediência social e política aos líderes era esperada em outras esferas e níveis da vida alemã.

Embora a esmagadora derrota da Alemanha na Segunda Guerra Mundial tenha desacreditado o Estado autoritário, as antigas elites e seu modo de pensar permaneceram vivos após a guerra. Eis alguns exemplos não políticos que encontrei durante minha estada na Alemanha em 1961. O espancamento de crianças era disseminado na época, não apenas permitido, mas com frequência considerado obrigatório para os pais. Trabalhei em um instituto de pesquisa científica cujo diretor tomava completamente sozinho as decisões que controlavam as carreiras dos 120 cientistas que lá trabalhavam. Para obter um cargo de ensino em uma universidade, por exemplo, era preciso uma graduação superior ao Ph.D. chamada de "habilitação". Mas o diretor só permitia que um de seus 120 cientistas fosse "habilitado" por ano, e escolhia quem. Por toda parte — nas ruas, nos gramados, nas escolas, em edifícios públicos e privados —, havia placas dizendo o que era proibido (*verboten*) e instruindo como as pessoas deviam ou não se comportar. Certa manhã, um de meus colegas chegou ao trabalho lívido, porque na noite anterior chegara em casa e encontrara o gramado em frente a seu prédio, que servia como área de jogos das crianças, cercado por arame farpado (indelevelmente associado aos campos de concentração). Quando meu amigo confrontara o síndico, ele se mostrara incontrito: "É proibido pisar na grama (*Betreten des Rasens verboten*), mas essas crianças mimadas (*verwöhnte Kinder*) fazem isso o tempo todo, então me senti no direito (*ich fühlte mich berechtigt*) de impedi-las usando arame farpado (*Stacheldraht*)."

Em retrospecto, os comportamentos e atitudes autoritários alemães já começavam a mudar na época de minha visita de 1961. Um exemplo famoso foi o caso Spiegel, de 1962. Quando a revista semanal *Der Spiegel*, que frequentemente criticava o governo nacional, publicou um artigo questionando a força do Exército alemão (*Bundeswehr*), o ministro da Defesa do chanceler Adenauer, Franz Josef Strauss, reagiu com arrogância autoritária, mandando prender os editores da revista e apreendendo seus arquivos por suspeita de traição. O imenso ultraje público resultante forçou o governo a abandonar a medida enérgica e obrigou Strauss a renunciar. Mesmo assim, ele permaneceu poderoso, e foi premiê do estado da Baviera entre 1978 e 1988 e concorreu ao cargo de chanceler em 1980 (foi derrotado).

Após 1968, as já presentes tendências de liberalização se tornaram mais fortes. Em 1969, elas resultaram na derrota do partido conservador que governara a Alemanha ininterruptamente, através de coalizões, durante vinte anos. Hoje, a Alemanha é socialmente muito mais liberal do que em 1961. As crianças já não são espancadas; hoje isso é proibido por lei! As vestimentas são mais informais, os papéis das mulheres são menos desiguais (a exemplo da chanceler Angela Merkel, há muito tempo no poder) e há mais uso do pronome informal *Du* e menos do pronome formal *Sie*, que significam "você".

Mas ainda fico pasmo, mesmo hoje em dia, com todas aquelas placas de *verboten* sempre que visito a Alemanha. Meus amigos alemães com vivência americana consideram a Alemanha de hoje muito menos autoritária do que os Estados Unidos ou, ao contrário, contam histórias de terror sobre o atual comportamento hierárquico alemão. Inversamente, quando pergunto a visitantes americanos na Alemanha se eles acham o país autoritário, recebo uma de duas respostas, dependendo da idade do visitante. Os mais jovens, nascidos na ou após a década de 1970, que não conheceram a Alemanha dos anos 1950, instintivamente a comparam com os Estados Unidos e a veem como autoritária. Os mais velhos, que conheceram a Alemanha no fim da década de 1950, comparam a Alemanha de hoje com a Alemanha daquela época e dizem que ela é muito menos autoritária do que costumava ser. Acho que ambas as comparações são corretas.

———

A aquisição pacífica pelo governo de muitos dos objetivos perseguidos com a violência estudantil de 1968 acelerou sob o chanceler Willy Brandt. Ele nascera em 1913, fora forçado a fugir dos nazistas por causa de suas visões políticas e passara os anos da guerra na Noruega e na Suécia. Em 1969, tornara-se o primeiro chanceler de esquerda da Alemanha Ocidental como líder do Partido SPD, após vinte anos ininterruptos de chanceleres conservadores que pertenciam ao partido de Konrad Adenauer, o CDU. Sob Brandt, a Alemanha iniciou reformas sociais nas quais o governo perseguiu os objetivos estudantis, como tornar o país menos autoritário e promover os direitos das mulheres.

Mas suas maiores realizações foram nas relações exteriores. Sob a anterior liderança conservadora, o governo alemão ocidental se recusara a sequer reconhecer legalmente a existência do governo alemão oriental e insistira que a Alemanha Ocidental era o único representante legítimo do povo alemão. Não tivera relações diplomáticas com qualquer país comunista do Leste Europeu, com exceção da União Soviética. Recusara-se a reconhecer a perda dos territórios a leste dos rios Oder e Neisse: a Prússia Oriental para a União Soviética e o restante para a Polônia.

Brandt adotou uma nova política externa que reverteu todas essas recusas. Ele assinou um tratado com a Alemanha Oriental e estabeleceu relações diplomáticas com a Polônia e outros países do bloco oriental. Reconheceu a Linha Oder-Neisse como fronteira polonesa-alemã, consequentemente aceitando a perda irrevogável de todos os territórios a leste daquela linha, incluindo áreas que haviam pertencido à Alemanha durante muito tempo e sido centrais para sua identidade: a Silésia e partes da Prússia e da Pomerânia. Essa renúncia significou um passo enorme e foi uma pílula inaceitavelmente amarga para o conservador Partido CDU, que anunciou que rejeitaria os tratados se voltasse ao poder nas eleições de 1972. Mas os eleitores endossaram Brandt ao engolir essa pílula amarga, e seu partido venceu as eleições de 1972 por uma maioria ainda mais elevada.

O momento mais dramático da carreira de Brandt ocorreu durante sua visita à capital polonesa, Varsóvia, em 1970. A Polônia fora o país com a mais alta porcentagem da população assassinada durante a Segunda Guerra Mundial. Fora o local dos maiores campos de extermínio nazistas. Tinha boas razões para odiar os alemães como nazistas impenitentes. Em sua ida a Varsóvia em 7 de dezembro de 1970, Brandt visitou o gueto, o local de uma fracassada revolta judaica contra a ocupação nazista em abril e maio de 1943. Na frente da multidão polonesa, Brandt espontaneamente se ajoelhou, reconheceu os milhões de vítimas dos nazistas e pediu perdão pela ditadura de Hitler e pela Segunda Guerra Mundial (ver figura 6.5 do encarte). Mesmo os poloneses que continuavam desconfiando dos alemães reconheceram o comportamento de Brandt como não planejado, sincero e dotado de profundo significado. No mundo cuidadosamente coreografado de hoje, com declarações diplomáticas e destituídas de emoção, o fato de Brandt ter se ajoelhado no gueto de Varsóvia se destaca como pedido sincero e único de desculpas, feito pelo líder de um país ao povo de outro país que sofreu imensamente. Em contraste, pense nos muitos outros líderes que não se ajoelharam nem pediram desculpas: os presidentes americanos aos vietnamitas, os primeiros-ministros japoneses aos coreanos e chineses, Stalin aos poloneses e ucranianos, de Gaulle aos argelinos e outros.

O benefício político do comportamento de Brandt para a Alemanha Ocidental só se manifestou vinte anos após a visita ao gueto e muito depois de Brandt ter renunciado ao cargo de chanceler em 1974. Nas décadas de 1970 e 1980, ainda não havia nada que um chanceler da Alemanha Ocidental pudesse fazer diretamente para promover a reunificação com a Alemanha Oriental. Os dois chanceleres que sucederam Brandt, Helmut Schmidt, do SPD, e Helmut Kohl, do CDU, deram continuação a suas políticas comerciais com a Alemanha Oriental, buscando reconciliação com os países do Leste Europeu e cultivando boas relações pessoais com os líderes dos principais países dos dois lados da Cortina de Ferro. Os Estados Unidos e a Europa Ocidental chegaram à conclusão de que a Alemanha Ocidental se tornara uma democracia e uma aliada confiável. A União Soviética e seus parceiros no bloco oriental chegaram à conclusão de que ela se tornara um valioso parceiro comercial e já não precisava ser temida como ameaça militar ou territorial.

O tratado de Brandt e os acordos subsequentes de Schmidt e Kohl entre as duas Alemanhas permitiram que centenas de milhares de alemães ocidentais visitassem a Alemanha Oriental e um pequeno número de alemães orientais visitasse a Alemanha Ocidental. O comércio entre os dois países cresceu. Cada vez mais, os alemães orientais conseguiram assistir à televisão da Alemanha Ocidental. Isso permitiu que comparassem por si mesmos os cada vez mais altos padrões de vida na Alemanha Ocidental com os cada vez mais baixos padrões de vida na Alemanha Oriental. Dificuldades econômicas e políticas também cresciam na própria União Soviética, que se tornava menos capaz de impor sua vontade aos outros países do bloco oriental. Nesse contexto, o início do fim da Alemanha Oriental esteve completamente fora do controle das duas Alemanhas: em 2 de maio de 1989, a Hungria, um país do bloco oriental separado da Alemanha Oriental ao norte por outro país do mesmo bloco (a Tchecoslováquia), decidiu remover a cerca que a separava a oeste da Áustria, uma democracia ocidental que tinha fronteira com a Alemanha Ocidental. Quando quatro meses depois a Hungria abriu oficialmente essa fronteira, milhares de alemães orientais aproveitaram a oportunidade para fugir, através da Tchecoslováquia e da Hungria, para o Ocidente. (A data oficial de abertura da fronteira foi 11 de setembro; coincidentemente, a mesma data do golpe de Pinochet em 1973 no Chile e do ataque de 2001 ao World Trade Center, nos Estados Unidos.) Em breve, centenas de milhares de alemães orientais protestando contra seu governo tomaram as ruas de Leipzig e, em seguida, de outras cidades da Alemanha Oriental. O governo alemão oriental respondeu com o anúncio de que emitiria permissões para viagens diretamente para a Alemanha Ocidental. Todavia, o oficial que fez o anúncio na TV cometeu um erro e disse que o governo permitiria as viagens "imediatamente". Naquela noite (9 de novembro de 1989), dezenas de milhares de alemães orientais aproveitaram a oportunidade e cruzaram imediatamente para Berlim Ocidental, sem serem molestados pelos guardas de fronteira.

Embora o chanceler da Alemanha Ocidental na época, Helmut Kohl, não tenha criado essa abertura, ele soube como explorá-la cautelosamente. Em maio de 1990, ele concluiu um tratado de unificação econômica e de bem-estar social (mas ainda não de unificação política) entre as Alemanhas Oriental e Ocidental. Ele trabalhou duro e com muito tato para vencer a relutância ocidental e soviética em permitir a reunificação alemã. Por exemplo, em uma reunião crucial, realizada em julho de 1990, com o presidente soviético Gorbachev, ele ofereceu à União Soviética um grande pacote de auxílio financeiro e persuadiu Gorbachev a não somente tolerar a reunificação, mas também permitir que a Alemanha reunificada permanecesse na OTAN. Em 3 de outubro de 1990, a Alemanha Oriental foi dissolvida e seus distritos se uniram à Alemanha (Ocidental) como novos estados (*Bundesländer*).

Será que podemos discutir proveitosamente a história da Alemanha no pós-guerra, uma vez que já a resumimos neste capítulo, à luz da mesma estrutura que usamos para discutir as quatro nações dos capítulos 2 a 5? A história da Alemanha no pós-guerra foi aparentemente muito diferente. A história de todas as quatro nações dos capítulos 2 a 5 foi marcada por uma única crise que explodiu abruptamente em um único dia: a chegada do comodoro Perry a um porto japonês em 8 de julho de 1853, o ataque soviético à Finlândia em 30 de novembro de 1939, o golpe de Pinochet no Chile em 11 de setembro de 1937 e a tentativa de golpe na Indonésia em 1º de outubro de 1965. Em contraste, não houve uma única, esmagadora e dominante explosão na Alemanha do pós-guerra, que parece ter experimentado vários desafios sobrepostos e graduais de 1945 a 1990. Veremos no próximo capítulo (capítulo 7) que os eventos do pós-guerra na Austrália também seguiram esse padrão gradual e diferem do padrão explosivo que vimos nos capítulos 2 a 5. É errôneo estender o termo "crise" dos casos explosivos para os graduais?

Na verdade, não há uma linha precisa dividindo os dois conjuntos: as diferenças são apenas de grau. A Alemanha experimentou golpes abruptos, três deles, e não apenas um. Primeiro, sua condição devastada na época da rendição em 7 e 8 de maio de 1945 criou a pior crise enfrentada por qualquer nação discutida neste livro. A construção do Muro de Berlim em 13 de agosto de 1961 e as revoltas estudantis que chegaram ao auge em vários meses de 1968 representaram duas crises posteriores. Inversamente, a chegada de Perry ao Japão e o golpe de Pinochet no Chile na verdade não foram eventos isolados e inesperados que ocorreram em um único dia. Foram a culminação de desenvolvimentos que se estenderam por muitas décadas e cuja resolução (parcial) levaria décadas mais: essas afirmações se aplicam também à história da Alemanha no pós-guerra.

Nas páginas seguintes, veremos que os fatores que emergem das "crises nacionais agudas" dos capítulos 2 a 5 são similares aos fatores que emergem das "crises nacionais graduais" deste capítulo e do próximo.

Assim, achei útil considerar ambos os conjuntos no interior da mesma estrutura. Em particular, a história da Alemanha no pós-guerra não somente ilustra a maioria dos fatores de nosso sistema, como quatro deles em grau extremo. Comecemos discutindo esses quatro fatores e, em seguida, vários outros, menos extremos, mas ainda significativos.

O primeiro fator no qual a Alemanha é extrema são as restrições geográficas (fator 12 da Tabela 1.2) à sua habilidade de tomar iniciativas independentes e bem-sucedidas; daí a necessidade de esperar por oportunidades favoráveis, surgidas das ações de outros países. Entre os seis países discutidos nos capítulos 2 a 7, somente a Finlândia rivaliza com a Alemanha nas limitações à sua habilidade de agir de forma independente. Inicialmente essa ideia pode soar absurda aos não alemães, acostumados a pensar na Alemanha do século XX com uma postura oposta à de se esquivar da ação independente e (sob o imperador Guilherme II e sob Hitler) tomando ousadas iniciativas militares que levaram a ambas as guerras mundiais. Na verdade, as duas guerras mundiais apoiam minha generalização: terminaram desastrosamente para a Alemanha, porque Guilherme e Hitler não esperaram condições favoráveis para tomar iniciativas, com terríveis consequências.

Para compreender as restrições geográficas às iniciativas alemãs, basta olhar para o mapa atual na página 214 e nos mapas históricos recentes da Europa. Hoje, a Alemanha tem fronteiras terrestres com nove países (Holanda, Bélgica, Luxemburgo, França, Suíça, Áustria, República Tcheca, Polônia e Dinamarca), ao passo que seu litoral no mar do Norte e no mar Báltico a expõe a outros oito (Grã-Bretanha, Noruega, Suécia, Finlândia, Rússia, Estônia, Letônia e Lituânia). Além disso, adquiriu três outros vizinhos terrestres quando anexou a Áustria em 1938 (Itália, Iugoslávia e Hungria) e mais um vizinho terrestre (Lituânia) entre 1918 e 1939. Alguns desses países faziam parte de dois grandes vizinhos terrestres

(Rússia e Império Habsburgo) até 1918. Isso dá um total de vinte vizinhos históricos recentes (contando cada entidade histórica apenas uma vez, no lugar de contar duas vezes vizinhos terrestres e marítimos ou Estados antigos e modernos). Desses vinte, dezenove — todos com exceção da Suíça — invadiram a Alemanha, atacaram a Alemanha pelo mar, tiveram em solo nacional tropas alemãs estacionadas ou em trânsito (Suécia) ou foram invadidos pela Alemanha entre 1866 e 1945. Cinco dos vinte vizinhos são ou eram poderosos (França, Rússia, Império Habsburgo, Grã-Bretanha e antiga Suécia).

Não se trata apenas do fato de a Alemanha possuir vizinhos. A maioria dos outros países também os possui, mas suas fronteiras frequentemente coincidem com barreiras geográficas protetoras. Todavia, o norte da Alemanha é parte da planície do norte da Europa (ver figura 6.6 do encarte), que não possui barreira defensiva natural: nenhuma cadeia montanhosa (ao contrário dos Pirineus, que dividem a Espanha da França, e dos Alpes, que cercam a Itália), somente rios estreitos, facilmente atravessados pelos exércitos durante a história. (Nem mesmo o Reno foi uma barreira séria para os exércitos.) Quando eu e minha esposa Maire, que é poloneso-americana, voamos de Berlim para Varsóvia, ela, com o humor negro que permitiu aos poloneses manterem a sanidade através da história, olhou para baixo, para a planície na qual Alemanha e Polônia se encontram de modo invisível, e comentou: "Esse é um excelente terreno para um combate de tanques!" Ela estava pensando nos tanques de Hitler entrando na Polônia em 1939. Mas um alemão de mentalidade histórica estaria pensando em todos os exércitos que entraram no norte da Alemanha vindos do leste e do oeste, incluindo os soviéticos e os exércitos aliados durante a Segunda Guerra Mundial, os exércitos de Napoleão dois séculos antes e outros ainda em séculos anteriores.

Em minha opinião, a localização geográfica central da Alemanha, cercada por vizinhos, parece o fator mais importante de sua história. É claro que essa localização também apresenta vantagens: tornou o país um ponto de interseção para comércio, tecnologia, arte, música e cultura. Um cínico observaria que também facilitou a invasão a muitos países durante a Segunda Guerra Mundial.

Mas as desvantagens políticas e militares foram enormes. A Guerra dos Trinta Anos, um grande conflito religioso e de poder entre a maioria das principais nações da Europa Ocidental e Central no século XVII, foi lutada principalmente em solo alemão, reduzindo a população local em 50% e infligindo um esmagador atraso econômico e político cujas consequências persistiram pelos dois séculos seguintes. A Alemanha foi o último grande país da Europa Ocidental a ser unificado (em 1871), e essa unificação exigiu a liderança de um diplomata extremamente habilidoso (Bismarck), com a capacidade única de considerar as possíveis reações de muitas outras potências europeias. O pesadelo militar para a Alemanha unificada foi o risco de uma guerra de duas frentes contra sua vizinha ocidental (França) e sua vizinha oriental (Rússia); esse pesadelo se materializou e levou à derrota alemã nas duas guerras mundiais. Depois da Segunda Guerra Mundial, três de seus vizinhos e os Estados Unidos a dividiram. Não havia nada que o governo da Alemanha Ocidental pudesse fazer diretamente pela reunificação. Ele teve de esperar por oportunidades favoráveis criadas por eventos em outros países.

Diferentes restrições geográficas significaram que lideranças ineficazes resultaram em consequências muito mais dolorosas para a Alemanha do que para países menos restritos geograficamente. Por exemplo, embora o imperador Guilherme II e seus chanceleres e ministros fossem notórios por seu irrealismo e seus disparates, a Alemanha não teve o monopólio da liderança ineficaz: os Estados Unidos, a Grã-Bretanha e outros países tiveram sua parte. Mas os mares protegendo os Estados Unidos e a Grã--Bretanha significaram que líderes inaptos fazendo coisas estúpidas não levaram ambos os países ao desastre, ao passo que a inaptidão de Guilherme e seus chanceleres levou a Alemanha à derrota durante a Primeira Guerra Mundial.

A filosofia que guiou a política externa dos políticos alemães bem-sucedidos foi evocada em uma metáfora de Bismarck: "Sempre devemos tentar ver onde Deus está caminhando na história mundial e em que direção está indo. Então devemos pular e nos agarrar na aba de seu casaco, para sermos levados até onde der." Essa também foi a estratégia do chanceler Helmut Kohl entre 1989 e 1990, quando os desdobramentos políticos na Alemanha Oriental e na União Soviética, após as iniciativas de Willy Brandt entre 1969 e 1974, finalmente criaram a oportunidade de reunificação alemã. Uma estratégia equivalente no futebol americano é "jogar no contra-ataque". Essa filosofia teria sido impensável para a Grã-Bretanha no auge de seu poder imperial e ainda é impensável para os Estados Unidos hoje (na política externa, não no futebol americano). A Grã-Bretanha imperial, assim como os Estados Unidos hoje, esperava tomar a iniciativa e ser capaz de impor sua vontade.

Outro fator no qual a Alemanha constitui um extremo entre os outros casos estudados está ligado à autopiedade e ao senso de vitimização (fator 2). Essa é uma discussão especialmente esclarecedora, pois a Alemanha constituiu não um, mas dois extremos opostos, em suas reações contrastantes durante as duas guerras mundiais.

Em outubro de 1918, pouco antes do fim da Primeira Guerra Mundial, as últimas ofensivas militares alemãs na frente ocidental haviam falhado, os exércitos aliados estavam avançando e haviam sido fortalecidos por 1 milhão de soldados americanos descansados, e a derrota da Alemanha se tornara apenas uma inevitável questão de tempo. Mesmo assim, a retirada dos exércitos alemães foi ordeira e os exércitos aliados ainda não haviam chegado às fronteiras da Alemanha. As negociações do armistício foram apressadas pelo motim da frota alemã e por insurreições armadas na Alemanha. Isso permitiu que os agitadores alemães do pós-guerra, especialmente Adolf Hitler, alegassem que o exército fora não derrotado, mas traído por uma "facada nas costas" de políticos traiçoeiros. As condições do Tratado de Versalhes impostas pelos Aliados, incluindo uma notória "cláusula de culpa" que considerava a Alemanha a agressora responsável pela guerra, provocou ainda mais ressentimento. Como resultado, embora muitos historiadores alemães do pós-guerra tenham analisado os erros políticos que levaram a Alemanha à guerra em condições desfavoráveis, a visão pós-guerra dominante do povo alemão era a de que a Alemanha se apresentava como uma vítima cujos líderes não haviam sido responsáveis pelos infortúnios sofridos pelo país.

Compare esse senso de vitimização da Alemanha após a Primeira Guerra Mundial com a visão alemã após a Segunda Guerra Mundial. Em maio de 1945, os exércitos alemães haviam sido derrotados em todas as frentes, toda a Alemanha fora conquistada por tropas aliadas e sua rendição era incondicional. Ninguém, alemão ou não, negava que a Segunda Guerra Mundial na Europa resultara somente das intenções de Hitler. Os alemães gradualmente souberam de atrocidades sem precedentes cometidas pela política governamental em campos de concentração e pelos militares na frente oriental. Os próprios civis sofreram, especialmente nos bombardeios de Hamburgo, Dresden e outras cidades, na fuga de civis antes do avanço das tropas soviéticas e na expulsão de todos os residentes de etnia alemã do Leste Europeu e dos antigos territórios alemães orientais pelos governos poloneses, tchecos e de outros países do Leste Europeu logo após o fim da guerra. Estima-se que o avanço soviético e as expulsões transformaram mais de 12 milhões de alemães em refugiados, mataram mais de 2 milhões e submeteram cerca de 1 milhão de mulheres alemãs ao estupro.

O sofrimento dos civis recebeu alguma atenção na Alemanha do pós-guerra. Mas a autopiedade e o senso de vitimização não dominaram a visão de si mesmos dos alemães após a Segunda Guerra Mundial, como haviam feito após a Primeira. Parte da razão foi o reconhecimento de que os horrores infligidos por russos, poloneses e tchecos aos civis alemães resultaram dos horrores que os alemães haviam tão recentemente infligido a esses países. Mas não devemos dar por certa a rejeição dos alemães ao papel de vítima e o reconhecimento de sua vergonha após a Segunda Guerra Mundial, porque isso contrasta com a adoção do papel de vítima pelos próprios alemães após a Primeira Guerra Mundial e pelos japoneses após a Segunda Guerra Mundial (capítulo 8). O resultado desse doloroso acerto de contas com o passado tem se mostrado vantajoso para a Alemanha, na forma de muito mais segurança e melhores relações com ex-inimigos do que as que prevaleceram após a Primeira Guerra Mundial para a Alemanha ou hoje para o Japão.

————

Dois fatores adicionais nos quais a Alemanha é um caso extremo para nossos propósitos estão ligados: o papel da liderança e a autoavaliação honesta ou ausência dela (fator 7). Como a localização geográfica da Alemanha no centro da Europa a expôs cronicamente a mais dificuldades e perigos do que os enfrentados pela Grã-Bretanha e pelos Estados Unidos, protegidos por barreiras aquáticas, os efeitos da liderança boa ou ruim foram mais óbvios.

Entre os líderes cujos efeitos foram ruins, Hitler tem o orgulho de ocupar o primeiro lugar na história mundial recente. Podemos debater se a combinação do Tratado de Versalhes, do colapso da moeda em 1923 e do desemprego e da recessão que tiveram início em 1929 teriam levado os alemães à guerra para anular o tratado mesmo sem Hitler. Mas também podemos argumentar que uma Segunda Guerra Mundial instigada pela Alemanha teria sido muito diferente sem ele. Sua mentalidade incomumente cruel, seu carisma, a ousadia de sua política externa e a decisão de exterminar todos os judeus não eram partilhados pelos outros líderes alemães revisionistas de sua era. A despeito de seus sucessos militares iniciais, suas avaliações pouco realistas o levaram a repetidamente passar por cima de seus próprios generais e, por fim, a causar a derrota alemã. Essas decisões fatalmente destituídas de realismo incluíram a declaração não provocada de guerra contra os Estados Unidos em dezembro de 1941, em uma época em que a Alemanha já estava em guerra contra a Grã--Bretanha e a União Soviética, e a decisão de ignorar os pedidos de seus generais para autorizar o recuo do Exército alemão preso em Stalingrado em 1942-1943.

O vice de Hitler em liderança ineficaz na história alemã recente foi o kaiser Guilherme II, cujo governo de trinta anos terminou com sua abdicação e a derrota da Alemanha na Primeira Guerra Mundial. Novamente, podemos debater se ainda teria havido Primeira Guerra Mundial sem ele. Todavia, tal guerra provavelmente também teria assumido uma forma diferente, porque Guilherme, como Hitler, era incomum, embora por outros motivos. Apesar de ser muito menos poderoso do que Hitler, ele nomeou e dispensou chanceleres, contou com a lealdade da maioria dos alemães e comandou as Forças Armadas. Embora não fosse cruel, era emocionalmente instável e pouco realista, tomava decisões insensatas e agiu de forma espetacular, sem tato, em várias ocasiões, criando problemas desnecessários para a Alemanha. Entre suas muitas políticas que resultaram na entrada na Primeira Guerra Mundial em circunstâncias desfavoráveis que levaram à derrota, esteve a não renovação do tratado de Bismarck entre a Alemanha e a Rússia, expondo-a ao já mencionado pesadelo militar decorrente de sua localização geográfica: uma guerra de duas frentes, ao mesmo tempo contra a Rússia e a França.

Uma contrapartida alemã de liderança bem-sucedida e avaliação realista é fornecida por Willy Brandt, cujo reconhecimento da Alemanha Oriental e de outros países do bloco oriental, dos tratados com a Polônia e a Rússia e a aceitação da perda das terras alemãs para além da Linha Oder-Neisse reverteram vinte anos de políticas externas anteriores da Alemanha Ocidental. Embora os chanceleres subsequentes tenham dado continuidade às políticas de Brandt, pode-se afirmar que sua liderança fez a diferença. O Partido CDU continuou a se opor a essas políticas por vários anos; a aceitação da Linha Oder-Neisse exigiu um notável realismo e uma coragem política ausentes em seus predecessores; e seus sucessores não possuíam o carisma que tornou sua visita ao gueto de Varsóvia tão convincente e inesquecível. Entre outros chanceleres alemães desde a Segunda Guerra Mundial, Konrad Adenauer, Helmut Schmidt e Helmut Kohl também se destacam por serem talentosos. De modo geral, eu, como americano, fico impressionado com o ininterrupto bom senso dos chanceleres da Alemanha Ocidental desde a Segunda Guerra Mundial, durante uma era na qual os EUA vêm suportando várias Presidências falhas ou medíocres.

A contrapartida remanescente de liderança alemã bem-sucedida que fez a diferença foi Otto von Bismarck, o primeiro-ministro da Prússia e depois chanceler imperial que conseguiu a unificação alemã em 1871. Essa unificação enfrentou obstáculos esmagadores, notadamente a oposição dos reinos alemães menores com exceção da Prússia; a oposição dos poderosos vizinhos, França e Império Habsburgo, que só pôde ser resolvida através de guerras; a mais distante oposição potencial da Rússia e da Grã--Bretanha; e a problemática questão sobre quais populações poderiam ser realisticamente incorporadas em uma Alemanha unificada. Bismarck era ultrarrealista, familiarizado com as razões do fracasso das revoluções de 1848, consciente da oposição interna e externa à unificação e acostumado a proceder gradualmente, primeiro com pequenas medidas e depois com medidas mais intensas somente se as primeiras falhassem. Ele reconheceu que a habilidade da Prússia de iniciar grandes eventos estava limitada por restrições geopolíticas e que sua política dependeria de esperar por oportunidades favoráveis e então agir rapidamente. Nenhum outro político alemão de sua geração chegou perto de suas habilidades políticas. Bismarck foi frequentemente criticado por não treinar um sucessor e não solucionar os problemas da Alemanha que culminaram na Primeira Guerra Mundial, 24 anos depois do fim de seu mandato. Mas parece-me injusto criticá-lo pelas tolices de Guilherme II e seus escolhidos. Bismarck também é criticado por ser supostamente belicista, mas a Alemanha dificilmente teria sido unificada, considerando-se a oposição prevalente, sem as três guerras de Bismarck, duas delas muito breves. (A unificação da Itália exigiu quatro guerras, mas a Itália não foi chamada de belicista.) Depois que a Alemanha foi unificada em 1871, deixando milhões de falantes de alemão fora de suas fronteiras, Bismarck foi realista o bastante para entender que conseguira o máximo possível e que as outras potências não tolerariam uma nova expansão.

———

As outras adequações da Alemanha a nossa estrutura podem ser resumidas mais brevemente. Desde a Segunda Guerra Mundial, ela ilustra a mudança seletiva (fator 3). De todos os países discutidos neste livro, é o que passou por maiores mudanças em suas fronteiras políticas. Ela reavaliou drasticamente seu passado nazista. Fez algumas mudanças sociais muito amplas, especialmente em relação a seu antigo autoritarismo e em relação ao status das mulheres. Mas muitos outros valores essenciais da sociedade alemã tradicional permaneceram, sendo pouco alterados, incluindo o apoio governamental às artes, a promoção dos cuidados médicos e dos benefícios de aposentadoria para todos e a ênfase nos valores comunitários sobre os direitos individuais. Sempre que, como americano, retorno à Alemanha, fico agradavelmente surpreso ao redescobrir que mesmo as pequenas cidades possuem casas de ópera, que meus amigos mais velhos ainda conseguem viver de forma confortável após a aposentadoria e que os vilarejos preservam as cores locais (porque as leis de zoneamento especificam que o estilo do telhado das casas precisa se conformar ao estilo local).

O apoio de outros países variou bastante de lugar para lugar e de época para época na história alemã recente (fator 4). O auxílio do Plano Marshall americano e o sábio emprego dado a ele permitiram o milagre econômico vivido pela Alemanha Ocidental após 1948. Inversamente, o auxílio econômico negativo — ou seja, a cobrança de reparações de guerra — contribuiu para o enfraquecimento da Alemanha Oriental após a Segunda Guerra Mundial e da República de Weimar após a Primeira Guerra Mundial.

A forte identidade nacional ajudou a Alemanha a sobreviver aos traumas da devastação, da ocupação e da divisão (fator 6). (Alguns não alemães iriam mais longe e argumentariam que a Alemanha tem uma identidade nacional forte demais.) Essa identidade e esse orgulho nacionais são baseados, em especial, em suas mundialmente famosas música, arte, literatura, filosofia e ciência; no elo da língua alemã como codificada na tradução da Bíblia feita por Martinho Lutero, transcendendo as variações dialéticas do alemão falado; e nas memórias de história partilhada que permitiram que os alemães ainda se identificassem como um povo apesar de séculos de fragmentação política.

A Alemanha ilustra a paciência nascida de derrotas passadas e dos fracassos iniciais (fator 9) e a confiança nascida de sucessos passados (fator 8). Ela se recuperou da derrota em duas guerras mundiais. Os sucessos que exigiram paciência incluíram a unificação contra grandes probabilidades em 1871, a reunificação também contra grandes probabilidades em 1990, e o milagre econômico do pós-guerra.

Os desenvolvimentos do pós-guerra envolveram gatilhos internos e externos. Os gatilhos internos fizeram com que a Alemanha lidasse com seu passado nazista e a explosão da revolta estudantil em 1968. Os gatilhos externos — como a Hungria abrindo sua fronteira com a Áustria em 1989 e o declínio da União Soviética — colocaram em movimento a conquista da reunificação.

Entre as questões que surgem de crises nacionais e não têm paralelos próximos nas crises individuais, a Alemanha ilustra um notável grau de reconciliação entre antigos oponentes. O reconhecimento do passado nazista, simbolizado por Brandt de joelhos no gueto de Varsóvia, permitiu relações honestas e relativamente flexíveis com as vizinhas Polônia e França, muito mais do que entre o Japão e a Coreia e a China (capítulo 8). Outra questão que surge especificamente nas crises nacionais é se as mudanças drásticas ocorrem por revolução ou evolução. A Alemanha moderna experimentou três revoluções ou levantes, dois deles considerados fracassos em termos de resultados imediatos: a malograda tentativa revolucionária de unificação e democratização de 1848; os levantes de 1918, que conseguiram derrubar reis e um imperador; e os levantes estudantis de 1968, que buscaram transformar pela violência a sociedade, o sistema econômico e a forma de governo. Um desses objetivos foi atingido pela evolução: a realização pacífica, após 1968, de muitos objetivos dos estudantes revolucionários. A drástica mudança da reunificação em 1989-1990 também foi realizada pacificamente.

De modo interessante, a história alemã recente fornece quatro exemplos de um intervalo de 21 e 23 anos entre uma derrota esmagadora e uma reação explosiva à derrota. Esses quatro exemplos são: os 23 anos de intervalo entre a fracassada tentativa revolucionária de unificação de 1848 e a unificação em 1871; os 21 anos de intervalo entre a esmagadora derrota de 1918 na Primeira Guerra Mundial e o início em 1939 da Segunda Guerra Mundial, que tentou, mas não conseguiu reverter aquela derrota; os 23 anos de intervalo entre a esmagadora derrota de 1945 na Segunda Guerra Mundial e os levantes em 1968 de estudantes nascidos por volta de 1945; e os 22 anos de intervalo entre os levantes estudantis de 1968 e a reunificação em 1990. É claro que há grandes diferenças entre esses quatro conjuntos de eventos, e fatores externos tiveram um papel na determinação desses intervalos, especialmente no intervalo entre 1968 e 1990. Mas acho que, mesmo assim, há significância nesses paralelos: entre 21 e 23 anos é o tempo aproximado de uma geração humana. Os anos 1848, 1918 e 1968 foram experiências decisivas para alemães que eram então jovens adultos e que, duas décadas depois, tornaram-se os líderes do país e se viram na posição de tentar completar (1871, 1990) ou reverter (1939) a experiência decisiva de sua juventude. Quanto às revoltas estudantis de 1968, a liderança e a participação requeridas não eram de políticos experientes de 40 ou 50 anos, mas de radicais inexperientes de 20 e poucos anos. Como um amigo que viveu as experiências daquela época me disse: "Sem 1968, não teria havido 1990."

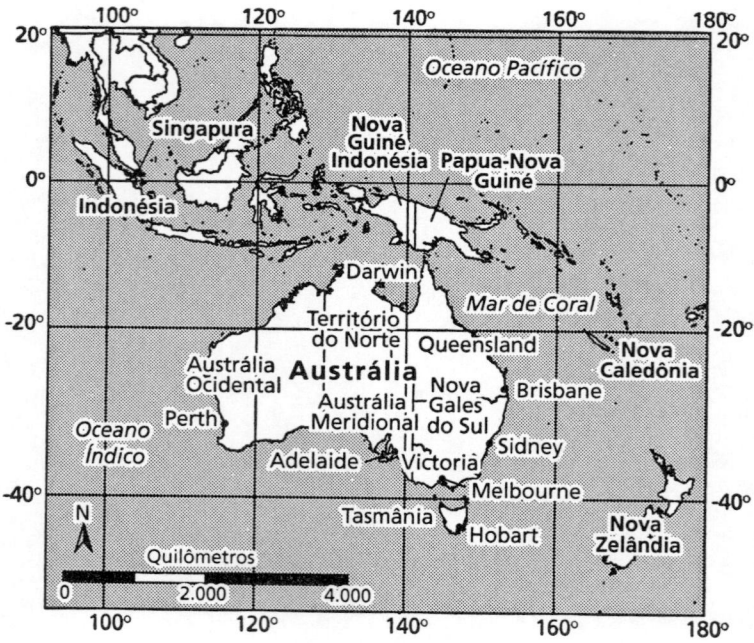

Mapa da Austrália

CAPÍTULO 7

AUSTRÁLIA: QUEM SOMOS NÓS?

Visitando a Austrália — Primeira frota e aborígines — Primeiros
imigrantes — Em direção ao autogoverno — Federação
— Deixando-os de fora — Primeira Guerra Mundial —
Segunda Guerra Mundial — Afrouxando os laços —
O fim da Austrália Branca — Estrutura da crise

Visitei a Austrália pela primeira vez em 1964, após quatro anos morando
na Grã-Bretanha. A Austrália me impressionou por ser mais britânica
que a própria Grã-Bretanha: uma Grã-Bretanha de algumas décadas antes, congelada no tempo. A paisagem urbana de Sydney, a maior cidade
australiana, me lembrou da Inglaterra a cada esquina, com seu próprio
Hyde Park, King's Cross Station e Oxford Street, exatamente como em
Londres. A ascendência do povo australiano não era apenas majoritariamente branca, mas britânica branca. A comida era a tediosa comida tradicional britânica: o assado de domingo, a preponderância de lojas de *fish
and chips* e, no café da manhã, o obrigatório pote de Vegemite, a imitação
australiana do Marmite britânico. Os pubs eram abundantes, com um
salão somente para homens e outro (chamado de salão das damas) para

homens e mulheres, com horários restritos de funcionamento, similares aos dos pubs britânicos naqueles anos. As alternativas à comida britânica tradicional eram limitadas principalmente a restaurantes italianos, gregos e, com menos frequência, chineses.

Desde aquela primeira visita, voltei dezenas de vezes e observei muitas mudanças. Essas mudanças foram simbolizadas por uma experiência de 2008, quando levei meu filho Joshua para passar um semestre estudando na Universidade de Queensland, em Brisbane. Enquanto caminhávamos pelo campus, senti como se já não estivesse na Austrália que conhecera, mas no campus de minha instituição, a Universidade da Califórnia, em Los Angeles, uma vez que tantos alunos eram asiáticos. A Austrália já não era composta majoritariamente de britânicos brancos.

Em 1964, o fato fundamental da sociedade australiana ainda era a contradição entre a localização geográfica, de um lado, e a composição e os laços emocionais e culturais da população, de outro. A população e a identidade nacional eram na maior parte britânicas (ver figura 7.1 do encarte). Mas a Austrália está a meio mundo da Grã-Bretanha, no hemisfério sul, e não no norte, e entre oito e dez fusos horários a leste. A paisagem australiana de cangurus, mamíferos que botam ovos, kookaburras, grandes lagartos, eucaliptos e desertos é a mais distintiva (e menos britânica) de qualquer continente habitado (ver figura 7.2 do encarte). Geograficamente, a Austrália está muito mais próxima da China, do Japão e de outros países asiáticos do que da Europa, e fica cinquenta vezes mais perto da Indonésia do que da Grã-Bretanha. Mesmo assim, enquanto eu caminhava pelas ruas australianas em 1964, não havia sinais dessa proximidade com a Ásia.

Quando levei Joshua para Brisbane 44 anos depois, a proximidade com a Ásia se tornara óbvia no grande número de asiáticos (ver figura 7.3 do encarte) e nos restaurantes japoneses, tailandeses e vietnamitas. A política oficial da Austrália Branca, que bania os imigrantes asiáticos, e as políticas informais que desencorajavam brancos europeus não britânicos haviam desaparecido. Mas a língua ainda era o inglês, a rainha da Inglaterra ainda era a representante do Estado e a bandeira ainda incorporava a britânica. A Austrália é um país maravilhoso, consistentemente classificado como um dos mais desejáveis do mundo para se viver, com uma das populações mais felizes e com maior expectativa de vida. É um dos dois países para onde considerei seriamente emigrar. É britânica, mas não é. O que aconteceu para produzir essas mudanças seletivas durante as décadas nas quais a visitei?

Ao percorrermos a história australiana nas próximas páginas, pense onde a Austrália se encaixa entre os cinco países cujas crises consideramos. Como a Alemanha, discutida no capítulo anterior, e ao contrário dos quatro países dos capítulos 2 a 5, a Austrália passou por uma crise que não irrompeu em um dia. (No entanto, três choques militares no espaço de 71 dias entre 1941 e 1942 se destacam por sua importância.) Em vez disso, a crise da Austrália, como a da Alemanha, foi parcialmente o desdobramento de uma resposta aos anos da Segunda Guerra Mundial. Nos dois países, a guerra provou que as soluções tradicionais já não estavam funcionando, mas a prova foi muito mais cataclísmica e rapidamente convincente na destroçada Alemanha do que na Austrália. A questão básica para os australianos, mais do que para os cidadãos de qualquer outro país discutido neste livro, tem sido a identidade nacional: *quem somos nós?* A Segunda Guerra Mundial começou a trazer à tona o reconhecimento de que sua duradoura autoimagem de segunda Grã-Bretanha do outro lado do mundo estava ficando ultrapassada e já não se adequava às novas circunstâncias. Mas a guerra não foi suficiente para afastar a maioria dos australianos dessa autoimagem.

Leva tempo para uma pessoa formular uma nova resposta à pergunta *Quem sou eu?* Leva muito mais tempo para uma nação, composta de milhões de indivíduos divididos em grupos com visões conflitantes sobre a identidade da nação, descobrir *Quem somos nós?* Consequentemente, não surpreendente que os australianos ainda se debatam com essa questão.

Paradoxalmente, embora a resolução da crise tenha sido lenta — tão lenta que muitos australianos sequer acham que houve uma crise —, entre nossas seis nações a Austrália foi a que experimentou o mais amplo conjunto unificado de mudanças no menor período, dezenove dias durante dezembro de 1972. Todos esses desenvolvimentos, e outros, são o que acho fascinante na história australiana moderna que agora conheceremos.

———

Aproximadamente 50 mil anos depois de a Austrália ter sido habitada pelos ancestrais dos aborígines australianos, os primeiros colonos europeus chegaram, em janeiro de 1788, em uma frota de onze navios britânicos. O governo britânico não enviou a frota porque considerava a Austrália um local maravilhoso e atraente para os colonos, mas porque tinha um problema com a explosão da população de condenados e queria despachá-los para algum lugar distante. A Austrália e a África Ocidental foram sugeridas como locais adequadamente remotos, mas logo ficou claro que as doenças tropicais da África Ocidental a tornavam insalubre para os europeus. A Austrália parecia oferecer múltiplas vantagens: era muito mais remota do que a África Ocidental; não era considerada (e em grande parte acabou provando não ser) insalubre para os europeus; e oferecia bases potenciais no oceano Pacífico para navios da marinha, navios mercantes, baleeiros e fornecedores de madeira e linho. Assim, a escolha recaiu sobre a Austrália, especificamente as cercanias do que hoje é a cidade de Sydney.

A Primeira Frota consistia em 730 condenados, guardas, administradores, trabalhadores e um oficial naval como governador. Mais frotas e navios se seguiram, levando mais condenados para Sydney e, em seguida, para outros quatro locais espalhados pelo continente. Em pouco tempo, aos condenados e guardas se juntaram colonizadores britânicos livres. Entretanto, 32 anos depois, em 1820, a população europeia da Austrália ainda consistia em 84% de condenados e ex-condenados, e o transporte de condenados da Grã-Bretanha só chegou ao fim em 1868. Sobreviver e prosperar era difícil e, por isso, os australianos modernos que descendem de condenados consideram isso fonte de orgulho, e não vergonha, como o orgulho sentido pelos americanos modernos que descendem dos colonos que chegaram no navio *Mayflower* em 1620.

Esperava-se (corretamente) que muito tempo fosse necessário para que condenados e colonos conseguissem produzir comida suficiente para sua sobrevivência. Assim, a Primeira Frota incluía alimentos, que a Grã-Bretanha continuou a enviar até a década de 1840. Várias décadas se passaram antes que os australianos pudessem realizar exportações significativas para a Grã-Bretanha: inicialmente, só produtos resultantes da caça de baleias e focas; então, dos anos 1830 em diante, lã de ovelha; ouro de uma corrida que teve início em 1851; e, quando os navios refrigerados para a longa viagem marítima se tornaram disponíveis na década de 1880, carne e manteiga. Hoje, um terço da lã mundial é fornecida pela abundante população de ovelhas australianas: cinco ovelhas para cada ser humano. Mas sua economia desde a Segunda Guerra Mundial tem sido dominada pela extração dos minerais dos quais o continente é tão rico: a Austrália é a principal exportadora mundial de alumínio, carvão, cobre, ouro, ferro, chumbo, magnésio, prata, tungstênio, titânio e urânio.

Esse breve relato da colonização europeia de 1788 em diante deixa de fora o que aconteceu à população aborígine que se estabelecera na Austrália muito antes. Em outras colônias britânicas, como os Estados Unidos, o Canadá, a Índia, Fiji e a África Ocidental, os colonos britânicos lidavam com a população nativa pacificamente, negociando com os chefes ou príncipes locais, ou militarmente, enviando exércitos contra forças tribais de tamanho considerável. Esses métodos não funcionaram na Austrália, onde a organização aborígine consistia em pequenos bandos sem exércitos, chefes ou príncipes. Os aborígines levavam uma vida nômade e não tinham aldeias fixas. Para os colonizadores europeus, isso significava que não "possuíam" a terra.

JARED DIAMOND

Em consequência, os colonizadores europeus simplesmente tomaram terras aborígines sem negociação ou pagamento. Não houve batalhas contra as forças locais: somente ataques de ou contra pequenos grupos de aborígines, às vezes provocado pelo fato de eles matarem ovelhas, que não consideravam diferentes dos cangurus e outros animais selvagens que estavam acostumados a caçar. Em resposta, os colonizadores europeus os matavam: o último grande massacre (de 32 aborígines) ocorreu em 1928. Quando um governador britânico ordenou o enforcamento dos europeus que haviam assassinado aborígines, o público australiano apoiou fortemente os assassinos, e o gabinete colonial em Londres percebeu que não podia impedir os súditos britânicos na remota Austrália de fazerem o que quisessem — como assassinar aborígines.

Como os aborígines eram caçadores-coletores, e não fazendeiros, os australianos brancos os consideravam primitivos. Continuo surpreso com quão disseminado ainda é esse desprezo mesmo entre os australianos cultos. Um senador disse certa vez: "Não há evidência científica de que ele [o aborígine australiano] seja humano." Como o número de aborígenes declinou por causa de doenças, assassinatos e desapropriação, os australianos brancos passaram a acreditar que eles estavam morrendo. Um bispo escreveu: "Os aborígines estão desaparecendo. No curso de uma geração ou duas, no máximo, o último australiano negro [ou seja, aborígine] terá voltado o rosto para a cálida mãe terra [...] o trabalho missionário será então o de afofar o travesseiro de uma raça moribunda."

Os aborígines foram proibidos de se casar com não aborígines sem consentimento do governo. Houve muita controvérsia sobre uma política, desenvolvida na década de 1930, de remover à força crianças miscigenadas, e até aborígines, de lares aborígines, para serem criadas (supostamente para seu próprio bem) em instituições ou lares adotivos. Um movimento, iniciado na década de 1990, para que australianos brancos se desculpassem com os aborígenes encontrou forte oposição. O primeiro-ministro Kevin Rudd fez um pedido de desculpas formal em 2008, mas o primeiro-ministro John Howard argumentou: "Os australianos dessa geração não deveriam ter de aceitar a culpa e a vergonha por ações e políticas passadas, sobre as quais não tiveram nenhum controle."

Em resumo, a política britânica da Austrália Branca era dirigida não somente contra potenciais imigrantes não brancos, mas também contra os australianos não brancos originais das terras para onde os colonizadores britânicos estavam imigrando, cujo direito a essas terras foi negado e que (como esperavam muitos colonizadores) seriam extintos em breve.

———

Durante as primeiras décadas da colônia, colonos livres e condenados foram enviados da Grã-Bretanha (incluindo a Irlanda, que na época ainda parte da Grã-Bretanha). O primeiro grupo substancial de imigrantes não britânicos começou a chegar em 1836 à Austrália Meridional. Aquela colônia fora fundada não como depósito de condenados, mas por uma companhia de desenvolvimento que selecionara cuidadosamente potenciais colonos europeus. Entre eles, havia luteranos alemães buscando liberdade religiosa, um motivo para imigração muito mais conspícuo na história inicial dos Estados Unidos do que na da Austrália. Esses imigrantes alemães eram habilidosos e brancos, criaram hortas e vinhedos, adaptaram-se rapidamente a Austrália e geraram mínima oposição. Mais controversa foi a chegada de dezenas de milhares de chineses na década de 1850, atraídos (juntamente com muitos europeus e americanos) pela primeira corrida do ouro australiana. Esse influxo resultou na última atuação do Exército britânico naquele país, a fim de suprimir os tumultos nos quais multidões espancavam, roubavam e mesmo escalpelavam chineses.

Uma terceira onda de não britânicos foi causada pelo desenvolvimento das plantações de açúcar em Queensland na década de 1860. Os trabalhadores das plantações eram ilhéus do Pacífico, vindos da Nova Guiné, de outras ilhas melanésias e da Polinésia. Embora alguns fossem voluntários, muitos haviam sido sequestrados durante ataques frequentemente acompanhados de assassinatos, em uma prática conhecida como *black-birding* ["captura de pássaros pretos"], porque os ilhéus tinham pele escura. Quando as plantações (especialmente de coco) foram depois desenvolvidas no Território de Nova Guiné e na Nova Guiné Alemã, o modelo australiano foi adotado para levar trabalhadores ilhéus para suas plantações. Tais práticas de recrutamento continuaram na Nova Guiné durante grande parte do século XX: um australiano que lá conheci em 1966 disse que era recrutador, mas se deu ao trabalho de explicar que recrutava somente trabalhadores voluntários, aos quais pagava em dinheiro. Ele orgulhosamente insistiu que não era um *black-birder* ("caçador de pássaros pretos", foi essa a expressou que empregou), ao passo que alguns dos outros recrutadores com quem competia ainda eram. De qualquer modo, independentemente de os trabalhadores de pele escura nas plantações de açúcar de 1860 em diante terem chegado de forma voluntária ou involuntária, eles não tornaram a população residente menos branca, porque chegaram para cumprir contratos de curto prazo, ao fim do qual foram expulsos.

Outro pequeno grupo de imigrantes não britânicos chegou da colônia britânica da Índia. A despeito de todas essas chegadas de modestos números de alemães, chineses, ilhéus do Pacífico e indianos, a Austrália permaneceu, graças a sua política, predominantemente britânica e branca até o fim da Segunda Guerra Mundial.

———

Os americanos familiarizados com a história dos Estados Unidos ficam surpresos com a diferença na maneira como as colônias americanas e australianas se dissociaram da Grã-Bretanha. As colônias americanas conquistaram a independência, juntaram-se a uma união e cortaram todos os laços políticos com a Grã-Bretanha, enfrentando grande resistência do Exército britânico, após uma guerra revolucionária que durou sete anos.

1. O incêndio da Cocoanut Grove, ocorrido em Boston, em 28 de novembro de 1942, matou 492 pessoas em uma boate lotada e, consequentemente, levou à fundação da terapia de crise.

Alueella pysäköinti sallittu
vain alueen yritysten
asiakkaille ja työntekijöille.
PITKÄAIKAIKAISPYSÄKÖINTI
(yli 24h)
sallittu vain tontinhaltijan
erityisluvalla
Ajokone Oy, Herkkuravintola Takkatupa, Savarin Katsastus Oy

2.1. Uma placa em finlandês, incompreensível para não finlandeses, mas foco da identidade nacional do país.

2.2. Durante a Guerra de Inverno, a Finlândia convocou soldados não somente de 20 e poucos anos, mas também adolescentes, homens mais velhos e mulheres.

2.3. Viipuri, na época a segunda maior cidade finlandesa, sob bombardeio russo em fevereiro de 1940.

E. J. Reinikainen, Conselho Nacional de Coleções de Antiguidades, Helsinque

2.4. A mesma cena da fotografia 2.3, mas décadas depois: a ex-Viipuri finlandesa, agora uma cidade russa.

Cortesia do Guia de Viagens de São Petersburgo, www.guidetopetersburg.com

2.5. Soldados finlandeses sobre esquis, usando uniforme branco para se camuflarem, avançando através das florestas contra as colunas soviéticas obrigadas a seguir as estradas.

2.6. Uma unidade motorizada soviética, emboscada e destruída por soldados finlandeses sobre esquis.

2.7. Crianças finlandesas evacuadas para a Suécia, na maior evacuação infantil de tempos de guerra da história.

3.1. O xogum, verdadeiro dirigente do Japão até que sua queda deu início à Restauração Meiji.

3.2. O imperador do Japão que subiu ao trono em 1867 e presidiu a era Meiji, de mudanças seletivas.

3.3. A missão japonesa Iwakura, enviada aos Estados Unidos e à Europa em 1871-1873 para aprender práticas ocidentais. Todos, com exceção de um, já usam roupas ocidentais.

3.4. Espadachins samurais, a tradicional milícia privada do Japão até a Restauração Meiji.

Cortesia de Getty's Open Content Program

3.5. Um time esportivo japonês da era Meiji, já vestindo roupas ocidentais.

Arquivo da Universidade de Waseda

3.6. Visitantes japoneses nos Estados Unidos, durante a era Meiji, também já vestindo roupas ocidentais.

Bain News Service, Biblioteca do Congresso LC-DIG-ggbain-38442

3.7. Um encouraçado russo afundado no porto por torpedos japoneses em 1904, no início da Guerra Russo-Japonesa.

Underwood & Underwood, Biblioteca do Congresso
LC–USZC2-6353

Безпримѣрный бой „ВАРЯГА" и „КОРЕИЦА" подъ Чемульпо.

3.8. A batalha do estreito de Tsushima, na qual a Marinha japonesa aniquilou a frota russa.

Cortesia do Departamento de Impressão da Biblioteca Nacional da Rússia

3.9. Soldados coloniais alemães capturados por tropas japonesas em 1914.

4.1. Salvador Allende, presidente democraticamente eleito do Chile, que morreu durante o golpe de 1973.

Espólio de Naúl Ojeda

ERETOR DE MÍSSEIS

CABO

ABRIGO DE MÍSSEIS

TRATORES DE ARTILHARIA

TANQUES DE OXIDANTE

TANQUES DE COMBUSTÍVEL

4.2. Uma base soviética de mísseis nucleares sendo construída em Cuba em 1962: a principal razão pela qual os Estados Unidos e a direita, o centro e as Forças Armadas do Chile se mostraram determinados a impedir o objetivo anunciado do presidente Allende de instalar um governo marxista no Chile.

Comando Naval de História e Legado: Seção Fotográfica, Coleção de Temas Navais, L-53-41-1

4.3. Soldados e tanques chilenos durante o golpe de 11 de setembro de 1973 na capital do Chile, Santiago.

4.4. O general Augusto Pinochet (sentado e usando óculos de sol), ditador militar do Chile após o golpe de 1973.

4.5. O cantor folclórico Victor Jara, um famoso esquerdista chileno, que a junta militar assassinou após o golpe de 1973, decepando todos os seus dedos e atirando nele 44 vezes.

4.6. Um cartaz da bem-sucedida campanha do "Não!", em 1988, opondo-se à reeleição do general Pinochet para a Presidência do Chile.

4.7. O general Pinochet retornando ao Chile em 2000, levantando-se da cadeira à qual, supostamente, estava confinado por razões médicas e saudando os generais chilenos presentes para felicitá-lo.

5.1. Sukarno, o presidente fundador da Indonésia.

5.2. Suharto, ditador militar da Indonésia e, eventualmente, presidente por sete mandatos após o golpe fracassado de 1965.

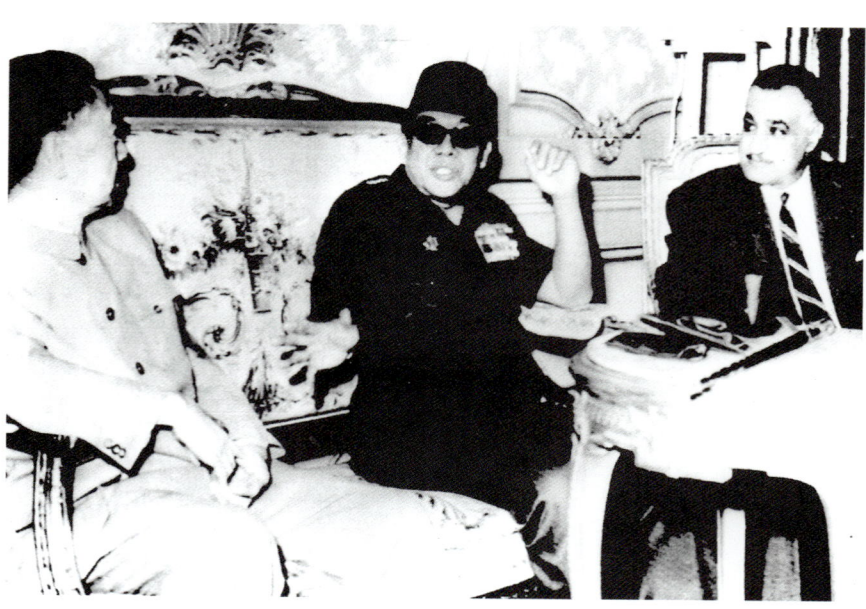

5.3. Sukarno (no centro) sentado com os líderes da China e do Egito, defendendo políticas anticolonialistas do Terceiro Mundo.

5.4. Soldados indonésios arrebanhando supostos comunistas após o golpe fracassado de 1965.

5.5. O grande Monumento Pancasila, na Indonésia, celebrando os sete generais assassinados durante o golpe fracassado de 1965.

5.6. Os arranha-céus da moderna Jacarta, capital da Indonésia.

5.7. As favelas da moderna Jacarta, capital da Indonésia.

6.1. Civis alemães e soldados aliados nas ruínas de uma cidade alemã.

6.2. Aeronave aliada bombardeando Colônia. A cidade foi destruída pelo bombardeio, juntamente com a maioria das outras grandes cidades alemãs. Estão visíveis uma ponte destruída sobre o rio Reno e a Catedral de Colônia, miraculosamente ainda de pé.

6.3. O notório muro erigido pelo governo da Alemanha Oriental entre Berlim Ocidental e Berlim Oriental, supostamente para proteger Berlim Oriental de infiltradores da Alemanha Ocidental, mas, na realidade, para impedir que alemães orientais fugissem para o Ocidente.

6.4. O protesto estudantil alemão de 1968, o ano da mudança geracional na Alemanha Ocidental.

6.5. Um momento-chave da história alemã moderna: o chanceler da Alemanha Ocidental Willy Brandt se ajoelhando espontaneamente durante uma visita ao gueto de Varsóvia, na Polônia, reconhecendo os crimes de guerra nazistas e seus milhões de vítimas e pedindo perdão aos poloneses.

© 51/1970 Der Spiegel

6.6. A planície do norte da Europa, sem obstruções geográficas, através da qual os exércitos alemães (mostrados aqui) invadiram a Polônia em 1939 e exércitos não alemães invadiram, durante toda a história, o que hoje é a Alemanha.

7.1. População esmagadoramente branca da Austrália em meados da década de 1900.

7.2. Cenário australiano de deserto e cangurus, muito diferente de um cenário europeu.

7.3. População racialmente mista da Austrália hoje.

7.4.1 e 7.4.2. A bandeira da Austrália (acima) consiste na bandeira britânica (a Union Jack) ladeada pela constelação do Cruzeiro do Sul.

7.5. Tropas das ANZAC (Forças Armadas da Austrália e da Nova Zelândia) lutando em defesa da pátria britânica e atacando as linhas turcas do outro lado do mundo, em Galípoli, em 1915. O aniversário do desembarque em Galípoli, 25 de abril, é o principal feriado nacional australiano.

7.6. O encouraçado britânico *Prince of Wales*, naufragando após ser bombardeado por aviões japoneses em 10 de dezembro de 1941, durante a vã tentativa da Grã-Bretanha de defender sua base naval em Singapura.

7.7. Rendição das tropas britânicas em 15 de fevereiro de 1942, na grande base naval britânica em Singapura, deixando a Austrália exposta aos ataques japoneses.

7.8. Fogo e fumaça resultantes do bombardeio japonês da cidade australiana de Darwin em 19 de fevereiro de 1942.

7.9. Milhões de australianos foram às ruas para dar as boas-vindas à rainha Elizabeth, do Reino Unido, em 1954.

7.10. Opera House de Sydney, o mais famoso edifício da Austrália e um dos mais famosos edifícios novos do mundo moderno, projetado por um arquiteto dinamarquês e inaugurado em 1973.

8.1. Porta-aviões americanos, um tipo de navio militar que os Estados Unidos possuem em maior número do que todos os outros países juntos.

Fotografia tirada pelo especialista em Comunicação em Massa, 2a Classe Ernest R. Scott

8.2. As amplas Grandes Planícies americanas, a mais produtiva extensão de terras aráveis do mundo.

8.3. O porto de Los Angeles, um dos muitos portos de águas profundas abrigados no litoral americano.

Cortesia do Porto de Los Angeles

8.4. O tráfego de navios pelo rio Mississippi, a maior das muitas vias navegáveis no interior dos Estados Unidos, que fornece transporte barato pela água.

Bob Nichols / Departamento de Agricultura dos Estados Unidos (USDA)

8.5. Protestos contra a política do governo americano de declarar guerra ao Vietnã — finalmente reconhecida como uma política ruim e abandonada, mas tais protestos contra o governo só são possíveis em uma democracia.

Biblioteca Lyndon Baines Johnson, fotografia de Frank Wolfe / NARA

8.6. Uma vantagem do sistema federal americano. Os estados podem adotar leis que inicialmente parecem malucas para os outros estados, mas que eventualmente se provam razoáveis e são adotadas — como a Califórnia ter sido o primeiro estado a permitir virar à direita mesmo com o sinal fechado, depois de ter parado totalmente o carro.

Cortesia de Alan Chevat

8.7. Thomas Edison, o mais conhecido dos inventores e inovadores americanos.

8.8. Formatura dos membros de uma turma da Universidade de Harvard, muitos deles recém-imigrados.

8.9. Quando o compromisso político ainda funcionava nos Estados Unidos: o presidente republicano Ronald Reagan e o presidente da Câmara dos Representantes Tip O'Neill (1981-1986), que frequentemente divergiam, mas, mesmo assim, chegavam a acordos e colaboraram produtivamente para aprovar muitas leis importantes.

Cortesia Biblioteca Ronald Reagan / NARA

8.10. O senador americano J. Strom Thurmond, que estabeleceu o recorde de mais longo discurso de bloqueio usado por uma minoria política para forçar a maioria política ao compromisso.

Coleção Strom Thurmond, Coleções & Arquivos Especiais, Universidade Clemson

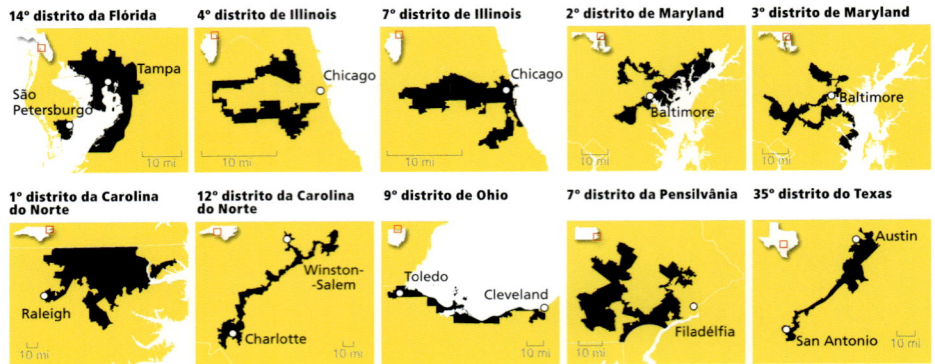

Gerrymanders modernos

Estes distritos congressionais recém-desenhados estão entre os mais contorcidos da nação
Em alguns locais, seus apêndices são da largura de uma rodovia

| 14º distrito da Flórida | 4º distrito de Illinois | 7º distrito de Illinois | 2º distrito de Maryland | 3º distrito de Maryland |

| 1º distrito da Carolina do Norte | 12º distrito da Carolina do Norte | 9º distrito de Ohio | 7º distrito da Pensilvânia | 35º distrito do Texas |

Ilustração de: Peter Bell

Fonte: State redistricting officials

8.11. Distritos congressionais *gerrymandered* nos estados americanos, redesenhados pelo partido no poder somente para assegurar um número exagerado de representantes eleitos. O nome é derivado da semelhança do formato de um desses distritos com o formato de uma salamandra [*salamander*].

9.1. Os tumultos Rodney King de 1992 em minha cidade, Los Angeles: no fim das contas, resultado da desigualdade econômica e da sensação de desesperança no interior da sociedade americana.

AP Photo / Paul Sakuma

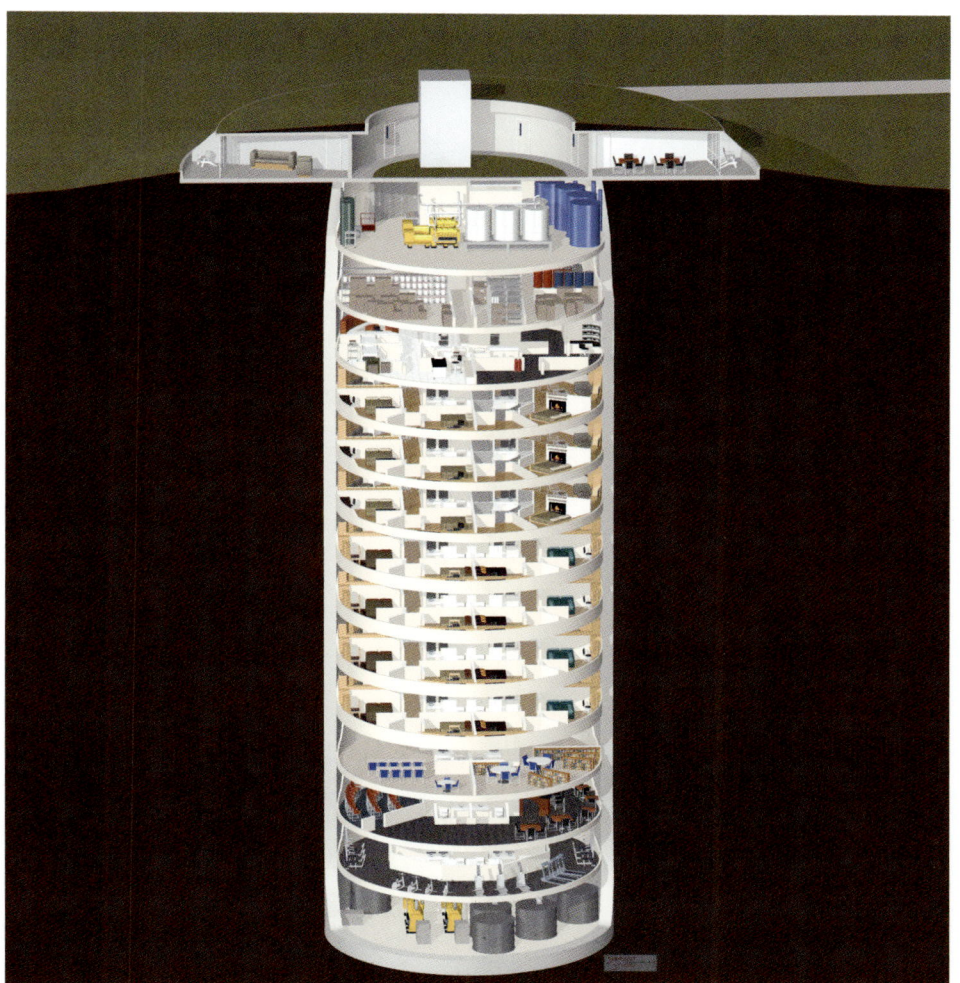

9.2. A resposta de alguns americanos ricos e poderosos aos amplos problemas da sociedade americana: não tentar solucioná-los, mas tentar escapar deles convertendo, com grandes custos, silos de mísseis abandonados em luxuosos bunkers para si mesmos.

Cortesia de Larry Hall

10. Um dos maiores problemas enfrentados pelo mundo hoje: o risco de que armas nucleares sejam usadas.

Todos os anos, em 4 de julho, no aniversário da Declaração de Independência, os americanos celebram o Dia da Independência, que é um de nossos mais importantes feriados anuais. Em contraste, a Austrália não reconhece ou celebra o Dia da Independência, porque não existe um. As colônias australianas conquistaram o autogoverno sem objeção britânica e jamais cortaram completamente seus laços políticos com a Grã-Bretanha. A Austrália ainda está ligada à (britânica) Commonwealth e ainda reconhece a soberana britânica como chefe nominal do Estado. Por que o relaxamento ou corte dos laços com a Grã-Bretanha se deu de maneira diferente na Austrália e nos Estados Unidos?

Houve várias razões. Uma é que a Grã-Bretanha aprendeu a lição da cara derrota na Revolução Americana, mudou suas políticas em relação às colônias brancas e prontamente concedeu autogoverno ao Canadá, à Nova Zelândia e à Austrália. Aliás, concedeu muitas características de autogoverno aos australianos por iniciativa própria, antes que eles fizessem quaisquer demandas. Uma segunda razão foi que a distância de navegação da Grã-Bretanha para a Austrália era muito maior do que para a Costa Leste americana. A Primeira Frota precisou de oito meses para chegar à Austrália e, durante grande parte do início do século XIX, os tempos de navegação variaram de seis meses a um ano. A resultante lentidão nas comunicações impediu que o gabinete colonial em Londres exercesse grande controle sobre a Austrália; as decisões e leis tiveram de ser delegadas primeiro aos governadores e, depois, aos próprios australianos. Entre 1809 e 1819, por exemplo, o governador britânico da colônia de Nova Gales do Sul sequer notificou Londres sobre as novas leis que adotou.

Uma terceira razão para a diferença entre a história australiana e a americana foi que o governo colonial britânico teve de enviar um grande exército para as colônias americanas. Esse exército servia para defendê-las do Exército francês baseado no Canadá, que competia pelo controle da América do Norte, e das menos bem armadas, mas formidáveis e populosas tribos de índios americanos, com governo centralizado exercido por chefes.

Em contraste, nenhuma potência europeia competiu pela colonização do continente australiano, e os aborígines eram poucos, não possuíam armas nem liderança centralizada. Consequentemente, a Grã-Bretanha jamais precisou estacionar um grande exército na Austrália nem impor impostos impopulares para pagar por esse exército; o fato de impor impostos às colônias americanas sem consultá-las foi a causa imediata da Revolução Americana. O último pequeno contingente de soldados britânicos na Austrália foi retirado em 1870; por iniciativa britânica, e não sob pressão australiana. Outro fator foi que as colônias australianas, ao contrário das americanas, eram pouco lucrativas e desimportantes demais para que a Grã-Bretanha prestasse muita atenção a elas. As colônias americanas eram consideradas ricas e capazes de pagar impostos; as australianas, não. Muito mais lucrativas e importantes eram as colônias no Canadá, na Índia, na África do Sul e em Singapura. Finalmente, como explicarei na próxima seção, durante muito tempo os principais assentamentos britânicos na Austrália permaneceram como colônias separadas, com pouca coordenação política.

O curso através do qual as colônias australianas chegaram ao autogoverno foi o seguinte. Em 1828, quarenta anos após a chegada da Primeira Frota, a Grã-Bretanha criou conselhos legislativos nomeados (não eleitos) nas duas colônias mais antigas, Nova Gales do Sul e Tasmânia. Esses conselhos foram sucedidos em 1842 pelo primeiro governo colonial representativo parcialmente eleito (em Nova Gales do Sul). Em 1850, a Grã-Bretanha escreveu Constituições para as colônias australianas, que ficaram livres para criar emendas, o que significou que ficaram livres para implementar seus próprios governos. As Constituições de 1850 e as emendas subsequentes "reservavam" à Grã-Bretanha a decisão sobre algumas questões, como defesa, traição e naturalização, e o poder teórico de rejeitar qualquer lei colonial. Na prática, contudo, ela raramente exerceu esses direitos. No fim da década de 1800, o único grande direito consistentemente reservado era o controle das relações exteriores australianas.

Juntamente com esses direitos reservados, durante a década de 1800 a Grã-
-Bretanha continuou fornecendo importantes serviços que uma Austrália
independente teria de providenciar por si mesma. Um deles foi a proteção
militar dos navios de guerra britânicos quando outros países europeus, o
Japão e os Estados Unidos se tornaram ativos no oceano Pacífico, no fim
da década. Outro serviço envolvia os governadores enviados para as colônias. Eles não eram tiranos ressentidos impostos às colônias australianas
por uma poderosa Grã-Bretanha. Em vez disso, desempenhavam papel
essencial no autogoverno, que sempre chegava a impasses. Os governadores
britânicos frequentemente tinham de resolver discordâncias entre a câmara alta e a câmara baixa sobre a legislatura colonial, negociar a formação
de coalizões parlamentares e decidir quando dissolver o Parlamento e
convocar eleições.

———

Até aqui, falei sobre as colônias australianas históricas como se tivessem
sido precursoras diretas da Austrália unificada de hoje. Na verdade, a
Austrália surgiu como seis colônias separadas — Nova Gales do Sul, Tasmânia, Victoria, Austrália Meridional, Austrália Ocidental e Queensland
—, com muito menos contato entre si do que as colônias americanas que
mais tarde se tornariam estados dos EUA. Esse contato limitado se devia
à geografia, em um continente com poucos trechos de terras produtivas
separados por grandes distâncias de deserto e outros tipos de terras impro-
dutivas. Foi somente em 1917 que as cinco capitais da Austrália continental
foram conectadas por uma ferrovia. (A sexta capital, Hobart, na Tasmânia,
nunca se conectou, porque a Tasmânia é uma ilha a 210 quilômetros do
continente.) Cada colônia adotou uma bitola (distância entre os trilhos)
diferente, indo de 106 a 160 centímetros, fazendo com que os trens não
pudessem ir diretamente de uma colônia à outra. Como países independentes, as colônias criaram barreiras tarifárias para se protegerem umas

das outras e mantinham alfândegas para coletar impostos de importação nas fronteiras. Em 1864, Nova Gales do Sul e Victoria chegaram perto de um confronto armado em sua fronteira. Como resultado, as seis colônias só se tornaram uma única nação em 1901, 113 anos após a Primeira Frota.

Inicialmente, as colônias demonstraram pouco interesse pela unificação. Os colonos pensavam em si mesmos como britânicos ultramarinos e, depois, como habitantes de Victoria ou Queensland, e não da Austrália. Os primeiros sinais de interesse pela federação surgiram somente na última metade da década de 1800, quando aumentou o poderio militar japonês e os Estados Unidos, a França e a Alemanha se expandiram pelo Pacífico, anexando um grupo de ilhas após o outro e representando uma ameaça potencial para as colônias britânicas. Mas, no início, não estava claro quais seriam os limites territoriais de uma união dessas colônias. Um primeiro conselho federal da "Austronésia", formado em 1886, incluía representantes das colônias britânicas na Nova Zelândia e em Fiji, a uma grande distância, mas somente quatro das seis colônias que hoje formam a Austrália estavam representadas.

Embora o primeiro esboço de uma Constituição federal tenha sido preparado em 1891, a Comunidade da Austrália só foi criada em 1º de janeiro de 1901. O preâmbulo da Constituição declara concordância "em se unir em uma Comunidade Federal indissolúvel, sob a coroa do Reino Unido da Grã-Bretanha e da Irlanda", com um governador-geral nomeado pela Grã-Bretanha e com a provisão de que seria possível apelar das decisões do Tribunal Superior no Conselho Privado (equivalente a um supremo tribunal) britânico. Imagine essas provisões na Constituição dos Estados Unidos! Essa Constituição mostra que os australianos ainda sentiam lealdade pela Coroa, significando "aceitação de valores partilhados — o estado de direito, a imprensa livre, a proteção das liberdades individuais, a reivindicação da proteção oferecida pela então superpotência e representada pela Marinha real, o orgulho partilhado de ser parte do império no qual o sol nunca se punha, e mesmo um afeto pela pessoa da rainha Vitória" (Frank Welsh, *Australia*, p. 337). A bandeira adotada, que permanece sendo a bandeira nacional australiana, consistia na bandeira britânica (a Union Jack) ladeada pela constelação do Cruzeiro do Sul (ver figura 7.4 do encarte).

——

Os australianos que discutiram a Constituição federal argumentaram sobre muitas questões, mas foram unânimes na exclusão de todas as raças não brancas. As seguintes citações ilustram as opiniões da época sobre preservar a Austrália Branca. Em 1896, o jornal *Melbourne Age* escreveu: "Desejamos ver a Austrália como lar de uma grande e homogênea raça caucasiana, inteiramente livre dos problemas que mergulharam os Estados Unidos na guerra civil [...] não faz sentido proteger nossos trabalhadores da labuta miserável do Extremo Oriente se admitirmos os próprios miseráveis." Uma das primeiras leis da nova Federação Australiana em 1901 foi a Lei de Restrição à Imigração, aprovada com concordância de todos os partidos políticos, com o objetivo de assegurar que a Austrália permaneceria branca. A lei impedia a imigração de prostitutas, loucos, pessoas com doenças repulsivas e criminosos (apesar da origem do país como depósito de criminosos). A lei também determinava que nenhum negro ou asiático seria admitido, e que os australianos deviam ser "um povo e permanecer um povo, sem mistura de outras raças." Um líder trabalhista argumentou: "O influxo desses estrangeiros baixaria tanto o padrão agregado da comunidade que, em muito pouco tempo, a legislação social seria ineficaz. Mas, se mantivermos a raça pura e construirmos um caráter nacional, nos tornaremos um povo altamente progressista que, quanto mais viver e mais forte se tornar, mais orgulhoso deixará o governo britânico."

Eis outros exemplos da visão daquela época: "Os estrangeiros de cor não são pessoas agradáveis de se encontrar nos matagais solitários da Austrália"; não se pode esperar que um chinês "obtenha o nível de civilização que a Austrália herdou dos séculos"; e "a dama belamente vestida que frequenta [...] a igreja deve ficar satisfeita em pensar que talvez um grande e gordo [impublicável], fedendo com germes de toda sorte de doenças carregadas pelo necessário Yokohama, tenha esquentado o banco no qual ela se senta". O primeiro-ministro federal que inaugurou o cargo, Edmund Barton, escreveu: "Não existe igualdade racial. Aquelas raças [não brancas] são, em comparação com as raças brancas [...] desiguais e inferiores. Jamais se pretendeu que a doutrina da igualdade entre os homens se aplicasse à igualdade entre ingleses e chineses [...]. Nada que pudéssemos fazer através do cultivo, do refinamento ou de qualquer outro meio tornaria algumas raças iguais a outras." Outro primeiro-ministro, Alfred Deakin, declarou: "A unidade racial é absolutamente essencial para a unidade da Austrália."

O secretário colonial britânico objetou à menção explícita de raça da Comunidade da Austrália, em parte porque isso criava dificuldades para a negociação de uma aliança militar entre a Grã-Bretanha e o Japão. Assim, o objetivo de controle racial da imigração foi atingido sem mencionar raça, exigindo que os imigrantes fizessem uma prova de ditado, não necessariamente em inglês, mas em qualquer língua europeia à escolha do oficial de imigração de plantão. Quando um navio de trabalhadores chegou da ilha mediterrânea de Malta, que era uma colônia britânica, mas etnicamente mista, com potencial para passar no ditado em inglês, o oficial administrou um teste em holandês (uma língua desconhecida tanto em Malta quanto na Austrália) a fim de justificar sua expulsão. Quanto aos não brancos já admitidos como trabalhadores, a Comunidade da Austrália deportou ilhéus do Pacífico, chineses e indianos, mas permitiu que dois pequenos grupos de especialistas (condutores afegãos de camelos e coletores de pérolas japoneses) permanecessem.

O motivo por trás dessas barreiras à imigração era principalmente o racismo da época, mas também o fato de que o Partido Trabalhista queria proteger os altos salários dos trabalhadores ao evitar a imigração de mão de obra barata. Todavia, não pretendo caracterizar os australianos como excepcionalmente racistas. Eles apenas partilhavam das opiniões disseminadas pelo mundo e se destacavam principalmente por conseguirem traduzir essas opiniões em uma política de imigração baseada na exclusão racista, ao mesmo tempo que encorajavam a imigração britânica em função da baixa densidade populacional da Austrália. Na época, a Grã-Bretanha e os países europeus continentais não aceitavam nenhum imigrante. Quando muitas pessoas de origem africana finalmente chegaram à Grã-Bretanha vindas das Índias Ocidentais após a Segunda Guerra Mundial, o resultado foram os tumultos raciais de Nottingham e Notting Hill em 1958. O Japão até hoje não aceita um número significativo de imigrantes. Os Estados Unidos, tendo rejeitado a devoção australiana à identidade britânica, aceitou grande número de imigrantes da Europa continental, do México e da Ásia Oriental, mas enfrentou grande resistência.

———

Até que as coisas começassem a mudar após a Segunda Guerra Mundial, o senso de identidade dos australianos esteve centrado no fato de serem súditos britânicos. Isso emerge mais claramente do entusiasmo com que soldados australianos lutaram ao lado de soldados britânicos em guerras que não tinham importância direta para os interesses australianos. O primeiro caso foi em 1885, quando a colônia de Nova Gales do Sul (muito antes da federação na Comunidade da Austrália) enviou soldados para lutar ao lado dos britânicos contra rebeldes no Sudão, uma parte remota do mundo que não podia ser mais irrelevante para a Austrália. Uma oportunidade maior surgiu na Guerra dos Bôeres, em 1899, entre a Grã-Bretanha e os descendentes de colonos holandeses na África do Sul,

novamente sem nenhuma relevância direta para os interesses australianos. Os soldados australianos se saíram bem na Guerra dos Bôeres, ganhando cinco medalhas Cruz Vitória (a mais alta condecoração britânica
por bravura em combate) e assim a glória e a reputação de serem leais
súditos britânicos, ao custo de somente trezentos soldados australianos
mortos em batalha.

Quando a Grã-Bretanha declarou guerra à Alemanha em agosto de 1914, no
início da Primeira Guerra Mundial, ela o fez sem se preocupar em consultar
a Austrália ou o Canadá. O governador-geral da Austrália, nomeado pela
Grã-Bretanha, meramente anunciou o início da guerra ao primeiro-ministro eleito. Sem hesitar, os australianos apoiaram os esforços britânicos
em uma escala muito mais ampla do que no caso da Guerra dos Bôeres
ou da Guerra do Sudão. Um jornalista australiano escreveu: "Devemos
proteger nosso [sic!] país. Devemos proteger do punho cerrado [ou seja, da
Alemanha] esse sagrado legado." Nesse caso, a guerra teve leve efeito sobre
os interesses australianos: deu aos soldados um pretexto para ocuparem as
colônias alemãs a nordeste da Nova Guiné e o arquipélago Bismarck. Mas
a principal contribuição da Austrália à Primeira Guerra Mundial foi uma
grande força voluntária — 400 mil soldados, constituindo mais da metade
de todos os australianos capacitados a lutar em uma população total de
menos de 5 milhões de pessoas — para defender os interesses britânicos a
meio mundo de distância, na França e no Oriente Médio. Mais de 300 mil
foram enviados para além-mar, dos quais dois terços terminaram feridos
ou mortos. Quase toda pequena cidade rural australiana ainda tem um
cenotáfio no centro, listando os nomes de seus mortos na guerra.

O mais conhecido envolvimento australiano na Primeira Guerra Mundial foi o ataque de tropas das Forças Armadas da Austrália e da Nova
Zelândia (ANZAC, na sigla em inglês) aos soldados turcos que controlavam
a península de Galípoli (ver figura 7.5 do encarte). As tropas das ANZAC
desembarcaram em 25 de abril de 1915, sofreram muitas baixas devido à
liderança incompetente do general britânico que comandava a operação

e recuaram em 1916, quando a Grã-Bretanha concluiu que a operação fora um fracasso. Desde então, o Dia ANZAC (25 de abril), o aniversário do desembarque em Galípoli, é o feriado nacional mais importante e mais emotivo da Austrália.

Para um não australiano, a ênfase no Dia ANZAC como *o* feriado nacional australiano está além da compreensão. Por que um país desejaria *celebrar* o massacre de seus jovens, traídos pela liderança britânica a meio mundo de distância, em uma península que rivaliza com o Sudão em sua irrelevância para os interesses nacionais? Mas aprendi a manter a boca fechada e não fazer perguntas racionais, uma vez que, ainda hoje, meus amigos se desfazem em lágrimas quando falam sobre o desembarque em Galípoli há um século. A explicação é que nada ilustra melhor a disposição dos australianos de morrerem pela mãe-pátria britânica do que o massacre de seus jovens em Galípoli. Galípoli passou a ser vista como o nascimento da nação, refletindo a disseminada visão de que o nascimento de qualquer nação exige sacrifício e derramamento de sangue. O massacre de Galípoli simbolizou o orgulho nacional dos australianos, lutando pela pátria britânica como australianos, não victorianos, tasmanianos ou sul-australianos, e a dedicação emocional com a qual se identificavam publicamente como leais súditos britânicos.

Essa autoidentificação foi novamente enfatizada em 1923, quando uma conferência dos países do Império Britânico concordou que os domínios britânicos deveriam nomear os próprios embaixadores ou representantes diplomáticos em países estrangeiros, em vez de serem representados pelo embaixador britânico. O Canadá, a África do Sul e a Irlanda prontamente nomearam os próprios representantes. Mas a Austrália não o fez, uma vez que não havia entusiasmo público por sinais visíveis de independência.

No entanto, o relacionamento da Austrália com a Grã-Bretanha não foi somente o de uma criança obediente buscando a aprovação da estimada mãe-pátria, incluindo também um componente de amor e ódio. Um exemplo pessoal é o de um amigo que trabalhou em um abatedouro de ovelhas no qual alguns produtos eram vendidos para consumo doméstico e outros eram exportados para a Grã-Bretanha. Nas caixas de fígados de ovelha destinados à exportação, meu amigo e os colegas ocasionalmente derrubavam uma vesícula biliar, cujo conteúdo é inesquecivelmente amargo. Exemplos mais sérios do componente de ódio no relacionamento entre a Austrália e a Grã-Bretanha são as opiniões, que citarei mais tarde, expressadas por primeiros-ministros australianos após a Segunda Guerra Mundial.

———

O significado da Segunda Guerra Mundial para a Austrália foi muito diferente daquele da Primeira Guerra Mundial, porque a própria Austrália foi atacada, e porque houve batalhas intensas em ilhas próximas, e não a meio mundo de distância. A rendição da grande base naval britânica em Singapura às tropas japonesas frequentemente é vista como ponto de virada na evolução da autoimagem australiana.

Durante as duas décadas após a Primeira Guerra Mundial, o Japão expandiu seu exército e sua marinha, iniciou uma guerra não declarada contra a China e emergiu como perigo para a Austrália. Em seu papel de defensora da Austrália, a Grã-Bretanha respondeu fortalecendo sua base na ponta da península da Malásia, em Singapura, embora a base estivesse a quase 6.500 quilômetros de distância. A Austrália contava com a proteção daquela remota base britânica e ainda mais com a proteção da remota frota britânica concentrada no Atlântico e no Mediterrâneo. Mas a Grã-Bretanha não pode ser considerada a única culpada pelo fracasso da estratégia de Singapura, porque a Austrália negligenciou os passos necessários para sua própria defesa. Aboliu o recrutamento militar em 1930 e construiu uma força aérea e uma marinha bastante pequenas. A marinha não incluía porta-aviões, encouraçados ou navios de guerra maiores do que cruzadores leves, totalmente inadequados para proteger o país e suas conexões marítimas internacionais do ataque japonês. Ao mesmo tempo, a própria Grã-Bretanha enfrentava uma ameaça mais séria e imediata da Alemanha, e estava atrasada em seus preparativos militares contra o Japão.

Assim como no início da Primeira Guerra Mundial, quando a Grã--Bretanha declarou guerra à Alemanha em 3 de setembro de 1939, o primeiro-ministro australiano prontamente anunciou, sem sequer consultar o Parlamento: "A Grã-Bretanha declarou guerra e, como resultado, a Austrália também está em guerra [contra a Alemanha]." Como durante a Primeira Guerra Mundial, a Austrália não tinha interesse direto no teatro europeu, do outro lado do mundo, que colocava a Alemanha contra a Polônia, a Grã-Bretanha, a França e outros países ocidentais europeus. Mas, assim como ocorrera durante a Primeira Guerra Mundial, voltou a enviar soldados para lutar principalmente na África do Norte e em Creta. Quando aumentou o risco de um ataque japonês, o governo australiano requisitou o retorno dessas tropas para defender a própria Austrália. O primeiro-ministro britânico Winston Churchill tentou tranquilizar os australianos, prometendo que a Grã-Bretanha e sua frota usariam Singapura para proteger a Austrália da invasão e de qualquer frota japonesa que pudesse surgir em águas australianas. Como os eventos provaram, essas promessas não tinham base na realidade.

O Japão atacou os Estados Unidos, a Grã-Bretanha, a Austrália e as Índias Orientais Holandesas a partir de 7 de dezembro de 1941. Em 10 de dezembro, no terceiro dia após a declaração de guerra, bombardeiros japoneses afundaram os dois grandes navios de guerra britânicos disponíveis no Extremo Oriente para defender a Austrália, o encouraçado *Prince of Wales* (ver figura 7.6 do encarte) e o cruzador *Repulse*. Em 15 de fevereiro de 1942, o general britânico no comando de Singapura rendeu-se ao Exército japonês, enviando 100 mil soldados britânicos e do Império para campos de prisioneiros de guerra, na mais severa derrota militar da história britânica (ver figura 7.7 do encarte). Infelizmente, os soldados que se renderam incluíam os 2 mil soldados australianos que haviam chegado a Singapura somente três semanas antes, em 24 de janeiro, a fim de tentar defendê-la. Na ausência de navios britânicos, os mesmos porta-aviões japoneses que haviam bombardeado a base naval americana em Pearl Harbor bombardearam pesadamente a cidade australiana de Darwin em 19 de fevereiro de 1942 (ver figura 7.8 do encarte). Esse foi o primeiro de mais de sessenta ataques japoneses à Austrália, além de uma tentativa de ataque ao porto de Sidney por um submarino.

Para os australianos, a queda de Singapura não foi somente um choque e um assustador recuo militar: ela foi vista como traição da mãe-pátria britânica. Enquanto ocorria o avanço japonês em Singapura, o primeiro-ministro australiano John Curtin enviou um telegrama a Churchill dizendo que seria uma "traição imperdoável" se a Grã-Bretanha evacuasse Singapura após todas as garantias de que a base era inexpugnável. Mas Singapura caiu porque a Grã-Bretanha estava militarmente muito dividida entre o teatro europeu e o Extremo Oriente e porque as forças japonesas, embora numericamente inferiores, eram taticamente superiores às forças britânicas e imperiais.

A Austrália foi culpada de negligenciar sua própria defesa. Mesmo assim, sua amargura contra a Grã-Bretanha persistiu por muito tempo. Em 1992, cinquenta anos após a rendição de Singapura, o primeiro-ministro Paul Keating denunciou mordazmente a Grã-Bretanha e deu vazão a seu ódio em um discurso no Parlamento: "Na escola [...], aprendi sobre respeito e estima pela Austrália, não sobre alguma bajulação cultural a um país que decidiu não defender a península da Malásia, não se preocupar com Singapura e não nos devolver nossos soldados, a fim de que pudéssemos nos manter livres do domínio japonês. Foi com esse país que vocês [os membros australianos do Parlamento que pertenciam aos dois partidos conservadores] se casaram [...] mesmo depois que ele lhes deu as costas."

As lições da Segunda Guerra Mundial foram duas. A primeira e mais importante: a Grã-Bretanha fora impotente para defender a Austrália. Sua defesa dependera maciçamente do envio de soldados, navios e aviões dos Estados Unidos, comandados pelo general americano MacArthur, que estabelecera seu quartel-general na Austrália. MacArthur dirigiu operações, incluindo aquelas envolvendo soldados australianos, em grande parte sozinho: não havia sugestão de parceria igualitária entre Estados Unidos e Austrália. Embora houvesse preocupação com a possibilidade de desembarques japoneses, eles não se materializaram. Mas ficou claro que qualquer defesa contra desembarques teria sido feita pelos Estados Unidos, e não pela Grã-Bretanha. Conforme a guerra contra o Japão se desdobrou lentamente durante quase quatro anos, soldados australianos lutaram contra soldados japoneses nas ilhas da Nova Guiné, Nova Bretanha, Salomão e, finalmente, Bornéu. Esses soldados desempenharam um vital papel de linha de frente para impedir a tentativa japonesa, em 1942, de avançar sobre a Trilha de Kokoda para capturar a capital colonial do Território de Nova Guiné, Port Moresby. Depois disso, todavia, MacArthur relegou os soldados australianos a operações secundárias longe das linhas de frente. Como resultado, embora a Austrália tenha sido atacada diretamente durante a Segunda Guerra Mundial, mas não durante a Primeira, suas baixas na Segunda Guerra Mundial foram paradoxalmente menos da metade de suas baixas na Primeira.

Segunda lição: a Segunda Guerra Mundial mostrou que, embora soldados australianos tenham servido em ambas as guerras no remoto teatro europeu, havia riscos graves e imediatos por perto, vindos da Ásia. Com razão, a Austrália passou a considerar o Japão como *o* inimigo. Cerca de 22 mil soldados australianos capturados pelos japoneses durante a guerra foram submetidos a condições indescritivelmente brutais nos campos de prisioneiros, onde 36% deles morreram: uma porcentagem muito mais alta do que a de 1% de soldados americanos e britânicos em campos de prisioneiros de guerra alemães e de soldados alemães em campos americanos e britânicos. Especialmente chocantes para os australianos foram as

Marchas da Morte de Sandakan, nas quais 2.700 soldados australianos e britânicos capturados pelos japoneses e aprisionados em Sandakan, na ilha de Bornéu, foram obrigados a caminhar pela ilha, famintos e espancados, até que a maioria dos poucos sobreviventes foi executada, resultando na morte de quase todos os prisioneiros.

———

Após a Segunda Guerra Mundial, houve um gradual afrouxamento dos laços australianos com a Grã-Bretanha e uma mudança em sua autoidentificação como "britânicos leais na Austrália", resultando no desmantelamento da política da Austrália Branca. Mesmo para historiadores sem interesse particular pela própria Austrália, essas mudanças fornecem um estudo de caso sobre a mudança nas respostas nacionais à pergunta "Quem somos nós?" Tais mudanças não podem ocorrer tão rapidamente em nações, compostas por grupos com interesses diferentes, quanto ocorrem em indivíduos. Na Austrália, as mudanças ocorreram durante muitas décadas, e ainda ocorrem hoje em dia.

A Segunda Guerra Mundial teve consequências imediatas para a política de imigração. Já em 1943, o primeiro-ministro australiano concluiu que sua minúscula população (menos de 8 milhões em 1945) não conseguiria defender seu imenso continente contra as ameaças do Japão (com mais de 100 milhões na época); da Indonésia, a apenas 320 quilômetros (com população de quase 200 milhões), e da China (população de 1 bilhão). Comparada às altas densidades populacionais no Japão, em Java e na China, a Austrália parecia vazia e atraente para uma invasão asiática — era assim que pensava o primeiro-ministro australiano, mas não os próprios asiáticos. O outro argumento para mais imigração foi a errônea crença de que uma ampla população é essencial para que qualquer país desenvolva uma forte economia de Primeiro Mundo.

Nenhum desses argumentos faz sentido. Sempre houve, e ainda há, convincentes razões para que a Austrália possua uma densidade populacional menor do que a do Japão ou a de Java. Todo o território japonês e javanês é úmido e fértil, e grande parte dessas ilhas é adequada à agricultura altamente produtiva. Mas a maior parte da Austrália é um deserto árido, e somente uma minúscula fração corresponde a terras produtivas. Quanto à necessidade de uma grande população para construir uma forte economia de Primeiro Mundo, os sucessos econômicos da Dinamarca, da Finlândia, de Israel e de Singapura, cada um deles com uma população de apenas um quarto da australiana, ilustram que a qualidade conta mais do que a quantidade no sucesso econômico. Na verdade, a Austrália estaria muito melhor com uma população menor do que a de hoje, porque reduziria o impacto humano sobre o frágil ambiente australiano e aumentaria a taxa de recursos naturais por pessoa.

Mas os primeiros-ministros na década de 1940 não eram nem ecologistas nem economistas, e a Austrália do pós-guerra embarcou em um intenso programa de encorajamento à imigração. Infelizmente, as candidaturas das fontes favoritas, Grã-Bretanha e Irlanda, não chegaram nem perto de atingir os objetivos do programa, e a política da Austrália Branca limitava outras opções. Induzir os militares americanos estacionados na Austrália a ficar não era uma possibilidade atraente, pois muitos deles eram afro-americanos. Em vez disso, a "segunda melhor" fonte (depois da Grã-Bretanha e da Irlanda) se tornou a Europa Setentrional. A terceira escolha foi a Europa Meridional, respondendo pelos restaurantes italianos e gregos que frequentei em 1964. Os apoiadores da imigração australiana anunciaram sua surpreendente descoberta: "Com seleção adequada, italianos são excelentes cidadãos." (!!) Como primeiro passo nessa direção, prisioneiros de guerra italianos e alemães que haviam sido levados para a Austrália tiveram permissão para ficar.

O ministro da Imigração entre 1945 e 1949, Arthur Calwell, era racista assumido. Ele se recusou a permitir que os australianos que haviam sido tão pouco patriotas a ponto de se casarem com japonesas, chinesas ou indonésias levassem as noivas de guerra ou os filhos para a Austrália. E escreveu: "Nenhuma mulher japonesa ou mestiça será admitida na Austrália; simplesmente não as queremos aqui e elas são permanentemente indesejáveis [...] uma Austrália vira-latas é impossível." Como fonte adicional além da Grã-Bretanha, ele falou de modo aprovador sobre as três repúblicas bálticas (Estônia, Letônia e Lituânia), cuja anexação pela Rússia motivara a emigração de milhares de pessoas brancas e escolarizadas, com olhos e cabelos parecidos com os dos britânicos. Em 1947, Calwell visitou campos de refugiados na Europa do pós-guerra, descobriu que ofereciam "esplêndido material humano" e comentou, em tom de aprovação, que nas repúblicas bálticas "muitas pessoas são ruivas de olhos azuis. Também havia bom número de loiros naturais de ambos os sexos". O resultado desse encorajamento seletivo da imigração foi que, entre 1945 e 1950, a Austrália recebeu cerca de 700 mil imigrantes (quase 10% de sua população em 1945), metade deles tranquilizadoramente britânica e o restante de outras nacionalidades europeias. Em 1949, a Austrália cedeu e permitiu que as noivas de guerra japonesas permanecessem no país.

O enfraquecimento da política da Austrália Branca que produziu os imigrantes e restaurantes asiáticos que me esperavam em Brisbane em 2008 resultou de cinco considerações: proteção militar, desenvolvimentos políticos na Ásia, mudanças comerciais, os próprios imigrantes e a política britânica. Quanto às considerações militares, a Segunda Guerra Mundial deixara claro que a Grã-Bretanha já não era uma potência militar no Pacífico; em vez disso, os laços militares australianos haviam estado com os Estados Unidos. Isso foi oficialmente reconhecido pelo Tratado de Segurança ANZUS, de 1951, entre Estados Unidos, Austrália e Nova Zelândia, sem participação da Grã-Bretanha. A Guerra da Coreia, o surgimento da ameaça comunista na Malásia e no Vietnã e as intervenções militares indonésias na Nova Guiné Holandesa, na Bornéu malaia e no Timor Português alertaram a Austrália para a proliferação de problemas de segurança em seus arredores. A crise de Suez de 1956, na qual a Grã-Bretanha não conseguiu derrubar o presidente egípcio Nasser e foi obrigada a ceder à pressão econômica americana, expôs a debilidade britânica em termos militares e econômicos. Para choque dos australianos, em 1967 a Grã--Bretanha anunciou a intenção de retirar todas as suas forças militares a leste do canal de Suez. Isso marcou o fim oficial de seu duradouro papel como guardiã da Austrália.

Quanto aos desenvolvimentos políticos, ex-colônias, protetorados e mandatos asiáticos estavam se tornando nações independentes, incluindo Indonésia, Timor Leste, Papua-Nova Guiné, Filipinas, Malásia, Vietnã, Laos, Camboja e Tailândia. Esses países ficavam perto da Austrália: a Papua-Nova Guiné estava a poucas milhas de distância, e a Indonésia e o Timor Leste a apenas 320 quilômetros. Eles criaram suas próprias políticas externas, já não sendo subservientes às políticas externas de seus antigos senhores coloniais. Também cresciam economicamente.

Anteriormente, a Grã-Bretanha fora o maior parceiro comercial da Austrália, respondendo por 45% de suas importações e 30% de suas exportações até o início dos anos 1950. O rápido aumento do comércio com o Japão teve início quando a Austrália superou sua hostilidade racista, acentuada pela Segunda Guerra Mundial, assinou um acordo comercial com o Japão em 1957 e, em 1960, suspendeu a proibição de exportação de minério de ferro para o país. Na década de 1980, seu principal parceiro comercial era o Japão, seguido pelos Estados Unidos, e com a Grã-Bretanha bem antes. Em 1982, o Japão recebeu 28% das exportações australianas, os Estados Unidos 11% e a Grã-Bretanha somente 4%. A óbvia contradição era que, ao mesmo tempo que dizia ao Japão e a outros países asiáticos que estava ávida para negociar com eles, a Austrália considerava japoneses e outros asiáticos inadequados para habitar seu território.

O penúltimo fator que minou a política de imigração pró-britânica da Austrália Branca foi a mudança nos próprios imigrantes. Todos aqueles italianos, gregos, estonianos, letões e lituanos que imigraram após a

Segunda Guerra Mundial eram indubitavelmente brancos, mas não britânicos. Não partilhavam da imagem tradicional dos australianos como súditos leais da Grã-Bretanha. Também não partilhavam dos fortes preconceitos raciais contra asiáticos que eram prevalentes na Grã-Bretanha e na Austrália ainda na década de 1950.

Finalmente, não foi apenas a Austrália que se afastou da Grã-Bretanha; a Grã-Bretanha também se afastou da Austrália. Em ambos os países, os interesses estavam mudando e a autoimagem dominante se tornava cada vez mais ultrapassada. O governo britânico reconheceu essas cruéis realidades antes do governo australiano, mas o reconhecimento foi intensamente doloroso para ambos os lados. As mudanças na Grã-Bretanha estavam no auge quando morei lá entre 1958 e 1962. Os australianos tradicionalmente se viam como cidadãos britânicos no interior do Império Britânico, com base nas realidades gêmeas da ascendência da população e do comércio e da proteção militar britânicos, todos em mutação. Ao mesmo tempo, os britânicos tradicionalmente baseavam sua identidade na posse do maior império da história mundial ("o império no qual o sol nunca se põe") e, mais tarde, na liderança da Commonwealth britânica. O império e a Commonwealth haviam sido seus principais parceiros comerciais e suas principais fontes de soldados: pense em todos aqueles australianos, neozelandeses, indianos e canadenses que morreram ao lado dos britânicos em ambas as guerras. Mas o comércio com a Commonwealth estava decrescendo e se voltando para a Europa, assim como o comércio da Austrália com a Grã-Bretanha estava decrescendo e se voltando para a Ásia e os Estados Unidos. As colônias africanas e asiáticas se tornaram independentes, desenvolveram as próprias identidades nacionais, formularam as próprias políticas externas e (apesar das objeções britânicas) expulsaram a África do Sul da Commonwealth em função de suas políticas racistas de *apartheid*. Assim como a Austrália se sentia pressionada a escolher entre Grã-Bretanha ou a Ásia e os Estados Unidos, a Grã-Bretanha se sentia pressionada a escolher entre a Commonwealth e a Europa.

Em 1955, a Grã-Bretanha decidiu se retirar das negociações entre seis países europeus ocidentais (França, Alemanha, Itália, Bélgica, Holanda e Luxemburgo) para formar uma Comunidade Econômica Europeia (CEE, a progenitora do Mercado Comum de hoje). Contrariando as expectativas britânicas de 1955, os Seis (países europeus ocidentais) conseguiram criar a CEE sem a Grã-Bretanha em 1957. Em 1961, o primeiro-ministro Harold Macmillan reconheceu a mudança nos interesses britânicos. A Europa estava se tornando mais importante do que a Commonwealth, tanto econômica quanto politicamente. Consequentemente, a Grã-Bretanha se candidatou à CEE. A candidatura e suas consequências foram um choque para o relacionamento com a Austrália, ainda mais fundamental do que a queda de Singapura, embora essa última tenha sido mais dramática e simbólica e permaneça até hoje como a maior causa de ressentimento entre os australianos.

A candidatura criou um conflito inevitável entre os interesses britânicos e australianos. Os Seis estavam criando barreiras alfandegárias para as importações fora da CEE, e a Grã-Bretanha teria de subscrevê-las. Essas barreiras passariam a se aplicar aos produtos alimentícios e aos metais refinados australianos, para os quais a Grã-Bretanha ainda era o maior mercado de exportação. Os alimentos australianos seriam substituídos por alimentos franceses, holandeses, italianos e dinamarqueses. O primeiro-ministro britânico Macmillan conhecia essa cruel realidade tão bem quanto o primeiro-ministro australiano Robert Menzies. Macmillan prometeu à Austrália e aos outros países da Commonwealth que a Grã-Bretanha insistiria na defesa de seus interesses durante as negociações com a CEE. Mas parecia duvidoso que pudesse prevalecer e, de fato, os Seis se recusaram a fazer concessões significativas aos interesses australianos.

As reações dos australianos à candidatura da Grã-Bretanha à CEE lembram suas reações à queda de Singapura. A candidatura foi denunciada como imoral, desonesta e passível de queixas morais, além de uma traição de Galípoli, de um século de outros sacrifícios pela pátria britânica e do legado britânico subjacente à identidade nacional tradicional da Austrália. Ou seja, o choque foi profundamente simbólico, além de material. Choques simbólicos piores ainda estavam por vir. A Lei de Imigração na Commonwealth britânica, de 1962, que na verdade pretendia suspender a imigração das Índias Ocidentais e do Paquistão, evitou a aparência de racismo ao suspender o direito automático de *todos* os cidadãos da Commonwealth (incluindo os australianos) de entrar e residir na Grã-Bretanha. A Lei de Imigração de 1968 suspendia o direito automático de entrada de todos os *NÃO BRITÂNICOS* (os australianos passaram a ser não britânicos!) que não tivessem ao menos um avô britânico, excluindo assim uma ampla fração de australianos. Em 1972, a Grã-Bretanha declarou que os australianos eram *ESTRANGEIROS*! Que insulto!

Em resumo, não é que os filhos australianos da pátria britânica estivessem declarando sua independência. Em vez disso, a pátria britânica estava declarando a própria independência, afrouxando os laços com a Commonwealth e renegando seus filhos.

As negociações britânico-europeias se desdobraram com agonizante lentidão, parando e recomeçando várias vezes. O presidente francês de Gaulle vetou a primeira candidatura britânica à CEE em 1963. Também vetou a segunda em 1967. Depois de sua renúncia e morte, a terceira candidatura britânica em 1971 foi aprovada pelos Seis e pelos cidadãos britânicos em um referendo nacional. A essa altura, a Grã-Bretanha só respondia por 8% das exportações australianas. Os políticos australianos haviam reconhecido que se unir à Europa era vital para os interesses britânicos, que a Austrália não podia e não devia se opor a eles e que seu relacionamento anterior com a Grã-Bretanha se tornara um mito.

———

Da perspectiva australiana, pode parecer que sua identidade mudou de modo súbito e abrangente em 1972, quando o Partido Trabalhista, sob o primeiro-ministro Gough Whitlam, chegou ao poder pela primeira vez em 23 anos. Em seus primeiros dezenove dias no cargo, mesmo antes de nomear o novo gabinete, Whitlam e seu vice iniciaram um programa intensivo de mudanças seletivas para o qual há poucos paralelos no mundo moderno em termos de velocidade e abrangência. As mudanças introduzidas nesses dezenove dias incluíram: o fim do recrutamento militar (serviço militar obrigatório); a retirada de todos os soldados australianos do Vietnã; o reconhecimento da República Popular da China; o anúncio da independência da Papua-Nova Guiné, que a Austrália administrara por meio século sob mandato da Liga das Nações e depois das Nações Unidas; a proibição da visita de equipes esportivas internacionais racialmente selecionadas (uma regra que visava especialmente às equipes sul-africanas exclusivamente brancas); a abolição da indicação de australianos ao sistema britânico de honrarias (título de cavaleiro, Ordem do Império Britânico, Ordem de São Miguel e São Jorge e assim por diante) e sua substituição por um sistema nacional; e o repúdio oficial à política da Austrália Branca. Quando todo o gabinete de Whitlam foi aprovado, ele adotou novos passos do programa: a redução da idade de votação para 18 anos; o aumento do salário mínimo; a concessão de representação no Senado ao Território do Norte e ao Território da Capital Australiana; a criação de conselhos legislativos nesses dois territórios; a requisição de avaliações de impacto ambiental para projetos industriais; o aumento das despesas com aborígines; o pagamento igualitário para mulheres; o divórcio consensual; um esquema abrangente de seguro médico; e grandes mudanças na educação que incluíram a abolição das taxas universitárias, o aumento do auxílio financeiro às escolas e a transferência do financiamento da educação terciária dos estados para a Comunidade da Austrália.

Whitlam corretamente descreveu suas reformas como "reconhecimento do que já aconteceu", em vez de revolução saída do nada. De fato, a identidade britânica da Austrália diminuíra gradativamente. A queda de Sin-

JARED DIAMOND

gapura em 1942 fora o primeiro grande choque; o Tratado de Segurança ANZUS, em 1951, o reconhecimento inicial; e as ameaças comunistas no Leste Europeu e no Vietnã, os sinais de alerta. Mas a Austrália ainda se alinhou à Grã-Bretanha muito depois da queda de Singapura. Soldados australianos lutaram ao lado de soldados britânicos contra os insurgentes comunistas na Malásia no fim da década de 1940 e contra os infiltrados indonésios em Bornéu no início da década de 1960. A Austrália permitiu o teste de bombas atômicas britânicas em desertos remotos no fim da década de 1950, em um esforço para manter a Grã-Bretanha como potência militar independente dos Estados Unidos. Esteve entre as poucas nações a apoiar o amplamente condenado ataque britânico ao Egito, na Crise de Suez de 1956. Em 1954, a primeira visita à Austrália de uma monarca reinante, a rainha Elizabeth, foi recebida com enormes demonstrações de sentimento pró-britânico: mais de 75% dos australianos saíram às ruas para saudá-la (ver figura 7.9 do encarte). Mas, quando ela visitou o país novamente em 1963, dois anos após a primeira candidatura britânica à CEE, os australianos se mostraram muito menos interessados nela e na Grã-Bretanha.

O desmantelamento da política da Austrália Branca também ocorreu em estágios, antes de Whitlam torná-lo oficial, com a admissão das noivas de guerra japonesas em 1949 sendo o primeiro estágio. Sob o Plano Colombo para o Desenvolvimento Asiático, a Austrália aceitou 10 mil estudantes asiáticos na década de 1950. O desprezado ditado para potenciais imigrantes foi abandonado em 1958. A Lei de Migração daquele mesmo ano permitiu a imigração de "asiáticos notáveis e altamente qualificados". Consequentemente, quando Whitlam anunciou o fim da política da Austrália Branca em 1972 e repudiou todas as formas oficiais de discriminação racial, suas ações geraram muito menos protesto do que se poderia esperar com o fim de uma política esposada tão tenazmente por mais de um século. Entre 1978 e 1982, a Austrália admitiu mais refugiados indochineses, em termos de porcentagem da população, do que qualquer outro país. No fim da década de 1980, quase metade dos australianos nascera no exterior ou era filho de pai ou mãe nascidos no exterior. Em 1991, os asiáticos representavam mais de 50% dos imigrantes. Em 2010, a porcentagem de australianos nascidos no exterior (mais de 25%) era a segunda maior do mundo, atrás apenas de Israel. A influência desses imigrantes asiáticos foi muito maior do que seus números: estudantes asiáticos passaram a ocupar 70% das vagas das melhores escolas de Sydney, representavam uma parcela significativa dos universitários que vi caminhando pelo campus da Universidade de Queensland em 2008 e, juntamente com outros não europeus, constituem hoje mais da metade dos estudantes de Medicina.

Outras mudanças foram políticas e culturais. Em 1986, a Austrália pôs fim ao direito de apelação ao Conselho Privado britânico, abolindo o último traço real de soberania britânica e enfim se tornando totalmente independente. Em 1999, o Tribunal Superior declarou que a Grã-Bretanha era um "país estrangeiro". Na frente cultural, a dominância da cozinha britânica, simbolizada por tortas de carne e cerveja, foi amplamente superada por muitos estilos internacionais, e não somente pelos restaurantes italianos, gregos e alguns chineses da década de 1960. Alguns vinhos australianos estão entre os melhores do mundo. (Dica: Recomendo especialmente o Noble One da De Bortoli, um ótimo e acessível vinho de sobremesa; o Penfolds Grange, um maravilhoso, e menos acessível vinho tinto; e o Muscat da Morris of Rutherglen, um maravilhoso e acessível vinho fortificado.) A Opera House de Sydney (ver figura 7.10 do encarte), inaugurada em 1973 e hoje vista como símbolo da Austrália e uma das maiores realizações da arquitetura moderna, foi projetada pelo arquiteto dinamarquês Jørn Utzon.

Os debates sobre *Quem somos nós?* se relacionaram não apenas à realidade da identidade australiana, mas aparentemente a todos os símbolos de identidade. A moeda ainda deveria se chamar libra esterlina não decimal, como na Grã-Bretanha, ou deveria ter um nome distintamente australiano, como ru (diminutivo de "canguru")? (A decisão final foi descartar a libra em favor de uma moeda decimal com nome americano ou internacional, o dólar.) O hino nacional deveria ser "God Save the Queen"? (Em 1984, o hino britânico finalmente foi substituído por "Advance, Australia Fair".) A bandeira nacional ainda deveria ser baseada na Union Jack britânica? (Ainda é.) A heroica derrota defendendo os interesses britânicos contra os turcos em Galípoli em 1915 ainda deveria ser a maior celebração nacional ou ser substituída pela heroica vitória defendendo interesses australianos contra os japoneses na Trilha de Kokoda, na Nova Guiné, em 1942? (Ainda é o Dia ANZAC comemorando Galípoli.) E... a Austrália deveria reconhecer a rainha da Grã-Bretanha, ou se tornar uma república? (Ainda reconhece a rainha.)

———

Como a Austrália se encaixa em nossa estrutura de crise e mudança seletiva?

Para a Austrália, mais do que para qualquer outro país que discutimos, o problema central tem sido o continuado debate sobre questões de identidade e valores essenciais (fatores 6 e 11 da Tabela 1.2): quem somos nós? A Austrália é um posto avançado britânico e branco perto da Ásia, mas se interessa pouco por seus vizinhos asiáticos? Os australianos são súditos leais que dependem da aprovação britânica para sua autoconfiança e olham para a Grã-Bretanha em busca de proteção, que não sentem necessidade de possuir seus próprios embaixadores e que, para demonstrar lealdade à Grã-Bretanha, voluntariam-se para morrer em grande número em partes remotas do mundo, estrategicamente importantes para a Grã-Bretanha, mas não para a Austrália? Ou a Austrália é uma nação independente na periferia imediata da Ásia, com seus próprios interesses nacionais, política externa e embaixadores, mais envolvida com a Ásia do que com a Europa e com um legado cultural britânico que declina com o tempo? Esse debate só começou seriamente ao fim da Segunda Guerra Mundial, e continua até hoje. Mesmo enquanto a Austrália debatia sua identidade como orgulhoso posto avançado do Império Britânico, a Grã-Bretanha debatia a própria identidade como orgulhoso centro do império (em declínio) e se esforçava para assumir uma nova identidade como potência não imperial fortemente envolvida com a Europa continental.

O tema da autoavaliação honesta (fator 7) tem caracterizado a Austrália cada vez mais desde a Segunda Guerra Mundial, quando os australianos passaram a reconhecer a situação modificada de seu país no mundo moderno. Com relutância reconheceram que a Grã-Bretanha, antes sua maior parceira comercial, hoje é apenas uma parceira menor; que seu pior inimigo, o Japão, é hoje seu mais importante parceiro comercial; e que operar como posto avançado britânico e branco na periferia da Ásia já não é uma estratégia viável.

O ímpeto pela mudança foi em parte externo e em parte interno. Uma parcela foi o poder declinante da Grã-Bretanha, o fim do Império Britânico ultramarino e o poder cada vez maior do Japão, da China e de outros países asiáticos. Ao mesmo tempo, houve uma parcela interna, conforme a população, graças à imigração, tornou-se menos britânica e mais asiática e europeia não britânica e passou a escolher políticas diferentes.

A Austrália ilustra notavelmente a mudança seletiva e a construção de uma cerca (fator 3). Grandes mudanças incluem alterações na maneira como os australianos veem a si mesmos; o desenvolvimento de uma política externa independente, em vez de deixar as decisões de política externa para a Grã-Bretanha; uma população e uma cultura cada vez mais multiétnicas (muito mais nas cidades do que nas áreas rurais); e uma orientação política e econômica na direção da Ásia e dos Estados Unidos. Ao mesmo tempo, outras coisas importantes permaneceram inalteradas. O governo ainda é uma democracia parlamentar. A Austrália ainda mantém importantes laços simbólicos com a Grã-Bretanha, como o fato de a rainha ainda ser a chefe de Estado, seu retrato ainda aparecer nas notas de 5 dólares e nas moedas e a bandeira ainda incorporar a bandeira britânica. A Austrália ainda mantém valores sociais altamente igualitários e um forte individualismo. Sua sociedade ainda possui um sabor inconfundivelmente local, como a dedicação aos esportes, em especial o futebol com regras australianas (que foi inventado na Austrália e não é jogado em nenhum outro lugar do mundo), junto com a natação e esportes britânicos como rúgbi e críquete. Os líderes adotam os passatempos nacionais mesmo quando são perigosos: o primeiro-ministro Harold Holt morreu afogado em 1967, enquanto nadava em uma área oceânica com fortes correntes.

Na maioria dos países que realizam mudanças seletivas, diferentes mudanças são feitas independentemente ao longo de muitos anos. Um dos poucos exemplos de programa unificado consistindo em muitas mudanças iniciadas ao mesmo tempo foi o furacão de dezenove dias do primeiro--ministro Gough Whitlam, de 1º a 19 de dezembro de 1972.

A questão da liberdade de restrições (fator 12) tem sido importante, e essa liberdade (ou falta dela) mudou com o tempo. Até a Segunda Guerra Mundial, os oceanos protegeram a Austrália de qualquer risco realista de ataque, assim como protegeram os Estados Unidos continentais desde a independência até o ataque ao World Trade Center em 11 de setembro de 2001. Com o bombardeio japonês a Darwin em 19 de fevereiro de 1942, os australianos perceberam que seu país já não estava livre de restrições externas.

Mesmo antes de 1942, no entanto, a sociedade australiana dominada por europeus dependeu da ajuda de amigos (fator 4): inicialmente da Grã--Bretanha, que nos anos após a Primeira Frota forneceu comida e defesa, e, da Segunda Guerra Mundial em diante, dos Estados Unidos. Embora a nação não sofresse risco de ataque direto antes do bombardeio a Darwin, na segunda metade do século XIX os australianos começaram a se preocupar com a expansão militar e colonial da França, da Alemanha, dos Estados Unidos e do Japão nas ilhas do Pacífico. A Austrália olhou para a frota britânica em busca de proteção, falhou em assumir a responsabilidade (fator 2) por sua própria defesa durante os anos 1930 e permitiu que suas Forças Armadas se atrofiassem.

As mudanças nos últimos setenta anos não ocorreram em resposta a uma crise aguda; em vez disso, fizeram parte de um processo gradual que se desenvolveu ao longo do tempo e acelerou desde a Segunda Guerra Mundial, quando a identidade britânica se degenerou e passou de realidade a mito. Embora os próprios australianos possam não aplicar essa expressão à Austrália, acho útil pensar que a Austrália passou por uma "crise" de longo desdobramento, pois as questões de mudança seletiva foram similares às de outras nações respondendo a crises súbitas. Nesse sentido, as mudanças recentes se parecem com aquelas ocorridas na mesma década na Alemanha (capítulo 6), que também foram lentas. Houve, é claro, alguns momentos notáveis nessa lenta sucessão de eventos, particularmente o naufrágio do *Prince of Wales* e do *Repulse*, a rendição de Singapura e o ataque aéreo a Darwin, todos ocorridos em um intervalo de 71 dias. Mas a crise e as mudanças não envolveram nada que se aproximasse do choque transformador da chegada dos navios de guerra do comodoro Perry ao Japão Meiji em 8 de julho de 1853, do ataque russo de 30 de novembro de 1939 à Finlândia, do golpe de Pinochet e da morte de Allende em 11 de setembro de 1973 no Chile e do golpe fracassado de 1º de outubro de 1965 e do subsequente genocídio na Indonésia.

A reavaliação dos valores essenciais e a sucessão de mudanças seletivas certamente ainda não acabaram. Em 1999, a Austrália realizou um referendo sobre se deveria abandonar a rainha da Grã-Bretanha como chefe de Estado e se tornar uma república. Embora o referendo tenha sido derrotado por uma margem de 55% a 45%, décadas antes teria sido totalmente impensável sequer realizá-lo, quanto mais contemplar a possibilidade de uma margem de 45% de aceitação. A porcentagem de australianos que nasceram na Grã-Bretanha decresce rapidamente. Parece somente uma questão de tempo até que seja realizado outro referendo sobre a república, e as chances do "sim" serão mais altas. Em uma ou duas décadas, é provável que os asiáticos constituam mais de 15% da população e seus legisladores, e mais de 50% dos estudantes nas principais universidades. Mais cedo ou mais tarde, a Austrália elegerá um asiático como primeiro-ministro. (No momento em que escrevo esta frase, um imigrante vietnamita já é governador da Austrália Meridional.) Quando essas mudanças ocorrerem, não parecerá incongruente manter a rainha da Grã-Bretanha como chefe de Estado, cunhar seu rosto na moeda e manter uma bandeira baseada na bandeira britânica?

PARTE 3

AS NAÇÕES E O MUNDO: CRISES EM CURSO

CAPÍTULO 8

O QUE VEM PELA FRENTE PARA O JAPÃO?

O Japão hoje — Economia — Vantagens — Dívidas do
governo — Mulheres — Bebês — Velho e em declínio —
Imigração — China e Coreia — Gerenciamento dos
recursos naturais — Estrutura da crise

Discutimos crises passadas em seis nações. Nas primeiras quatro, as crises explodiram subitamente entre 166 (Japão Meiji) e 46 anos atrás (Chile). Nas duas seguintes, emergiram mais gradualmente, mas chegaram ao auge há mais ou menos meio século. Embora não se possa afirmar que tenham atingido total resolução (ou impasse), décadas suficientes se passaram para podermos discutir os resultados.

Nos quatro capítulos remanescentes, discutiremos crises que parecem estar se desdobrando, em relação às quais somente o futuro dirá se realmente foram crises, e cujos resultados permanecem incertos. Esses capítulos tratam do Japão contemporâneo, dos Estados Unidos e do mundo todo.

Assim como a discussão das crises passadas incluiu o Japão da era Meiji, começaremos a discussão das possíveis crises atuais com o Japão. (Neste capítulo, falarei somente de problemas específicos ao Japão, mas é claro que ele também está exposto aos problemas mundiais discutidos no capítulo 11.) Meus amigos e familiares japoneses e o povo japonês em geral reconhecem vários problemas. Há problemas adicionais que me preocupam, mas os japoneses tendem a ignorá-los ou considerá-los pouco importantes. Mas muitas discussões sobre o Japão vão do extremo de depreciá-lo ao extremo de admirá-lo sem senso crítico. Consequentemente, prefaciaremos a discussão dos problemas do Japão moderno com uma discussão de suas forças. Veremos que, assim como em outros países, algumas das forças estão ligadas a problemas. As forças que discutirei envolvem economia, capital humano, cultura e ambiente.

———

O Japão de hoje possui a terceira maior economia do mundo, apenas recentemente superada pela da China. Ele responde por 8% da produção econômica global, quase metade da maior economia do mundo (os Estados Unidos) e mais do que o dobro do Reino Unido, outro país notoriamente produtivo. Em geral, a produção econômica nacional é resultado do número de pessoas multiplicado pela produção média por pessoa. A produção nacional do Japão é alta tanto porque ele possui grande população (atrás apenas dos Estados Unidos entre as democracias ricas) quanto por causa de sua alta produtividade individual média.

Embora a grande dívida doméstica atraia muita atenção (mais sobre isso a seguir), o Japão é a principal nação credora do mundo. Ele possui a segunda maior reserva de moeda estrangeira e rivaliza com a China como maior detentor de títulos da dívida americana.

Um importante fator por trás de sua força econômica é o alto investimento em pesquisa e desenvolvimento (P&D) para estimular a inovação. O Japão faz o terceiro maior investimento anual absoluto do mundo, atrás apenas da China e dos Estados Unidos, com populações muito maiores. Em termos relativos, a proporção do produto interno bruto (PIB) dedicada à P&D, 3,5%, é quase o dobro da americana (somente 1,8%), e ainda considerada mais alta do que a dos dois outros países conhecidos por seu investimento em P&D, Alemanha (2,9%) e China (2%).

Todos os anos, o Fórum Econômico Mundial divulga o Índice de Competitividade Global, que integra doze conjuntos de números que influenciam a produtividade econômica de um país. Durante muitos anos, o Japão esteve consistentemente entre os dez principais países no tocante a esse índice; Japão, Singapura e Hong Kong são as únicas três economias fora da Europa Ocidental e dos Estados Unidos a estarem entre as dez primeiras. Duas razões para a alta colocação são óbvias para os visitantes leigos: a excelente infraestrutura e rede de transporte, com as melhores ferrovias do mundo, e a força de trabalho saudável e escolarizada, especialmente habilidosa em matemática e ciências (mais sobre isso na próxima seção). Outras razões na longa lista são menos imediatamente óbvias, mas ainda familiares para os estrangeiros que fazem negócios no Japão. Em ordem alfabética, sem tentar classificá-las em importância, essas razões incluem: amplo mercado doméstico, baixo desemprego, consumidores e produtores sofisticados, controle da inflação, equipes comerciais bem-treinadas, instituições de pesquisa de alta qualidade despejando muitos cientistas e engenheiros no mercado, mais patentes registradas por ano e por cidadão do que em qualquer outro país, mercados locais altamente competitivos, proteção dos direitos de propriedade e propriedade intelectual, rápida absorção da tecnologia e relações trabalhistas cooperativas. Prometo não fazer um teste sobre essa longa e indigesta lista, mas a mensagem é clara: há muitas razões pelas quais os empreendimentos japoneses são competitivos nos mercados mundiais.

Finalmente, não nos esqueçamos de uma característica que gera grandes benefícios financeiros hoje, mas poderia causar problemas no futuro. Os únicos dois países cujas economias excedem a japonesa são os Estados Unidos e a China, mas eles devotam grande parcela de seus orçamentos aos gastos militares. O Japão não incorre nesses custos, graças a uma cláusula da Constituição de 1947 imposta pelos Estados Unidos (e hoje endossada por grande parte do próprio povo japonês) que reduziu suas Forças Armadas ao mínimo.

———

Um segundo conjunto de forças, para além das econômicas, é o "capital humano", ou seja, as forças da população. Essa população consiste em mais de 120 milhões de pessoas, é saudável e altamente escolarizada. A expectativa de vida é a mais alta do mundo: 80 anos para homens e 86 para mulheres. Isso é parcialmente resultado das políticas escolares: escolas em áreas socioeconomicamente desfavorecidas possuem turmas menores (com taxas professor-aluno mais favoráveis) do que as escolas em áreas ricas, tornando o aprendizado mais fácil para os filhos dos cidadãos pobres. (Em contraste, o sistema escolar americano tende a perpetuar a desigualdade ao criar turmas maiores em áreas mais pobres.) O status social depende mais da educação do que da hereditariedade e das conexões familiares: novamente, o inverso da tendência americana. Em resumo, em vez de investir desproporcionalmente em apenas uma fração de seus cidadãos, o Japão investe em todos eles, ao menos os do sexo masculino (falarei mais sobre as mulheres a seguir).

A alfabetização e os níveis educacionais estão entre os mais altos do mundo. A matrícula tanto no jardim de infância quanto no ensino médio é quase universal, embora não seja compulsória. Testes feitos em nações de todo o mundo mostram que os estudantes japoneses estão em quarto lugar em matemática e alfabetização científica funcional, acima de todos os países europeus e dos Estados Unidos. O Japão está atrás apenas do Canadá na porcentagem de adultos — quase 50% — que recebem ensino superior. Contrabalançando essas forças da educação, há frequentes críticas dos próprios japoneses, que afirmam que isso coloca muita pressão sobre os estudantes para focarem nos resultados dos testes e pouca ênfase na automotivação e no pensamento independente. Como resultado, quando os estudantes escapam da atmosfera de panela de pressão do ensino médio e chegam à faculdade, sua dedicação aos estudos diminui.

Embora não haja uma maneira fácil de mensurar força cultural, identidade nacional e qualidade de vida, há muitas evidências circunstanciais. Como os visitantes estrangeiros notam rapidamente, Tóquio, a capital do Japão, rivaliza com Singapura como cidade mais limpa da Ásia e uma das mais limpas do mundo. Isso porque as crianças aprendem a ser limpas e a limpar como parte de sua responsabilidade de preservar o Japão e entregá-lo à geração seguinte. (Textos interpretativos de sítios arqueológicos às vezes indicam orgulhosamente evidências da limpeza japonesa já em tempos antigos.) Os visitantes também notam a segurança e as baixas taxas de criminalidade nas cidades. A população prisional é muito menor do que a americana: cerca de 80 mil presidiários, contra quase 2,5 milhões, respectivamente. Tumultos e saques são raros no Japão. As tensões étnicas são baixas, se comparadas aos Estados Unidos e à Europa, por causa da homogeneidade étnica e das pequenas minorias étnicas. (Como discutido a seguir, esse é outro exemplo de vantagem que traz consigo desvantagens.)

Finalmente, as forças do Japão incluem grandes vantagens ambientais. A produtividade agrícola é alta devido à combinação de clima temperado, ausência de pragas, alta concentração de chuvas no verão e solos vulcânicos férteis. Isso contribui para sua habilidade de sustentar uma das maiores densidades populacionais médias do mundo industrial, calculada em relação à pequena porcentagem (12%) do terreno na qual população e agricultura estão concentradas. (A maior parte do território consiste em florestas e montanhas íngremes que suportam apenas pequenas populações e pouca agricultura.) O escoamento de nutrientes desses solos férteis torna os rios e as águas costeiras ricos em peixes, moluscos, algas comestíveis e outros alimentos aquáticos. O Japão é o sexto maior produtor mundial de frutos do mar, anteriormente obtidos apenas em suas águas costeiras e agora coletados em todo o mundo por suas frotas pesqueiras de alto-mar. Como resultado de todas essas vantagens ambientais, o Japão já era incomum no mundo antigo pelo fato de, 10 mil anos antes da adoção da agricultura, seus caçadores-coletores terem se assentado em vilarejos e criado utensílios de cerâmica, em vez de viverem como nômades com poucas posses materiais. Até a explosão populacional do último século e meio, o Japão era autossuficiente em alimentos.

———

Passemos agora das forças para os problemas. Se perguntarmos aos economistas qual é o problema mais sério do Japão, provavelmente dirão: "A imensa dívida nacional." Essa dívida é atualmente de 2,5 vezes o PIB anual, ou seja, o valor de tudo que é produzido durante um ano. Isso significa que, mesmo que os japoneses dedicassem todas as receitas e esforços ao pagamento da dívida nacional e nada produzissem para si mesmos, levariam dois anos e meio para pagá-la. Ainda pior, essa dívida vem aumentando há anos. Em comparação, embora os conservadores fiscais estejam muito preocupados com a dívida nacional americana, ela é "somente" igual ao PIB. A Grécia e a Espanha são dois países europeus notórios pelos problemas econômicos, mas a taxa PIB-dívida do Japão é o dobro da grega e quatro vezes a espanhola (no momento em que escrevo). A dívida governamental é comparável à de todos os dezessete países da zona do euro, cuja população agregada é o triplo da do Japão.

Por que o governo não entrou em colapso ou se tornou inadimplente? Primeiro, a maior parte da dívida não pertence a credores estrangeiros, mas a japoneses detentores de títulos, empresas, fundos de pensão (muitos de propriedade do próprio governo) e ao Banco do Japão, nenhum dos quais faz exigências duras. Em contraste, grande parte da dívida grega pertence a credores estrangeiros, que jogam duro e pressionam a Grécia a alterar sua política fiscal. A despeito de toda a dívida do governo para com os próprios japoneses, o Japão é uma nação credora das outras nações, que lhe devem dinheiro. Segundo, as taxas de juros são mantidas baixas (inferior a 1%), a fim de controlar o nível dos juros. Finalmente, credores japoneses e estrangeiros ainda possuem muita confiança na habilidade de pagamento do governo e continuam comprando títulos públicos. Na verdade, essa é a principal maneira pela qual indivíduos e empresas investem suas economias. Mas ninguém sabe quanto mais a dívida pode crescer antes que os credores percam a confiança e o governo tenha de se tornar inadimplente.

A despeito das baixas taxas, o tamanho da dívida e da população idosa e aposentada faz com que os juros da dívida e os custos com saúde e segurança social consumam grande parte da receita tributária. Isso reduz os fundos governamentais, que poderiam ser investidos em educação, pesquisa e desenvolvimento, infraestrutura e outros motores do crescimento econômico que, por sua vez, poderiam estimular a receita tributária. Exacerbando esse problema, as taxas tributárias e, por consequência, a receita governamental são relativamente baixas pelos padrões do mundo desenvolvido. No fim das contas, a dívida é detida pelos japoneses mais velhos, que investiram seu dinheiro direta (pela compra de títulos públicos) ou indiretamente (pelo recebimento de aposentadorias de fundos com alto investimento em títulos públicos), ao passo que quem paga os juros dessa dívida são principalmente os jovens, ainda trabalhando e recolhendo impostos. Portanto, a dívida representa pagamentos dos jovens para os idosos, constituindo um conflito intergeracional e uma hipoteca sobre o futuro. Essa hipoteca está crescendo, porque a população jovem está encolhendo ao mesmo tempo que a população idosa cresce (ver adiante).

As soluções propostas para reduzir a dívida incluem aumentar impostos, reduzir gastos governamentais e diminuir aposentadorias. Essas e outras propostas apresentam muitas dificuldades. Assim, a dívida governamental é um grande problema, amplamente reconhecido, que existe há muito tempo, continua a piorar há muitos anos e para o qual não há consenso sobre uma solução.

―――

Os outros problemas fundamentais mais frequentemente reconhecidos pelo povo japonês são quatro, ligados ao papel das mulheres, à taxa de natalidade, já baixa e em declínio, e ao envelhecimento e à diminuição da população. Vamos começar com o papel das mulheres.

Em teoria, japoneses e japonesas possuem o mesmo status. A Constituição de 1947, escrita pelo governo americano de ocupação e em vigor até hoje, contém uma cláusula (escrita por uma americana) proclamando a igualdade de gêneros. Essa cláusula foi adotada apesar da forte oposição governamental, e alguns legisladores ainda querem mudá-la.

Na realidade, as japonesas enfrentam muitas barreiras sociais. É claro que as barreiras que descreverei existem em outros países. Mas são mais fortes — e a diferença de gênero em saúde, educação e participação na força de trabalho e na política é maior — no Japão do que em qualquer outra nação industrializada e rica, com exceção da Coreia do Sul. Especulo que isso ocorre porque o Japão é a nação rica e industrializada onde o papel da mulher, até recentemente, foi mais subordinado e estereotipado. Por exemplo, ao andar em púbico, esperava-se que a japonesa tradicional ficasse três passos atrás do marido. Para ser breve, descreverei as barreiras sociais como generalizações, mas é claro que variam no interior da população, dependendo da localização e da idade, ou seja, são mais fortes nas áreas rurais do que em Tóquio e mais presentes entre pessoas mais velhas do que entre os jovens.

Em casa, a divisão de gênero entre os casais japoneses frequentemente é chamada de "pacote do casamento". Prevalece uma ineficiente divisão do trabalho, na qual o marido cumpre as horas de trabalho de duas pessoas fora de casa e, consequentemente, sacrifica o tempo que poderia passar com os filhos, ao passo que a esposa fica em casa e sacrifica a possibilidade de uma carreira realizadora. Os empregadores esperam que os empregados (na maioria homens) trabalhem até tarde e saiam para beber com os colegas após o trabalho. Isso torna difícil para eles partilharem das responsabilidades domésticas, mesmo que queiram. Os maridos japoneses fazem menos tarefas domésticas do que os de outras nações ricas e industrializadas: cerca de dois terços das horas semanais dos maridos americanos, por exemplo.

Os maridos com esposas que trabalham fora não investem mais tempo nas tarefas domésticas do que aqueles cujas esposas são donas de casa em tempo integral. Em vez disso, são predominantemente as mulheres que cuidam dos filhos, dos maridos e dos pais e sogros idosos, gerenciando as finanças domésticas em seu tempo livre. Muitas japonesas de hoje juram que serão a última geração a carregar essas responsabilidades.

Nos locais de trabalho, as mulheres têm pouca participação e baixos salários. A participação declina acentuadamente conforme aumenta o nível de responsabilidade. Embora sejam 49% dos estudantes universitários e ocupem 45% dos cargos de entrada no mercado de trabalho, elas respondem por somente 14% das posições de ensino nas universidades (contra 33% a 44% nos Estados Unidos, Reino Unido, Alemanha e França), 11% das posições gerenciais de nível médio, 2% dos conselhos de diretoria, 1% dos comitês executivos e menos de 1% dos CEOs. Nesses níveis mais altos, o Japão está atrás da maioria dos países industriais, com exceção (novamente) da Coreia do Sul. Há poucas mulheres na política, e o Japão jamais teve uma primeira--ministra. A diferença de salário em empregos de tempo integral é a terceira maior do mundo (com exceção somente da Coreia do Sul e da Estônia) entre 35 países industrializados ricos. Uma mulher recebe em média 73% do salário de um homem no mesmo nível, comparado a 85% na média dos países industrializados ricos, chegando a 94% na Nova Zelândia. Os obstáculos profissionais para as mulheres incluem as longas horas, a expectativa de socialização após o trabalho e o problema de quem cuidará das crianças se ela sair para socializar e o marido estiver indisponível ou indisposto.

O cuidado com os filhos é um grande problema para as japonesas que trabalham fora. No papel, a lei garante às mulheres quatro semanas de licença--maternidade antes do parto e oito semanas após; alguns homens também têm direito à licença-paternidade, e uma lei de 1992 lhes dá o direito de tirar um ano inteiro de licença não remunerada para criar o filho, se quiserem. Na prática, quase todos os pais e a maioria das mães não tiram as licenças a que têm direito. Em vez disso, 70% das profissionais deixam de trabalhar após o nascimento do primeiro filho e a maioria não retorna por muitos anos, quando retorna. Embora seja nominalmente ilegal pressionar uma mãe a pedir demissão, as japonesas sofrem essa pressão por parte dos empregadores. Pouca ajuda está disponível para as mães que trabalham fora em função da ausência de imigração de mulheres para serem babás (ver adiante) e porque há poucas creches, privadas ou públicas, ao contrário dos Estados Unidos e da Escandinávia, respectivamente. A visão disseminada no Japão é a de que a mãe deve ficar em casa e cuidar dos filhos pequenos, e não trabalhar.

O resultado é um dilema para as mulheres na força de trabalho. Por um lado, muitas ou a maioria delas quer trabalhar, mas também quer ter filhos e passar tempo com eles. Por outro, as empresas investem pesadamente em treinamento, esperam oferecer empregos vitalícios e, em troca, que seus funcionários trabalhem por longas horas e permaneçam na empresa durante toda a vida. As empresas relutam em contratar e treinar mulheres, porque elas podem querer tirar licença para ter filhos, podem não querer trabalhar longas horas e podem não retornar ao trabalho após terem um filho. Assim, as mulheres tendem a não receber ofertas, e a não aceitar as ofertas, de empregos integrais de alto nível.

O atual primeiro-ministro, Shinzo Abe, é um conservador que anterior-mente não demonstrou interesse pelas questões femininas. Recentemente, no entanto, ele mudou de curso e anunciou que quer encontrar maneiras de ajudar as mães a retornarem ao trabalho — muitos suspeitam que fez isso não porque passou de repente a se preocupar com as mulheres, mas devido ao declínio populacional e do consequente declínio da força de trabalho (mais sobre isso a seguir). Metade dos japoneses em geral, particularmente dos que possuem nível superior, é mulher. Assim, o subemprego das mulheres constitui uma perda de metade do capital humano. Abe propôs que as mães que trabalham tenham três anos de licença-maternidade com garantia de emprego quando retornarem, que o governo expanda as creches públicas e que as empresas recebam incentivos financeiros para contratar mulheres. Mas muitas japonesas, incluindo algumas de minhas amigas com cursos universitários e experiência no exterior, se opõem a essas propostas. Elas suspeitam que essa é somente mais uma conspiração governamental para manter as mulheres em casa!

——

O próximo dos problemas japoneses relacionados à população é a baixa taxa de natalidade, e cada vez mais em declínio. Os japoneses reconhecem a seriedade desse problema, mas não sabem como solucioná-lo.

Taxas de natalidade baixas e em declínio são predominantes em países do Primeiro Mundo. Mas o Japão tem uma das menores do mundo: sete nascimentos a cada mil pessoas por ano, comparados a treze nascimentos nos Estados Unidos, uma média de dezenove no mundo e mais de quarenta em alguns países africanos. Se alguém, em anos recentes, tivesse extrapolado linearmente o declínio de um ano para o outro, teria previsto que a taxa de nascimento chegaria a zero em 2017, um ano no qual não nasceria nenhum bebê japonês! Obviamente, as coisas não estão tão ruins, mas é verdade que a já muito baixa taxa de natalidade ainda está em declínio.

Uma maneira alternativa de expressar os nascimentos é a chamada taxa de fertilidade total, ou seja, o número total de bebês de uma mulher durante seu tempo de vida. A média mundial é de 2,5 bebês por mulher; nos países do Primeiro Mundo, com as maiores economias, varia entre 1,3 e 2 bebês (1,9 nos Estados Unidos). No Japão, é de apenas 1,37 bebês, no extremo mais baixo do espectro; a Coreia do Sul e a Polônia estão entre os poucos países com taxas mais baixas. Mas o número médio de bebês que uma mulher precisa ter a fim de que a população permaneça estável — a chamada taxa de substituição — é ligeiramente superior a 2. O Japão, juntamente com alguns países do Primeiro Mundo, tem uma taxa de fertilidade total inferior à taxa de substituição. Para outros países do Primeiro Mundo, isso não é problema, porque a imigração mantém o tamanho da população constante ou mesmo em crescimento, a despeito da baixa fertilidade. Todavia, a quase inexistência de imigração para o Japão significa que a população está diminuindo, como veremos a seguir.

Parte da razão da queda na taxa de natalidade é que a idade do primeiro casamento aumentou: está agora em cerca de 30 anos tanto para homens quanto para mulheres. Isso significa menos anos pré-menopausa nos quais a mulher pode conceber. Uma grande razão para a queda é que a própria taxa de casamentos (ou seja, o número de casamentos por mil pessoas por ano) está caindo rapidamente. Poderíamos objetar que a taxa de casamentos está caindo na maioria dos outros países desenvolvidos, sem causar a queda catastrófica da taxa de natalidade experimentada pelo Japão, porque muitas crianças nascem de mães solteiras: 40% de todos os nascimentos nos Estados Unidos, 50% na França e 66% na Islândia. Mas essa mitigação não se aplica ao Japão, onde as mães solteiras respondem por uma fração insignificante dos nascimentos: somente 2%.

Por que os japoneses estão evitando se casar e ter filhos? Quando questionados, eles oferecem várias razões. Uma é econômica: é mais barato e mais confortável permanecer solteiro e viver com os pais do que sair de casa, casar-se e ter de pagar pelo próprio apartamento e pelas despesas com filhos. Especialmente para as mulheres, o casamento e a maternidade podem ser economicamente catastróficos, pois dificultam a obtenção ou a manutenção do emprego. Outra razão oferecida é a liberdade de ser solteiro, algo levado em consideração especialmente pelas mulheres, que não querem ter de assumir a responsabilidade por casa, marido, filhos e pais e sogros idosos. Outra razão ainda é que muitos japoneses modernos, de ambos os sexos e em igual proporção, consideram o casamento "desnecessário" para uma vida plena.

A despeito desses contra-argumentos, 70% dos homens e mulheres solteiros ainda afirmam que querem se casar. Por que, então, não conseguem encontrar um parceiro adequado? Tradicionalmente, isso não exigiria esforço, porque os casamentos eram arranjados por intermediários (chamados *nakoudo*) que organizavam entrevistas formais durante as quais jovens solteiros conheciam parceiros potenciais. Em 1960, essa ainda era a forma predominante de casamento. Desde então, o número declinante de *nakoudo* e a ascensão da ideia ocidental de casamento romântico fizeram com que tais casamentos caíssem para somente 5% do total. Mas muitos jovens modernos estão ocupados demais trabalhando, são muito inexperientes em namoros ou desajeitados demais para desenvolver um relacionamento romântico.

Em particular, o fim dos casamentos arranjados em décadas recentes coincidiu com a ascensão da comunicação eletrônica não presencial, como e-mails, mensagens de texto e celulares, e com o consequente declínio das habilidades sociais. Um exemplo pungente foi relatado por um amigo japonês que, almoçando em um restaurante, viu na mesa ao lado dois jovens bem-vestidos sentados de frente um para o outro, em um silêncio desconfortável. Os dois mantinham a cabeça baixa e olhavam para as mãos, e não um para o outro. Meu amigo notou que ambos tinham um celular no colo e alternadamente digitavam mensagens. Por fim ele compreendeu: o garoto e a garota se sentiam muito desconfortáveis falando diretamente um com o outro, então lançaram mão das mensagens de texto para se comunicar. Essa não é uma boa maneira de desenvolver e finalizar os parâmetros de um relacionamento romântico! É claro que os jovens americanos também são viciados em comunicação eletrônica, mas (ao contrário de seus contemporâneos japoneses) são herdeiros de uma tradição cultural de encontros românticos.

———

As taxas de natalidade e casamentos já baixas, e hoje em declínio, são diretamente responsáveis por dois grandes problemas, muito reconhecidos pelos japoneses: a diminuição e o envelhecimento da população.

Como a taxa de natalidade há muitos anos é inferior à taxa de substituição, ficou claro que a população em algum momento deixaria de crescer e começaria a diminuir. Mesmo assim, foi um choque quando os números do censo confirmaram que esse momento temido já chegara. O censo de

2010 mostrou uma população de 128.057.352 e o censo de 2015, 127.110.000, uma queda de quase 1 milhão. A partir das tendências de distribuição etária da população, previu-se que haverá uma queda adicional de cerca de 40 milhões em 2060, chegando a uma população de somente 80 milhões de pessoas.

As consequências da diminuição da população e de sua mudança das áreas rurais para as urbanas já são visíveis. O Japão fecha cerca de quinhentas escolas por ano. O despovoamento rural está fazendo com que vilarejos e pequenas cidades sejam abandonados. Teme-se que, sem crescimento populacional como suposto motor do crescimento econômico, um Japão menos populoso seja mais pobre e menos poderoso no palco mundial. Em 1948, o Japão era o quinto país mais populoso do mundo; em 2007, ficou em décimo lugar, atrás da Nigéria e de Bangladesh; e as projeções atuais para as próximas décadas mostram que ficará atrás até mesmo do Congo e da Etiópia. Isso é considerado humilhante, devido à tácita suposição de que um país com uma população menor do que a do Congo será mais fraco e menos importante do que o Congo.

Consequentemente, em 2015 o primeiro-ministro Abe declarou que sua administração tentaria manter a população em ao menos 100 milhões de pessoas, tentando aumentar a taxa média de fertilidade total de 1,4 para 1,8 filho por mulher. Mas aumentar a produção de bebês depende das escolhas dos jovens, não das escolhas de Abe. Já discuti as razões pelas quais os jovens, independentemente de acharem ou não que a nação estaria melhor com mais bebês, estão decidindo não os produzir por si mesmos.

A população japonesa em declínio é um "problema"? Há muitos países com populações menores que, mesmo assim, são ricos e importantes no palco mundial, incluindo Austrália, Finlândia, Israel, Holanda, Singapura, Suécia, Suíça e Taiwan. É claro que esses países não são líderes militares mundiais, mas o Japão tampouco o é, por causa de sua Constituição e do pacifismo disseminado. Para mim, parece que o Japão não ficaria pior, mas muito melhor com uma população menor, porque significaria menos necessidade de recursos domésticos e importados. Veremos mais adiante que a pressão por recursos foi uma das maldições da história japonesa moderna, que permanece uma maldição até hoje, e que os próprios japoneses pensam em si mesmos como carentes de recursos. Assim, vejo a diminuição da população como uma grande vantagem, não como um problema.

Mesmo os japoneses preocupados com o declínio populacional concordam que um problema muito maior é o envelhecimento da população. O Japão já é o país com a mais alta expectativa de vida (84 anos, comparados a 77 anos nos Estados Unidos e entre 40 e 45 anos em muitos países africanos) e com a mais alta porcentagem de idosos. Hoje, 23% da população têm mais de 65 anos e 6% têm mais de 80 anos. Em 2050, projeta-se que esses números estarão perto de 40% e 16%, respectivamente. (Os números correspondentes para Mali, na África, são de somente 3% e 0,1%.) Nesse momento, os japoneses com mais de 80 anos serão em maior número do que as crianças com menos de 14 anos, e as pessoas com mais de 65 anos as superarão em mais de 3 para 1.

Pessoalmente, não tenho nada contra pessoas com mais de 80 anos. (Isso seria odiar a mim mesmo, uma vez que tenho 82.) Mas é possível haver excesso de uma coisa boa, e isso é verdade para as pessoas idosas. Um grande número de idosos cria um fardo para o sistema de saúde, porque idosos estão muito mais sujeitos a doenças do que jovens, especialmente doenças crônicas, incuráveis ou difíceis e caras de tratar, como problemas cardíacos e demência. Quando a porcentagem da população com mais de 65 anos cresce, a porcentagem de aposentados também cresce e a de trabalhadores diminui. Isso significa menos trabalhadores para servirem como fonte de apoio para o crescente número de aposentados, seja diretamente, através do auxílio financeiro e do cuidado pessoal no interior das famílias, seja indiretamente, através das aposentadorias e dos sistemas de saúde financiados pelos impostos pagos por esses jovens trabalhadores. A proporção de trabalhadores para aposentados no Japão está caindo catastroficamente: de 9 trabalhadores por aposentado em 1965 para 2,4 hoje, com projeções de chegar a 1,3 em 2050.

Você pode objetar que o Japão não é o único país com taxa de natalidade decrescente, população envelhecendo e crescentes fardos sendo impostos aos sistemas de aposentadoria e segurança social. Os mesmos problemas ocorrem em todo o mundo desenvolvido; o Japão somente os apresenta em grau extremo. Nós americanos também estamos preocupados com o futuro subfinanciamento de nossa previdência social. Todos os países europeus ocidentais apresentam taxas de natalidade inferiores à taxa de substituição e dois têm taxas ainda menores do que as japonesas. Mas os Estados Unidos e a Europa não estão tão preocupados com esses problemas quanto o Japão, porque não passam pelo dilema de uma população cada vez menor e mais idosa. Por que não? Como escaparam dessa armadilha?

A resposta envolve o primeiro do que vejo como três principais problemas remanescentes do Japão que não são reconhecidos pelos próprios japoneses. Trata-se da ausência de imigração.

———

O Japão é, e se orgulha de ser, o país rico e populoso mais etnicamente homogêneo do mundo. Ele não acolhe imigrantes, torna a imigração difícil e a concessão de cidadania ainda mais difícil. Como porcentagem da população total, os imigrantes e seus filhos constituem 28% da população australiana, 21% da canadense, 16% da sueca e 14% da americana, mas somente 1,9% da japonesa. Entre os refugiados buscando asilo, a Suécia aceita 92%, a Alemanha 70% e o Canadá 48%, mas o Japão somente 0,2%. (Como exemplo, aceitou somente seis refugiados em 2013 e onze em 2014.) Trabalhadores estrangeiros constituem 15% da força de trabalho nos Estados Unidos e 9% na Alemanha, mas somente 1,3% no Japão. O Japão admite trabalhadores estrangeiros temporários (chamados de trabalhadores convidados), que recebem vistos de um a três anos por causa de suas altas habilidades profissionais (construtores navais, por exemplo, ou construtores civis para a Olimpíada de 2020 em Tóquio). Mas esses estrangeiros encontram dificuldades para obter residência permanente ou cidadania.

A única imigração significativa em tempos modernos foi a de vários milhões de coreanos antes e durante a Segunda Guerra Mundial, quando a Coreia era uma colônia japonesa. Todavia, muitos desses coreanos foram imigrantes involuntários importados como escravos. Hoje, é amplamente sabido que 10% das vítimas mortas em Hiroshima pela primeira bomba atômica eram operários coreanos trabalhando lá.

Recentemente, alguns ministros pediram por mais imigração. Shigeru Ishiba, um dos ministros regionais, disse: "Em certa época, as pessoas do Japão migraram para a América do Norte e para a América do Sul e conseguiram se integrar aos locais, embora mantendo o orgulho de serem japonesas [...]. Não faz sentido proibir que estrangeiros venham para o Japão se nosso povo fez a mesma coisa." O Peru, por exemplo, já teve um presidente japonês, e os Estados Unidos tiveram senadores, congressistas e reitores japoneses. Mas o governo japonês não reconsidera sua oposição à imigração.

A oposição governamental reflete as opiniões negativas expressadas pelos cidadãos em muitas pesquisas de opinião pública, nas quais estão no extremo oposto dos outros países ricos. A porcentagem de japoneses que se opõem ao aumento do número de residentes estrangeiros é de 63%; 72% concordam que os imigrantes aumentam as taxas de criminalidade; e 80% negam que melhorem a sociedade ao introduzir novas ideias, ao contrário da faixa de 57-75% de americanos, canadenses e australianos que acreditam que os imigrantes aprimoram a sociedade. Inversamente, pouquíssimos japoneses (somente 0,5%) consideram a imigração a mais importante questão a ser enfrentada pelo país, ao passo que 15% dos americanos, franceses, suecos e britânicos pensam assim.

Sejamos claros: não estou dizendo que a resistência à imigração é "errada" e deveria mudar. Em todos os países, ela cria dificuldades, embora simultaneamente traga benefícios. Cabe a cada país pesar prós e contras e chegar a sua própria política. Não surpreende que o Japão, um país etnicamente homogêneo com uma longa história de isolamento e nenhuma imigração, valorize muito sua homogeneidade étnica, ao passo que os

Estados Unidos, um país etnicamente heterogêneo onde quase todos os cidadãos descendem de imigrantes modernos, não tenham homogeneidade étnica para valorizar. Em vez disso, o dilema do Japão é sofrer com problemas amplamente reconhecidos que outros países mitigam por meio da imigração, mas que ele não descobriu como solucionar sem recorrer a ela.

O maior deles é o conjunto de problemas inter-relacionados discutidos anteriormente: declínio da taxa de natalidade, envelhecimento da população, e o resultante fardo econômico de cada vez menos jovens saudáveis, trabalhadores e pagadores de impostos financiando aposentadorias e despesas com assistência médica de cada vez mais aposentados, com cada vez mais problemas de saúde devidos à idade. A despeito de Estados Unidos, Canadá, Austrália e Europa Ocidental partilharem da taxa de natalidade decrescente e do envelhecimento da população *nativa*, eles minimizam as consequências admitindo grande número de jovens imigrantes. O Japão não pode compensar o declínio de sua força de trabalho empregando mais mães capacitadas que ainda não trabalham fora porque o grande número de imigrantes contratadas como babás por tantas americanas não existe no Japão. Os imigrantes de ambos os sexos que constituem a maioria dos cuidadores de idosos, enfermeiros e outros profissionais da saúde nos Estados Unidos também não existem no Japão. (Escrevo estas linhas enquanto me recupero da horrível experiência da morte de uma parente japonesa após uma doença terminal, cuja família precisou fornecer suas refeições e lavar suas roupas enquanto ela esteve no hospital.)

Embora a inovação seja vigorosa no Japão, se julgada pelo grande número de patentes concedidas a inventores, os japoneses estão menos preocupados com inovação do que seria de esperar de seu grande investimento em pesquisa e desenvolvimento. Isso se reflete no número relativamente modesto de vencedores do Prêmio Nobel entre cientistas japoneses. A maioria dos ganhadores americanos do prêmio é imigrante de primeira geração ou fruto desses imigrantes. Mas imigrantes e seus filhos são tão raros entre os cientistas japoneses quanto entre a população geral. Essa relação entre imigração e vencedores do Nobel não surpreende quando refletimos que a disposição para assumir riscos e tentar algo drasticamente novo é um pré-requisito tanto para emigrar quanto para inovar no mais alto nível.

No curto prazo, o Japão não está disposto a solucionar esses problemas através da imigração. No longo prazo, não se sabe se continuará a sofrer com esses problemas, escolherá solucioná-los por intermédio de mudanças em sua política de imigração ou encontrará soluções ainda desconhecidas. Se decidir reavaliar sua política de imigração, um modelo palatável pode ser o do Canadá, que analisa as candidaturas com base no valor potencial dos candidatos para o país.

————

O próximo grande problema negligenciado pelo Japão, além da imigração, é o efeito de seu comportamento em tempos de guerra em relação à China e à Coreia e suas atuais relações com esses dois países. Antes e durante a guerra, o Japão cometeu atrocidades com os povos de outros países asiáticos, especialmente China e Coreia. Muito antes da declaração "oficial" em 7 de dezembro de 1941, o Japão esteve envolvido em uma guerra não declarada contra a China desde 1937. Nessa guerra, os militares japoneses mataram milhões de chineses, frequentemente de modo bárbaro, como ao usar prisioneiros para treinamentos com baionetas, a fim de endurecer os soldados, matar centenas de milhares de civis em Nanjing em dezembro de 1937 e janeiro de 1938 e muitos outros em retaliação pelo ataque Doolittle em abril de 1942. Embora a negação desses assassinatos seja disseminada, eles foram bem documentados na época, não somente pelos chineses, mas também por observadores estrangeiros e por fotografias feitas pelos próprios japoneses. (É possível ver mais de quatrocentas dessas fotografias no livro de 1999 de Shi Young e James Yin, *The Rape of Nanking: An Undeniable History in Photographs* [A violação de Nanjing: uma história inegável em fotografias].) O Japão anexou a Coreia em 1910, ordenou que as escolas coreanas passassem a usar a língua japonesa e, durante os 35 anos de ocupação, forçou grande número de mulheres coreanas e de outras nacionalidades a se tornarem escravas sexuais nos bordéis militares e grande número de coreanos a serem trabalhadores escravos do Exército japonês.

Como resultado, o ódio pelo Japão é disseminado na China e na Coreia. Na opinião de chineses e coreanos, o Japão não reconheceu adequadamente, desculpou-se ou expressou arrependimento por suas atrocidades de tempos de guerra. A população da China é onze vezes maior do que a do Japão, ao passo que a população combinada da Coreia do Sul e da Coreia do Norte é mais da metade da japonesa. A China e a Coreia do Norte possuem armas nucleares. A China, a Coreia do Norte e a Coreia do Sul possuem exércitos grandes e bem-equipados, ao passo que as Forças Armadas do Japão permanecem minúsculas, em função da Constituição imposta pelos Estados Unidos e do pacifismo japonês de hoje. A Coreia do Norte de tempos em tempos lança mísseis contra o Japão, a fim de demonstrar sua habilidade de alcançá-lo. E, no entanto, o Japão se mantém preso a disputas territoriais tanto com a China quanto com a Coreia do Norte sobre minúsculas ilhas não habitadas, sem nenhum valor intrínseco, mas importantes por causa dos peixes, do gás e dos recursos minerais em suas zonas marítimas. Essa combinação parece ser um dos grandes perigos para o Japão no longo prazo.

Para uma perspectiva asiática sobre a atitude do Japão em relação à Segunda Guerra Mundial, eis uma declaração de Lee Kuan Yew, um atento observador que, como primeiro-ministro de Singapura durante várias décadas, familiarizou-se com o Japão, a China, a Coreia e seus líderes: "Ao contrário dos alemães, os japoneses não tiveram uma catarse e não se livraram do veneno em seu sistema. Não educaram seus jovens sobre os erros que cometeram. Hashimoto [um dos primeiros-ministros japoneses] expressou seu 'profundo pesar' no 52º aniversário do fim da Segunda Guerra Mundial (1997) e seu 'profundo remorso' durante sua visita a Beijing em setembro de 1997. No entanto, não se desculpou, como os chineses e coreanos desejavam que fizesse. Não entendo por que os japoneses não estão dispostos a admitir o passado, desculpar-se por ele e seguir em frente. Por alguma razão, não querem pedir desculpas. Pedir desculpas é admitir ter feito algo errado. Expressar pesar ou remorso meramente expressa sentimentos subjetivos. Eles negaram que o massacre de Nanjing tivesse ocorrido; que mulheres coreanas, filipinas, holandesas e de outras nacionalidades tivessem sido sequestradas ou de outro modo forçadas a serem 'mulheres de conforto' (um eufemismo para escravas sexuais) dos soldados japoneses nas frentes de batalha; e que tivessem realizado cruéis experimentos biológicos em prisioneiros chineses, coreanos, mongóis, russos e de outras nacionalidades na Manchúria. Em cada um desses casos, somente depois que provas irrefutáveis foram apresentadas, retiradas de seus próprios registros, foi que fizeram relutantes admissões. Isso alimenta as suspeitas sobre as futuras intenções do Japão. As atitudes atuais são uma indicação de sua conduta futura. Se estiverem envergonhados de seu passado, terão menos probabilidade de repeti-lo."

Todos os anos, minhas turmas na Universidade da Califórnia, em Los Angeles, incluem estudantes do Japão, que falam comigo sobre sua educação e suas experiências. Eles me contam que as aulas de história nas escolas japonesas dedicam pouco tempo à Segunda Guerra Mundial ("porque aquela guerra durou apenas alguns entre os milhares de anos da história japonesa"), falam pouco ou nada sobre o papel do Japão como agressor, enfatizam seu papel como vítima (das duas bombas atômicas que mataram cerca de 120 mil japoneses), em vez de responsável pela morte de milhões de civis de outras nacionalidades e de soldados e civis japoneses, e culpam os Estados Unidos por, de algum modo, terem-no induzido a declarar guerra. (Para ser justo, os livros didáticos coreanos, chineses e americanos apresentam seus próprios relatos distorcidos da Segunda Guerra Mundial.) Meus alunos japoneses ficam chocados quando se filiam às associações estudantis asiáticas em Los Angeles, conhecem estudantes coreanos e chineses e ouvem falar, pela primeira vez, de atos japoneses de tempos de guerra que ainda geram ódio do Japão entre estudantes desses países.

Ao mesmo tempo, alguns de meus alunos, e muitos outros japoneses, apontam para os numerosos pedidos de desculpas de políticos japoneses e perguntam: "O Japão já não se desculpou o suficiente?" Uma resposta breve é "não", porque as desculpas soam forçadas e pouco convincentes e são misturadas a declarações que minimizam ou negam a responsabilidade. Uma longa resposta seria comparar as abordagens opostas do Japão e da Alemanha na hora de lidar com os legados de suas histórias recentes e perguntar por que a abordagem alemã convenceu amplamente seus antigos inimigos, ao passo que a japonesa não convenceu suas principais vítimas, China e Coreia. O capítulo 6 descreveu as muitas maneiras pelas quais os líderes alemães expressaram remorso e responsabilidade e como as crianças alemãs em idade escolar são ensinadas a enfrentar o que seu país fez. Chineses e coreanos poderiam ser convencidos da sinceridade japonesa por respostas análogas às alemãs: se o primeiro-ministro ficasse de joelhos diante de espectadores chineses e pedisse perdão pelo massacre de Nanjing; se, em todo o Japão, houvesse museus, monumentos e antigos campos de prisioneiros de guerra com fotos e explicações detalhadas sobre as atrocidades cometidas pelos japoneses durante a guerra; se as crianças saíssem rotineiramente em excursões escolares para esses locais no próprio Japão e fora dele, como Nanjing, Sandakan, Bataan e Saipan; e se o Japão devotasse muito mais esforço a descrever as vítimas das atrocidades japonesas em tempos de guerra do que a retratar os japoneses como vítimas. Todos esses comportamentos são inexistentes e impensáveis no Japão, mas seus análogos são amplamente praticados na Alemanha. Até que esses comportamentos sejam praticados, chineses e coreanos continuarão não acreditando em desculpas ensaiadas e odiando o Japão. E, enquanto China e Coreia estiverem armadas até os dentes e o Japão permanecer sem meios de se defender, um grande perigo continuará a pairar sobre o país.

Para sobreviver, todos os povos dependem de recursos naturais renováveis, incluindo árvores, peixes, camada superficial do solo, água limpa e ar puro. Todos esses recursos apresentam problemas de gerenciamento, sobre os quais os cientistas acumularam muita experiência. Se florestas e cardumes fossem administrados de acordo com as práticas recomendadas, seria possível coletar produtos florestais e alimentos aquáticos por um tempo indefinido, em quantidades suficientes para atender às necessidades da atual população mundial. Infelizmente, grande parte da coleta ainda é destrutiva e não sustentável. A maioria das florestas está encolhendo e os cardumes estão declinando ou desaparecendo. Mas nenhum país é autossuficiente em todos os recursos naturais; todos têm de importar ao menos alguns. Consequentemente, na maioria deles há agências governamentais, sucursais de organizações internacionais (como World Wildlife Fund e Conservation International) e organizações locais trabalhando para solucionar esses problemas.

E eles são especialmente graves no Japão. Até 1853, enquanto o Japão estava fechado para o mundo e fazia importações insignificantes, ele era autossuficiente em recursos naturais. Forçado a depender de suas próprias florestas e alarmado por seu declínio na década de 1600, foi pioneiro no desenvolvimento de métodos científicos de silvicultura, independentemente da Alemanha e da Suíça, para gerenciar suas florestas. Agora, por causa da explosão populacional desde 1853, do aumento dos padrões de vida e das taxas de consumo, da grande população espremida em uma pequena área e da necessidade de matérias-primas essenciais para a economia industrial moderna, o Japão se tornou um dos maiores importadores mundiais de recursos naturais. Entre os recursos não renováveis, quase todo seu estoque de petróleo, gás natural, níquel, alumínio, nitratos, potassa e fosfato e a maioria de seus suprimentos de ferro, carvão e cobre precisam ser importados. Entre os recursos naturais renováveis, o Japão é primeiro, segundo ou terceiro importador mundial de frutos do mar, madeira em toras, compensado, madeiras de lei tropicais, papel e polpa de celulose.

Essa é uma longa lista de recursos essenciais que precisam ser importados. Se qualquer um desses recursos se esgotar, o Japão será o primeiro ou um dos primeiros países a sofrer as consequências. Também é o mais dependente de produtos importados para alimentar seus cidadãos. Tem hoje a mais alta taxa (um fator de 20) de importação *versus* exportação agrícola entre os principais países. A segunda taxa mais alta, da Coreia do Sul, é um fator de somente 6, ao passo que Estados Unidos, Brasil, Índia, Austrália e outros países importantes são exportadores líquidos de alimentos.

Assim, os japoneses têm boas razões para ver seu país como pobre em recursos. Seria de esperar que, como país desenvolvido e extremamente dependente de recursos importados, fosse motivado a se tornar o principal promotor da exploração sustentável. A política racional seria tomar a liderança, particularmente na exploração sustentável da pescaria e de florestas, dos quais depende.

Paradoxalmente, o inverso é verdadeiro. Como diretor do World Wildlife Fund nos Estados Unidos e da Conservation International, ouço muita coisa sobre as políticas de gerenciamento de recursos com as quais essas duas organizações precisam lidar. Também ouço muito sobre as políticas japonesas de meus amigos e colegas japoneses. O Japão parece ser o país desenvolvido que menos apoia e mais se opõe às políticas de exploração sustentável. As importações japonesas de produtos florestais ilegais ou coletados de maneira não sustentável são muito mais altas do que as dos Estados Unidos ou a de países da União Europeia, não importando se o cálculo é feito *per capita* ou como porcentagem das importações totais. O Japão é líder na oposição à regulamentação prudente da pesca oceânica e da caça às baleias. Eis dois exemplos.

O primeiro envolve o atum-rabilho do Atlântico e do Mediterrâneo, especialmente valorizado e consumido como sashimi ou sushi. Um único atum importado foi recentemente vendido no Japão pelo estonteante valor de mais de 1 milhão de dólares. Os cardumes de atum estão em franco declínio por causa da pesca excessiva, o que tem estimulado esforços para preservar esse valioso recurso através da pesca sustentável e das cotas. Inacreditavelmente, quando foi proposta a inclusão dos cardumes de atum na lista de proteção internacional (CITES, na sigla em inglês), em 2010, o Japão não foi o autor da proposta. Em vez disso, considerou um triunfo diplomático quando conseguiu bloqueá-la.

O segundo exemplo é que o Japão é hoje o principal e mais insistente caçador de baleias do mundo. A Comissão Internacional de Caça às Baleias determina cotas para a caça. Todos os anos, o Japão as ultrapassa legalmente ao matar grande número de baleias para supostos objetivos de pesquisa, publicando nenhum ou quase nenhum resultado de pesquisa com essas baleias mortas e vendendo-as como carne. Não obstante, a demanda por carne de baleia é baixa e está declinando, e a carne é desperdiçada em comida para cachorro e fertilizantes, e não consumo humano. Manter a caça às baleias representa uma perda econômica, porque a indústria baleeira precisa ser pesadamente subsidiada pelo governo de várias formas: subsídios diretos para os próprios baleeiros; custos adicionais de mais barcos para escoltar e proteger os baleeiros; e os custos ocultos do "auxílio externo" pago a pequenos países não baleeiros que são membros da Comissão Internacional de Caça às Baleias, como propina em troca de votos.

Por que o Japão mantém essas posturas? Meus amigos sugerem três explicações. Primeira, os japoneses gostam da autoimagem de viver em harmonia com a natureza e, tradicionalmente, conseguiram gerenciar suas próprias florestas de modo sustentável — mas não as florestas e os cardumes internacionais que agora exploram. Segunda, o orgulho nacional não gosta de se curvar à pressão internacional. Principalmente, o Japão não quer ser visto como um país que cede às campanhas anticaça às baleias do Greenpeace e do Sea Shepherd e à pressão internacional para regulamentar a pesca de atum-rabilho. Pode-se descrevê-lo como "anti-anticaça", e não pró-caça às baleias. Finalmente, a consciência de seus limitados recursos domésticos o levou a manter, durante 140 anos, como núcleo da segurança nacional e pedra angular da política externa, seu alegado direito de acesso irrestrito aos recursos naturais do mundo. Embora essa insistência tenha sido uma política viável em tempos passados, de abundância de recursos naturais e suprimentos maiores do que a demanda, já não é viável hoje, em tempos de recursos declinantes.

Para um outsider como eu, que admira o Japão, sua oposição ao uso sustentável dos recursos marítimos é triste e autodestrutiva. Esforços para agarrar recursos ultramarinos já o levaram a um comportamento auto-destrutivo antes, quando declarou guerra simultaneamente à China, aos Estados Unidos, à Grã-Bretanha, à Austrália, à Nova Zelândia e à Holanda. A derrota era inevitável. Agora a derrota também é inevitável, não por conquista militar, mas pela exaustão dos recursos internacionais renováveis e não renováveis. Se eu fosse o ditador malvado de um país que odiasse o Japão e quisesse arruiná-lo sem recorrer à guerra, faria exatamente o que o Japão está fazendo a si mesmo: destruiria os recursos internacionais dos quais ele depende.

——

Finalmente, consideremos o que está à frente à luz de nossos doze fatores preditivos. Como mero exercício acadêmico, poderíamos perguntar simplesmente se esses fatores preveem a probabilidade de o Japão ser bem-sucedido na resolução de seus problemas atuais. De modo mais útil, podemos sugerir como a compreensão desses fatores pode ser usada pelos japoneses para criar soluções e atravessar alguns dos obstáculos que estão criando para si mesmos.

Uma causa para otimismo é sua história de sucesso na resolução de crises (fator 8 da Tabela 1.2). Duas vezes em tempos modernos, o Japão apresentou notáveis e bem-sucedidos casos de reavaliação e mudança seletiva. As mudanças mais drásticas ocorreram durante a Restauração Meiji, que teve início em 1868. A abertura forçada pela frota do comodoro Perry em 1853 criou o espectro de que o Japão, como tantos países não europeus, pudesse ser conquistado pelas potências ocidentais. O Japão se salvou através de um programa intensivo de mudanças seletivas. Ele descartou o isolamento internacional, o governo pelo xogum, a classe samurai e o sistema feudal. Adotou uma Constituição, um gabinete de governo, um exército nacional, a industrialização, um sistema bancário no estilo europeu, um novo sistema escolar e grande parte das roupas, comidas e músicas ocidentais. Ao mesmo tempo, reteve seu imperador, sua língua, seu sistema de escrita e a maior parte de sua cultura. Assim, não somente preservou sua independência, como também se tornou o primeiro país não ocidental a rivalizar com o Ocidente em riqueza e poder. Após a Segunda Guerra Mundial, novamente passou por drásticas mudanças seletivas, abrindo mão de sua tradição militar e da crença na divindade do imperador, adotando a democracia e uma nova Constituição e desenvolvendo ou revisando a economia de exportação.

Outra grande causa de otimismo é o histórico de paciência e habilidade de se recuperar do fracasso e da derrota (fator 9), como reconhecido pelo primeiro-ministro de Singapura Lee Kuan Yew, cujas críticas ao Japão citei anteriormente: "A despeito de minhas experiências durante a ocupação japonesa e dos traços japoneses que aprendi a temer, hoje eu os respeito e admiro. Sua solidariedade ao grupo, disciplina, inteligência, diligência e disposição para o sacrifício pela nação os tornam uma força formidável e produtiva. Conscientes da pobreza de seus recursos, continuarão a fazer esforços para atingir o inatingível. Por causa de seus valores culturais, serão sobreviventes solitários após qualquer catástrofe. De tempos em tempos, são atingidos por forças imprevisíveis da natureza — terremotos, tufões e tsunamis. Mas aceitam suas baixas, se recompõem e começam a reconstruir [...]. Fiquei pasmo ao ver como a vida voltava rapidamente ao normal quando visitei Kobe em novembro de 1996, um ano e meio depois do [grande] terremoto. Eles haviam se recuperado e estabelecido uma nova rotina diária."

Outros fatores favoráveis de minha lista são a liberdade de escolha gozada pelo Japão por ser um arquipélago sem vizinhos com fronteiras terrestres (fator 12), contrabalançada pela proximidade com a China e a

Coreia; sua forte identidade nacional, orgulho e coesão (fator 6); o apoio amigável ou ao menos a neutralidade benevolente que recebe de muitos de seus parceiros comerciais, com exceção da China e da Coreia (fator 4); e os modelos que outros países oferecem para solucionar alguns de seus principais problemas, se o Japão escolher adotá-los (fator 5: ver a seguir). Outras grandes vantagens são sua força econômica, capital humano, cultura e ambiente, como discutido nas primeiras páginas deste capítulo.

Há três fatores contrabalançando essas vantagens. Eu os menciono não a fim de criar pessimismo, mas para focar a atenção nas atitudes que o Japão terá de mudar se quiser ser bem-sucedido na resolução de seus problemas atuais. Um obstáculo é um valor essencial tradicional que agora se tornou inapropriado por causa das circunstâncias (fator 11): o contínuo esforço do Japão para garantir acesso irrestrito aos recursos naturais do mundo como se eles fossem superabundantes, em vez de liderar os esforços cooperativos internacionais para coletar recursos em declínio de maneira sustentável. Outro obstáculo é a narrativa da Segunda Guerra Mundial que foca na autopiedade e na visão do Japão como vítima, em vez de aceitar sua responsabilidade pela guerra e por suas ações (fator 2). Na política nacional, assim como na vida pessoal, nenhum progresso pode ser feito na direção da resolução de um problema enquanto se nega a própria responsabilidade. O Japão terá de seguir o exemplo da Alemanha e reconhecer sua responsabilidade, se quiser melhorar suas relações com a China e a Coreia.

O último obstáculo é o que me parece ser a ausência de autoavaliação honesta e realista em várias esferas-chave (fator 7). Dois exemplos são as já mencionadas questões dos recursos importados e da narrativa da Segunda Guerra Mundial. Outro exemplo é a errônea crença na extrema importância de impedir o declínio populacional. Embora um declínio dos atuais 127 milhões para 20 milhões de pessoas realmente fosse apresentar um problema, não vejo desvantagens em um declínio para 80 milhões, mas sim uma grande vantagem, a saber, a redução do apetite por recursos importados, que foi uma maldição durante a história japonesa moderna. O Japão é forte por causa das muitas vantagens qualitativas discutidas no início deste capítulo, e não porque sua população atual é de 127 milhões de pessoas e igual à do México, em vez de ser de 81 milhões de pessoas e igual à da Alemanha.

Outra área que pede autoavaliação é a imigração. Esse é o método que muitos países usam para solucionar problemas que o Japão percebe como sérios, especialmente o declínio da proporção entre jovens trabalhadores e aposentados mais velhos, as poucas opções disponíveis para cuidado infantil e o número inadequado de cuidadores para idosos. Uma opção seria considerar a adoção do altamente bem-sucedido programa canadense de imigração ou as experiências dos emigrados japoneses nos Estados Unidos e na América do Sul. Uma opção é continuar a dizer não à imigração e colocar em prática algumas das alternativas óbvias: expandir o mercado removendo os conhecidos obstáculos que mantêm as mulheres fora da força de trabalho e aumentar muito o número de vistos emitidos para trabalhadores visitantes, para que atuem como enfermeiros e cuidadores de crianças e idosos. Não há segredo nessas várias soluções, cada uma tem vantagens e desvantagens. O que é preciso é cerrar os dentes, chegar ao consenso sobre uma solução e evitar a atual e contínua paralisia.

Como todas essas questões transcorrerão durante a próxima década? Realisticamente, os problemas que o Japão enfrenta hoje são menos formidáveis do que aqueles que enfrentou quando sua longa política de isolamento chegou ao fim em 1853 ou quando foi destroçado pela derrota em agosto de 1945. O sucesso em se recuperar desses traumas me dá a esperança de que, novamente, o Japão possa reavaliar de forma seletiva seus valores essenciais, livrar-se dos que já não fazem sentido, reter os que ainda fazem e fundi-los em novos valores, apropriados às circunstâncias modernas.

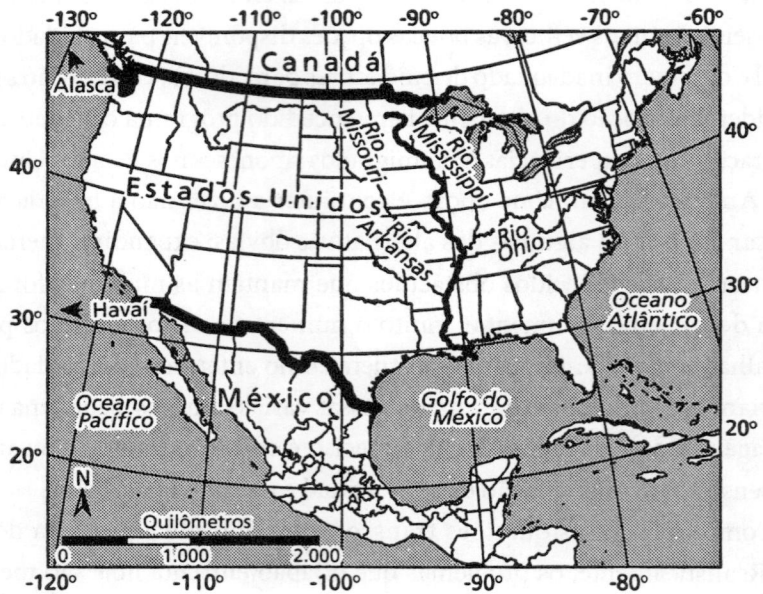

Mapa dos Estados Unidos

CAPÍTULO 9

O QUE VEM PELA FRENTE PARA OS ESTADOS UNIDOS? FORÇAS E PRINCIPAIS PROBLEMAS

Os Estados Unidos hoje — Riqueza — Geografia —
Vantagens da democracia — Outras vantagens —
Polarização política — Por quê? — Outra polarização

No momento em que escrevo, os Estados Unidos não vivem uma crise aguda comparável à do Japão após a visita não solicitada de Perry em 8 de julho de 1853. Entretanto, a maioria dos americanos concorda que os Estados Unidos enfrentam sérios problemas. Muitos concordariam que nossa situação atual é uma crise de desdobramento lento, como a da Alemanha do pós-guerra ou a da Austrália. Nossos problemas são internos, ligados à sociedade e à política americanas, e externos, ligados às relações exteriores.

Entre os problemas de relações exteriores, muitos americanos estão preocupados com a ameaça de longo prazo representada pela ascensão da China, que já tem a segunda maior economia do mundo, atrás apenas da americana. A população chinesa é mais de quatro vezes maior do que a americana. Sua taxa de crescimento há anos excede não somente a americana, mas a de todos os outros principais países. Ela tem o maior número de soldados e (após os EUA) o segundo maior investimento militar do mundo. Possuiu armas nucleares por meio século. Já supera os EUA em algumas esferas de tecnologia avançada (como geração alternativa de energia e transporte em ferrovias de alta velocidade). Seu governo ditatorial consegue fazer as coisas muito mais rapidamente do que a democracia americana, estorvada por dois partidos e por pesos e contrapesos. Para muitos americanos, parece apenas uma questão de tempo até que a China supere econômica e militarmente os EUA. Cada vez mais, ouvem-se alegações de que o século XXI será um século asiático; mais especificamente, um século chinês.

Concordo que essas preocupações não podem ser ignoradas. Durante toda minha vida, sempre houve razões para considerar que a década em que vivíamos era a que apresentava os mais críticos problemas que já havíamos enfrentado, fosse a de 1940, com a Segunda Guerra Mundial contra o Japão e a Alemanha nazista; a de 1950, com a Guerra Fria; a de 1960, com a crise dos mísseis cubanos e a Guerra do Vietnã, que dilacerou a sociedade americana; e assim por diante. Mas, mesmo quando digo a mim mesmo que deveria suspeitar, porque toda década pareceu na época a que causava maior ansiedade, tenho de concordar: a década de 2010 é a que oferece o maior número de causas para ansiedade.

Assim, parece apropriado, após o capítulo anterior ter discutido o que vem pela frente para o Japão, considerar neste capítulo e no próximo (capítulo 10) o que vem pela frente para os Estados Unidos. Como no caso do Japão, evitarei focar unilateralmente no que está errado. Primeiro perguntarei quais são nossas vantagens fundamentais de longo prazo. Para cada uma delas, avaliarei brevemente a China na mesma esfera, a fim de aferir o realismo de nosso temor de que o tempo esteja do lado deles e contra nós. É claro que outros países além da China — especialmente a Coreia do Norte, a Rússia e o Afeganistão — representam problemas para os Estados Unidos.

Mas é mais útil, para os objetivos deste livro, comparar os EUA com a China do que com esses países, que apresentam questões mais localizadas. Em seguida, exporei nossos problemas fundamentais, não de preocupação imediata para as eleições de 2020, mas que, em minha opinião, permanecerão importantes durante a próxima década. Como no capítulo sobre o Japão, discutirei somente problemas americanos específicos e deixarei o capítulo 11 para os problemas mais amplos do mundo, que também nos afetam. Finalmente, analisarei se os doze previsores de resultado deste livro sugerem o que pode nos ajudar ou nos prejudicar na solução desses problemas fundamentais.

———

Minha avaliação das forças americanas começa com a realidade de que somos, e temos sido há muitas décadas, o país mais poderoso e a maior economia do mundo. (A economia da China é próxima em tamanho e, por algumas medidas, maior do que a nossa.) Para compreender a base de nossa grande economia, precisamos nos lembrar do fato mencionado no capítulo anterior para nos ajudar a entender o tamanho da economia japonesa. A produção econômica ou receita nacional é igual à população multiplicada pela produção ou receita média por pessoa. Os Estados Unidos estão próximos do líder mundial nesses dois fatores, enquanto todos os outros países perto do topo em um deles está mais abaixo no outro.

Quanto à população, os Estados Unidos (em torno de 330 milhões de pessoas) são o terceiro maior país do mundo, atrás somente da Índia e da China. Mas esses dois outros países e, na verdade, dezesseis dos países com as vinte maiores populações têm baixas produções ou receitas *per capita*, entre somente 3% e 40% da americana. (Os três outros países ricos entre os vinte mais populosos são o Japão, a Alemanha e a França, cujas populações representam somente entre 21% e 39% da americana.) A razão para a grande população americana é a grande área de terras férteis.

Os dois únicos países maiores do que o nosso, a Rússia e o Canadá, têm populações muito menores, porque uma grande fração de sua área é ártica, adequada apenas à habitação esparsa e nenhuma agricultura.

Minha afirmação de que a grande população americana contribui para sua grande economia parece contradizer a afirmação, no capítulo anterior, de que a grande população japonesa não é um benefício, sendo possivelmente uma desvantagem. A razão para essa aparente contradição é que os Estados Unidos são ricos em recursos, autossuficientes em alimentos e na maioria das matérias-primas, possuem uma grande área e têm uma *densidade* populacional que não chega a um décimo da japonesa. Mas o Japão está faminto por recursos, depende fortemente da importação de alimentos e matérias-primas, tem uma área que equivale a menos de um vigésimo da americana e está lotado (com uma densidade populacional dez vezes maior). Ou seja, é muito mais fácil para os EUA sustentarem uma grande população.

O outro fator que contribui para a liderança americana na produção econômica ou riqueza é a alta produção ou riqueza *per capita*, devido às vantagens geográficas, políticas e sociais que serão discutidas a seguir. As várias maneiras de mensurar a produção ou renda *per capita* incluem o PIB (produto interno bruto) e a renda *per capita*, corrigidos ou não por diferenças na paridade do poder de compra (ou seja, diferenças na quantidade de mercadoria que um dólar de renda pode comprar em cada país). Em todas essas medidas *per capita*, os Estados Unidos excedem por ampla margem todos os outros países populosos com grandes economias. Os únicos países com PIB ou renda *per capita* mais altos do que os americanos são pequenos (populações entre 2 e 9 milhões: Kuwait, Noruega, Catar, Singapura, Suíça e Emirados Árabes Unidos) ou minúsculos (populações entre 30 mil e 500 mil: Brunei, Liechtenstein, Luxemburgo e San Marino). A riqueza desses países provém principalmente do petróleo ou das finanças, cujos ganhos são distribuídos entre poucas pessoas, resultando em um alto PIB ou renda *per capita*, mas baixa posição na produção econômica total (que equivale à produção *per capita* multiplicada pela população).

O fato de os Estados Unidos terem a maior economia do mundo permite que também tenham as Forças Armadas mais poderosas do mundo. Embora a China tenha muito mais soldados, o prolongado investimento americano em tecnologia militar e navios de guerra oceânicos (ver figura 8.1 do encarte) mais do que compensa a vantagem chinesa. Os Estados Unidos têm dez grandes porta-aviões nucleares que podem ser enviados a qualquer lugar do globo; somente um país (França) possui um porta-aviões nuclear, e poucos possuem qualquer tipo de porta-avião, nuclear ou não. Como resultado, os EUA são a única potência militar que pode intervir e intervém em todo o mundo — e isso é um fato, sejam essas intervenções aprovadas ou desaprovadas.

———

Não foi por acidente que os Estados Unidos se tornaram economicamente ricos e militarmente poderosos. As muitas razões para esse resultado, para além das vantagens da grande área e da grande população, já discutidas, são geografia, política, economia e sociedade. Ao ler as páginas seguintes, caso você sinta que estou cometendo exageros chauvinistas na descrição das vantagens americanas, esteja avisado: a essas páginas se seguirão muitas mais sobre os grandes problemas que enfrentamos.

Em relação à geografia, somos afortunados por termos sido dotados com uma excelente propriedade. Todos os 48 estados contíguos situam-se inteiramente em zonas temperadas, que são as mais produtivas do mundo em termos agrícolas e as mais seguras em termos de saúde pública. Embora a China esteja situada amplamente no interior de zonas temperadas, grande parte do sul do país é subtropical e parte se estende até os trópicos. E, o que é ainda mais sério, a China possui o maior e mais alto platô do mundo, de baixo valor para a agricultura, além de uma grande área montanhosa (incluindo cinco das seis montanhas mais altas do mundo) sem nenhum valor humano com exceção do turismo e de geleiras que fornecem água para os rios.

Os solos das zonas temperadas são geralmente mais férteis do que os tropicais, em parte por causa das geleiras de alta latitude da era glacial que avançaram e retrocederam repetidamente sobre a terra, esmigalhando rochas e gerando ou expondo solos frescos. Isso aconteceu não somente na América do Norte, mas também no norte da Eurásia, contribuindo para a fertilidade do solo eurasiano. Mas a glaciação foi especialmente efetiva na América do Norte por causa de uma característica geográfica peculiar que é única entre os continentes. Para apreciar essa característica, dê uma olhada em um mapa-múndi e descreva em uma frase curta a forma de cada continente. Você dirá que a América do Sul e a África são mais largas perto do centro e mais estreitas perto do Polo Sul, ao passo que a Eurásia e a Austrália são largas tanto em altas quanto em baixas latitudes. Mas a América do Norte tem o formato único de uma cunha, mais larga na direção do Polo Norte e se tornando mais estreita em baixas latitudes.

Esse formato teve consequências para os solos norte-americanos. Várias dezenas de vezes durante a era glacial ou pleistoceno, geleiras se formaram no Ártico e marcharam para o sul, tanto na América do Norte quanto na Eurásia. Por causa do formato de cunha afunilada, grandes volumes de gelo que se formaram nas partes mais largas em altas latitudes foram afunilados em uma faixa mais estreita e se tornaram pesadas geleiras conforme avançavam para latitudes mais baixas. Na Eurásia, sem esse formato de cunha, o volume de gelo formado em altas latitudes se moveu para uma faixa igualmente larga em baixas latitudes. Os continentes da América do Sul, da África e da Austrália terminam antes do círculo Antártico e não puderam gerar lençóis de gelo marchando para o norte. Assim, a criação de solos jovens e férteis pelo avanço e recuo das geleiras originadas em altas latitudes foi mais efetiva na América do Norte, menos efetiva na Eurásia e baixa ou inexistente nos três continentes ao sul. O resultado foram solos profundos e férteis nas Grandes Planícies, que surpreenderam e deliciaram os fazendeiros europeus imigrantes e hoje constituem a maior e mais produtiva extensão de terra arável do mundo (ver figura 8.2 do encarte). Assim, o formato de cunha da América do Norte e as repetidas glaciações do passado, combinadas às chuvas moderadas prevalentes na maioria do continente, são as razões subjacentes para a alta produtividade agrícola e para o fato de os Estados Unidos serem o maior exportador mundial de alimentos. Em contraste, a China tem solos menos férteis e muito danificados pela erosão e uma densidade populacional média quatro vezes maior do que a americana, tornando-a uma importadora líquida de alimentos.

A outra grande vantagem geográfica são nossas vias navegáveis, tanto no litoral quanto no interior. Elas constituem uma grande fonte de economia, pois o transporte por mar é entre dez e trinta vezes mais barato do que o transporte por rodovia ou ferrovia. As fronteiras leste (Atlântico), oeste (Pacífico) e sudeste (golfo) consistem em longos litorais, protegidos na costa do Atlântico e na costa do golfo por uma barreira de ilhas. Os navios são parcialmente protegidos por essas ilhas. As três costas americanas possuem grandes endentações no interior, abrigando portos de águas profundas (ver figura 8.3 do encarte), como o estuário de Long Island, a baía de Chesapeake, a baía de Galveston, a baía de São Francisco e o estuário de Puget. Como resultado, os Estados Unidos são abençoados com excelentes e protegidos portos naturais: há mais deles na Costa Leste do que em todo o restante das Américas ao sul da fronteira com o México. Além disso, somos a única potência mundial banhada tanto pelo oceano Atlântico quanto pelo oceano Pacífico.

Quanto às vias navegáveis internas, a Costa Leste tem muitos rios curtos e navegáveis. Mas nossa via navegável mais importante é o grande sistema do rio Mississippi e seus afluentes (o Missouri e outros), que escoam por mais de metade da extensão do país, incluindo as excelentes terras aráveis nas Grandes Planícies (mapa na página 320). Quando as barreiras à navegação foram superadas através de canais e eclusas, os barcos puderam navegar quase 2 mil quilômetros da costa do Golfo até a região central dos

Estados Unidos (ver figura 8.4 do encarte). Para além da nascente do rio Mississippi ficam os Grandes Lagos, o maior grupo lacustre do mundo e mais navegado do que qualquer outro. Juntos, o rio Mississippi e os Grandes Lagos constituem a maior rede de vias navegáveis internas do mundo. Quando se acrescenta a via costeira a esse sistema, os EUA terminam com mais vias navegáveis internas do que todo o restante do mundo combinado. Para comparação, o México não possui nenhum grande rio navegável e todo o continente africano só possui um rio navegável até o oceano (o Nilo). A China tem um litoral muito mais curto (somente no lado leste), nenhum porto bom, uma fração muito menor de terras acessíveis por rios navegáveis e nenhum sistema lacustre comparável aos Grandes Lagos. Todas essas vias navegáveis unem grande parte dos EUA e os conectam ao restante do mundo, através do transporte aquático de baixo custo.

A outra vantagem de nossas costas marítimas é a proteção contra invasão. Pode parecer contraditório que, logo depois de ter elogiado o litoral por ser a maneira ideal de movimentar mercadorias, eu agora o considere uma maneira menos que ideal de movimentar soldados. A razão, claro, é que só é mais barato e seguro movimentar mercadorias através de um navio pelo litoral do que através de um veículo por terra se as pessoas em terra estiverem dispostas a recebê-las. A movimentação pelo mar é cara e insegura se as pessoas que aguardam em terra atiram em você. Desembarques anfíbios sempre estiveram entre as mais perigosas formas de combate: pense nos 58% de baixas sofridos pelos soldados canadenses quando atacaram Dieppe, na costa francesa, em agosto de 1942, ou nos 30% de baixas sofridos pelos fuzileiros americanos que capturaram o atol de Tarawa em novembro de 1943. Os Estados Unidos ficaram ainda mais protegidos ao anexar o Havaí e o Alasca, passando a controlar as aproximações pela costa do Pacífico. As porções de nossas fronteiras que não ficam no litoral são as fronteiras terrestres com o México e com o Canadá, com populações e exércitos muito pequenos para nos ameaçarem (embora tenhamos lutado uma guerra com cada um deles no início do século XIX).

Assim, os Estados Unidos são praticamente imunes à invasão. Nenhuma foi tentada durante nossa história como nação independente; não estivemos envolvidos em nenhuma guerra em solo pátrio com uma potência estrangeira desde a Guerra do México em 1846-1848, que nós mesmos iniciamos. Mesmo as incursões ofensivas foram pouquíssimas: somente um ataque britânico a Washington durante a guerra de 1812; o ataque de Pancho Villa a Columbus, no Novo México, em 1916; um torpedo disparado por um submarino japonês contra Santa Bárbara durante a Segunda Guerra Mundial; e seis civis americanos mortos por um balão cheio de explosivos lançado do Japão, também durante a Segunda Guerra Mundial. Em contraste, no último século todas as principais nações já foram invadidas (Japão, China, França, Alemanha, Índia), ocupadas (Japão, Itália, Coreia, Alemanha) ou ameaçadas com invasão iminente (Reino Unido). Sendo específico, a China foi não somente atacada pelo mar e ocupada pelo Japão em 1937-1945, como também atacada pelo mar pelo Reino Unido, França e Japão no século anterior; recentemente lutou contra a Rússia, a Índia e o Vietnã em suas fronteiras terrestres; e com frequência, no passado, foi atacada pelos exércitos da Ásia Central, dois dos quais (os mongóis e os manchus) conseguiram conquistar todo o país.

Essas são nossas vantagens geográficas. Agora consideremos as vantagens políticas, que começam com o fato de que nosso governo tem sido ininterruptamente democrático durante os 230 anos de existência nacional. Em contraste, a China teve governos ditatoriais não democráticos ininterruptamente durante os 2.240 anos de sua existência.

Quais são as vantagens da democracia ou, ao menos, suas vantagens potenciais? (Enfatizo "potenciais" porque, como veremos, nosso governo supostamente democrático está perdendo algumas dessas vantagens ao se desviar da verdadeira democracia.) Hoje em dia, é cada vez mais fácil se desiludir com a democracia, e os americanos às vezes invejam a ditadura chinesa por sua habilidade de decidir e implementar boas políticas rapidamente. Não há dúvida de que as decisões e sua implementação demoram mais tempo em democracias do que em ditaduras, porque a essência da democracia são os pesos e contrapesos e os processos decisórios de base ampla (e, consequentemente, longos). Por exemplo, a adoção da gasolina livre de chumbo levou apenas um ano na China, ao passo que exigiu uma década de debates e disputas judiciais nos Estados Unidos. Invejamos o fato de a China nos ter ultrapassado rapidamente na construção de redes de transporte ferroviário de alta velocidade, sistemas de metrô e sistemas de transmissão de energia de longa distância. Os céticos em relação à democracia também podem citar exemplos de líderes desastrosamente danosos que chegaram ao poder através da eleição democrática.

Essas desvantagens da democracia são reais. Mas as ditaduras apresentam uma desvantagem muito pior e frequentemente fatal. Ninguém, nos 5.400 anos de história de governo centralizado em todos os continentes, descobriu como garantir que as políticas implementadas com invejável velocidade pelas ditaduras sejam predominantemente boas. Pense nas políticas terrivelmente autodestrutivas que a China também implementou de modo rápido e cujas consequências não têm paralelo em nenhuma grande democracia do Primeiro Mundo. Elas incluíram a fome em larga escala de 1958-1962, que matou dezenas de milhões de pessoas, a suspensão do sistema de educação, o envio de professores aos campos para trabalhar ao lado dos camponeses e a geração, mais tarde, da pior poluição atmosférica do mundo. Se a poluição atmosférica americana chegasse à metade da que hoje atinge frequentemente muitas grandes cidades chinesas, os eleitores se queixariam e tirariam o governo do poder nas eleições seguintes. Pense também nas ainda mais autodestrutivas políticas implementadas na década de 1930 sem um processo decisório de base ampla por governos ditatoriais na Alemanha e no Japão, que lançaram esses dois países em guerras que mataram milhões de seus cidadãos (para não mencionar mais de 20 milhões de cidadãos de outros países). Foi por isso que Winston Churchill afirmou, em resposta a alguém fazendo as usuais reclamações sobre suas desvantagens, que a democracia realmente é a pior forma de governo, com exceção de todas as outras que já foram tentadas.

As vantagens do governo democrático são numerosas. Em uma democracia, os cidadãos podem propor e debater praticamente qualquer ideia, mesmo que de início seja anátema ao governo no poder. O debate e os protestos podem revelar que essa ideia é a melhor política, ao passo que, em uma ditadura, ela jamais seria debatida e suas virtudes jamais seriam aceitas. O melhor exemplo na história americana recente, porque nosso governo foi muito tenaz em seguir uma política que se revelou ruim e porque os protestos contra ela foram muito vigorosos, foi a decisão de pôr fim à Guerra do Vietnã (ver figura 8.5 do encarte). Em contraste, os alemães em 1941 não tiveram a oportunidade de debater a insanidade da decisão de Hitler de invadir a União Soviética e declarar guerra aos Estados Unidos ao mesmo tempo que lutava contra a Grã-Bretanha.

Outra vantagem básica da democracia é que os cidadãos sabem que suas ideias estão sendo ouvidas e debatidas. Mesmo que não sejam adotadas agora, eles sabem que terão a oportunidade de prevalecer em eleições futuras. Sem democracia, os cidadãos estão mais propensos a se sentirem frustrados e concluir, corretamente, que sua única opção é recorrer à violência e mesmo tentar derrubar o governo. Saber que há modos pacíficos de expressão reduz o risco de violência civil. Um amigo cínico, mas politicamente astuto, me disse: "O que conta é a *aparência* de democracia." Com isso, ele quis dizer que a aparência de democracia pode ser suficiente para dissuadir os cidadãos de recorrerem à violência, mesmo que (como é o caso nos EUA) a democracia esteja na verdade sendo prejudicada de maneiras não tão visíveis.

Uma vantagem básica adicional da democracia é que o compromisso é essencial para sua operação. O compromisso reduz a tirania daqueles no poder, que de outro modo poderiam ignorar os pontos de vista opostos. Inversamente, também significa que a minoria frustrada concorda em não paralisar o governo.

Ainda outra vantagem básica é que, em democracias modernas com sufrágio universal, todos os cidadãos podem votar. Assim, o governo no poder tem um incentivo para investir em todos eles, que desse modo obtêm oportunidades para se tornarem produtivos, em vez de essas oportunidades serem reservadas a uma pequena elite ditatorial.

Além dessas vantagens das democracias em geral, os Estados Unidos derivam vantagens adicionais de sua forma particular de democracia, a saber, o governo federal. Em um sistema federal, importantes funções de governo são reservadas a unidades democráticas regionais, não sendo prerrogativa de um único governo nacional centralizado. A versão americana de sistema federal consiste em cinquenta estados, o que frequentemente significa cinquenta experimentos concorrentes que testam diferentes soluções para o mesmo problema partilhado e podem revelar qual solução funciona melhor. Eis um exemplo: estados americanos permitem (Oregon) ou proíbem (Alabama) o suicídio assistido e cobram impostos estaduais altos (Califórnia) ou baixos (Montana). Em outro exemplo, em minha infância no estado de Massachusetts, no nordeste americano, o primeiro californiano que conheci me explicou que a Califórnia era o único estado americano a adotar uma lei que permitia que os carros virassem à direita em um cruzamento, mesmo com o sinal fechado, depois de terem parado totalmente. Nos EUA, as leis de trânsito são prerrogativa dos estados, não do governo nacional. Para meus conterrâneos de Massachusetts no início da década de 1960 e para os cidadãos de todos os outros estados americanos, aquela parecia uma ideia insanamente perigosa que somente os malucos e insensatos californianos sonhariam em tentar. Mas, quando a Califórnia tentou, o experimento se provou seguro, outros estados puderam aprender com ele e, por fim, todos adotaram a mesma lei (ver figura 8.6 do encarte).

Você pode objetar que ter permissão ou não para virar à direita com o sinal fechado não é importante o bastante para convencê-lo das vantagens do sistema federal. Um experimento mais significativo, realizado recentemente, foi que o governador Brownback, do Kansas, afirmou que reduzir os impostos estaduais era mais importante para o estado do que um sistema bem-fundamentado de educação pública. Assim, a partir de 2012, ele reduziu a receita tributária estadual a ponto de drásticos cortes na educação pública serem necessários. Outros estados observaram o resultado desse experimento com interesse. Em 2017, os resultados do Kansas convenceram até mesmo os legisladores que pertenciam ao partido político de Brownback de que cortar investimentos em educação pública não era uma boa ideia. Assim, eles votaram para elevar novamente os impostos estaduais. Mas nosso sistema federal permitiu que um estado testasse essa ideia por si mesmo e deixou que os outros 49 estados aprendessem com os resultados.

Essas são algumas das grandes vantagens da democracia que beneficiam os Estados Unidos, mas não a China. A falta dessas vantagens é, em minha opinião, a principal desvantagem que impedirá a China de alcançar os EUA em renda média *per capita*, desde que permaneçamos democráticos e a China permaneça não democrática. Isso me lembra de reiterar: um país nominalmente democrático perde essas vantagens se sua democracia é seriamente infringida; falaremos mais sobre isso a seguir. Também reconheço que a democracia não é necessariamente a melhor opção para todos os países; é difícil que prevaleça naqueles que não possuem os pré-requisitos de um eleitorado alfabetizado e uma identidade nacional amplamente aceita.

Mencionarei brevemente duas outras vantagens políticas adicionais, para além do governo democrático. Os Estados Unidos tiveram controle civil ininterrupto sobre os militares durante toda sua história. Isso não é verdadeiro para a China ou para a maioria dos países latino-americanos, e é desastrosamente incorreto em relação ao Japão no período entre 1930 e 1945. Pelos padrões mundiais, os EUA sofrem relativamente pouco com corrupção, embora estejam atrás da Dinamarca, de Singapura e 24 outros países. A corrupção é ruim para um país ou uma empresa, porque as decisões são influenciadas pelo que é bom para os políticos ou executivos corruptos, mesmo que sejam ruins para o país ou a empresa como um todo. Também prejudica as empresas, porque significa que elas não podem confiar que seus contratos serão garantidos. Essa é outra grande desvantagem da China, que apresenta muita corrupção declarada. Mas os EUA apresentam muita corrupção *disfarçada*, porque Wall Street e outras entidades e indivíduos ricos influenciam as políticas e ações do governo através do lobby e das contribuições às campanhas. Embora essas intervenções em dinheiro sejam legais, geram resultados similares aos resultados ilegais da corrupção. Ou seja, os legisladores ou oficiais públicos adotam políticas ou ações danosas ao bem público, mas benéficas aos doadores, e às vezes também aos legisladores ou oficiais públicos.

———

As últimas vantagens que mencionarei são mais familiares, e a maioria dos americanos as citaria antes de pensar nas vantagens geográficas e políticas fundamentais que discuti até agora. Os Estados Unidos foram caracterizados (pelo menos até recentemente; mais sobre isso no capítulo 10) pela mobilidade socioeconômica. Nosso ideal e realidade de ascensão significa (ou significava) que pessoas capazes e dispostas a trabalhar que nasceram ou chegaram aqui pobres podem obter riqueza. Esse é um grande incentivo que leva as pessoas a trabalharem duro e significa que os EUA têm feito bom uso de grande parte de seu capital humano.

Os Estados Unidos se destacam pela facilidade com que mesmo os jovens podem fundar negócios de sucesso. (Pense em Amazon, Apple, Facebook, Google, Microsoft e inúmeras empresas menos espetaculares, mas lucrativas.)

Temos uma longa história de investimentos dos governos federal, estaduais e municipais, bem como investimentos privados na educação e em infraestrutura, capital humano e pesquisa e desenvolvimento. (Só recentemente a China começou a nos alcançar em termos de investimento nessas áreas.) Como resultado, estamos à frente de todos os outros países do mundo combinados em todo campo científico importante, quando mensurados por artigos publicados ou prêmios Nobel concedidos. Metade das que geralmente são consideradas as dez melhores instituições e universidades de pesquisa científica do mundo é americana. Durante quase um século e meio, tivemos uma grande vantagem competitiva em invenções, tecnologia e práticas inovadoras de manufatura, como exemplificado pela produção em massa de peças intercambiáveis para mosquetes de Eli Whitney; pelas aeronaves motorizadas dos irmãos Wright; pela bateria alcalina, a lâmpada incandescente, o equipamento de filmagem e o fonógrafo de Thomas Edison (ver figura 8.7 do encarte); pelo telefone de Alexander Graham Bell; e, mais recentemente, pelo transistor da Bell Telephone Laboratories, pelos homens na Lua, os celulares, a internet e o e-mail.

A última vantagem a ser mencionada é uma que muitos americanos não consideram uma vantagem: a imigração (ver figura 8.8 do encarte). É claro que ela cria problemas, que agora pesam em nossas mentes. Mas a realidade é que todo americano é imigrante ou descende de imigrantes. A vasta maioria imigrou nos últimos quatro séculos (meus próprios avós imigraram em 1890 e 1940). Mesmo os nativos americanos são descendentes de imigrantes que chegaram há pelo menos 13 mil anos.

Para compreender os benefícios fundamentais de uma população imigrante, imagine que é possível dividir a população de qualquer país em dois grupos: um contendo as pessoas mais jovens, saudáveis, ousadas, tolerantes ao risco, trabalhadoras, ambiciosas e inovadoras e outro contendo todo o restante. Transplante o primeiro grupo para outro país e deixe o segundo grupo em seu país de origem. Esse transplante seletivo se aproxima da decisão de emigrar e de sua realização bem-sucedida. Assim, não é surpresa que mais de um terço dos vencedores americanos do Prêmio Nobel tenha nascido no exterior e que mais da metade seja imigrante ou fruto de imigrantes. Isso porque as pesquisas que recebem prêmios Nobel exigem essas mesmas qualidades de ousadia, tolerância ao risco, trabalho duro, ambição e inovação. Os imigrantes e seus filhos contribuem desproporcionalmente para a arte, a música, a culinária e os esportes americanos.

————

Tudo que descrevi até agora pode ser resumido assim: os Estados Unidos gozam de enormes vantagens. Mas os países podem desperdiçar suas vantagens, como fez a Argentina. Há sinais de alerta de que os EUA podem estar fazendo o mesmo. Entre eles, estão quatro características interligadas que contribuem para o colapso da democracia americana, uma de suas forças históricas. Devotarei o restante deste capítulo ao primeiro e mais sério desses quatro conjuntos de problemas. O capítulo seguinte (10) discutirá os "outros" três conjuntos de problemas, que também são sérios. Eles são "outros" somente porque são eclipsados por um problema maior.

O primeiro e, em minha opinião, mais infeliz dos problemas fundamentais que ameaçam a democracia americana é a acelerada deterioração do compromisso político. Como expliquei, o comprometimento político é uma das vantagens básicas das democracias, quando comparadas às ditaduras, porque reduz ou evita tanto a tirania da maioria quanto seu inverso, a paralisação por uma minoria frustrada. A Constituição americana tentou criar pressão para o comprometimento ao instaurar sistemas de pesos e contrapesos. Nosso presidente lidera a política, mas o Congresso controla o orçamento e o presidente da Câmara estabelece a agenda de ação em relação às propostas presidenciais. Se, como regularmente ocorre, nossos representantes no Congresso discordam entre si e os apoiadores de uma visão não conseguem votos suficientes para impô-la, um compromisso deve ser negociado antes que o governo possa agir.

Naturalmente, intensos conflitos políticos têm sido frequentes, com ocasional tirania da maioria ou paralisação da minoria. Mas, com a conspícua exceção do colapso do compromisso que levou à Guerra Civil de 1861-1865, geralmente foi possível chegar a um meio-termo. Um exemplo moderno é o relacionamento entre o presidente republicano Ronald Reagan e o presidente democrata da Câmara Thomas (Tip) O'Neill entre 1981 e 1986 (ver figura 8.9 do encarte). Ambos eram políticos habilidosos, tinham personalidade forte e se opunham um ao outro em suas filosofias e na maioria das questões políticas. Discordavam e se enfrentavam politicamente. Mesmo assim, tratavam um ao outro com respeito, reconheciam a autoridade constitucional mútua e seguiam as regras. Embora O'Neill não gostasse da agenda econômica de Reagan, reconhecia o direito constitucional do presidente de propor uma agenda, marcar votações na Câmara e se ater a essa agenda. Sob Reagan e O'Neill, o governo federal funcionava: prazos eram cumpridos, orçamentos eram aprovados, paralisações governamentais eram inexistentes e ameaças de obstrução eram raras. Grandes peças legislativas sobre as quais Reagan, O'Neill e seus seguidores discordavam, mas nas quais conseguiram chegar a compromissos, incluem a diminuição dos impostos, a reforma do código tributário federal, a política de imigração, a reforma da seguridade social, a redução dos gastos não militares e o aumento dos gastos militares. Embora os indicados de Reagan não fossem do agrado dos democratas, que bloquearam algumas indicações, ele conseguiu nomear mais da metade dos juízes federais, incluindo três dos nove juízes da Suprema Corte.

Mas o compromisso político passou a se deteriorar de meados da década de 1990 em diante, especialmente por volta de 2005. O compromisso está desaparecendo não somente entre nossos dois maiores partidos políticos, mas também entre as alas mais e menos moderadas no interior de cada partido. Isso é especialmente verdadeiro no interior do Partido Republicano, cuja ala mais extrema, Tea Party, criou desafios durante as eleições primárias para os candidatos republicanos moderados que haviam firmado compromissos com os democratas. Como resultado, o Congresso de 2014-2016 aprovou o menor número de leis na história americana recente, atrasou-se na adoção dos orçamentos e correu o risco de sofrer ou acabou gerando paralisação do governo.

Como exemplo do colapso do compromisso, considere as obstruções e bloqueios dos indicados presidenciais. A obstrução é uma tática admissível pelas regras do Senado (embora não especificada na Constituição) na qual uma minoria de senadores (ou mesmo somente um senador) que se opõe a uma moção fala sem parar (ou ameaça fazer isso, na chamada obstrução-fantasma), a fim de forçar o compromisso ou a retirada da moção. (O recorde foi estabelecido em 1967 por um discurso que durou mais de 24 horas; ver figura 8.10 do encarte.) As regras do Senado permitem que uma obstrução seja finalizada por uma votação de "encerramento" não da maioria simples, mas de uma supermaioria (sessenta em cem senadores). Na realidade, a obstrução permite que determinada minoria, que de outro modo perderia na votação, force o compromisso, ao passo que a votação de encerramento permite que determinada supermaioria o recuse.

A despeito do óbvio potencial de abuso — ou seja, que obstruções introduzam paralisação e votações de encerramento introduzam tirania —, esse sistema funcionou durante a maior parte de nossa história. Minorias e supermaiorias reconheceram o potencial de abuso e raramente recorreram às obstruções e ainda menos aos encerramentos. Sob nossos primeiros 43 presidentes durante os 220 primeiros anos de governo constitucional, o Senado se opôs a um total de 68 indicados presidenciais para posições governamentais recorrendo a obstruções. Mas, quando o presidente democrata Obama foi eleito em 2008, os líderes republicanos declararam sua intenção de bloquear qualquer coisa que ele propusesse. Isso incluiu bloquear seus 79 indicados por obstrução em apenas quatro anos, mais do que nos 220 anos anteriores. Os democratas responderam abolindo a requisição de supermaioria para aprovar indicações, com exceção dos juízes da Suprema Corte, permitindo preencher os cargos governamentais, mas também reduzindo a eficiência da válvula de segurança disponível para a minoria insatisfeita.

Uma obstrução é meramente o método mais extremo e menos frequente de evitar a confirmação dos indicados presidenciais. No segundo mandato do presidente Obama, entre 2012 e 2016, o Senado controlado pelos republicanos confirmou o menor número de juízes indicados pelo presidente desde o início da década de 1950 e o menor número de juízes para tribunais de apelação (o nível judiciário logo abaixo da Suprema Corte) desde os anos 1800. A tática mais frequentemente empregada para bloquear as nomeações era recusar-se a agendar uma reunião do comitê do Senado para avaliá-las; a segunda maneira mais frequente era se recusar a agendar uma votação integral do Senado sobre as nomeações aprovadas pelo comitê relevante. Por exemplo, um indicado para uma embaixada não pôde assumir porque morreu enquanto esperava, por mais de dois anos, pela votação de confirmação. Mesmo o preenchimento de cargos muito menos controversos ou poderosos do que a posição de juiz ou embaixador foi bloqueado. Um amigo meu, indicado para uma posição de segundo nível na Administração Oceânica e Atmosférica Nacional, retirou sua candidatura após esperar um ano para ser confirmado.

———

Por que o colapso do compromisso político acelerou nas duas últimas décadas? Além dos outros prejuízos que causa, ele é autorreforçador, pois torna as pessoas relutantes em prestar serviço governamental como representantes eleitas, a menos que sejam ideólogas convictas. Dois amigos meus, muito respeitados por seu prolongado serviço como senadores e que pareciam ter boas chances de reeleição, decidiram se aposentar em função da frustração com a atmosfera política no Congresso. Quando perguntei a representantes eleitos e a pessoas experientes no funcionamento do Congresso quais eram as causas dessa tendência, as explicações que sugeriram foram as seguintes.

Uma é o aumento astronômico do custo das campanhas eleitorais, que tornou os doadores muito mais importantes que no passado. Embora alguns candidatos à Presidência consigam financiar suas campanhas juntando muitas doações de baixo valor, muitos outros são forçados a contar com um pequeno número de grandes doações. É claro que esses grandes doadores participam da campanha porque têm opiniões fortes sobre objetivos específicos e fazem doações aos candidatos que apoiam esses objetivos. Eles não dão dinheiro aos candidatos do meio-termo, que se comprometem. Como escreveu um amigo desiludido ao se aposentar após uma longa carreira política: "De todas as questões que enfrentamos, acho que a distorção causada pelo dinheiro em nosso sistema político e em nossas vidas pessoais foi, de longe, a mais danosa. Políticos e resultados políticos têm sido comprados em uma escala maior do que nunca [...] a correria por dinheiro político rouba tempo, dinheiro e entusiasmo [...] as agendas políticas se dobram ao dinheiro, o discurso político piora e os políticos não se conhecem ao voar para seus distritos."

O último ponto mencionado por meu amigo é a segunda explicação sugerida: o crescimento da viagem aérea doméstica, que oferece conexões frequentes e rápidas entre Washington e todos os estados americanos. Anteriormente, nossos representantes trabalhavam no Congresso durante a semana e tinham de permanecer em Washington durante o fim de semana porque não podiam ir e voltar de seu estado natal nesse curto período. Suas famílias viviam e seus filhos frequentavam a escola em Washington. Nos fins de semana, eles, as esposas e os filhos socializavam uns com os outros e passavam tempo juntos como amigos, e não somente como adversários ou aliados políticos. Hoje, o alto custo das campanhas eleitorais os pressiona a visitarem frequentemente seus estados de origem a fim de levantarem fundos, e o crescimento das viagens aéreas domésticas tornou isso possível. Muitos representantes mantêm as famílias em seus estados de origem, onde os filhos frequentam a escola. Esses filhos não brincam com os filhos de outros representantes, os representantes não conhecem as esposas e os filhos uns dos outros e se veem apenas como políticos. Cerca de 80 de nossos 535 congressistas sequer mantêm um apartamento em Washington, dormindo no escritório durante a semana e voando para casa no fim de semana.

A terceira explicação que ouço para o colapso do compromisso envolve uma prática chamada *gerrymandering*. Isso significa redesenhar os contornos geográficos dos distritos de um estado a fim de favorecer um partido, ao lhe assegurar uma proporção de representantes superior à de eleitores no estado. Não se trata de uma prática nova. De fato, ela deriva seu nome do governador Elbridge Gerry, de Massachusetts, cuja administração em 1812 redesenhou os distritos estaduais com o único objetivo de aumentar o número de representantes eleitos que pertenciam a seu partido. Os distritos resultantes tinham formas geográficas estranhas, com uma delas parecendo uma salamandra [*salamander*, em inglês] e dando origem ao termo *gerrymander* (ver figura 8.11 do encarte).

Hoje, após cada censo nacional de dez anos que redistribui o número de assentos no Congresso entre os estados, cada legislatura estadual pode redesenhar os limites de seus distritos. Cada vez mais, as legislaturas estaduais, em especial as controladas por republicanos, os redesenham a fim de concentrar tantos prováveis eleitores democratas quanto possível no menor número de distritos majoritariamente democratas (em geral urbanos), deixando todos os prováveis eleitores democratas restantes espalhados pelo maior número possível de distritos com modestas, mas confiáveis maiorias de prováveis eleitores republicanos (quase sempre distritos rurais). A Suprema Corte recentemente rejeitou um plano de redistribuição apresentado pela legislatura da Carolina do Norte, controlada pelos republicanos, afirmando que os limites distritais não faziam sentido geográfico e evidentemente haviam sido esboçados com "precisão cirúrgica" para inflar o número de representantes republicanos à custa dos democratas.

A consequência do *gerrymandering* para o compromisso político é que ele deixa claro, com antecedência, quais partidos e políticas a maioria dos eleitores de cada distrito tende a favorecer. Assim, os candidatos tendem a ser derrotados se assumirem uma posição de meio-termo, apelando a eleitores de ambos os partidos. Em vez disso, sabem que devem adotar uma plataforma polarizada que apele somente ao partido que se espera que vença naquele distrito particular. Mas, embora o *gerrymandering* pareça contribuir para a atual polarização política, há várias razões pelas quais essa não é toda a explicação: ele não explica a polarização no Senado (porque os estados são divididos em distritos para as eleições da Câmara, mas não do Senado, e, contudo, hoje os senadores são tão inflexíveis quanto os deputados); não explica a polarização em distritos que não foram re-desenhados; nem explica por que já havia muita polarização mesmo nos distritos redesenhados antes de haver *gerrymandering*.

Todavia, essas três teorias sobre a polarização política — arrecada-ção de fundos, viagens aéreas domésticas e *gerrymandering* — tentam explicar somente a polarização do minúsculo grupo de americanos que são nossos políticos. Mas o problema real é muito mais amplo: os americanos como um todo estão se tornando polarizados e politicamente inflexíveis. Dê uma olhada no mapa das eleições presidenciais de 2016, mostrando em vermelho ou azul os estados que votaram em republicanos ou democratas. Você será lembrado de que o litoral e as grandes cidades são majoritariamente democratas e as áreas rurais e do interior, republi-canas. Cada partido está se tornando cada vez mais homogêneo e extre-mo em sua ideologia: os republicanos estão se tornando cada vez mais conservadores; os democratas, mais liberais; e os adeptos do caminho do meio estão declinando em ambos os partidos. As pesquisas mostram que muitos americanos de cada partido estão cada vez mais intolerantes com o outro, o veem como real perigo para o bem-estar americano, não querem que um parente próximo se case com um apoiador do outro partido e querem viver em uma área onde as outras pessoas partilhem de suas opiniões políticas. Se você é um leitor americano deste livro, pode testar essa divisão por si mesmo: quantas pessoas *você* conhece e considera amigas que lhe disseram ter votado para o candidato presidencial do outro partido na eleição de 2016?

Assim, a pergunta não é somente por que nossos políticos estão se tornando mais inflexíveis, independentemente de suas bases eleitorais. Também precisamos entender por que os próprios eleitores se tornaram mais intolerantes e politicamente inflexíveis. Os políticos meramente obedecem aos desejos de seus eleitores.

Quanto à polarização política da sociedade, uma explicação frequentemente sugerida é o "nicho de informação". Quando eu era adolescente, não existia TV a cabo; o primeiro programa de TV só chegou a Boston em 1948; e, durante anos depois disso, os americanos recebiam informações de somente três grandes redes de televisão, três grandes revistas semanais de informação e dos jornais. A maioria partilhava essas mesmas fontes, nenhuma das quais se identificava claramente com as visões conservadoras ou liberais ou distorcia muito suas informações. Hoje, com a ascensão da TV a cabo, dos sites de notícias e do Facebook, e o declínio das revistas semanais impressas de amplo mercado, os americanos escolhem suas fontes de informação de acordo com suas opiniões preexistentes. Olhando para a programação mensal de minha TV a cabo, vejo que posso escolher entre 477 canais: não somente Fox News ou MSNBC, dependendo de eu preferir o viés conservador ou liberal, mas também canais dedicados à África, aos esportes universitários da costa do Atlântico, à arte de cozinhar, ao crime, à França, ao hóquei, joias, vida judaica, Rússia, tênis, clima e uma miríade de outros assuntos e pontos de vista. Assim, posso escolher permanecer ligado a meus atuais interesses e visões e não ser distraído por outros assuntos e pontos de vista indesejados. O resultado: eu me tranco em meu nicho político, comprometo-me com meu próprio conjunto de "fatos", continuo a votar no partido que sempre preferi, não sei o que motiva os apoiadores do outro partido e, é claro, quero que meus representantes rejeitem qualquer compromisso com os representantes que não concordam comigo.

A maioria da população agora usa mídias sociais, como Facebook e Twitter. Dois amigos meus, não relacionados, um dos quais é democrata e a outra republicana, explicaram-me separadamente como a conta no Facebook serve como seu principal filtro de informações. O democrata (um jovem) posta opiniões e comentários para seus amigos, que por sua vez postam opiniões próprias e que ele selecionou em parte porque partilham de suas visões. Quando alguém posta um item com um ponto de vista republicano, ele exclui essa pessoa da lista de amigos. As pessoas que já não são suas amigas incluem seu tio e sua tia, que ele também deixou de visitar por causa de suas opiniões republicanas. Durante o dia, frequentemente confere sua conta no Facebook em seu iPhone e a usa para identificar e ler artigos on-line alinhados a suas visões, mas não assina nenhum jornal impresso ou assiste à televisão. Minha amiga, que por acaso é republicana, fez um relato similar, com exceção do fato de que os conhecidos que exclui de sua lista de amigos são aqueles que postam itens com pontos de vista democratas. O resultado: cada um deles lê somente aquilo que está no interior de seu já determinado nicho.

———

Mas mesmo essa ampliação da pergunta sobre a polarização política nos Estados Unidos — deixando de perguntar somente sobre as visões polarizadas dos políticos e passando a perguntar sobre as visões polarizadas de todo o eleitorado — ainda é limitada. Ela enquadra a pergunta como sendo sobre polarização somente na esfera política. No entanto, o fenômeno é mais abrangente: polarização, intolerância e agressividade estão aumentando em outras esferas, para além da política. Os leitores americanos com mais de 40 anos podem refletir sobre as mudanças que viram por si mesmos no comportamento de seus compatriotas dentro do elevador (as pessoas esperando para entrar no elevador tendem a não esperar por aquelas que estão saindo); o declínio da cortesia no trânsito (não dar a vez a outros motoristas); o declínio da simpatia nas ruas e trilhas de caminhada (os americanos com menos de 40 anos tendem a não cumprimentar estranhos com tanta frequência quanto aqueles com mais de 40 anos); e, acima de tudo, em muitos círculos, o cada vez mais agressivo "discurso" de toda sorte, especialmente na comunicação eletrônica.

Experimentei essas tendências mesmo na vida de pesquisa acadêmica, na qual entrei em 1955. Os debates acadêmicos se tornaram mais agressivos hoje do que eram há sessenta anos. Já no início de minha carreira, vi-me envolvido em controvérsias acadêmicas, assim como hoje. Mas sempre pensei nos cientistas de quem discordava sobre questões científicas como amigos, não inimigos. Eu me lembro de ter passado férias na Grã-Bretanha após uma conferência de fisiologia, passeando pelas ruínas de monastérios cistercienses com uma gentil e agradável fisiologista americana da qual discordara fortemente sobre o mecanismo de transporte epitelial de água. Isso seria impossível hoje. Já fui processado, ameaçado com processos e verbalmente agredido por acadêmicos que discordavam de mim. Os anfitriões de minhas palestras já foram forçados a contratar guarda-costas para me proteger dos críticos furiosos. Um acadêmico concluiu uma crítica pública de um de meus livros com as palavras "Cale a boca!" A vida acadêmica espelha a vida em geral, assim como políticos, eleitores, usuários de elevadores, motoristas e pedestres.

Todas essas arenas da vida americana são facetas do mesmo e amplamente discutido fenômeno: o declínio do chamado "capital social". Como definido pelo cientista político Robert Putnam em seu livro *Bowling Alone* [Jogando boliche sozinho], "o capital social se refere às conexões entre indivíduos — redes sociais e normas de reciprocidade e confiança que surgem delas. Nesse sentido, o capital social está intimamente relacionado ao que alguns chamaram de 'virtude cívica'." Trata-se da confiança, das amizades, da filiação a grupos, da ajuda e da expectativa de ser ajudado que surgem da participação ativa em todo tipo de grupo: clubes de leitura, de boliche, de bridge, eclesiásticos, organizações comunitárias, associações de pais e mestres, organizações políticas, sociedades profissionais, rotary clubs, assembleias municipais, sindicatos, associações de veteranos e outras. A participação em tais grupos promove a reciprocidade generalizada, ou seja, fazer coisas para e com outras pessoas, confiar nelas e contar com elas para fazerem coisas por você. Mas os americanos se envolvem cada vez menos em tais grupos presenciais, ao mesmo tempo que se envolvem cada vez mais em grupos on-line nos quais jamais encontram, veem ou ouvem outras pessoas.

Uma explicação que Putnam e muitos outros sugeriram para o declínio do capital social nos Estados Unidos é a ascensão da comunicação à distância à custa da comunicação direta. O telefone surgiu em 1890, mas só saturou o mercado americano por volta de 1957. O rádio atingiu a saturação entre 1923 e 1937, e a TV entre 1948 e 1955. A maior mudança foi a ascensão da internet, dos telefones celulares e das mensagens de texto. Usamos o rádio e a televisão para obter informação e entretenimento, e o telefone e as mídias eletrônicas mais recentes para os mesmos objetivos, além da comunicação. Mas, antes da invenção da escrita, toda informação e comunicação humana costumavam ser presenciais, por pessoas que falavam umas com as outras ou assistiam/ouviam juntas a uma apresentação (oradores, músicos e atores). Embora os cinemas que surgiram por volta de 1900 não fornecessem entretenimento presencial, ao menos faziam com que as pessoas saíssem de casa e participassem de grupos sociais, e muitas vezes eram frequentados como extensão direta de assistir à apresentação de oradores, músicos e atores com os amigos.

Hoje, todavia, muitos de nossos entretenimentos — smartphones, iPods e videogames — são solitários, e não sociais. São um nicho de entretenimento individualmente selecionado, como os nichos de informação política individualmente selecionados. A televisão, ainda a mais comum forma de entretenimento para os americanos, os mantém em casa e apenas nominalmente com outros membros da mesma residência. Os americanos passam entre três e quatro vezes mais tempo assistindo à televisão juntos do que falando uns com os outros, e ao menos um terço de todo o tempo de audiência é solitário (frequentemente na internet, e não diante de um aparelho de TV).

As consequências são que as pessoas que passam muito tempo diante da TV confiam menos nas outras pessoas e participam de menos organizações voluntárias. Antes de culpar a TV por esses comportamentos, poderíamos objetar: qual é a causa e qual o resultado, ou esses dois conjuntos de fenômenos estão somente relacionados, sem serem causa um do outro? Um experimento natural e não intencional no Canadá ilumina a questão. Em um vale canadense com três cidades similares, uma delas estava fora do alcance do transmissor que atendia a área. Quando essa cidade finalmente obteve recepção, a participação em clubes e outras reuniões declinou, quando comparada à participação na mesma cidade antes de a televisão chegar, atingindo níveis comparáveis à participação nas outras duas cidades que já tinham sinal. Isso sugere que assistir à TV *causou* o declínio na participação; não foi o caso de as pessoas já não participarem e então escolherem assistir à TV.

Nas remotas áreas da Nova Guiné onde faço trabalho de campo, e aonde as novas tecnologias de comunicação ainda não chegaram, todas as comunicações ainda são presenciais, como costumavam ser nos Estados Unidos. Os papuásios tradicionais passam a maior parte do tempo em que estão acordados falando uns com os outros. Em contraste com as conversas distraídas e esparsas dos americanos, as interações dos papuásios tradicionais não são interrompidas para olhar para o celular ou digitar e-mails ou mensagens de texto durante uma conversa com uma pessoa presente, mas que só recebe uma fração da atenção do interlocutor. O filho de um missionário americano, que cresceu em um vilarejo da Nova Guiné e só se mudou para os EUA quando já estava no ensino médio, descreveu seu choque ao descobrir o contraste entre os estilos de brincadeira nos dois países. Na Nova Guiné, as crianças de um vilarejo entravam e saíam das cabanas umas das outras durante o dia. Nos EUA, como meu amigo descobriu, "As crianças entram em suas próprias casas, fecham a porta e assistem à TV sozinhas."

O usuário americano médio verifica seu celular a cada quatro minutos, passa ao menos seis horas por dia olhando para a tela do celular ou do computador e mais de dez horas por dia (ou seja, a maior parte de seu tempo acordado) conectado a algum tipo de dispositivo eletrônico. O resultado é que a maioria já não experimenta os outros como seres humanos cujos movimentos de rosto e corpo podem ver, cujas vozes podem ouvir e a quem compreendem. Em vez disso, experimentam uns aos outros predominantemente como mensagens digitais em uma tela e, ocasionalmente, como vozes em um celular. Tendemos a ter grandes inibições sobre sermos rudes com um ser humano que está a 1 metro de distância e que podemos ver e ouvir. Mas perdemos essas inibições quando as pessoas são reduzidas a palavras em uma tela. É muito mais fácil ser rude e desdenhoso em relação a palavras em uma tela do que em relação a uma pessoa viva olhando em seus olhos. Mas, quando nos acostumamos a ser agressivos a distância, é fácil sermos agressivos também com uma pessoa presente.

Todavia, essa explicação para o colapso do compromisso político e do comportamento polido em geral enfrenta uma objeção óbvia. A comunicação a distância explodiu não somente nos Estados Unidos, mas em todo o mundo, especialmente nos países ricos. Italianos e japoneses usam celulares tanto quanto americanos. Por que o compromisso político não diminuiu e a rudeza social não aumentou também nesses países?

Posso pensar em duas explicações. Uma é que, durante o século XX, a comunicação eletrônica e muitas outras inovações tecnológicas surgiram primeiro nos Estados Unidos, de onde elas e suas consequências se espalharam para os outros países ricos. Por esse raciocínio, os EUA são apenas os primeiros, e não os únicos, a experimentarem o colapso do compromisso político, que se disseminará pelo mundo como os telefones e a televisão. De fato, amigos britânicos me dizem que a agressividade pessoal é mais alta na Grã-Bretanha do que quando vivi por lá, há sessenta anos, ao passo que amigos australianos me dizem que a falta de compromisso tem aumentado na vida política australiana. Se essa explicação estiver correta, então será apenas uma questão de tempo até que outros países ricos desenvolvam um impasse político no mesmo nível já atingido pelos EUA.

A outra explicação possível é que, mesmo no passado e por várias razões, os Estados Unidos tiveram e ainda têm menos capital social para opor à chegada das forças despersonalizantes das tecnologias modernas. A área americana é mais de 25 vezes maior do que a de qualquer outro país rico com exceção do Canadá. Inversamente, sua densidade populacional — o número de pessoas dividido pela área — é até dez vezes menor do que a da maioria dos outros países ricos; somente Canadá, Austrália e Islândia são mais esparsamente povoados. Os EUA sempre colocaram grande ênfase no indivíduo, em comparação com a ênfase europeia e japonesa na comunidade; somente a Austrália nos excede em taxas de individualismo entre países ricos. Os americanos se mudam com frequência, a cada cinco anos em média. As distâncias muito maiores no interior dos EUA do que no interior do Japão ou de qualquer outro país europeu ocidental significam que, quando os americanos se mudam, tendem a se afastar muito mais de seus amigos do que os poucos japoneses e europeus que se mudam. Como resultado, possuem laços sociais mais efêmeros e uma grande rotatividade de amigos, em vez de muitos amigos de longa data vivendo por perto.

Mas área e distâncias internas são fixas e não estão prestes a diminuir. É improvável que os americanos abram mão dos celulares ou se mudem com menos frequência. Assim, se essa explicação ligando o declínio do compromisso político a fatores relacionados a nosso baixo capital social estiver correta, o compromisso político permanecerá em maior risco aqui do que em outros países ricos. Isso não significa que estamos

inexoravelmente condenados a um impasse político cada vez pior. Significa que aqui, mais do que em outros países, será necessário um esforço
consciente dos líderes políticos e dos eleitores para pôr fim ao impasse.

———

Este livro já discutiu dois países — o Chile e a Indonésia — nos quais o
colapso do compromisso político fez com que um dos lados impusesse uma
ditadura militar cujo objetivo explícito era exterminar o outro lado. Essa
perspectiva ainda parece absurda para a maioria dos americanos. Também
teria parecido absurda para meus amigos chilenos quando vivi no Chile
em 1967, se alguém tivesse expressado o medo desse possível resultado. E,
todavia, aconteceu no Chile em 1973.

Os americanos podem objetar: "Mas os Estados Unidos são diferentes
do Chile!" Sim, é claro que são. Algumas dessas diferenças tornam menos
provável que o país degenere em uma ditadura militar violenta — mas outras tornam mais provável. Os fatores que tornam o resultado ruim menos
provável incluem nossas fortes tradições democráticas, o ideal histórico de
igualitarismo, a ausência de oligarquias latifundiárias hereditárias como
as do Chile e a completa ausência de ações políticas independentes por
parte dos militares durante nossa história. (O Exército chileno interveio
brevemente na política algumas vezes antes de 1973.) Em contrapartida,
os fatores que tornam o resultado ruim mais provável nos EUA do que no
Chile incluem muito mais posse privada de armas, muito mais violência
individual hoje e no passado e uma história mais longa de violência dirigida
contra grupos (afro-americanos, nativos americanos e alguns grupos de
imigrantes). Concordo que os passos até uma ditadura militar nos EUA
seriam diferentes dos passos dados no Chile em 1973. É muito improvável
que os EUA sejam tomados por militares agindo independentemente. Em
vez disso, prevejo um partido político no poder, seja no governo federal
ou nos governos estaduais, manipulando cada vez mais o registro de

eleitores, enchendo os tribunais de juízes simpáticos a sua causa, usando esses tribunais para questionar o resultado das eleições e então evocando a "força da lei" e usando a polícia, a Guarda Nacional, a reserva do exército e o próprio exército para suprimir a oposição política.

É por isso que considero nossa polarização política o mais perigoso problema enfrentado pelos americanos hoje; muito mais perigoso do que a competição com a China ou o México, com a qual nossos políticos se mostram obcecados. Não há como a China ou o México destruírem os Estados Unidos. Somente nós podemos nos destruir. Retornaremos a essa questão no próximo capítulo, depois que considerarmos os outros problemas fundamentais enfrentados pelos americanos e os fatores que favorecem ou se opõem às mudanças seletivas que poderiam evitar esse sombrio cenário.

CAPÍTULO 10

O QUE VEM PELA FRENTE PARA OS ESTADOS UNIDOS? TRÊS "OUTROS" PROBLEMAS

Outros problemas — Eleições — Desigualdade e imobilidade
— E daí? — Investigando o futuro — Estrutura da crise

O capítulo anterior começou com boas notícias sobre os Estados Unidos. O país não se tornou o mais rico e poderoso do mundo por acidente, mas pela combinação de muitas vantagens demográficas, geográficas, políticas, históricas, econômicas e sociais. O restante do capítulo apresentou as más notícias: o atual colapso do compromisso político que vejo como o mais sério entre os problemas enfrentados especificamente pelos EUA (distintos dos problemas mundiais que também nos ameaçam).

Este capítulo discutirá três "outros" grandes problemas, começando com aqueles associados às eleições. Reúno essas questões sob o aparentemente desdenhoso termo "outros problemas" apenas porque elas não possuem o potencial de solapar o governo democrático de modo tão imediato quanto o colapso do compromisso. Mas ainda são sérias. Os leitores que quiserem aprender mais gostarão do livro de Howard Friedman, *The Measure of a Nation* [A medida de uma nação], que inclui dezenas de gráficos comparando os Estados Unidos a outras grandes democracias com respeito às variáveis discutidas a seguir. É claro que minha lista de problemas não é exaustiva. Os problemas que não discuto incluem as relações raciais e o papel das mulheres, sendo que ambos apresentam melhoria em relação a cinquenta anos atrás, mas ainda flagelam a sociedade. Os quatro que selecionei para discussão — aquele do capítulo anterior e os três deste capítulo — pioraram inquestionavelmente em décadas recentes e, em minha opinião, constituem hoje as mais sérias ameaças à nossa democracia e à nossa força econômica.

———

As eleições são a essência de qualquer democracia. Se um país possui uma Constituição ou leis especificando o governo democrático, mas os cidadãos desse país não podem ou não querem votar, tal país não merece ser chamado de democracia. Por esse padrão, os Estados Unidos mal podem ser chamados assim. Quase metade dos cidadãos qualificados para votar não vota nem mesmo para o cargo mais importante, o de presidente. Em cada uma das quatro eleições presidenciais mais recentes, o número de americanos qualificados que não votaram foi de cerca de 100 milhões. A porcentagem de cidadãos que não vota para cargos eletivos menores é muito mais alta. Por exemplo, Los Angeles (LA) é uma das maiores cidades americanas, e o servidor eleito mais importante é o prefeito. Mesmo assim, na mais recente eleição para prefeito da cidade, 80% dos residentes qualificados não votaram.

Há várias maneiras de expressar o comparecimento dos eleitores. Uma delas é relatar a porcentagem de *residentes* com idade suficiente para votar que realmente votaram. Outra medida, que gera um número ligeiramente mais alto, é relatar a porcentagem de eleitores *qualificados* que votaram.

(Nos Estados Unidos, somente 92% dos residentes com idade suficiente para votar são qualificados para votar; os 8% desqualificados consistem majoritariamente em residentes sem cidadania, presidiários e criminosos condenados, mas em liberdade.) Uma terceira medida, que gera um número ainda mais alto, é relatar a porcentagem de eleitores *registrados* que votaram; um bom número de eleitores qualificados não é registrado, por razões que discutirei a seguir.

Essas três medidas levam à mesma conclusão: entre as democracias ricas (as chamadas nações da OCDE), os Estados Unidos estão em último lugar no comparecimento de eleitores. Para estabelecer o contexto, o comparecimento médio de eleitores registrados nos outros países democráticos é de 93% na Austrália, onde o voto é compulsório por lei; de 89% na Bélgica; e entre 58% e 80% na maioria das outras democracias da Europa e da Ásia Oriental. Desde que a Indonésia retomou as eleições democráticas livres em 1999, o comparecimento dos eleitores flutuou entre 86% e 90%, ao passo que o comparecimento italiano desde 1948 atingiu até 93%.

Em comparação, o comparecimento de eleitores qualificados americanos nas eleições nacionais foi de em média somente 60% nos anos de eleição presidencial e 40% nos anos de eleições parlamentares. O mais alto comparecimento já registrado na história americana moderna, na eleição presidencial de 2008, foi de somente 62%, muito abaixo mesmo do mais baixo comparecimento recente na Itália ou na Indonésia. Quando se pergunta aos eleitores registrados americanos por que eles não se importam em votar, as respostas mais comuns são que não confiam no governo, não têm fé no valor do voto ou não se interessam por política.

Mas há outra razão pela qual muitos americanos qualificados para votar não o fazem: eles não podem, porque não estão registrados. Essa é uma característica distintiva da democracia americana que exige explicação. Em muitas democracias, os cidadãos qualificados não precisam fazer nada para "registrar" seu voto: o governo faz isso por eles ao gerar uma lista de pessoas automaticamente registradas, retirada das listas de carteiras de motorista, pagadores de impostos, residentes ou outras bases de dados. Na Alemanha, por exemplo, todos os alemães com mais de 18 anos automaticamente recebem um cartão do governo, notificando-os de que uma eleição é iminente e eles estão qualificados para votar.

Nos Estados Unidos, as coisas são mais complicadas. Não é suficiente ser um cidadão qualificado para votar em virtude de ter mais de 18 anos e não estar na prisão nem ser um criminoso condenado: ainda é preciso se registrar. Os EUA tiveram uma longa história de evitar que grupos inteiros de cidadãos qualificados para votar em função da idade pudessem se registrar. O maior desses grupos foram as mulheres, que não puderam votar até 1919. Outros grupos, notadamente afro-americanos, além de vários grupos minoritários e de imigrantes, foram impedidos de se registrar por obstáculos como captação, testes de alfabetização e "cláusulas do avô" (ou seja, você não podia se registrar para votar se seu avô não podia votar). É claro que as leis não declaravam explicitamente que visavam evitar que afro-americanos votassem. Mesmo assim, todo mundo compreendia que o objetivo pretendido e o efeito atingido de obstáculos como as cláusulas do avô eram tornar impossível o registro dos eleitores afro-americanos.

No caso de você estar inclinado a considerar tais obstáculos uma característica já desaparecida de um passado remoto, na Flórida cerca de 100 mil eleitores potenciais, na vasta maioria democratas, foram retirados da lista de eleitores registrados em 2000. Essa exclusão teve enorme efeito na direção dos votos do estado, e consequentemente na Presidência dos Estados Unidos, para George Bush, e não Al Gore, um efeito muito maior do que os subsequentes e muito divulgados argumentos sobre a desqualificação de meras centenas das assim chamadas "cédulas defeituosas" às quais o resultado das eleições é comum e erroneamente atribuído. A falha básica do sistema de registro de eleitores é que, na Flórida e em muitos outros estados, as listas de eleitores registrados e os procedimentos eleitorais são controlados por procedimentos partidários no nível estadual e local, e não por procedimentos apartidários no nível nacional. Os servidores eleitorais partidários muitas vezes tentam dificultar a votação para os cidadãos que provavelmente votarão no partido oposto.

A maior ampliação dos procedimentos de registro de eleitores na história americana moderna foi a Lei do Direito ao Voto de 1965, que proibiu os "testes de alfabetização" para registro e deu ao governo federal a supervisão dos distritos eleitorais com padrão anterior de obstrução. O resultado foi que o registro de eleitores afro-americanos nos estados do sul pulou de 31% para 73% e o número de candidatos afro-americanos eleitos em todo o país pulou de menos de quinhentos para mais de 10 mil. O Congresso renovou essa lei quase unanimemente em 2006. Mas, em 2013, a Suprema Corte, por 5 votos a 4, anulou a fórmula de 1965 do Congresso para identificar distritos que deveriam ser sujeitos à supervisão, afirmando que isso supostamente se tornara desnecessário em função do progresso no registro de eleitores afro-americanos. O resultado foi uma corrida das legislaturas estaduais para adotar novos obstáculos ao registro, variando muito entre os estados. Até 2004, nenhum dos cinquenta estados exigia que os potenciais eleitores exibissem um documento com foto emitido pelo governo a fim de se registrar ou votar. Somente dois estados haviam adotado tal procedimento em 2008. Mas, imediatamente após a decisão da Suprema Corte, catorze estados adotaram o requerimento de documento com foto (geralmente carteira de motorista ou passaporte) ou restrições semelhantes, e a maioria dos estados agora faz ou está contemplando fazer o mesmo.

Assim como as primeiras cláusulas do avô não mencionavam especificamente os afro-americanos, mas foram eficazmente projetadas para privá-los de seus direitos, os métodos modernos de restrição ao voto possuem objetivos e eficácia similares. A porcentagem de eleitores potenciais que possuem o requerido documento com foto é consideravelmente mais alta (dependendo do grupo etário, até três vezes mais alta) entre brancos do que entre afro-americanos ou latinos e entre ricos do que entre pobres. As razões são banais, sem relação direta com merecer o direito ao voto: é mais provável que pessoas mais pobres, e afro-americanos em geral, não possuam licença de motorista porque não pagaram alguma multa. O

Alabama fechou os escritórios do Departamento de Veículos Motorizados (DMV, o departamento que emite carteiras de motorista) nos condados com grande população afro-americana. Como resposta ao resultante ultraje público, reabriu esses escritórios, mas somente em um dia por mês. O Texas manteve escritórios do DMV em apenas um terço dos condados, forçando os potenciais eleitores a viajarem até 400 quilômetros se estiverem determinados a satisfazer ao requerimento de documento com foto com uma carteira de motorista.

Os outros obstáculos ao registro e à votação também variam. Alguns estados são "amigáveis", permitindo que os eleitores se registrem no próprio dia da eleição, aceitando que enviem seus votos pelo correio, em vez de comparecerem às urnas, ou mantendo os escritórios eleitorais abertos à noite e durante os fins de semana. Outros são "pouco amigáveis", exigindo que os eleitores se registrem em um curto período antes da eleição, ou mantendo os escritórios eleitorais abertos somente durante as horas comerciais dos dias úteis. Mas as pessoas mais pobres (incluindo as minorias mais amplas) não podem faltar ao trabalho ou esperar em longas filas para se registrar ou votar.

Todos esses obstáculos seletivos contribuem para o comparecimento ser superior a 80% no caso de americanos com renda acima de 150 mil dólares, mas inferior a 50% no caso de americanos com renda abaixo de 20 mil dólares. Portanto, influenciam o resultado não somente das eleições presidenciais, mas também de muitas eleições estaduais, locais e para o Congresso, todos os anos.

Esses limites à participação, sejam resultado das escolhas voluntárias dos eleitores ou impostos a eles contra sua vontade, formam o lado avesso das vantagens fundamentais da democracia que discuti no capítulo anterior. Essas vantagens incluem: a oportunidade de os cidadãos debaterem, avaliarem e escolherem qualquer proposta; o fato de os cidadãos saberem que são ouvidos e que possuem mecanismos pacíficos de expressão; a redução do risco de violência civil; incentivos ao compromisso; e incentivos para investir em todos os cidadãos (em última instância, porque eles votam), em vez de somente na elite. Na medida em que os americanos escolhem não votar, estão mal informados quando votam ou não podem votar, é dessas vantagens que estamos abrindo mão.

———

Nenhuma discussão da democracia americana moderna estaria completa sem mencionar sua característica mais frequentemente criticada: a explosão do custo das campanhas eleitorais, devida especialmente à mudança das baratas propagandas impressas para as caras propagandas de TV. As campanhas passaram a ser predominantemente financiadas por interesses abastados. Também houve uma explosão do tempo de campanha, que agora ocorre continuamente de uma eleição até a próxima. Como resultado, os políticos precisam dedicar a maior parte de seu tempo (segundo meu amigo, senador aposentado, 80% de seu tempo) à arrecadação de fundos e à campanha, em vez de à tarefa de governar; cidadãos com excelentes qualificações são desencorajados a concorrer; e as informações da campanha foram reduzidas primeiro a trechos de 30 segundos no rádio e, depois, a breves tuítes. Em contraste, os famosos debates entre Abraham Lincoln e Stephen Douglas durante a campanha para o cargo de senador pelo Illinois em 1858 duraram até seis horas cada. Embora, é claro, somente uma fração dos eleitores de Illinois tenha comparecido aos debates, eles foram amplamente divulgados pelos jornais. Nenhum país se aproxima dos Estados Unidos nos custos e na ininterrupta operação das campanhas políticas. Em contraste, no Reino Unido as campanhas eleitorais são restritas por lei a algumas semanas antes da eleição, e a quantia que pode ser gasta em objetivos de campanha também é legalmente limitada.

———

Nosso próximo problema fundamental é a desigualdade. Consideremos o que os americanos pensam sobre igualdade ou desigualdade no país, como mensurá-la e como os Estados Unidos se classificam em desigualdade e mobilidade econômica, quando comparados a outras grandes democracias. Se a desigualdade for alta, e daí? Ou seja, se muitos americanos realmente forem pobres e condenados a permanecer pobres, isso evidentemente é muito triste para tais indivíduos, mas também é ruim para os americanos ricos e para os EUA como um todo?

Quando questionados sobre igualdade ou desigualdade, os americanos tendem a responder que a igualdade é um valor essencial, como já declarado na segunda frase da Declaração da Independência de 1776: "Consideramos estas verdades autoevidentes, que todos os homens são criados iguais..." Note, todavia, que a declaração não afirma que todos os homens (e, hoje, também as mulheres) realmente *são* iguais ou merecem ter rendas iguais. Diz apenas que todos os homens possuem certos direitos inalienáveis. Mas mesmo essa modesta afirmação foi significativa pelos padrões mundiais de 1776, em uma época na qual nobres, camponeses e clérigos de países europeus possuíam diferentes direitos legais e eram julgados por diferentes tribunais. Assim, a Declaração da Independência realmente consagrou a igualdade *legal* como valor essencial, ao menos em teoria. E qual é a realidade sobre a desigualdade *econômica* nos EUA?

A desigualdade econômica no interior de um país pode ser mensurada de várias maneiras. Uma questão trata de que quantidade comparar: a renda bruta sem ajuste? Ou a renda com ajuste, após deduções como impostos e adições como pagamentos de seguridade social e auxílio alimentação? Ou a riqueza e os ativos totais? A variação individual entre cada uma dessas quantidades pode, por sua vez, ser mensurada de diferentes maneiras, como pelo chamado coeficiente de Gini; comparando a renda dos que fazem parte do 1% mais rico com a renda dos que fazem parte do 1% mais pobre; computando a porcentagem da renda nacional total que pertence aos 1% mais ricos; e calculando a porcentagem de bilionários entre a população do país.

Restrinjamos nossas comparações às principais democracias, a fim de não fazer uma comparação do tipo maçãs e laranjas entre democracias e ditaduras como a Guiné Equatorial, onde um homem (o presidente) possui a maior parte da renda e da riqueza nacionais. Entre as grandes democracias, há diferenças no tocante a qual possui a maior *igualdade*, dependendo de como é calculada. Entretanto, quanto a qual grande democracia possui a maior *desigualdade*, todas as quantidades comparadas e todas as medidas levam à mesma conclusão: a grande democracia com maior desigualdade são os Estados Unidos. Isso é verdade há muito tempo, e nossa desigualdade está crescendo.

Algumas medidas da crescente desigualdade americana são muito familiares e frequentemente citadas. Por exemplo, a fração da renda nacional sem ajustes do 1% mais rico subiu de menos de 10% na década de 1970 para mais de 25% hoje. A desigualdade está aumentando mesmo entre os ricos: o 1% mais rico teve um aumento de renda proporcionalmente muito maior que os 5% mais ricos; o 0,1% mais rico se saiu proporcionalmente melhor que o 1% mais rico; e os três americanos mais ricos (atualmente Jeff Bezos, Bill Gates e Warren Buffett) possuem um patrimônio líquido combinado igual ao patrimônio líquido combinado dos 130 milhões de americanos mais pobres. A porcentagem de bilionários em nossa população é o dobro das grandes democracias com a segunda maior porcentagem de bilionários (Canadá e Alemanha) e sete vezes maior do que a maioria das outras grandes democracias. A renda média de um CEO, que já era quarenta vezes a renda do funcionário médio da mesma companhia em 1980, hoje é centenas de vezes mais alta. Inversamente, embora o status econômico dos americanos ricos exceda o das outras grandes democracias, o status econômico dos americanos pobres é mais baixo.

Essa crescente distância entre ricos e pobres se deve a uma combinação de políticas governamentais e atitudes. Quanto às políticas governamentais, a "redistribuição" — ou seja, as políticas governamentais que de fato transferem dinheiro dos mais ricos para os mais pobres — é menor nos Estados Unidos do que nas outras grandes democracias. As alíquotas de imposto de renda, as transferências sociais e os investimentos como benefícios e subsídios para as pessoas de baixa renda são relativamente baixos, se comparados à maioria das outras grandes democracias. Parte da explicação é a crença, mais disseminada aqui nos Estados Unidos do que em outros países, de que os pobres são pobres porque querem, que ficariam ricos se trabalhassem mais e que o apoio governamental às pessoas de baixa renda (como os cupons de alimentação) está tomado pelo abuso e torna as pessoas pobres injustamente abastadas (as chamadas "rainhas do bem-estar social"). Outra parte da explicação são as restrições ao registro de eleitores e à votação e o custo de financiamento das campanhas, que discuti nas páginas anteriores. Essas questões fornecem desproporcional poder político às pessoas ricas, tornando mais fácil para elas do que para pessoas pobres registrar-se, votar e influenciar os políticos.

Relacionada de perto a essa questão da desigualdade econômica que acabei de discutir está a questão da *mobilidade* socioeconômica, ou seja, a probabilidade de que indivíduos possam superar a desigualdade econômica e que pobres se tornem ricos. Os americanos, mais do que os cidadãos de outros países, acreditam que seu país é uma *meritocracia*, na qual as pessoas obtêm as recompensas permitidas por suas habilidades individuais. Isso é simbolizado pela distintivamente americana expressão *rags to riches* [dos trapos à riqueza]: acreditamos que um imigrante pobre que chega vestindo trapos pode ficar rico através de suas habilidades e do trabalho duro. Essa nossa crença central é verdadeira?

Um dos métodos pelos quais os cientistas sociais a testaram foi comparando, entre diferentes países, os coeficientes de correlação entre a renda (ou faixas de renda entre as pessoas da mesma geração) dos adultos e a renda de seus pais. Um coeficiente igual a 1 significaria que a renda relativa dos pais e dos filhos adultos é perfeitamente correlata: todas as pessoas de alta renda são filhas de pais de alta renda, todas as pessoas de baixa renda são filhas de pais de baixa renda, os filhos das famílias de baixa renda têm zero chance de conseguir alta renda, e a mobilidade socioeconômica é zero. No extremo oposto, se o coeficiente de correlação fosse igual a 0, isso significaria que os filhos de pais de baixa renda têm tanta chance de conseguir alta renda quanto os filhos de pais de alta renda, e a mobilidade social é alta.

A conclusão de tais estudos foi que a mobilidade social é mais baixa e as correlações familiares intergeracionais de renda são mais altas nos Estados Unidos do que nas outras principais democracias. Como exemplo, 42% dos americanos cujos pais pertenceram aos 20% mais pobres de sua geração terminaram entre os 20% mais pobres de sua própria geração, ao passo que somente 8% dos filhos desses pais mais pobres conseguiram passar dos trapos à riqueza ao terminar entre os 20% mais ricos. As porcentagens correspondentes em países escandinavos são de cerca de 26% (abaixo dos 42% americanos) e 13% (acima dos 8% americanos).

Infelizmente, o problema está piorando: a desigualdade econômica vem crescendo e a mobilidade socioeconômica vem diminuindo em décadas recentes. Os governos em todos os níveis são cada vez mais influenciados por pessoas ricas, com o resultado de que aprovam leis (como as regras para registro de eleitores e as políticas fiscais) que favorecem pessoas ricas, tornando cada vez mais provável que os candidatos que favorecem os ricos sejam eleitos na próxima eleição e aprovem mais leis favorecendo os ricos, com o resultado de que os governos serão cada vez mais influenciados... com o resultado de que... etc. Isso pode soar como uma piada ruim, mas é uma verdade da história americana recente.

Em resumo, a crença sobre a viabilidade de passar dos trapos à riqueza é um mito. Esse caminho é menos viável nos Estados Unidos do que nas outras principais democracias. A explicação mais provável é que os pais mais ricos tendem a receber melhor educação, investir mais dinheiro na educação dos filhos e fornecer a eles conexões profissionais mais úteis do que os pais mais pobres. Os filhos de pais ricos têm dez vezes mais probabilidade de terminar a faculdade do que os filhos de pais pobres. Como escreveram Richard Reeves e Isabel Sawhill: "Escolha cuidadosamente seus pais!"

———

Retornemos agora à pergunta que apresentei no início dessa discussão sobre desigualdade. Admitindo-se que se trata de um grande problema moral e uma infelicidade para os indivíduos pobres, *e daí?* Também se trata de um problema econômico e de segurança para o país como um todo? Causa qualquer dano aos americanos abastados que vivem cercados por americanos pobres?

Chego a engasgar ao fazer essa pergunta egoísta sobre danos. O problema moral, sozinho, não é razão suficiente para ficarmos preocupados com a desigualdade? Mas a cruel realidade é que as pessoas são motivadas não somente por considerações morais, mas também pelo interesse próprio. Muitos americanos abastados ficariam mais preocupados com a desigualdade se percebessem que ela os afeta pessoalmente, além de ser uma questão moral abstrata.

Minha esposa e eu recebemos uma resposta pessoal para a pergunta "E daí?" em 29 de abril de 1992, quando chegamos a Chicago para uma conferência, após um voo vindo de Los Angeles, onde deixamos nossos filhos com uma babá. Quando encontramos amigos no lobby do hotel, eles nos disseram: "Voltem para o quarto e liguem a TV. Vocês não vão gostar do que está passando." Voltamos ao quarto, ligamos a TV e vimos que tumultos, saques, incêndios e assassinatos descontrolados (os chamados tumultos Rodney King) haviam irrompido nos distritos de minorias pobres do centro de Los Angeles e estavam se espalhando pelas ruas e por outras vizinhanças (ver figura 9.1 do encarte). Naquele momento, calculamos que nossos filhos estariam em um carro com a babá, indo da escola para casa. Passamos duas horas ansiosas até que a babá telefonou e confirmou que ela e as crianças haviam chegado em casa em segurança. Tudo que os policiais, em números muito inferiores, podiam fazer para proteger as áreas abastadas era usar faixas amarelas da polícia para fechar a maioria das ruas.

Naquela ocasião particular, os distritos mais ricos não foram atacados, assim como não haviam sido nos principais tumultos anteriores em Los Angeles, os de Watts, em 1965. (Tanto os tumultos de Rodney King quanto os de Watts foram raciais, motivados pela discriminação, que causa desigualdade econômica e desesperança.) Mas podemos ter certeza de que, no futuro, veremos mais tumultos em Los Angeles e outras grandes cidades. Com a crescente desigualdade, a persistente discriminação racial e a diminuição da mobilidade socioeconômica, os americanos mais pobres perceberão, corretamente, que a vasta maioria de seus filhos têm poucas chances de conseguir uma boa renda ou mesmo uma melhoria modesta em seu status econômico. No futuro próximo, os Estados Unidos experimentarão tumultos urbanos nos quais faixas policiais não serão suficientes para impedir que as pessoas manifestem sua frustração contra os ricos. Nesse momento, muitos americanos ricos receberão uma resposta pessoal à pergunta "Causa algum dano aos americanos ricos estarem cercados por americanos pobres?" A resposta é sim, causa insegurança pessoal.

Mesmo os americanos ricos que vivem a uma distância segura dos desordeiros receberão outra resposta para a pergunta "E daí?" — uma resposta menos violenta, mas que ainda terá grande efeito sobre suas carteiras e seus estilos de vida. A resposta envolve o último dos que vejo como quatro problemas fundamentais enfrentados hoje pelos Estados Unidos: as consequências econômicas do declínio do investimento no capital humano e outros benefícios públicos. Essas consequências serão sentidas por todos os americanos, incluindo os abastados.

———

A necessidade de investir no próprio futuro é óbvia, tanto para indivíduos quanto para nações. Se alguém é rico hoje, mas não investe seu dinheiro ou o investe de maneira pouco sensata, será apenas uma questão de tempo até que não seja mais rico. Essa realmente é uma preocupação para os Estados Unidos?

A primeira resposta pode ser: é claro que não! Muitas pessoas consideram o investimento *privado* americano alto, ousado, inventivo e extremamente lucrativo. É relativamente fácil aqui, em comparação com outros países, obter financiamento para iniciar um novo negócio e testar o potencial comercial de uma ideia. O resultado foram Microsoft, Facebook, Google, PayPal, Uber e muitas outras empresas fundadas recentemente, mas que já se tornaram gigantes internacionais. Através de amigos que investem em capital de risco, vi em segunda mão por que os investimentos privados americanos têm resultados tão bons. Os fundos de capital de risco arrecadam milhões (ou centenas de milhões) de dólares, que então dividem em investimentos em muitas startups. A maioria desses negócios fracassará, mas um ou alguns poucos podem ter sucesso em uma escala tão ampla que darão grandes lucros aos investidores originais. As ideias nas quais meus amigos investem incluem não somente variantes das tecnologias financeiras familiares, mas também ideias excêntricas de altíssimo risco. Essa facilidade de obter investimento privado é uma das grandes razões para os Estados Unidos terem dominância entre os novos empreendimentos em explosivo crescimento.

Para ilustrar essa facilidade, listarei oito ideias que consideraria insanas e de altíssimo risco dez anos atrás. Duas delas (que chamarei de categoria A) foram bem-sucedidas e criaram empresas que valem dezenas de bilhões de dólares; duas (categoria B) atraíram investidores, mas ainda não apresentaram resultado; duas (categoria C) mostraram funcionar e atraíram capital de risco, mas (ainda) não são grandes empresas; e duas (categoria D) são farsas que acabei de inventar e não atraíram nenhum financiamento (até onde sei). As ideias são: 1) um repelente magnético de tubarões para nadadores; 2) uma coleira que transmite eletronicamente o nível de atividade do cão, seu estado de saúde e sua localização por GPS; 3) tecnologia intrauterina de DNA que permite que sua cadela possa gestar um filhote de raposa prateada com valiosa pelagem; 4) uma mídia social que posta suas fotos e textos on-line, mas automaticamente os apaga em 24 horas ou menos; 5) uma cápsula que transporta pessoas à mesma velocidade de um avião através de um tubo a vácuo; 6) tecnologia pela qual é possível alugar um quarto em sua casa para um completo estranho; 7) tecnologia para congelá-lo rapidamente assim que morrer, de modo que possa ser trazido novamente à vida em algum momento do futuro, quando os médicos descobrirem como curar a doença que o matou; e 8) um spray que, aplicado à pele, permite que você "respire" sob a água durante quinze minutos.

Você consegue distribuir essas ideias corretamente pelas categorias A, B, C e D? As respostas estão no rodapé da página.[5] Aposto que poucos leitores conseguirão distribuir todas as oito ideias corretamente pelas quatro categorias. Isso ilustra como até mesmo ideias que parecem malucas podem atrair financiamento para startup nos Estados Unidos, ter a chance de mostrar que funcionam e (se funcionarem) se expandir pelo mundo em empreendimentos multibilionários.

Outra razão para ignorarmos as preocupações sobre o investimento em nosso futuro é o domínio da ciência e da tecnologia, que respondem por 40% da atividade econômica nos Estados Unidos: a mais alta porcentagem das grandes democracias. Os EUA lideram a produção de artigos científicos de alta qualidade em todas as principais áreas científicas: química, física, biologia e ciências ambientais e da Terra. Metade das principais instituições de pesquisa científica e tecnológica do mundo é americana. Os EUA são líderes mundiais no investimento *absoluto* em pesquisa e desenvolvimento (embora não em investimento *relativo*: Israel, Coreia do Sul e Japão investem uma porcentagem mais alta de seu PIB).

Contrapondo-se a essas razões para nos sentirmos otimistas sobre o investimento americano em nosso futuro, há uma razão para nos sentirmos pessimistas: o declínio do investimento *governamental* em objetivos públicos, como educação, infraestrutura e pesquisa e desenvolvimento não militar, e os grandes gastos em objetivos economicamente não rentáveis. Segmentos cada vez mais amplos da população ironizam o investimento

---

5. 1C, 2C, 3D, 4A, 5B, 6A, 7B, 8D.

governamental como sendo "socialismo". Ao contrário, o investimento é uma das mais antigas funções do governo. Desde o surgimento dos primeiros governos, há 5.400 anos, eles serviram a duas funções principais: manter a paz interna ao monopolizar a força, resolver disputas e proibir os cidadãos de recorrerem à violência para resolvê-las por si mesmos; e redistribuir a riqueza individual em objetivos mais amplos — nos piores casos, enriquecendo a elite, e, nos melhores, promovendo o bem da sociedade como um todo. É claro que muitos investimentos são privados, feitos por indivíduos e empresas que esperam obter lucro. Mas muitos retornos potenciais não conseguem atrair investimento privado, seja porque estão muito distantes no futuro (como o retorno da educação básica universal), seja porque estão difusos por toda a sociedade, em vez de concentrados em áreas lucrativas para o investidor privado (como os difusos benefícios dos corpos de bombeiros municipais, das estradas e da educação abrangente). Mesmo os mais passionais apoiadores americanos do governo pequeno não chamam o financiamento de corpos de bombeiros, rodovias interestaduais e escolas públicas de socialismo.

O resultado é que os Estados Unidos estão perdendo a vantagem competitiva que dependia de uma força de trabalho escolarizada e da ciência e tecnologia. Ao menos três tendências contribuem para esse declínio: a quantidade cada vez menor de dinheiro que dedicamos à educação, os retornos cada vez piores que obtemos pelo que gastamos com educação e a grande variação na qualidade da educação recebida pelos americanos.

O financiamento governamental da educação (especialmente da superior) vem caindo desde ao menos a virada do século. A despeito da população crescente, o financiamento do ensino superior cresceu somente 1/25 avos do financiamento das prisões, a ponto de doze estados gastarem mais em seus sistemas prisionais do que em suas instituições de ensino superior.

Uma segunda tendência está relacionada ao declínio do desempenho dos estudantes, pelos padrões mundiais. Em matemática, compreensão científica e resultados em testes, os estudantes americanos ocupam uma posição baixa entre as outras principais democracias. Isso é perigoso, porque a economia americana é muito dependente de ciência e tecnologia e porque matemática e educação científica, juntamente com anos de escolaridade, são os melhores previsores de crescimento econômico nacional. Mas nossos gastos educacionais por aluno, embora em declínio, ainda são altos pelo padrão mundial. Isso significa que estamos recebendo um baixo retorno de nosso investimento educacional. Por quê?

Grande parte da resposta é que, na Coreia do Sul, Finlândia, Alemanha e outras democracias, a profissão de professor atrai os melhores estudantes, porque professores ganham bons salários e gozam de status social alto, o que leva a baixa rotatividade. Na Coreia do Sul, os candidatos a professores do ensino básico têm de estar entre os primeiros 5% nos exames de admissão ao ensino superior, e há doze candidatos para cada vaga de professor do ensino médio. Em contraste, os professores americanos recebem os mais baixos salários relativos (ou seja, em relação aos salários nacionais médios de todas as profissões) entre as grandes democracias. Em Montana, onde eu e minha esposa passamos as férias de verão, os salários dos professores estão perto do nível da pobreza, e eles precisam ter um ou dois empregos adicionais (como empacotadores em supermercados, por exemplo) a fim de ganhar o suficiente para pagar as contas. *Todos* os professores da Coreia do Sul, Singapura e Finlândia vêm do terço superior de suas turmas, mas quase metade dos professores americanos vem do terço inferior. Em meus 53 anos de ensino na Universidade da Califórnia (Los Angeles), uma universidade que atrai bons estudantes, só tive um aluno que me disse querer ser professor.

A tendência remanescente que contribui para o declínio de nossa força de trabalho é a grande variação na educação, tanto entre os estados quanto no interior de cada um deles. Em contraste com a maioria das outras grandes democracias, nas quais o governo nacional financia a educação e estabelece padrões, nos Estados Unidos a responsabilidade recai sobre os estados e o governo local. Os gastos por aluno no ensino superior público variam em uma magnitude de onze vezes entre os estados americanos, dependendo da riqueza estadual, da receita tributária e das filosofias políticas. No interior do mesmo estado, variam entre os distritos: distritos mais pobres e estados mais pobres têm escolas menos bem-financiadas. Esse fato tende a tornar autoperpetuadora a variação geográfica da pobreza, uma vez que a educação é tão importante para o desempenho econômico. A qualidade da educação também varia enormemente entre escolas particulares e públicas no interior do mesmo distrito, porque as escolas que cobram mensalidade atraem filhos de pais ricos, pagam mais aos professores, têm turmas menores e fornecem uma educação muito melhor. Isso é impossível na Finlândia, onde o governo paga os mesmos salários para professores de escolas particulares e públicas, de modo que os pais finlandeses (ao contrário dos americanos) não podem comprar uma educação melhor para seus filhos enviando-os a uma escola particular.

Qual é a moral da história no declínio do investimento governamental americano em escolas públicas e na grande variação de oportunidades educacionais disponíveis para as crianças americanas? É o fato de que os Estados Unidos estão limitando seu investimento no futuro da maioria dos americanos. Embora tenhamos, de longe, a maior população entre as democracias ricas, a maioria dessa população não está sendo treinada para as habilidades que são o motor de nosso crescimento econômico. Mas estamos competindo com países como Coreia do Sul, Alemanha, Japão e Finlândia, que investem na educação de *todas* as suas crianças. Caso você se sinta reconfortado pelo fato de que esses países têm populações menores do que a americana — caso se sinta reconfortado pelo fato de que 20% das crianças americanas em idade escolar ainda correspondem a um pouco mais de 100% das crianças sul-coreanas em idade escolar, por exemplo —, lembre-se de que a China, cuja população é cinco vezes maior do que a americana, iniciou um programa intensivo para melhorar as oportunidades educacionais para suas crianças. Isso é um mau presságio para a vantagem competitiva de que a economia americana gozou até agora.

Todos esses fatos criam um paradoxo. Os Estados Unidos são o país mais rico do mundo. Para onde nosso dinheiro está indo, se o governo não está investindo em nosso próprio futuro?

Parte da resposta é que a maioria do dinheiro permanece no bolso dos contribuintes: nossa taxa tributária é baixa, comparada à da maioria das democracias ricas. A outra parte da resposta é que grande parte do dinheiro de nossos impostos vai para gastos com prisões, Forças Armadas e saúde. Nessas três categorias, nossos gastos excedem em muito o das outras principais democracias. Ninguém poderia afirmar que nossas prisões, que enfatizam a punição e a dissuasão, em vez da reabilitação e da reeducação, constituem investimentos em nosso futuro. Sim, nossos gastos militares constituem investimentos em nosso futuro, mas por que gastamos muito mais com nossas Forças Armadas do que a União Europeia, cuja população é quase o dobro da nossa, mas cujos custos de proteção militar para assegurar seu futuro são, no fim das contas, pagos desproporcionalmente por nós? Quanto a nossos gastos com saúde, pareceria natural considerá-los investimentos em nosso futuro, até que examinamos seus usos e resultados. Em resultados de saúde, os Estados Unidos estão abaixo de todas as outras principais democracias, por medidas como expectativa de vida, mortalidade infantil e mortalidade materna. Isso porque têm altos gastos com objetivos que não levam a resultados relacionados à saúde, como as altas mensalidades cobradas pelas seguradoras que visam ao lucro, os altos custos dos seguros por negligência médica e medicina defensiva e os caros serviços emergenciais para a grande parcela da população que não tem seguro-saúde e não pode arcar com os custos do atendimento não emergencial.

———

Começamos os dois capítulos sobre os Estados Unidos com um relato das forças de meu país. Então discutimos o que vejo como nossos mais sérios problemas em curso. Vamos concluir vendo esses problemas à luz da estrutura de crise e mudança deste livro.

Das doze variáveis preditivas listadas na Tabela 1.2 do capítulo 1, quais favorecem e quais impedem os Estados Unidos de solucionarem seus problemas através da adoção de mudanças seletivas? Meu motivo para aplicar esse sistema aos país não é somente o interesse acadêmico, mas também a esperança de oferecer aos americanos alguma orientação na busca por soluções. Se pudermos entender claramente os fatores que obstruem nossa busca, essa consciência poderá nos ajudar a focar nossa atenção na descoberta de maneiras de lidar com as obstruções.

Os fatores favoráveis a um resultado feliz incluem vantagens materiais ou parcialmente materiais e vantagens culturais. Um conjunto de vantagens parcialmente materiais inclui a vantagem demográfica de uma grande população; nossas vantagens geográficas de grande área, localização em zonas temperadas, solos férteis, extensos litorais e vias navegáveis internas; nossas vantagens políticas de sermos uma democracia federal, termos controle civil sobre os militares e corrupção relativamente baixa; e nossas vantagens históricas de oportunidades individuais, investimentos governamentais e incorporação de imigrantes. Essas são as principais razões pelas quais os Estados Unidos são hoje, e têm sido há muito tempo, o país mais poderoso e a maior economia do mundo. O outro conjunto de vantagens totalmente materiais é o de vantagens geográficas que nos deram maior liberdade de escolha (fator 12 da Tabela 1.2) do que qualquer outro país do mundo: os vastos oceanos que nos protegem dos dois lados e as fronteiras terrestres com vizinhos não ameaçadores e muito menos populosos que nos protegem dos dois outros lados. Como resultado, os Estados Unidos não correm risco de invasão no futuro próximo, ao passo que dois dos seis outros países discutidos neste livro (Alemanha e Japão) foram recentemente conquistados e ocupados, e dois outros (Finlândia e Austrália) foram atacados. Mas os mísseis balísticos intercontinentais, a globalização econômica e a facilidade da imigração sem controle permitida pelos meios de transporte modernos reduzem nossa antiga liberdade de restrições geopolíticas.

Quanto a nossas vantagens culturais, uma é nosso forte senso de identidade nacional (fator 6 de nossa lista). Durante nossa história, a maioria dos americanos acreditou que os Estados Unidos são únicos, admiráveis e um país do qual se orgulhar. Os não americanos frequentemente comentam sobre o otimismo e a atitude "sim, nós podemos" dos americanos: vemos nossos problemas como existindo para serem resolvidos.

Outra vantagem cultural americana é a flexibilidade (fator 10 de nossa lista), que se expressa de muitas maneiras. Os americanos mudam de casa em média a cada cinco anos, muito mais frequentemente do que os cidadãos dos outros países que discuto aqui. As transições nacionais de poder entre nossos dois maiores partidos políticos têm sido frequentes, com nove transições no nível presidencial nos últimos setenta anos. Nossa longa história de manter os mesmos dois grandes partidos — os Democratas desde a década de 1820 e os Republicanos desde 1854 — é na verdade um sinal de flexibilidade, e não de rigidez. Isso porque, sempre que um terceiro partido começou a se tornar significativo (como o Partido Bull Moose [Alce Macho] de Theodore Roosevelt, o Partido Progressista de Henry Wallace e o Partido Americano Independente de George Wallace), ele rapidamente desapareceu, porque seu programa foi em parte cooptado por um dos dois grandes partidos. A flexibilidade em relação aos valores essenciais também caracterizou os Estados Unidos. Por um lado, nossos valores essenciais declarados (fator 11) de liberdade, igualdade e democracia não estão oficialmente abertos à negociação (embora tenhamos pontos cegos ao aplicá-los). Por outro, nos últimos setenta anos os Estados Unidos abriram mão de valores antigos que reconhecidamente se tornaram ultrapassados: o isolacionismo político foi colocado de lado durante a Segunda Guerra Mundial e a discriminação racial e contra mulheres vem diminuindo desde a década de 1950.

Agora, nossas desvantagens. Os primeiros passos para qualquer nação ao reconhecer uma crise nacional são atingir o consenso nacional de que o país realmente está entrando em crise (fator 1); aceitar a responsabilidade pelo problema (fator 2), em vez de culpar os "outros" (outros países ou grupos no interior do país); e realizar uma autoavaliação honesta sobre o que está e não está funcionando bem (fator 7). Os Estados Unidos ainda estão longe de se unir em torno desses primeiros passos. Embora os americanos estejam cada vez mais preocupados com as condições do país, ainda não temos consenso nacional sobre o que está errado. A autoavaliação honesta está em falta. Não há ampla concordância de que nossos problemas fundamentais são a polarização, o baixo comparecimento dos eleitores, os obstáculos ao registro de eleitores, a desigualdade, o declínio da mobilidade socioeconômica e o declínio do investimento governamental em educação e benefícios públicos. Muitos políticos e eleitores trabalham duro para piorar esses problemas, em vez de resolvê-los. Americanos demais colocam a culpa não em nós mesmos, mas nos outros: os alvos favoritos são a China, o México e os imigrantes ilegais.

Uma tendência dos americanos ricos e influentes com poder desproporcional é reconhecerem que algo está errado, mas, em vez de dedicarem dinheiro e poder à busca de soluções, tentam fugir com suas famílias dos problemas da sociedade americana. As estratégias favoritas de fuga incluem comprar propriedades na Nova Zelândia (a mais isolada nação do Primeiro Mundo) e gastar grandes somas para converter silos de mísseis abandonados em luxuosos bunkers de defesa (ver figura 9.2 do encarte). Mas quanto tempo uma luxuosa microcivilização conseguiria sobreviver em bunkers ou mesmo em uma sociedade de Primeiro Mundo isolada na Nova Zelândia se os Estados Unidos caíssem? Alguns dias? Semanas? Até mesmo alguns meses? Essa atitude é capturada neste amargo exemplo:

PERGUNTA: Quando os Estados Unidos levarão seus problemas a sério?
RESPOSTA: Quando os ricos e poderosos se sentirem fisicamente inseguros.

A essa resposta, acrescento: quando os ricos e poderosos perceberem que nada do que façam permitirá que estejam fisicamente seguros se a maioria dos americanos estiver zangada, frustrada e realisticamente sem esperanças.

Outra grande desvantagem: entre meus dozes preditivos de enfrentamento bem-sucedido (Tabela 1.2), o que mais flagrantemente *não* caracteriza os Estados Unidos é a disposição de aprender com modelos de métodos alternativos de lidar com a situação, praticados por outros países (fator 5). Nossa recusa em aprender está relacionada a nossa crença na "excepcionalidade" americana, ou seja, a crença de que os Estados Unidos são tão únicos que nada do que foi feito nos outros países se aplica a nós. Isso é besteira, claro: embora nosso país realmente seja distinto em muitos aspectos, todos os seres humanos, sociedades, governos e democracias possuem características partilhadas, que nos permitem aprender uns com os outros.

Em particular, nosso vizinho Canadá é, como nós, uma democracia rica com grande área, baixa densidade populacional, inglês como língua dominante, liberdade de escolha resultante de barreiras geográficas protetoras, muitos recursos minerais e população composta amplamente de imigrantes que chegaram desde 1600. Embora o papel mundial do Canadá seja diferente do papel mundial dos Estados Unidos, ambos partilham problemas humanos universais. Muitas das práticas sociais e políticas do Canadá são drasticamente diferentes das americanas, como planos nacionais de saúde, imigração, educação, prisões e equilíbrio entre interesses comunitários e individuais. Alguns problemas que os americanos veem como frustrantemente insolúveis foram solucionados pelos canadenses com grande apoio popular. Os critérios para admitir imigrantes, por exemplo, são mais racionais do que os americanos. Como resultado, 80% dos canadenses consideram a imigração boa para a economia; uma atitude muito diferente das dilacerantes divisões sobre imigração na sociedade americana. Mas a ignorância americana sobre o vizinho Canadá é chocante. Como muitos canadenses falam inglês, vivem literalmente na porta ao lado e partilham o mesmo sistema telefônico de códigos de área, muitos americanos sequer pensam no Canadá como algo separado. Não percebem o quanto o Canadá é diferente e o quanto poderíamos aprender com os modelos canadenses para resolver os problemas que nos frustram.

A visão americana da Europa Ocidental parece diferente da visão americana sobre o Canadá. É óbvio que a Europa Ocidental é diferente dos Estados Unidos, de uma maneira que não é óbvia em relação ao Canadá. Ao contrário dos canadenses, os europeus ocidentais estão longe dos Estados Unidos, exigem ao menos cinco horas de avião para serem alcançados, em vez de uma curta viagem de carro, em sua maioria falam línguas que não o inglês e possuem uma longa história que não foi baseada na imigração recente. Mesmo assim, são democracias ricas que enfrentam os familiares problemas com assistência médica, educação, prisões e outros, mas os solucionam de maneiras diferentes. Em particular, apoiam a assistência médica, o transporte público, a educação, os cidadãos idosos, as artes e outros aspectos da vida através de investimento em políticas que os americanos tendem a considerar "socialistas". Embora a renda *per capita* seja ligeiramente mais alta nos EUA do que na maioria dos países europeus, a expectativa de vida e as medidas de satisfação pessoal são consistentemente mais altas na Europa Ocidental.

Isso sugere que os modelos europeus ocidentais podem ter muito a nos ensinar. Mas a história americana recente oferece poucos exemplos de missões enviadas para aprender com os modelos europeus ocidentais e canadenses, como fizeram as missões do governo japonês da era Meiji. Isso porque estamos convencidos de que a maneira americana é melhor do que a maneira europeia ou canadense e que os EUA são um caso tão especial que essas outras soluções não têm nada relevante para nos sugerir. Essa atitude negativa nos priva da opção que tantos indivíduos e países acharam útil ao solucionar crises: aprender com a maneira como outros solucionaram crises similares.

Os dois fatores remanescentes constituem uma pequena desvantagem e uma mensagem dúbia. A pequena desvantagem é que os americanos não aprenderam a tolerar a incerteza e o fracasso nacionais (fator 9 do capítulo 1), que conflitam com nossa atitude "sim, nós podemos" e nossa expectativa de sucesso. Comparados aos britânicos, que lidaram com a humilhação da crise de Suez de 1956, e aos japoneses e alemães, que se recuperaram da derrota esmagadora na Segunda Guerra Mundial (e também na Primeira Guerra Mundial, no caso alemão), os americanos acham o fracasso na Guerra do Vietnã difícil de tolerar. Os Estados Unidos recebem uma nota mista em experiências prévias de sobreviver a crises (fator 8). Não fomos derrotados na guerra e ocupados como foram o Japão e a Alemanha, nem invadidos como a Finlândia ou ameaçados de invasão como a Grã--Bretanha e a Austrália. Não sofremos uma grande transformação como o Japão entre 1868 e 1912 ou a Grã-Bretanha entre 1945 e 1946 e nas décadas subsequentes. Mas sobrevivemos a uma longa guerra civil que ameaçou nossa unidade nacional, superamos a Grande Depressão da década de 1930 e passamos com sucesso do isolamento pacífico para o esforço de guerra total durante a Segunda Guerra Mundial.

———

Nos parágrafos anteriores, fiz um inventário de meus doze fatores preditivos aplicados aos Estados Unidos. As características geográficas que nos dão liberdade de escolha, nosso forte senso de identidade nacional e nossa história de flexibilidade são fatores que sugerem um bom prognóstico. Os fatores que atrapalham a obtenção de um bom resultado são nossa atual falta de consenso sobre se realmente estamos entrando em uma crise, nosso hábito de culpar os outros por nossos problemas, em vez de reconhecermos nossa própria responsabilidade, os esforços de muitos americanos poderosos para se proteger, em vez de tentar consertar o país, e nossa indisposição para aprender com os modelos de outros países. Mas esses fatores não predizem se *escolheremos* resolver nossos problemas; apenas predizem quão *provável* é que escolhamos resolvê-los.

O que acontecerá aos Estados Unidos? Isso dependerá das escolhas que fizermos. As enormes vantagens fundamentais de que gozamos significam que nosso futuro pode ser tão promissor quanto foi nosso passado, se lidarmos com os obstáculos que estamos colocando em nosso próprio caminho. Mas, atualmente, estamos desperdiçando essas vantagens. Outros países já gozaram de vantagens que desperdiçaram. Outros países enfrentaram crises nacionais agudas ou lentamente desdobradas ao menos tão sérias quanto a nossa. Alguns deles, como o Japão da era Meiji e a Finlândia e a Alemanha do pós-guerra, conseguiram adotar grandes e dolorosas mudanças que os ajudaram imensamente na solução de suas crises. Ainda é incerto se os americanos escolherão construir uma cerca (fator 3), não na fronteira com o México, mas separando as características da sociedade que funcionam bem daquelas que não funcionam e modificando, no interior da cerca, aquelas que constituem nossa crise crescente.

CAPÍTULO 11

O QUE VEM PELA FRENTE PARA O MUNDO?

O mundo hoje — Armas nucleares — Mudança climática
— Combustíveis fósseis — Fontes alternativas de energia
— Outros recursos naturais — Desigualdade —
Estrutura da crise

Os capítulos anteriores discutiram crises no interior de países individuais. Os leitores de outras nacionalidades poderão pensar em possíveis crises reservadas a seus próprios países. Agora, consideremos a iminente crise mundial. Que fatores ameaçam as populações humanas e os padrões de vida em todo o mundo? No pior caso, o que ameaça a existência da civilização em nível global?

Identifico quatro problemas com potencial para causar dano mundial. Em ordem descendente de visibilidade dramática, mas não de importância, são eles: a explosão de armas nucleares (ver figura 10 do encarte), a mudança climática, o esgotamento dos recursos e a desigualdade dos padrões de vida. Outras pessoas podem expandir essa lista para incluir outros problemas, entre eles o fundamentalismo islâmico, o surgimento de doenças infecciosas, a colisão com um asteroide e a extinção biológica em massa.

———

Em 6 de agosto de 1945, a bomba atômica de Hiroshima matou cerca de 100 mil pessoas instantaneamente, e milhares morreram depois devido a ferimentos, queimaduras e envenenamento por radiação. Uma guerra em que a Índia e o Paquistão ou os Estados Unidos e a Rússia ou a China lançassem a maior parte de seus arsenais nucleares mataria instantanea-mente centenas de milhões. Mas as consequências de longo prazo seriam maiores. Mesmo que a detonação das bombas estivesse confinada à Índia e ao Paquistão, os efeitos atmosféricos de detonar centenas de dispositivos nucleares seriam sentidos em todo o mundo, porque a fumaça, a fuligem e a poeira das bolas de fogo bloqueariam a maior parte da luz solar durante semanas, criando condições invernais de baixas temperaturas, interrup-ção da fotossíntese, destruição de grande parte da vida animal e vegetal, destruição das lavouras mundiais e fome disseminada. O pior cenário é chamado de "inverno nuclear", ou seja, a morte da maioria dos humanos devido não somente à fome, mas ao frio, às doenças e à radiação.

Os dois únicos usos de armas nucleares até hoje foram as bombas de Hiroshima e Nagasaki. Desde então, o medo de uma guerra nuclear em larga escala formou o pano de fundo de minha vida. Embora o fim da Guerra Fria, em 1990, tenha inicialmente reduzido as bases para esse medo, os desdobramentos subsequentes voltaram a aumentar o risco. Que cenário poderia levar ao uso de armas nucleares?

Meu relato se baseia em informações fornecidas por William Perry durante nossas conversas e em seu livro *My Journey at the Nuclear Brink* [Minha jornada ao limite nuclear], de 2015. A carreira de Perry, que explica seu conhecimento das questões nucleares, incluiu a análise das capacidades nucleares soviéticas em Cuba para o presidente Kennedy durante a crise dos mísseis cubanos, em 1962; sua atuação como secretário da Defesa entre 1994 e 1997; a negociação de questões nucleares com a Coreia do Norte, a União Soviética/Rússia, a China, a Índia, o Paquistão, o Irã e o Iraque; a negociação do desmantelamento das instalações nucleares da antiga União Soviética na Ucrânia e no Cazaquistão após sua dissolução; e muito mais.

É possível identificar quatro conjuntos de cenários culminando na detonação de bombas nucleares pelos governos (primeiros três cenários) ou por grupos terroristas não governamentais (quarto cenário). O cenário mais frequentemente discutido tem sido um ataque-surpresa de uma nação com arsenal nuclear a outra nação com arsenal nuclear. O objetivo desse ataque-surpresa seria destruir completa e instantaneamente o arsenal da nação rival, deixando-se sem ter como retaliar. Esse cenário foi o mais temido durante as décadas da Guerra Fria. Como os Estados Unidos e a União Soviética possuíam capacidade nuclear para se destruírem mutuamente, o único ataque "racionalmente planejado" seria um ataque-surpresa capaz de destruir a capacidade de retaliação do rival. Assim, tanto os EUA quanto a União Soviética responderam desenvolvendo múltiplos sistemas nucleares, a fim de eliminar o risco de que toda sua capacidade de retaliação fosse eliminada instantaneamente. Os EUA, por exemplo, tinham três sistemas: silos subterrâneos de mísseis, submarinos e uma frota de aeronaves armadas com bombas. Assim, mesmo que um ataque-surpresa soviético destruísse cada um dos silos — o que era improvável, porque os EUA tinham muitos silos, incluindo enganosos silos falsos, todos protegidos de ataque, pequenos e exigindo uma acuidade implausível dos mísseis soviéticos para destruir todos —, os EUA ainda poderiam responder com seus bombardeiros e submarinos para destruir a União Soviética.

Como resultado, os arsenais nucleares dos EUA e da União Soviética forneciam "garantia de mútua destruição", e um ataque-surpresa jamais foi realizado. Ou seja, não importa quão tentador fosse o objetivo de destruir a capacidade nuclear do rival, os estrategistas americanos e soviéticos perceberam que um ataque-surpresa seria irracional, porque seria impossível destruir todos os sistemas de lançamento do rival, a fim de impedir que, subsequentemente, ele destruísse o atacante. Mas essas considerações racionais oferecem conforto limitado para o futuro, porque houve líderes modernos irracionais: talvez Saddam Hussein, do Iraque, e Kim Jong-Un, da Coreia do Norte, além de alguns líderes da Alemanha, do Japão, dos EUA e da Rússia. Além disso, a Índia e o Paquistão possuem hoje somente sistemas terrestres, sem submarinos. Assim, um líder indiano ou paquistanês pode achar que um ataque-surpresa é uma estratégia racional que oferece uma boa chance de destruir toda a capacidade de retaliação do rival.

Um segundo cenário envolve uma série crescente de erros de cálculo em relação à resposta do governo rival, e pressão dos generais de cada país para que seu presidente responda, culminando em ataques nucleares mútuos que nenhum lado queria. O melhor exemplo foi a crise dos mísseis cubanos, em 1962, quando a má impressão do premiê soviético Kruchev sobre o presidente americano Kennedy durante a conferência de 1961 em Viena levou-o a achar que poderia instalar mísseis soviéticos em Cuba sem reação americana. Quando os Estados Unidos detectaram os mísseis, os generais americanos urgiram Kennedy a destruí-los imediatamente (com o risco de retaliação soviética) e avisaram que ele corria o risco de sofrer impeachment se não o fizesse. Felizmente, Kennedy escolheu meios menos drásticos de resposta, Kruchev também respondeu menos drasticamente, e o apocalipse foi evitado. Mas chegamos muito perto, como ficou claro somente mais tarde, quando ambos os lados liberaram documentos sobre suas atividades na época. Por exemplo, no primeiro dia da crise, que durou uma semana, Kennedy anunciou publicamente que o lançamento de um míssil soviético a partir de Cuba exigiria "resposta retaliatória total sobre a União Soviética". Mas os capitães dos submarinos soviéticos tinham autoridade para disparar torpedos nucleares sem falar com a liderança em Moscou. Um desses capitães pensou em disparar um torpedo nuclear contra um contratorpedeiro americano que ameaçava seu submarino; somente a intervenção de outros oficiais o dissuadiu. Se o capitão soviético tivesse levado a cabo seu intento, Kennedy poderia ter enfrentado uma pressão irresistível para retaliar, levando a uma pressão irresistível sobre Kruchev para retaliar...

Um erro de cálculo similar poderia levar a uma guerra nuclear hoje. Por exemplo, a Coreia do Norte atualmente possui mísseis de médio alcance capazes de chegar ao Japão e à Coreia do Sul, e já iniciou a construção de um míssil balístico intercontinental (MBI) com a intenção de alcançar os Estados Unidos. Quando finalizar seu MBI, ela pode querer fazer uma demonstração, lançando-o na direção dos EUA. Isso seria considerado uma provocação inaceitável, especialmente se, por engano, o MBI chegasse muito mais perto do que o pretendido. Um presidente americano poderia enfrentar uma pressão esmagadora para retaliar, o que criaria uma pressão esmagadora sobre os líderes chineses para defender seu aliado norte-coreano.

Outra oportunidade plausível para a retaliação a um erro de cálculo envolve o Paquistão e a Índia. Os terroristas paquistaneses já fizeram um ataque letal não nuclear à cidade indiana de Mumbai em 2008. No futuro próximo, poderiam realizar um ataque mais provocativo (contra a capital Nova Délhi, por exemplo); poderia não ficar claro para a Índia se o próprio governo paquistanês estava por trás do ataque; os líderes indianos poderiam ser pressionados a invadir alguma parte do Paquistão, a fim de eliminar a ameaça terrorista na região; os líderes paquistaneses então seriam pressionados a usar suas pequenas armas nucleares táticas "somente" contra o Exército indiano invasor, talvez achando que a Índia consideraria "aceitável" tal uso limitado de armas nucleares, sem oferecer uma resposta retaliatória total; mas os líderes indianos seriam pressionados a responder com suas próprias armas nucleares.

Parece-me provável que essas duas situações, que poderiam levar a uma guerra nuclear por erro de cálculo, comecem a se desdobrar na próxima década. A principal incerteza é se os líderes recuarão, como aconteceu durante a crise dos mísseis cubanos, ou continuarão escalando até chegar à guerra.

O terceiro cenário que poderia culminar em guerra nuclear é a leitura errônea dos sinais técnicos de alarme. Tanto os Estados Unidos quanto a Rússia têm sistemas de alerta precoce que detectam o lançamento de mísseis pelo rival. Depois que os mísseis foram lançados, estão a caminho e foram detectados, o presidente americano ou russo tem cerca de dez minutos para decidir se iniciará um ataque retaliatório antes de os mísseis ofensivos destruírem os silos de mísseis de seu próprio país. Mísseis lançados não podem ser cancelados. Isso deixa um tempo mínimo para avaliar se o alerta precoce é real ou somente um falso alarme em razão de algum erro técnico e se o presidente deve ou não apertar um botão que matará centenas de milhões de pessoas.

Mas os sistemas de detecção de mísseis, como todas as tecnologias complexas, estão sujeitos a mau funcionamento e ambiguidades de interpretação. Sabemos de ao menos três alarmes falsos do sistema americano. Em 9 de novembro de 1979, por exemplo, um general do exército que servia como oficial de guarda para o sistema americano telefonou para o então secretário da Defesa William Perry no meio da noite e disse: "Meu computador está mostrando duzentos MBIs em voo da União Soviética para os Estados Unidos." Mas o general concluiu que provavelmente se tratava de um alarme falso, Perry não acordou o presidente Carter, e o presidente não apertou o botão e matou desnecessariamente 100 milhões de soviéticos. Por fim, descobriu-se que realmente fora um alarme falso em função de erro humano: um programador erroneamente inserira no sistema de alarme americano uma fita de treinamento simulando o lançamento de duzentos MBIs soviéticos. Também sabemos de ao menos um alarme falso dado pelo sistema russo: um foguete não militar lançado em 1995 de uma ilha perto da Noruega na direção do Polo Norte foi identificado pelo algoritmo automático de rastreio do radar russo como míssil lançado de um submarino americano.

Esses incidentes ilustram um ponto importante. Um sinal de alerta não é destituído de ambiguidades. Alarmes falsos também são esperados e ainda ocorrem, mas lançamentos e alarmes reais também são possíveis. Assim, quando um alerta é emitido, o oficial de guarda americano e o presidente (e, supostamente, o oficial de guarda russo e o presidente em uma situação correspondente) devem interpretá-lo no contexto das condições que enfrentam: a situação mundial é tal que é provável que os russos (ou os americanos) assumam o horrível risco de iniciar um ataque que garantirá imediata retaliação, causando destruição em massa? Em 9 de novembro de 1979, não havia eventos mundiais que motivassem o lançamento de um míssil soviético, as relações entre a União Soviética e os Estados Unidos não estavam em um momento crítico e o oficial de guarda americano e William Perry sentiram-se confiantes ao interpretar o sinal de alerta como falso.

Infelizmente, esse contexto reconfortante já não existe. Embora se pudesse ingenuamente esperar que o fim da Guerra Fria reduzisse ou eliminasse o risco de guerra nuclear entre a Rússia e os Estados Unidos, o resultado foi paradoxalmente oposto: os riscos agora são mais altos do que em qualquer momento durante a crise dos mísseis cubanos. A explicação é a deterioração das relações e das comunicações entre Rússia e Estados Unidos, uma deterioração que se deve parcialmente às políticas recentes do presidente Putin e parcialmente a políticas americanas imprudentes. No fim da década de 1990, o governo americano cometeu o erro de considerar a Rússia pós-União Soviética fraca e não merecedora de respeito. Assim, expandiu prematuramente a OTAN para incluir as repúblicas bálticas, que haviam sido parte da União Soviética, apoiou a intervenção militar da

OTAN na Sérvia contra forte oposição russa e estacionou mísseis balísticos no Leste Europeu, supostamente como defesa contra mísseis iranianos. Os líderes russos compreensivelmente se sentiram ameaçados por essas e outras ações americanas.

Hoje, a política americana em relação à Rússia ignora a lição que os finlandeses aprenderam com a ameaça soviética após 1945: que a única maneira de garantir a segurança finlandesa era iniciar constantes e francas discussões com a União Soviética e convencer os soviéticos de que a Finlândia merecia confiança e não representava uma ameaça (capítulo 2). Hoje, os Estados Unidos e a Rússia apresentam a maior ameaça um ao outro, a partir de uma possível interpretação errônea levando a um ataque não planejado, porque não estão em constante e franca comunicação e não conseguem convencer um ao outro de que não representam a ameaça de um possível ataque intencional.

O cenário remanescente que pode resultar em uso de armas nucleares envolve terroristas recebendo ou roubando urânio, plutônio ou uma bomba completa de uma potência nuclear: mais provavelmente Paquistão, Coreia do Norte ou Irã. A bomba poderia ser contrabandeada para os Estados Unidos ou outro alvo e detonada. Enquanto se preparava para o ataque ao World Trade Center em 2001, a Al Qaeda tentou conseguir uma arma nuclear para usar contra os Estados Unidos. Talvez terroristas pudessem roubar urânio ou uma bomba sem a ajuda de um país produtor, se a segurança no local de armazenagem fosse inadequada. Na época da dissolução da União Soviética, por exemplo, 600 quilos de urânio de qualidade militar permaneceram no recém-independente Cazaquistão. O urânio foi guardado em um armazém protegido por nada além de uma cerca de arame farpado e poderia facilmente ter sido roubado. Mas é mais provável que os terroristas obtenham material para a bomba com "ajuda de dentro", ou seja, do pessoal que cuida da armazenagem ou dos líderes do Paquistão, da Coreia do Norte ou do Irã.

Um risco relacionado, frequentemente confundido com o risco de terroristas conseguirem uma bomba nuclear, é o de conseguirem uma "bomba suja": uma bomba explosiva convencional, não nuclear, que contém material não explosivo, mas radioativo, como o isótopo césio-137, com meia-vida de trinta anos. A detonação da bomba em uma cidade americana espalharia o césio por uma área de muitos quarteirões, que se tornariam permanentemente inabitáveis, e teria grande impacto psicológico. (Pense nas consequências permanentes do ataque ao World Trade Center na mentalidade e nas políticas americanas, embora nenhum explosivo ou isótopo tenha sido usado.) Os terroristas já demonstraram sua capacidade de explodir bombas em cidades de numerosos países, e o césio-137 está facilmente disponível em hospitais, em função de seu uso médico. Assim, é surpreendente que os terroristas ainda não o tenham acrescentado a suas bombas não nucleares.

Desses quatro cenários, o mais provável é aquele envolvendo terroristas usando uma bomba suja (mais fácil de fazer) ou uma nuclear. A primeira mataria apenas algumas pessoas e a segunda seria como a de Hiroshima, matando centenas de milhares, mas ambas teriam consequências muito mais importantes do que o número de mortos. Menos prováveis, mas ainda possíveis, são os três primeiros cenários, que poderiam matar centenas de milhões de pessoas diretamente e, no fim das contas, a maioria das pessoas na Terra.

———

O próximo dos quatro grandes problemas mundiais que modelarão nossas vidas nas próximas décadas são as mudanças climáticas. Quase todos nós ouvimos falar delas. Mas elas são tão complicadas, confusas e cheias de paradoxos que poucas pessoas, com exceção dos especialistas, realmente as entendem, e muitas pessoas influentes (incluindo muitos políticos

americanos) as consideram uma farsa. Tentarei explicá-las tão claramente
quanto possível, com a ajuda do fluxograma de uma cadeia de causa e efeito
que pode ser usado para acompanhar minha explicação.

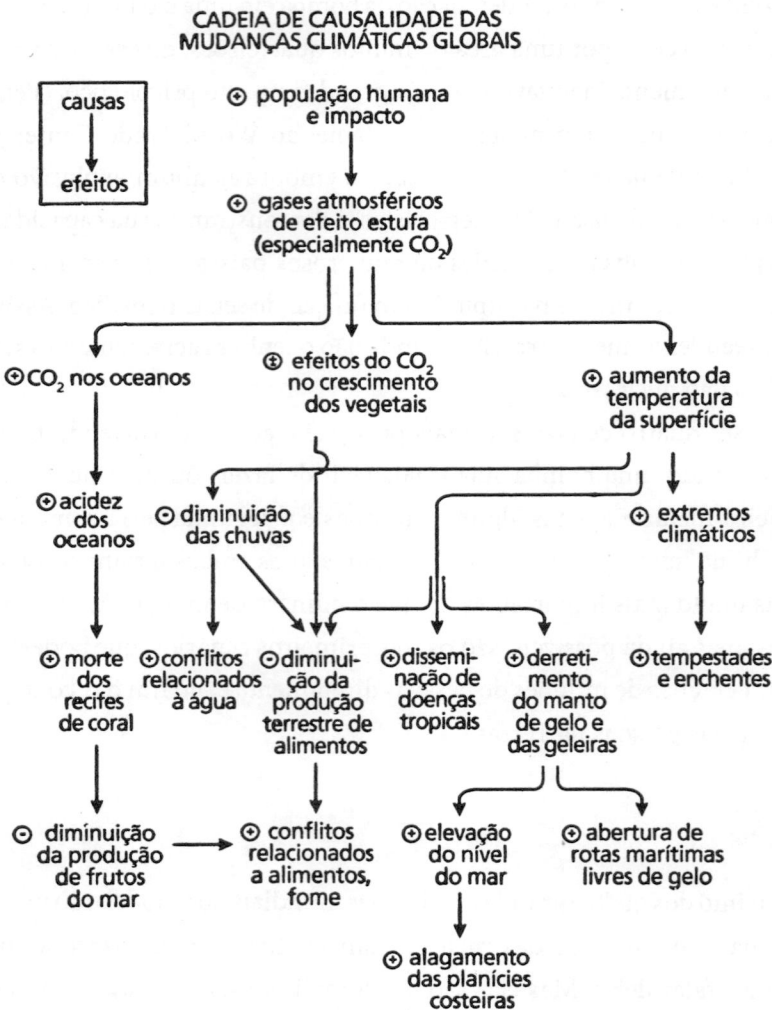

Cadeia de causalidade das mudanças climáticas globais

O ponto de partida é a população mundial e o impacto médio por pessoa. (Essa última expressão significa a quantidade média de recursos, como petróleo, que é consumida e a quantidade de dejetos, como esgoto, que é produzida por pessoa por ano.) Essas três quantidades — o número de pessoas, o consumo médio de recursos e a produção média de dejetos — estão aumentando. Como resultado, o impacto humano total está aumentando, porque o impacto total é igual ao crescente impacto médio por pessoa multiplicado pelo crescente número de pessoas.

Um dejeto importante é o dióxido de carbono (CO_2), constantemente produzido pela respiração dos animais (incluindo nós mesmos) e liberado na atmosfera. Todavia, desde o início da Revolução Industrial e da consequente explosão da população, a liberação natural de CO_2 se mostrou minúscula diante da produção de CO_2 resultante principalmente da queima de combustíveis fósseis. O segundo gás mais importante causando mudanças climáticas é o metano, que existe em quantidades muito menores e atualmente é muito menos importante do que o CO_2, mas pode se tornar importante devido ao chamado ciclo de feedback positivo: o aquecimento global derrete o gelo permanente do Ártico, que libera metano, que causa mais aquecimento, que derrete mais gelo permanente, que libera mais metano etc.

O efeito primário mais discutido da liberação de CO_2 é sua ação como gás de efeito estufa na atmosfera. Esse nome se deve ao fato de o CO_2 atmosférico ser transparente às ondas curtas do sol, permitindo que elas passem pela atmosfera e aqueçam a superfície da Terra. A Terra irradia essa energia de volta na direção do espaço, mas em longas ondas termais infravermelhas às quais o CO_2 é opaco. Assim, o CO_2 absorve essa energia e a reemite em todas as direções, incluindo a superfície da Terra. A superfície fica aquecida como o interior de uma estufa de vidro, embora o mecanismo físico de aquecimento seja diferente.

Mas a liberação de CO_2 possui dois outros efeitos primários. Um é que o CO_2 que produzimos também é estocado nos oceanos, como ácido carbônico. Mas a acidez dos oceanos já está mais alta do que em qualquer outro momento dos últimos 15 milhões de anos. Isso dissolve os esqueletos de coral, matando os recifes, que são um importante berçário para os peixes oceânicos e protegem os litorais tropicais e subtropicais de ondas e tsunamis. No presente, os recifes de coral do mundo estão se contraindo a uma taxa entre 1% e 2% ao ano, de modo que terão quase desaparecido ao fim deste século, o que significa grande diminuição da segurança costeira em zonas tropicais e da disponibilidade de proteínas na forma de frutos do mar. O outro efeito primário da liberação de CO_2 é que ela afeta o crescimento das plantas, estimulando-o ou inibindo-o.

O mais discutido efeito da liberação de CO_2, no entanto, é o que mencionei primeiro: aquecer a superfície da Terra e a primeira camada da atmosfera. É isso que chamamos de aquecimento global, mas o efeito é tão complexo que esse termo é errôneo; a expressão "mudanças climáticas globais" é melhor. Primeiro, cadeias de causa e efeito significam que, paradoxalmente, o *aquecimento* da atmosfera termina fazendo com que algumas áreas (incluindo o sudeste americano) se tornem temporariamente *mais frias*, mesmo que a maioria das áreas (incluindo a maior parte do restante do território americano) fiquem mais quentes. Uma atmosfera mais quente derrete mais gelo do oceano Ártico, permitindo que mais água fria escoe para o sul e resfrie algumas áreas banhadas por essas correntes.

Segundo, rivalizando em importância para as sociedades humanas com a tendência *média* de aquecimento, estão os *extremos* climáticos: as tempestades e as enchentes estão aumentando, os picos de alta temperatura estão mais quentes e os picos de baixa temperatura estão mais frios, produzindo efeitos como uma tempestade de neve no Egito e uma onda fria no nordeste americano. Isso leva alguns políticos céticos, que não entendem as mudanças climáticas, a pensar que esses eventos demonstram sua irrealidade.

Uma terceira complicação é que a mudança climática envolve grandes períodos entre causa e efeito. Os oceanos, por exemplo, estocam e liberam CO_2 tão lentamente que, mesmo que todo ser humano morresse hoje à noite, deixando de respirar e de queimar combustíveis fósseis, a atmosfera ainda se aqueceria durante muitas décadas. Inversamente, há amplificadores não lineares potenciais que poderiam fazer com que o mundo esquentasse muito mais rapidamente do que estimam as projeções conservadoras, que assumem relações lineares entre causas e efeitos. Esses amplificadores incluem o derretimento do gelo permanente e das banquisas e o possível colapso dos mantos de gelo da Antártica e da Groenlândia.

Quanto às consequências da tendência média de aquecimento mundial, mencionarei quatro. (A essa altura de minha "clara explicação", você pode estar pronto para concordar que as mudanças climáticas globais *realmente* são complicadas!) A mais óbvia consequência para as pessoas em muitas partes do mundo são as secas. Minha região natal, o sul da Califórnia, está ficando cada vez mais seca, e 2015 foi o ano mais seco da história de Los Angeles desde que o clima local começou a ser registrado nos anos 1800. As secas causadas pelas mudanças climáticas são desiguais: as áreas mais afetadas são a América do Norte, o Mediterrâneo, o Oriente Médio, as terras aráveis do sul da Austrália e o Himalaia. A neve do Himalaia fornece a maior parte da água da China, Vietnã, Índia, Paquistão e Bangladesh. Essa neve e, consequentemente, o fornecimento de água desses países vêm diminuindo, e eles não possuem um histórico de resolução pacífica de conflitos.

Uma segunda consequência da tendência média de aquecimento global é a diminuição da produção agrícola, em função da seca que acabei de mencionar e, paradoxalmente, das temperaturas terrestres mais altas (porque elas podem favorecer o crescimento de ervas daninhas mais do que o das lavouras). A diminuição da produção de alimentos é um problema porque se projeta que a população mundial, o padrão de vida e o consumo de alimentos aumentarão 50% nas próximas décadas, mas já temos um problema alimentar hoje, com vários bilhões de pessoas subnutridas. Em particular, os Estados Unidos são o maior exportador de alimentos do mundo, e a agricultura americana está concentrada nas áreas oeste e central, que estão se tornando uniformemente mais quentes e secas e menos produtivas.

Uma terceira consequência da tendência média de aquecimento é que os insetos transmissores de doenças tropicais estão se movendo para as zonas temperadas. Os problemas resultantes incluem até agora a transmissão de dengue e a disseminação de doenças transmitidas por carrapatos nos Estados Unidos, a chegada recente da chicungunha na Europa e a disseminação da malária e da encefalite viral.

A última consequência da tendência de aquecimento que mencionarei é a elevação do nível dos oceanos. As estimativas conservadoras para a elevação média esperada neste século são de 91 centímetros, mas houve elevações anteriores de até 21 metros; a principal incerteza envolve possíveis rupturas e derretimento do manto de gelo da Antártica e da Groenlândia, que despejaria muita água nos oceanos. Mesmo uma elevação média de somente 91 centímetros, amplificada por tempestades e marés, seria suficiente para diminuir a habitabilidade da Flórida e de algumas outras áreas costeiras americanas, da Holanda, das terras baixas de Bangladesh e de muitos outros locais densamente povoados, além de danificar os estuários que servem de "berçário" para os peixes oceânicos.

Meus amigos às vezes me perguntam se as mudanças climáticas estão tendo algum efeito bom. Sim, há alguns, como a perspectiva de abrir vias navegáveis livres de gelo mais ao norte, em função do derretimento das banquisas do Ártico, e talvez o aumento da produção agrícola no cinturão do trigo, no sul do Canadá, e em algumas outras áreas. Mas a maioria dos efeitos para as sociedades humanas é realmente muito ruim.

Existe alguma rápida solução tecnológica para esses problemas? Você pode ter ouvido falar de várias abordagens sugeridas pela geoengenharia, como injetar partículas na atmosfera ou extrair CO_2 da atmosfera a fim de esfriar a superfície da Terra. Mas não há uma abordagem que já tenha sido testada e demonstrado funcionar; as abordagens propostas são muito dispendiosas; e testá-las e implementá-las levará muito tempo e provavelmente terá efeitos colaterais ruins e imprevistos. Por exemplo, quando os gases clorofluorcarbonetos (CFCs) substituíram os gases venenosos usados em refrigeradores até a década de 1940, essa pareceu uma maravilhosa e segura solução da engenharia para o problema do gás dos refrigeradores, especialmente porque os testes em laboratório não revelaram nenhuma desvantagem. Infelizmente, os testes em laboratório não podiam revelar como os CFCs, ao chegar à atmosfera, começam a destruir a camada de ozônio que nos protegem da radiação ultravioleta. Como resultado, os CFCs foram banidos na maior parte do mundo, mas somente muitas décadas depois. Isso ilustra por que a geoengenharia exigiria primeiro um "teste atmosférico", o que é uma impossibilidade, porque teríamos de destruir a Terra experimentalmente umas dez vezes antes de termos a esperança de que, na décima primeira tentativa, a geoengenharia produza apenas os efeitos desejados. Assim, a maioria dos cientistas e economistas considera os experimentos de geoengenharia extremamente imprudentes e mesmo letais, e acreditam que devem ser banidos.

Tudo isso significa que as mudanças climáticas são inevitáveis e que nossos filhos certamente terminarão em um mundo onde não vale a pena viver? Não, é claro que não. As mudanças climáticas estão sendo causadas majoritariamente por atividades humanas, de modo que tudo que temos de fazer para reduzi-las é diminuir essas atividades. Isso significa queimar menos combustíveis fósseis e obter mais de nossas fontes renováveis de energia, como as fontes eólicas, solares e nucleares.

———

O terceiro grande problema para o futuro das sociedades humanas em todo o globo, para além das armas nucleares e das mudanças climáticas globais, é a exaustão de recursos naturais essenciais. Essa é uma fórmula para termos problemas, porque alguns recursos (especialmente água e madeira) impuseram limites a sociedades passadas e fizeram com que elas entrassem em colapso, e outros recursos (especialmente combustíveis fósseis, minerais e terras produtivas) já motivaram guerras. A escassez de recursos já mina sociedades e ameaça causar guerras em muitas partes do mundo. Examinemos um exemplo com mais detalhes: o dos combustíveis fósseis que usamos primariamente para obter energia, mas também como base para a síntese química de muitos produtos. (O termo "combustíveis fósseis" significa fontes de hidrocarbonetos formados há muito tempo no manto da Terra: petróleo, carvão, xisto betuminoso e gás natural.)

Nós, seres humanos, requeremos energia para todas as nossas atividades, especialmente para transportar e erguer coisas. Durante milhões de anos de evolução, o poder muscular humano foi nossa única fonte de energia para transportar e erguer. Cerca de 10 mil anos atrás, começamos a domesticar grandes animais e a usá-los para puxar veículos, carregar volumes e erguer peso através de sistemas de roldanas e engrenagens. Então veio a força do vento para os veleiros e (mais tarde) para os moinhos, e a força da água para movimentar rodas usadas para erguer, moer e girar. Hoje, nossa fonte mais disseminada de energia são os combustíveis fósseis, por causa de seu, *aparentemente*, baixo custo (falaremos mais sobre isso), sua alta densidade energética (ou seja, as grandes quantidades de energia que uma pequena quantidade de combustível pode produzir) e sua habilidade de serem transportados para qualquer lugar (ao contrário de animais, vento e água, que estão disponíveis ou podem ser mantidos somente em certos locais). É por isso que os combustíveis fósseis têm sido os maiores motores recentes de guerras e políticas externas, como exemplificado pelo papel do petróleo na motivação das políticas americanas e britânicas para o Oriente Médio e na entrada do Japão na Segunda Guerra Mundial.

Já nos tempos antigos, os seres humanos usavam pequenas quantidades de petróleo e carvão expostos na superfície da Terra. Mas seu uso em larga escala só começou nos anos 1700, com a Revolução Industrial. A exploração de combustíveis fósseis de diferentes tipos e fontes mudou gradualmente com o tempo. Os primeiros combustíveis usados foram os mais acessíveis, porque estavam disponíveis na ou perto da superfície, eram os mais fáceis e baratos de extrair e sua extração causava o menor dano. Quando essas primeiras fontes se exauriram, mudamos para fontes menos acessíveis, mais profundas, mais caras de extrair ou mais danosas. O primeiro combustível usado em escala industrial foi o carvão de minas rasas, empregado para mover motores a vapor que bombeavam água e depois para mover rodas e (nos anos 1800) navios e locomotivas a vapor. A exploração industrial do carvão foi seguida pela exploração do petróleo, do xisto e do gás natural. O primeiro poço que extraiu petróleo do subsolo foi um poço raso escavado na Pensilvânia em 1859, seguido por poços progressivamente mais profundos.

Há debates sobre se já chegamos ao "pico do petróleo", ou seja, se já consumimos tanto das reservas acessíveis que a produção começará a decair em breve. Entretanto, não há debate sobre o fato de que as fontes mais baratas, acessíveis e menos danosas já foram usadas. Os Estados Unidos já não podem obter petróleo da superfície ou escavar poços rasos na Pensilvânia. Os poços têm de ser mais profundos (1.600 metros ou mais); não somente em terra, mas também no fundo dos oceanos; não somente em águas rasas, mas também em águas profundas; e não somente na Pensilvânia, no coração industrial dos EUA, mas também nas longínquas florestas tropicais da Nova Guiné e no Ártico. Esses depósitos mais profundos e remotos são muito mais caros de explorar do que os depósitos rasos da Pensilvânia. O resultante potencial de vazamento, com danos dispendiosos, é mais alto. Conforme os custos de extração aumentam, fontes alternativas, mas mais danosas de xisto e carvão, e fontes de combustíveis não fósseis, como os ventos e o Sol, tornam-se mais econômicas. Mesmo assim, os preços ainda permitem que as grandes companhias de petróleo continuem a ser altamente lucrativas.

Acabei de mencionar o custo *aparentemente* baixo do petróleo. Vamos fazer uma pausa e pensar no custo *real* do petróleo (ou do carvão). Suponha que o petróleo seja vendido a 60 dólares por barril. Se o custo de extrair e transportar for de apenas 20 dólares e a empresa petrolífera não tiver de pagar por nenhuma outra coisa, vender a 60 dólares o barril significa que ela obtém um grande lucro.

Mas os combustíveis fósseis podem causar muitos danos. Se esses danos fossem cobrados das empresas petrolíferas, o preço do petróleo subiria. Os danos produzidos pela queima de combustíveis fósseis incluem a poluição do ar, que recentemente era séria nos Estados Unidos e na Europa e agora é especialmente ruim na Índia e na China. A poluição do ar causa milhões de mortes e altos custos com saúde todos os anos. Outros danos causados por combustíveis fósseis são mediados pelas mudanças climáticas, que nos custam em diminuição da produção agrícola, elevação do nível dos oceanos, dinheiro gasto em barreiras contra essa elevação e contribuição para os grandes danos causados por enchentes e secas.

Eis um exemplo para ajudá-lo a entender os custos indiretos dos combustíveis fósseis, pelos quais os produtores atualmente não pagam. Suponha que você gerencie uma fábrica que produz bonecas Happy Dolls. Suponha que o custo para produzir 1 tonelada de Happy Dolls seja de 20 dólares, ao passo que produzir 1 tonelada das bonecas rivais custa 30 dólares, e você consegue vender suas bonecas Happy Doll por 60 dólares a tonelada. Essa margem de lucro de 60 menos 20 dólares torna a fabricação das Happy Dolls muito lucrativa e permite que você supere seus competidores.

Infelizmente, seu processo de fabricação gera como subproduto muito lodo negro, que não é um subproduto do processo de fabricação das bonecas rivais. Você joga o lodo negro nos campos de trigo de seus vizinhos, diminuindo a produtividade deles. Cada tonelada de Happy Dolls que você produz custa a seus vizinhos 70 dólares em renda perdida com trigo, por causa do lodo negro.

Como resultado, seus vizinhos o processam e insistem para que você pague os 70 dólares de trigo perdido causado por cada tonelada de suas Happy

Dolls. Você faz objeção a essa exigência, dando muitas desculpas: você nega que a fabricação de Happy Dolls produza lodo negro, embora os cientistas de sua própria empresa o tenham avisado sobre esse subproduto há décadas; diz que não há nenhuma prova de que o lodo negro seja prejudicial; que o lodo negro vem surgindo naturalmente há milhões de anos; que mais pesquisas são necessárias antes que possamos julgar quanto lodo negro nos campos de seus vizinhos se devem a sua fábrica de Happy Dolls; e que Happy Dolls são essenciais para a civilização e para nosso alto padrão de vida; assim, as vítimas do lodo negro deviam calar a boca e parar de reclamar.

Mas, quando a ação vai a julgamento, o juiz e o júri dizem que o caso é óbvio: é claro que você tem de pagar 70 dólares por cada tonelada de Happy Dolls, a fim de compensar seus vizinhos pela diminuição da produtividade do trigo. O resultado é que suas Happy Dolls têm um custo real não de 20 dólares por tonelada, mas de 20 mais 70, ou seja, 90 dólares por tonelada fabricada. Happy Dolls já não são uma grande máquina de lucros: não é econômico para você fabricá-las a 90 dólares por tonelada se só consegue vendê-las a 60 dólares por tonelada. Agora, as bonecas de seus competidores, que custam 30 dólares por tonelada, são muito mais competitivas do que as Happy Dolls, e não o contrário.

Combustíveis fósseis, como as Happy Dolls de nosso exemplo hipotético, causam tanto danos quanto benefícios. A diferença é que o CO_2 da queima de combustíveis fósseis é muito menos visível que o lodo negro, e os produtores e usuários de combustíveis fósseis ainda não precisam pagar pelos danos que causam a outras pessoas, ao passo que nosso hipotético fabricante de bonecas precisa. Mas há cada vez mais insistência para que os produtores e usuários de combustíveis fósseis sejam forçados a pagar, do mesmo modo que os fabricantes de Happy Dolls, através de uma taxa sobre a emissão de carbono ou outro método. Essa insistência é um dos fatores por trás da atual busca por fontes alternativas de energia que não sejam combustíveis fósseis.

Algumas fontes alternativas parecem ser praticamente inesgotáveis, como a energia eólica, solar, maremotriz, hidrelétrica e geotérmica. Todas essas fontes, com exceção da maremotriz, já foram "provadas", ou seja, usadas em larga escala por muito tempo. A Dinamarca obtém grande parte de sua eletricidade dos moinhos no mar do Norte e a capital da Islândia, Reykjavik, obtém seu aquecimento da energia geotérmica, ao passo que represas nos rios para gerar energia hidrelétrica são comuns há mais de um século.

É claro que cada uma dessas fontes alternativas está associada a seus próprios problemas. A geração de energia solar em larga escala no sul da Califórnia frequentemente envolve converter áreas de habitat desértico em painéis solares, e isso é ruim para nossa já ameaçada população de tartarugas do deserto. Moinhos matam pássaros e morcegos e causam ressentimento nos proprietários de terras, que se queixam da obstrução do cenário. Represas hidrelétricas são obstáculos para os peixes migratórios. Se tivéssemos outros métodos de geração de energia que fossem baratos e não causassem problemas, certamente não destruiríamos o habitat da tartaruga do deserto, não mataríamos pássaros e morcegos, não estragaríamos a paisagem nem bloquearíamos a migração dos peixes. Mas, como discutimos, a alternativa, que são os combustíveis fósseis, está associada a seus próprios e grandes problemas, como mudanças climáticas globais, doenças respiratórias e danos causados pela extração de petróleo e carvão. Como não temos a opção de escolher entre uma solução boa e uma ruim, temos de perguntar: qual dessas alternativas ruins é menos ruim?

Como exemplo desse debate, considere os moinhos de vento. Nos Estados Unidos, estima-se que matem ao menos 45 mil pássaros e morcegos por ano. Isso parece muito. Para colocar esse número em perspectiva, considere que cada gato doméstico deixado solto mata em média mais de trezentos pássaros por ano. (Sim, mais de trezentos, não foi um erro de impressão.)

Como a população de gatos soltos dos Estados Unidos é estimada em 100 milhões, pode-se calcular que eles matam ao menos 30 bilhões de pássaros por ano, comparados aos meros 45 mil pássaros e morcegos mortos pelos moinhos. A taxa de mortalidade dos moinhos equivale ao trabalho de apenas 150 gatos. Pode-se argumentar que, se estamos seriamente preocupados com os pássaros e morcegos americanos, devemos focar primeiro nos gatos, e não nos moinhos. Ainda em defesa dos moinhos de vento, reflita sobre o fato de que gatos não pagam pelos danos que causam aos pássaros fornecendo energia, ar não poluído e alívio do aquecimento global, ao passo que moinhos fornecem todas essas coisas.

Esse exemplo ilustra como se podem defender moinhos, painéis solares no deserto e represas, a despeito dos indubitáveis danos que causam. Eles infligem danos menos sérios do que os combustíveis fósseis. Assim, pode-se considerar que oferecem um método aceitável para substituí-los como fontes de energia. Ainda se ouve frequentemente a objeção de que moinhos de vento e energia solar não são competitivos. Mas, em algumas circunstâncias, já são, e a aparente vantagem econômica dos combustíveis fósseis é enganosa: novamente, os métodos alternativos são muito mais baratos se considerarmos os grandes custos indiretos (o custo das Happy Dolls) dos combustíveis fósseis.

A essa altura, você provavelmente está se perguntando sobre a óbvia e muito temida alternativa da energia nuclear. Esse é um assunto para o qual muitos americanos, assim como muitos cidadãos em outros países, tapam imediatamente os ouvidos. Eles fazem isso por três razões, além das econômicas: medo de acidentes, medo de desvio do combustível do reator nuclear para fazer bombas e o não solucionado problema de onde armazenar o combustível usado.

Nossas memórias das bombas atômicas de Hiroshima e Nagasaki levam muitas pessoas a instintivamente associar reatores nucleares com morte, não com energia. Na verdade, desde 1945 houve dois eventos conhecidos nos quais acidentes em usinas nucleares mataram pessoas: as 32 pessoas mortas imediatamente, e o número alto, mas indeterminado de pessoas que morreram subsequentemente em função da radiação após o acidente com o reator de Chernobyl, na antiga União Soviética; e o acidente com o reator de Fukushima, no Japão. Erros humanos e um acidente nos equipamentos danificaram o reator Three Mile Island, nos Estados Unidos, em 1979, mas ninguém morreu ou ficou ferido, e o vazamento de material radioativo foi mínimo. Todavia, os efeitos psicológicos foram enormes: eles levaram a uma longa suspensão na encomenda de qualquer novo reator para geração de energia, em qualquer lugar dos EUA, durante muitos anos.

O medo remanescente associado à geração nuclear é o problema não solucionado de como dispor do combustível usado do reator. Idealmente, ele deveria ser armazenado para sempre, em uma área remota e geologicamente muito estável, a grande profundidade e sem o risco de vazamento devido a terremotos ou infiltração de água. O melhor candidato americano até agora é um local em Nevada que parece atender aos requisitos físicos. No entanto, é impossível ter certeza sobre a segurança, e as objeções dos cidadãos de Nevada conseguiram bloquear a adoção desse local. Como resultado, os Estados Unidos ainda não possuem um local para dispor do combustível nuclear usado.

Desse modo, assim como discutimos o problema dos pássaros e morcegos mortos pelos moinhos, a geração de energia nuclear não está isenta de desvantagens. Mesmo sem essas desvantagens, ela não atenderia a todas as nossas necessidades, pois não podemos usar reatores nucleares para mover carros e aviões. As memórias de Hiroshima e Nagasaki — reforçadas por Three Mile Island, Chernobyl e Fukushima — paralisaram o modo de pensar da maioria dos americanos e de outros povos em relação à geração de energia nuclear. Novamente, no entanto, temos de perguntar: quais são os riscos da energia nuclear e quais são os riscos das alternativas? A França gerou grande parte de sua demanda por energia elétrica com reatores nucleares, durante muitas décadas, sem acidentes.

Parece implausível objetar que os franceses podem ter sofrido acidentes sem admitir: a experiência de Chernobyl mostra que qualquer liberação de radioatividade na atmosfera por um reator danificado é facilmente detectada pelos outros países. Coreia do Sul, Taiwan, Finlândia e muitos outros países também geraram muita eletricidade com reatores nucleares sem quaisquer acidentes significativos. Consequentemente, devemos pesar nosso medo da *possibilidade* de um acidente em um reator nuclear contra a *certeza* de milhões de mortes causadas todos os anos pela poluição do ar resultante de queimar combustíveis fósseis, e as enormes e possivelmente destruidoras consequências das mudanças climáticas causadas por eles.

Para os Estados Unidos, a solução para esses dilemas envolverá dois componentes. Um é reduzir o consumo de energia por pessoa: o nosso é aproximadamente o dobro dos europeus, apesar de eles terem um padrão de vida mais alto do que o nosso. Entre os fatores que contribuem para isso estão as diferentes políticas governamentais que influenciam a compra de carros na Europa e nos Estados Unidos. Os europeus são desencorajados a comprar carros grandes e caros, com alto consumo de combustível, porque em alguns países o imposto sobre eles chega a 100%, dobrando seu custo. Os impostos europeus sobre a gasolina elevam o preço para mais de 9 dólares o galão, outro desincentivo para a compra de carros de baixa eficiência de consumo. As políticas tributárias nos EUA poderiam ser usadas do mesmo modo, para desencorajar os americanos a comprarem carros que bebem gasolina demais.

O segundo componente da solução para os dilemas de energia nos Estados Unidos, para além de diminuir o consumo geral de energia, será conseguir mais energia de fontes não fósseis, ou seja, eólicas, solares, maremotrizes, hidrelétricas, geotermais e talvez nucleares. Após a crise do Golfo em 1973, o governo americano ofereceu subsídios aos desenvolvedores de geração alternativa de energia, e as empresas usaram esses subsídios para desenvolver eficientes geradores eólicos. Infelizmente, por volta de 1980, o governo pôs fim a esses subsídios para a energia alternativa, de modo que o mercado americano para os eficientes moinhos de vento declinou acentuadamente. A Dinamarca, a Alemanha, a Espanha e outros países europeus aprimoraram o projeto de seus moinhos e agora os usam para atender a grande parte de suas necessidades energéticas. Similarmente, a China desenvolveu linhas de energia de longa distância para transmitir eletricidade dos centros eólicos de geração no oeste para as áreas densamente povoadas do leste; os EUA não desenvolveram tais sistemas de transmissão de energia a longa distância.

———

Esses são os problemas associados ao esgotamento de um recurso natural, os combustíveis fósseis, vistos no contexto mais amplo do problema de nossas necessidades energéticas. Discutamos agora, brevemente, as outras principais categorias de recursos naturais e seu potencial para criarem dificuldades para nosso futuro. Duas dessas categorias já foram introduzidas no capítulo 8, em conexão com os problemas que causam especificamente ao Japão: florestas, que fornecem madeira, papel e agentes biológicos cruciais, como polinizadores; e pesca (principalmente de peixes e crustáceos oceânicos, mas também em lagos e rios de água doce), que respondem por uma grande parcela da necessidade proteica da humanidade. As outras categorias são os muitos elementos e minerais usados na indústria (ferro, alumínio, cobre, níquel, chumbo e outros); solos férteis, essenciais para a agricultura e a silvicultura; água fresca para beber e lavar, para a agricultura, a silvicultura e a indústria; e atmosfera, na qual todos vivemos. Esses recursos diferem de quatro modos importantes em seu potencial de criar problemas: sua renovabilidade e os resultantes problemas de gerenciamento; seu potencial de limitar as sociedades humanas; suas dimensões internacionais; e a competição internacional que provocam, incluindo guerras.

Primeiro, os recursos diferem em sua renovabilidade. Assim como os combustíveis fósseis, os minerais são inorgânicos (ou seja, não são biológicos nem renováveis). Isso significa que não se regeneram nem produzem bebês minerais; a quantidade agora disponível, para todos os objetivos práticos, é tudo que teremos. Em contraste, florestas e cardumes são recursos biologicamente renováveis: peixes e árvores produzem bebês peixes e bebês árvores. Portanto, em teoria e frequentemente na prática, podem ser explorados de maneira sustentável, coletados em uma taxa inferior à taxa em que novos peixes e árvores são produzidos, de modo que a população de peixes e árvores permaneça constante ou mesmo aumente. Os solos férteis, embora sejam amplamente inorgânicos e apenas parcialmente de origem biológica, também podem ser considerados um recurso renovável porque, embora possam ser erodidos pelas atividades humanas, também podem se regenerar pela ação de minhocas e microrganismos. A água doce é parcialmente não renovável (um aquífero drenado, por exemplo), mas parcialmente renovável, porque a água que evapora dos oceanos pode terminar como chuva sobre a terra e gerar mais água doce.

Não há nada que possamos fazer para manter as reservas mundiais de recursos não renováveis (minerais e combustíveis fósseis) através de práticas de gerenciamento. Mas elas têm grandes efeitos sobre as reservas de recursos biológicos renováveis. Como já mencionado no capítulo 8, sabe-se muito sobre o gerenciamento sustentável de florestas e cardumes. As florestas da Alemanha e os cardumes de salmão selvagem do Alasca já são bem gerenciados. Infelizmente, a maioria não é; estão sendo excessivamente explorados, com o resultado de que seus estoques de árvores e peixes estão diminuindo ou desaparecendo. Responda rápido: quando foi a última vez que você comeu peixe-espada do Atlântico? Resposta: há muitos anos, porque ele foi pescado em excesso e se tornou comercialmente extinto. Também sabemos como gerenciar a camada superficial do solo, mas, infelizmente, ela também é muitas vezes mal gerenciada e carregada para os rios e então para os oceanos pela erosão,

403

ou sua fertilidade e sua textura são degradadas. Em resumo, atualmente o mundo gerencia mal muitos ou a maioria de seus valiosos recursos biológicos renováveis.

Segundo, quais recursos naturais podem limitar as sociedades humanas? Resposta: provavelmente todos, com exceção do oxigênio atmosférico, que não damos sinais de estar usando. Alguns minerais, especialmente ferro e alumínio, estão presentes em quantidades tão grandes que parece pouco provável que se mostrem limitados, mas devo contrapor a essa observação o reconhecimento de que os depósitos que exploramos até agora têm sido próximos da superfície, acessíveis e de extração barata. Com o tempo, inevitavelmente passaremos a depender de reservas mais profundas e de extração mais cara, como já é o caso dos combustíveis fósseis. Alguns outros minerais importantes para a indústria estão presentes em quantidades muito menores e já há medo de que suas reservas sejam limitadas, como os metais de terra-rara, cujas reservas conhecidas estão concentradas na China. Talvez você esteja inclinado a ver a disponibilidade de água doce como ilimitada, porque há tanta água salgada nos oceanos que poderíamos produzir quantidades ilimitadas de água doce através da dessalinização. Mas isso requer energia, e já temos problemas com energia e arcamos com os grandes custos de seu uso excessivo, de modo que, na prática, a água potável só está disponível em quantidades limitadas.

Nossa próxima consideração são as dimensões internacionais desses problemas. Alguns recursos, como florestas, não se movem: cada árvore permanece na nação onde cresce, de modo que seu gerenciamento pode, em teoria, ser ditado por essa nação (embora, na prática, haja uma dimensão internacional porque outros países podem comprar ou alugar esse recurso). Mas as complicações internacionais são inevitáveis no caso de recursos situados nos territórios "comuns" e daqueles móveis que se deslocam através das fronteiras.

O alto-mar faz parte dos "comuns": embora as águas oceânicas a até 200 milhas náuticas (370 quilômetros) do litoral sejam consideradas território da nação à qual o litoral pertence, as águas oceânicas para além desse limite não têm dono. (O nome "comuns" vem de um termo aplicado a grande parte dos pastos na Idade Média: eles não pertenciam a indivíduos, sendo considerados "comuns", disponíveis para uso público.) As nações têm bases legais para regular a pesca dentro desse limite de 200 milhas, mas qualquer navio pesqueiro pode pescar em qualquer lugar do mar aberto. Como resultado, não existe um mecanismo legal para evitar a pesca excessiva em mar aberto, e muitos cardumes de peixes oceânicos estão em declínio. Três outros recursos potencialmente valiosos também ficam nos comuns, para além dos limites nacionais: os minerais dissolvidos no oceano, a água doce na calota polar antártica e os minerais depositados no fundo do oceano. Já houve tentativas de explorar os três: após a Primeira Guerra Mundial, o químico alemão Fritz Haber trabalhou em um processo para extrair ouro das águas oceânicas; ao menos uma tentativa foi feita de levar um iceberg da Antártica para uma nação do Oriente Médio pobre em água; e estão muito avançados os esforços para extrair minerais do fundo do oceano. Mas nenhuma dessas explorações se provou prática; nosso atual problema com os comuns são "apenas" as pescarias em alto-mar.

Os outros recursos com probabilidade de causar complicações internacionais são os recursos móveis que migram de uma nação para outra. Muitos animais são migratórios e se movem através das fronteiras; os economicamente mais importantes são os peixes oceânicos de alto valor comercial, como atum, e alguns peixes de água doce, mamíferos terrestres e pássaros (como salmão, rena do Ártico e antílope africano). Assim, quando um navio de pesca de um país coleta um estoque de peixes oceânicos migratórios, ele está exaurindo o estoque que poderia estar disponível para outro país. A água doce também é móvel: muitos rios fluem entre dois ou mais países e muitos lagos são circundados por dois ou mais países, de modo que um país pode drenar ou poluir a água doce que outro país quer usar. Além desses úteis recursos naturais móveis já presentes na água ou no ar, há coisas danosas que as atividades humanas podem lançar tanto na água quanto no ar e que podem ser levadas pelas correntes e pelos ventos de um país para outro. A fumaça dos incêndios florestais na Indonésia, por exemplo, já prejudica seriamente a qualidade do ar da Malásia e de Singapura; a poeira da China e da Ásia Central é soprada para o Japão e mesmo para a América do Norte; e os rios carregam plásticos que terminam poluindo mesmo os mais remotos oceanos e praias.

Finalmente, consideremos a competição internacional por recursos. Esse é um grande problema, porque, se não puder ser resolvido amigavelmente, os países podem tentar resolvê-lo através da guerra. Isso já aconteceu no caso da competição internacional por petróleo, que foi um dos principais motivos para a entrada do Japão na Segunda Guerra Mundial, e no caso da Guerra do Pacífico (1879-1883), que opôs o Chile à Bolívia e ao Peru pelo controle dos ricos depósitos de cobre e nitrato do deserto de Atacama. Hoje, há séria competição por água doce em muitas partes do mundo, como no caso do derretimento da neve do Himalaia, que fornece água para os principais rios que atravessam grande parte da China, da Índia e de todos os países do Sudeste Asiático. No caso do Mekong e de outros rios que atravessam o Sudeste Asiático, há barreiras em países nas nascentes que impedem que sedimentos ricos em nutrientes cheguem aos países das jusantes. A competição pelos peixes oceânicos na costa da África Ocidental ocorre entre navios pesqueiros da China e de nações da União Europeia e da África Ocidental. Outras "corridas" por recursos ocorrem por causa da madeira de árvores crescendo em países tropicais e desejadas por países industrializados de zonas temperadas, por elementos de terra--rara usados na indústria e pelos solos, como no caso da China, que aluga terra arável na África. Em resumo, com o aumento da população humana e do consumo, podemos esperar muito, muito mais conflitos causados pela competição internacional por recursos limitados.

As taxas médias de consumo *per capita* de recursos como petróleo e metais e as taxas médias de produção de dejetos como plásticos e gases de efeito estufa são cerca de 32 vezes mais altas no Primeiro Mundo do que no mundo em desenvolvimento. Todos os anos, o americano médio consome 32 vezes mais gasolina e produz 32 vezes mais plástico e dióxido de carbono do que o cidadão médio de um país pobre. Esse fator de 32 tem grandes consequências para a maneira como o mundo em desenvolvimento se comporta e para o que vem pela frente para todos nós. Esse é o último dos quatro problemas que considero ameaçadores para a civilização e para nossa espécie.

Para compreender essas consequências, reflitamos sobre nossa preocupação com a população mundial. Hoje, o mundo tem mais de 7,5 bilhões de pessoas, e esse número pode subir para 9,5 bilhões em meio século. Há várias décadas, muitas pessoas consideravam a população o *maior* problema enfrentado pela humanidade. Mas, desde então, percebemos que a população é apenas um de dois fatores cujo produto é o que realmente importa. Esse produto é o consumo mundial total, que significa a soma (mundial) dos consumos locais. O consumo local, por sua vez, é produto de dois termos: a população local (o número de pessoas) multiplicada pela taxa média de consumo local por pessoa.

A população importa somente na medida em que as pessoas consomem e produzem. Se a maioria das 7,5 bilhões de pessoas do mundo estivesse em um refrigerador e não metabolizasse ou consumisse, elas não criariam um problema de recursos. O Primeiro Mundo consiste em cerca de 1 bilhão de pessoas que vivem majoritariamente na América do Norte, na Europa, no Japão e na Austrália e possuem taxas médias de consumo *per capita* de 32. A maioria das outras 6,5 bilhões de pessoas do mundo, constituindo o mundo em desenvolvimento, tem taxas de consumo *per capita* muito abaixo de 32, próximas de 1. Esses números significam que o maior consumo de recursos ocorre no Primeiro Mundo.

Mesmo assim, algumas pessoas permanecem fixadas somente na população. Observam que países como o Quênia têm taxas de crescimento populacional acima de 4% ao ano e dizem que esse é um grande problema. É um problema, de fato, especialmente para os 50 milhões de pessoas do Quênia. Mas o problema muito maior, para o mundo como um todo, são os 330 milhões de americanos, que ultrapassam os quenianos em 6,6 para 1, cada um deles consumindo o mesmo que 32 quenianos. Multiplique essas duas proporções (6,6 para 1 e 32 para 1) e você verá que os Estados Unidos consomem 210 vezes mais recursos do que o Quênia. Para usar outro exemplo, a população de 60 milhões de pessoas da Itália consome quase o dobro do 1 bilhão de pessoas que povoam o continente africano.

Até recentemente, a existência de todas essas pessoas pobres em outras partes do mundo não constituía uma ameaça aos países do Primeiro Mundo. "Eles" lá fora não sabiam muito sobre nosso estilo de vida e, se descobrissem e ficassem zangados ou com inveja, não havia muito que pudessem fazer. Muitas décadas atrás, os diplomatas americanos costumavam debater quais países eram mais irrelevantes aos interesses nacionais americanos. Respostas populares eram "Afeganistão" e "Somália": dois países tão pobres e remotos que parecia que jamais poderiam fazer algo para criar problemas. Ironicamente, eles passaram a ser percebidos como ameaças tão sérias que tropas foram enviadas para ambos, e ainda há soldados americanos no Afeganistão.

As razões pelas quais os países pobres e remotos agora criam problemas para os países ricos podem ser resumidas na palavra "globalização": as conexões cada vez mais numerosas entre todas as partes do mundo. Em particular, a crescente facilidade de comunicação e deslocamento significa que as pessoas dos países em desenvolvimento conhecem as grandes diferenças em taxas de consumo e padrões de vida ao redor do mundo, e muitas delas podem viajar para os países ricos.

Entre as maneiras pelas quais a globalização tornou insustentáveis as diferenças mundiais de padrão de vida, três se destacam. Uma é a disseminação de doenças emergentes dos países pobres e remotos para os países ricos. Em décadas recentes, doenças temidas e letais frequentemente foram transmitidas aos países ricos por viajantes de países pobres onde as medidas de saúde pública são deficientes, e doenças como cólera, ebola, gripe, aids (especialmente) e outras são endêmicas. Essa transmissão irá aumentar.

A disseminação de doenças emergentes é uma consequência não intencional, mas a segunda das três ramificações possibilitadas pela globalização envolve intenção humana. Muitas pessoas em países pobres ficam frustradas e zangadas quando descobrem os confortáveis estilos de vida disponíveis em outros lugares do mundo. Algumas se tornam terroristas e muitas outras, que não são terroristas, os toleram ou apoiam. Desde o ataque ao World Trade Center em 11 de setembro de 2001, ficou claro que os oceanos que anteriormente protegeram os Estados Unidos já não nos protegem. Vivemos agora sob a ameaça constante do terrorismo. Certamente haverá futuros ataques terroristas contra os EUA e a Europa, e provavelmente também contra o Japão e a Austrália, se as diferenças fatoriais de 32 nas taxas de consumo persistirem.

Naturalmente, a desigualdade global em si não é a causa direta dos atos terroristas. O fundamentalismo religioso e a psicopatia individual também desempenham papéis essenciais. Todo país tem indivíduos malucos e zangados que se sentem motivados a matar outras pessoas; os países pobres não detêm o monopólio. Os Estados Unidos tiveram Timothy McVeigh, que matou 168 pessoas com um caminhão-bomba na cidade de Oklahoma, e Theodore Kaczynski, que enviou pelo correio pacotes contendo bombas cuidadosamente projetadas que mataram 3 pessoas e feriram 23. A Noruega teve Anders Behring Breivik, que matou 77 pessoas e feriu 319, muitas delas crianças, com uma bomba e uma arma. Mas esses três terroristas foram loucos isolados que não receberam apoio disseminado, porque a maioria dos americanos e noruegueses não está suficientemente desesperada ou furiosa. Somente em países pobres, onde grande parte da população se sente desesperada e furiosa, há tolerância ou apoio para terroristas.

A consequência remanescente desse fator 32 combinado à globalização é que pessoas com baixo consumo querem gozar do estilo de vida de alto consumo. Elas têm duas maneiras de conseguir isso. Primeiro, os governos dos países em desenvolvimento consideram a elevação do padrão de vida, incluindo a taxa de consumo, um dos principais objetivos da política nacional. Segundo, dezenas de milhões de pessoas no mundo em desenvolvimento não estão dispostas a esperar para ver se seu governo pode promover padrões de vida mais altos. Em vez disso, buscam o estilo de vida do Primeiro Mundo já, emigrando com ou sem permissão, especialmente para a Europa Ocidental, os Estados Unidos e a Austrália e vindas especialmente da África, de partes da Ásia, da América Central e da América do Sul. Está se provando impossível evitar os imigrantes. Cada pessoa transferida de um país de baixo consumo para um país de alto consumo aumenta as taxas mundiais de consumo, mesmo que a maioria dos imigrantes não consiga aumentar imediatamente seu consumo até um fator de 32.

O sonho de todos conseguirem um estilo de vida de Primeiro Mundo é possível? Considere os números. Multiplique as atuais populações pelas taxas nacionais de consumo *per capita* (de petróleo, metais, água etc.) em cada país e some os resultados. A soma resultante é a taxa mundial de consumo desse recurso. Agora repita o cálculo, mas com todos os países em desenvolvimento atingindo as taxas de consumo do Primeiro Mundo, 32 vezes mais altas que as atuais, sem nenhuma mudança nas populações ou qualquer outra coisa no globo. O resultado será que as taxas mundiais de consumo aumentarão onze vezes. Isso equivale a uma população mundial de 80 bilhões de pessoas, com a atual distribuição de taxas de consumo *per capita*.

Alguns otimistas afirmam que podemos suportar uma população mundial de 9,5 bilhões de pessoas. Mas não conheci nenhum otimista maluco o suficiente para afirmar que podemos suportar um mundo com o equivalente a 80 bilhões de pessoas. E, todavia, prometemos aos países em desenvolvimento que, se eles adotarem boas políticas, como governo honesto e economia de livre mercado, poderão ser como o Primeiro Mundo.

Essa promessa é totalmente impossível, uma farsa cruel. Já temos dificuldades para suportar o estilo de vida do Primeiro Mundo mesmo agora, com somente 1 bilhão de pessoas, entre as 7,5 bilhões do mundo, gozando dele.

Nós americanos frequentemente nos referimos ao crescente consumo na China e em outros países em desenvolvimento como um "problema", e desejamos que ele não existisse. Ora, é claro que o problema continuará: os chineses e as pessoas de outros países em desenvolvimento estão apenas tentando gozar das taxas de consumo de que já gozamos. Elas não ouviriam se fôssemos tolos a ponto de lhes dizer para não tentarem fazer o que nós já estamos fazendo. O único resultado sustentável para nosso mundo globalizado que China, Índia, Brasil, Indonésia, países africanos e outros países em desenvolvimento aceitarão é que as taxas de consumo e os padrões de vida sejam mais igualitários em todo o mundo. Mas o mundo não possui recursos suficientes para suportar sustentavelmente o Primeiro Mundo, e muito menos o mundo em desenvolvimento, nos níveis atuais do Primeiro Mundo. Isso significa que com certeza terminaremos em desastre?

Não. Poderíamos ter um resultado estável no qual o Primeiro Mundo e outros países convergem em taxas de consumo consideravelmente inferiores às taxas atuais do Primeiro Mundo. A maioria dos americanos objetaria: não há chance de sacrificarmos nossos padrões de vida somente para benefício das pessoas do restante do mundo! Como disse Dick Cheney, "O estilo de vida americano não é negociável". Mas a cruel realidade dos níveis mundiais de recursos garante que o modo de vida americano *irá* mudar; essa realidade não pode ser negociada. Nós, americanos, certamente sacrificaremos nossas taxas de consumo, quer decidamos fazer isso ou não, porque o mundo não pode sustentar nossas taxas atuais.

Isso não significaria necessariamente um sacrifício real, porque taxas de consumo e bem-estar, embora estejam relacionadas, não estão diretamente pareadas. Grande parte do consumo americano é ineficaz e não contribui para a alta qualidade de vida. As taxas *per capita* de consumo de petróleo na Europa Ocidental, por exemplo, são cerca de metade das americanas, mas o bem-estar do europeu ocidental médio é mais alto do que o do americano médio por qualquer critério significativo, como expectativa de vida, saúde, mortalidade infantil, acesso a cuidados médicos, segurança financeira após a aposentadoria, tempo de férias, qualidade das escolas públicas e apoio às artes. Quando terminar de ler esta página, caminhe por qualquer rua americana, olhe para os carros passando, estime seu consumo por quilômetro rodado e se pergunte se o consumo excessivo de gasolina contribui positivamente para qualquer uma dessas medidas de qualidade de vida. Há outras áreas, além do petróleo, nas quais as taxas de consumo nos Estados Unidos e em outros países do Primeiro Mundo são perdulárias, como na exploração perdulária e destrutiva da maioria dos cardumes e florestas do mundo, como já discutido.

Em resumo, é certo que, ainda durante nossas vidas, as taxas de consumo no Primeiro Mundo serão mais baixas do que agora. A única questão é se chegaremos a esse resultado através de métodos planejados e escolhidos por nós ou de métodos desagradáveis fora de nossa escolha. Também é certo que, durante nossas vidas, as taxas de consumo *per capita* em muitos países populosos em desenvolvimento já não serão 32 vezes menores do que as do Primeiro Mundo, porém mais igualitárias do que no presente. Essas tendências são objetivos desejáveis, e não perspectivas terríveis às quais deveríamos resistir. Já sabemos o bastante para fazer progresso em sua direção; o que nos falta é a necessária vontade política.

———

Essas questões são as que vejo como maiores problemas enfrentados pelo mundo. Da perspectiva de nossa estrutura da crise, quais fatores favorecem e quais ficam no caminho da humanidade na resolução desses problemas?

Não há como negar que enfrentamos obstáculos formidáveis. Muito mais do que nas crises nacionais discutidas nos capítulos anteriores, os esforços para solucionar os problemas mundiais nos forçam a terrenos desconhecidos, com poucos precedentes para nos guiar. Pense em como o mundo difere das nações. As nações que discutimos têm identidades coerentes e reconhecidas e valores nacionais partilhados, distinguindo cada uma delas das outras, com identidades e valores diferentes. Nossas sete nações têm fóruns de debate político estabelecidos há muito tempo e histórias de superação das quais retirar inspiração. Todas elas se beneficiaram de nações amigáveis e aliadas oferecendo ajuda material, conselhos e modelos para modificação e adoção.

Mas o mundo não possui essas e outras vantagens das nações. Não estamos em contato com outro planeta habitado onde poderíamos conseguir apoio (fator 4 da Tabela 1.2) ou cuja sociedade pudéssemos escrutinar em busca de modelos para guiar nossa busca por soluções (fator 5). A humanidade não reconhece amplamente uma identidade partilhada (fator 6) ou valores essenciais partilhados (fator 11) contrastando com as identidades e valores predominantes em outros planetas. Pela primeira vez na história, enfrentamos desafios verdadeiramente globais; não temos experiência com tais desafios (fator 8) ou com o fracasso em superá-los (fator 9). Nossos precedentes de superação mundial de crises são limitados: a Liga das Nações e a Organização das Nações Unidas constituíram as duas primeiras tentativas institucionais e, embora tenham obtido algum sucesso, eles ainda não foram em uma escala comparável à escala dos problemas. Não há reconhecimento mundial (fator 1) de nossa crise mundial nem aceitação da responsabilidade (fator 2) por nossos problemas atuais, nem autoavaliação honesta em nível global (fator 7). Nossa liberdade de escolha (fator 12) é limitada por severas restrições: o esgotamento aparentemente inexorável dos recursos, o aumento dos níveis de CO_2 e a escala da desigualdade nos deixam pouco espaço para experimentos e manobras. Todas essas cruéis realidades fazem com que muitas pessoas se sintam pessimistas ou desesperançadas com as perspectivas de um futuro decente para a humanidade.

Mesmo assim, já há progresso em três diferentes rotas que vão na direção da solução dos problemas mundiais. Uma rota longamente testada consiste nos acordos bilaterais e multilaterais entre as nações. Sabemos que houve negociações e acordos entre entidades políticas por ao menos tanto tempo quanto houve escrita para documentá-los (mais de 5 mil anos). Tribos e bandos sem escrita também fizeram acordos, de modo que nossa história de negociação política certamente corresponde às dezenas de milhares de anos de existência dos seres humanos modernos, muito antes do surgimento dos governos. Em particular, os quatro problemas mundiais discutidos neste capítulo foram tema de recentes negociações bilaterais e multilaterais.

Mencionarei somente um exemplo, não porque o problema que foi resolvido estava entre os mais prementes (não estava), mas porque ilustra a possibilidade de se chegar a um acordo mesmo entre nações presas na mais amarga inimizade: Israel e Líbano. Israel invadiu e ocupou parcialmente o Líbano. O Líbano serviu como base de lançamento de foguetes contra Israel. Mesmo assim, os observadores de pássaros desses dois países conseguiram chegar a um acordo fundamental. No outono, águias e outros grandes pássaros migrando sazonalmente entre a Europa e a África voam para o sul, a partir do Líbano, e atravessam Israel. Na primavera, voam outra vez para o norte, a partir de Israel e atravessando o Líbano. Quando aeronaves colidem com esses grandes pássaros, o resultado frequentemente é a destruição mútua. (Escrevo essa sentença um ano depois de minha família e eu termos sobrevivido à colisão de um pequeno avião fretado com uma águia, o que amassou, mas não derrubou nosso avião; a águia morreu.) Tais colisões têm sido uma das principais causas de acidentes aéreos fatais no Líbano e em Israel. Isso estimulou os observadores de pássaros dos dois países a estabelecerem um sistema mútuo de alerta. No outono, os observadores libaneses avisam suas contrapartes e os controladores de tráfego aéreo israelenses quando veem uma revoada de grandes pássaros sobre o Líbano, voando para o sul na direção de Israel. Na primavera, os observadores israelenses avisam sobre pássaros voando para o norte. Embora seja óbvio que esse acordo é vantajoso para ambos os lados, ele exigiu anos de discussão para superar os ódios dominantes e focar somente em pássaros e aviões.

É claro que um acordo entre somente dois ou mesmo vários países não equivale a um acordo entre todos os 216 países do mundo. Mesmo assim, constitui um grande passo na direção de um acordo mundial, porque apenas algumas nações constituem a maior parte da população e da economia do globo. Duas nações (China e Índia) respondem por um terço da população mundial; outro par (Estados Unidos e China) responde por 41% das emissões de CO_2 e da produção econômica; e cinco nações ou entidades (China, Índia, EUA, Japão e União Europeia) respondem por 60% das emissões e da produção. A China e os EUA já chegaram a um acordo sobre as emissões de CO_2. Esse acordo bilateral foi adotado pela Índia, pelo Japão e pela União Europeia no acordo de Paris de 2016. É claro que o acordo de Paris não foi suficiente, porque não possuía um mecanismo sério de controle e porque, no ano seguinte, o governo americano anunciou a intenção de se retirar. Mas é provável que sirva de modelo ou ponto de partida para um futuro acordo melhorado. Mesmo que as outras duzentas nações do mundo com produções menores não participem, um acordo somente entre os cinco maiores jogadores será um grande avanço na solução do problema. Isso porque esses cinco maiores jogadores podem então pressionar os outros duzentos, impondo tarifas comerciais e taxas de carbono aos que não aderirem.

Outra rota na direção da solução dos problemas mundiais consiste em acordos entre as nações de uma região. Já existem muitos acordos assim na América do Norte, América Latina, Europa, Sudeste Asiático, África e outros agrupamentos regionais. O mais avançado conjunto de acordos regionais, com a mais ampla variedade de instituições, esferas e regras, é a União Europeia (UE), atualmente composta por 27 nações. É claro que a menção à UE imediatamente nos faz pensar em desacordos, recuos, Brexit e outras possíveis saídas políticas. Isso é natural, uma vez que a UE foi um passo muito grande e radical não somente para a Europa, mas também para qualquer região do mundo.

JARED DIAMOND

Mas, antes de ser tomado pelo pessimismo em relação à União Europeia, pense na condição fragmentada da Europa em 1945, ao fim da Segunda Guerra Mundial, e no que a UE realizou. Após milhares de anos de combates quase constantes, culminando nas nações europeias lutando nas duas mais destrutivas guerras da história mundial, nenhum membro da UE participou de qualquer guerra contra outro membro desde a fundação dos predecessores da UE na década de 1950. Quando visitei a Europa pela primeira vez, em 1950, havia rigoroso controle de passaportes em cada fronteira, mas as restrições aos movimentos interfronteiras são muito menores entre as nações da UE. Quando morei na Grã-Bretanha entre 1958 e 1962, o número de cientistas britânicos com cargos permanentes de ensino e pesquisa em universidades do continente, e vice-versa, era tão pequeno que eu poderia nomear nos dedos de uma mão os poucos indivíduos em meu próprio campo de pesquisa. Hoje, uma fração significativa de cargos universitários em países da UE é ocupada por não nacionais. As economias das nações da UE estão substancialmente integradas. A maioria delas partilha uma moeda comum, o euro. Em relação a grandes problemas mundiais, como energia, uso de recursos e imigração, a UE discute e às vezes adota políticas partilhadas. Novamente, reconheço as dissensões em seu interior, mas não se esqueça de que também há dissensões no interior de qualquer nação individual.

Outros exemplos de acordos regionais mais estritos incluem os que eliminam ou erradicam as doenças regionais. Um grande sucesso foi a erradicação da peste bovina, uma temida doença que infligia grandes prejuízos a amplas áreas da África, da Ásia e da Europa. Em seguida a um longo esforço regional que durou várias décadas, não houve nenhum caso conhecido de peste bovina desde 2001. Esforços de combate em larga escala às doenças regionais atualmente em curso em ambos os hemisférios incluem aqueles para erradicar a doença do verme-da-guiné e a oncocercose. Assim, os acordos regionais constituem uma segunda e já testada rota na direção da solução de problemas transnacionais.

A terceira rota consiste nos acordos mundiais, criados por insistência de instituições mundiais; não somente a Organização das Nações Unidas, com sua abrangente missão mundial, mas também organizações com missões mais específicas, como as dedicadas a agricultura, tráfico de animais, aviação, pesca, alimentos, saúde, caça às baleias e outras. Assim como com a UE, é fácil ser cínico sobre a Organização das Nações Unidas e outras agências internacionais, cujo poder geralmente é menor do que o da UE e muito menor do que o da maioria das nações no interior de suas próprias fronteiras. Mas agências internacionais já realizaram muitas coisas e fornecem um mecanismo para se obter mais progresso. Grandes sucessos foram a erradicação mundial da varíola em 1980; o Protocolo de Montreal, de 1987, para proteger a camada de ozônio da estratosfera; a Convenção Internacional para a Prevenção da Poluição por Navios (conhecida como MARPOL 73/78), que reduziu a poluição dos oceanos ao exigir a separação dos tanques de petróleo dos tanques de água que servem como lastro, e que todo transporte marítimo de petróleo fosse feito em tanques duplos; a Convenção das Nações Unidas sobre Direito Marítimo, de 1994, que demarcou zonas econômicas exclusivamente nacionais e zonas econômicas internacionais; e a Autoridade Internacional do Leito Oceânico, que estabeleceu a estrutura legal para a exploração de minerais no solo oceânico.

A globalização tanto causa problemas quanto facilita sua solução. Uma coisa terrível que a globalização significa hoje em dia é o crescimento e a disseminação de problemas pelo mundo: competição por recursos, guerras mundiais, poluentes, gases atmosféricos, doenças, movimentação de pessoas e muitos outros. Mas globalização também significa algo encorajador: o crescimento e a disseminação de fatores que contribuem para a solução desses problemas, como informação, comunicação, reconhecimento das mudanças climáticas, algumas línguas mundialmente dominantes, conhecimento disseminado sobre as condições e soluções predominantes em outros lugares e algum reconhecimento de que o mundo é interdependente e todos perseveramos ou caímos juntos. Em meu livro *Colapso*, publicado em 2005, comparei a tensão entre problemas e soluções com uma corrida entre o cavalo da destruição e o cavalo da esperança. Não se trata de uma corrida comum, na qual os cavalos correm em uma velocidade alta e aproximadamente constante durante toda a distância. É uma corrida exponencialmente acelerada, na qual ambos correm cada vez mais rápido.

Quando escrevi em 2005, não estava claro que cavalo venceria. Ao escrever estas frases em 2019, cada cavalo continuou a acelerar pelos últimos catorze anos. Nossos problemas, especialmente a população e o consumo mundiais, cresceram notadamente desde 2005. O reconhecimento de nossos problemas e os esforços mundiais para solucioná-los também cresceram notadamente desde 2005. Ainda não está claro que cavalo vencerá. Mas é certo que agora faltam menos décadas até que saibamos o resultado da corrida, para bem ou para mal.

EPÍLOGO

LIÇÕES, PERGUNTAS E PERSPECTIVAS

Fatores preditivos — As crises são necessárias? — Papel dos
líderes na história — Papel de líderes específicos —
O que virá em seguida? — Lições para o futuro

E ste último capítulo começará resumindo como os doze fatores da Tabela 1.2, postulados desde o início como influenciadores do resultado das crises nacionais, realmente se aplicam a nossa amostra de sete países. Em seguida, usarei essa amostra para considerar duas perguntas gerais sobre crises que as pessoas com frequência me fazem: se as nações precisam de uma grande reviravolta geradora de crise para motivá-las a realizar mudanças, e se o curso da história depende acentuadamente de líderes particulares. Então sugerirei estratégias para aprofundar nosso entendimento das crises. Finalmente, perguntarei que lições para o futuro podemos retirar desse entendimento.

———

1. Reconhecimento de que se está em crise. O reconhecimento é mais simples para os indivíduos do que para as nações, porque, no primeiro caso, não é preciso chegar a um consenso: há apenas uma pessoa, que reconhece ou não que está em crise. Mas, mesmo para um indivíduo, pode não haver uma resposta simples. Pode haver ao menos três complicações: a pessoa pode inicialmente negar que há uma crise, pode reconhecer somente parte do problema ou pode minimizar sua seriedade. Finalmente, pode "gritar por socorro". Para propósitos práticos, esse é o momento do reconhecimento da crise. As crises nacionais apresentam as três mesmas complicações, e uma quarta: uma nação é composta por muitas pessoas de diferentes grupos, assim como alguns líderes e muitos seguidores. Esses grupos, líderes e seguidores com frequência discordam sobre o reconhecimento.

Nações, como indivíduos, podem inicialmente ignorar, negar ou subestimar o problema, até que a fase de negação chega ao fim graças a um evento externo. Antes de 1853, o Japão Meiji já sabia sobre a guerra de 1839-1842 do Ocidente contra a China e sobre a crescente ameaça que o Ocidente representava para o Japão. Mesmo assim, só reconheceu a crise e começou a debater reformas com a chegada do comodoro Perry em 8 de julho de 1853. Similarmente, a Finlândia recebeu demandas soviéticas no fim da década de 1930, e sabia que a União Soviética era populosa e tinha um grande exército, mas só levou a ameaça a sério após o ataque de 30 de novembro de 1939. Quando isso aconteceu, da noite para o dia os finlandeses chegaram ao consenso praticamente unânime de responder lutando. Em contraste, embora a chegada de Perry tenha rapidamente produzido o consenso de que o país enfrentava um problema urgente, os reformistas contrários ao xogum discordaram do governo sobre a melhor resposta. Essa discordância só foi superada quinze anos depois, quando derrubaram o xogum.

Outras crises geraram amplo acordo de que o país sofria com *algum* grande problema, mas desacordo sobre que problema era esse. No Chile, Allende e a esquerda achavam que o problema era a necessidade de

REVIRAVOLTA

reforma das instituições, ao passo que a direita achava que era Allende e as reformas que propôs. De modo semelhante, na Indonésia os comunistas achavam que o problema era a necessidade de reforma do governo, ao passo que o exército achava que eram os comunistas e as reformas que propunham. Em ambos os casos, a crise não foi solucionada pelo eventual consenso ou por um grupo prevalecendo pela força, mas poupando a vida e os direitos dos adversários derrotados. (O último xogum do Japão, Tokugawa, teve permissão para se retirar da vida pública após a derrota e sobreviveu à Restauração Meiji por 34 anos.) No Chile e na Indonésia, a crise foi resolvida com o grupo vitorioso exterminando grande parte do grupo derrotado.

Tanto a Austrália quanto a Alemanha após a Segunda Guerra Mundial ilustram a longa negação de uma crise crescente. A Austrália se agarrou durante muito tempo a sua identidade britânica e de Austrália Branca. A Alemanha negou durante muito tempo a responsabilidade de muitos cidadãos comuns pelos crimes nazistas e a desagradável e permanente realidade das perdas territoriais e dos governos comunistas do Leste Europeu. Essas questões foram resolvidas, tanto na Austrália quanto na Alemanha, pelos eleitorados lenta e democraticamente, chegando a suficiente consenso para modificar as políticas governamentais.

Por fim, hoje, enquanto escrevo estas páginas, o Japão e os Estados Unidos ainda praticam a negação seletiva de seus maiores problemas. O Japão reconhece completamente alguns problemas (a grande dívida pública e o envelhecimento da população) e incompletamente o problema do papel das mulheres. Mas ainda nega outros: a falta de alternativas aceitáveis para a imigração a fim de solucionar as dificuldades demográficas; as causas históricas de suas tensas relações com a China e a Coreia; e a política tradicional de buscar recursos naturais no exterior, em vez de ajudar a gerenciá-los de forma sustentável. Os EUA ainda negam nossos maiores problemas: a polarização política, o baixo comparecimento às votações, os obstáculos ao registro de eleitores, a desigualdade, a limitada mobilidade socioeconômica e o declínio do investimento governamental em benefícios públicos.

2. Aceitar a responsabilidade e evitar a vitimização, a autopiedade e a atribuição de culpa aos outros. O próximo passo para resolver as crises pessoais, após reconhecê-las, é aceitar a responsabilidade pessoal, ou seja, evitar chafurdar na autopiedade ou focar em si mesmo como vítima e, em vez disso, reconhecer a necessidade de mudança pessoal. Isso é verdade tanto para nações quanto para indivíduos, embora com as mesmas complicações discutidas em relação ao reconhecimento nacional: a aceitação da responsabilidade e a evitação da autopiedade não são simples questões de sim ou não para indivíduos nem para nações, e as nações consistem em grupos diversos de líderes e seguidores, que frequentemente divergem em suas visões.

Nossas sete nações ilustram de modo variado tanto a aceitação quanto a negação da responsabilidade. A evitação da autopiedade é ilustrada pela Finlândia e pelo Japão Meiji. De 1944 em diante, a Finlândia poderia ter sido paralisada pela autopiedade, enfatizado seu papel de vítima e culpado a União Soviética por invadir o país e matar tantos finlandeses. Em vez disso, reconheceu que era preciso lidar com a União Soviética. A Finlândia passou a manter discussões políticas constantes com a União Soviética e conquistou sua confiança, com muitos resultados benéficos: a União Soviética evacuou sua base naval em Porkkala, perto de Helsinque, reduziu o montante e estendeu o período de pagamento das reparações de guerra e tolerou a associação da Finlândia com a Comunidade Econômica Europeia e sua filiação à Associação Europeia de Livre Comércio. Mesmo hoje, muito após a queda da União Soviética, a Finlândia não fez nenhum esforço para recuperar a província perdida da Carélia. Similarmente, durante a era Meiji o Japão foi exposto por décadas às ameaças e aos tratados comerciais injustamente impostos pelo Ocidente. Mas não assumiu o papel de vítima; em vez disso, focou em sua responsabilidade de desenvolver o poder de resistir.

Uma contrapartida, de uma nação vendo a responsabilidade como pertencendo aos outros, e não a si mesma, foi a Austrália, que culpou a "traição" britânica pela queda de Singapura em vez de reconhecer que falhara na responsabilidade de desenvolver suas próprias defesas antes da Segunda Guerra Mundial. Da mesma forma, inicialmente acusou o Reino Unido de traição por se candidatar à Comunidade Econômica Europeia, antes de chegar ao doloroso reconhecimento de que o Reino Unido tinha de defender os próprios interesses. Essa culpabilização pode ter atrasado o desenvolvimento de seus laços econômicos e políticos com os países da Ásia.

Um exemplo extremo e desastroso de negação da responsabilidade foi o da Alemanha após a Primeira Guerra Mundial. Um amplo segmento do público aceitou a falsa alegação, feita pelos nazistas e muitos outros alemães, de que a Alemanha perdera a guerra por causa da "facada nas costas" dos socialistas alemães, e não porque fora militarmente derrotada por esmagadoras forças aliadas. Os nazistas e outros alemães focaram na grande injustiça do Tratado de Versalhes. Eles falharam em reconhecer a longa série de erros políticos pré-guerra do imperador Guilherme II e seu governo, que levaram a Alemanha a entrar na guerra em condições militares desfavoráveis, e então ao desastre da derrota e da imposição do Tratado de Versalhes. O resultado de os alemães negarem a própria responsabilidade e assumirem o manto da vitimização e da autopiedade foi o apoio aos nazistas, resultando na Segunda Guerra Mundial, que foi ainda mais desastrosa para a Alemanha.

Um exemplo impactante de abordagens simultaneamente contrastantes na aceitação da responsabilidade é fornecido pela Alemanha e pelo Japão após a Segunda Guerra Mundial. Os governos dos dois países foram responsáveis por iniciar a guerra inteiramente por si mesmos; não foi o caso, como fora para a Alemanha durante a Primeira Guerra Mundial, de seus oponentes partilharem a responsabilidade por precipitar a guerra. Durante a Segunda Guerra Mundial, tanto a Alemanha quanto o Japão fizeram coisas horríveis a outros povos, e seus próprios povos também sofreram horrivelmente. As abordagens dessas realidades na Alemanha e no Japão foram opostas. A reação da Alemanha poderia ter sido dominada pela autopiedade e pelo senso de vitimização em função dos milhões de alemães mortos (incluindo todos os mortos pelo bombardeio de cidades alemãs, o que teria sido considerado crime de guerra se os Aliados não tivessem vencido), pelos milhões de mulheres alemãs estupradas durante o avanço soviético do leste e pela perda de amplos territórios. Em vez disso, houve amplo reconhecimento dos crimes nazistas, ensino nas escolas sobre eles e sobre a responsabilidade alemã e o estabelecimento de melhores relações com a Polônia e outros países vitimizados durante a guerra. Em contraste, o Japão continua a negar amplamente sua responsabilidade por ter iniciado a guerra e existe uma disseminada visão de que os Estados Unidos de algum modo o enganaram, levando-o a bombardear Pearl Harbor e iniciar a guerra, ignorando o fato de que já iniciara uma grande guerra não declarada contra a China quatro anos antes. O Japão também continua a negar sua responsabilidade pelos crimes contra civis chineses e coreanos e contra prisioneiros de guerra aliados. Em vez disso, foca na autopiedade e em seu papel de vítima das bombas atômicas, sem franca discussão das coisas piores que teriam acontecido se elas não tivessem sido deflagradas. Essa adoção da negação, da vitimização e da autopiedade continua a envenenar as relações do Japão com suas poderosas vizinhas, China e Coreia, e consequentemente apresenta um grande risco para o país.

3. Construindo uma cerca / mudança seletiva. Todos os seis países que discuti nos capítulos 2 a 7 como tendo lidado com suas crises adotaram mudanças seletivas. Os dois em relação aos quais discuti mudanças em curso (Japão e Estados Unidos) estão fazendo isso agora, o Japão mais do que os EUA. Todos esses países mudaram ou estão discutindo mudar somente políticas específicas; outras políticas nacionais não estão em discussão.

Especialmente instrutivos, por causa do contraste entre o que mudou e o que não mudou, são novamente os casos do Japão Meiji e da Finlândia. O Japão Meiji se ocidentalizou em muitas áreas: política, legal, social, cultural e outras. Mas, em cada uma delas, não copiou servilmente o Ocidente, buscando entre os numerosos modelos disponíveis aquele que era mais adequado e o modificando para se adaptar às circunstâncias japonesas. Ao mesmo tempo, outros aspectos básicos da sociedade permaneceram iguais, incluindo a devoção ao imperador, a escrita kanji e muitos aspectos da cultura. De modo similar, a Finlândia mudou mantendo discussões constantes com a União Soviética comunista, sacrificando certa liberdade de ação e deixando de ser um país predominantemente rural para se tornar um moderno país industrial. Ao mesmo tempo, permaneceu uma democracia liberal em outros aspectos e reteve muito mais liberdade de ação do que outros países europeus que faziam fronteira com a antiga União Soviética (hoje Rússia). As resultantes e aparentemente óbvias inconsistências no comportamento finlandês foram muito criticadas pelos não finlandeses, que falharam em reconhecer as cruéis realidades de sua localização geográfica.

4. Ajuda de outras nações. O auxílio externo, que é importante nas crises individuais, desempenhou papel positivo ou negativo na resolução da maioria das crises nacionais que discutimos. O auxílio ocidental de muitos tipos, do envio de conselheiros ao Japão à acolhida de missões japonesas no exterior para construir o protótipo de um cruzador, foi importante para o Japão Meiji em sua ocidentalização seletiva. A ajuda econômica americana foi importante para que os governos militares do Chile e da Indonésia fortalecessem a economia de seus países após os golpes de 1973 e 1965, respectivamente, e para a reconstrução do Japão e da Alemanha após a destruição durante a Segunda Guerra Mundial. A Austrália olhou primeiro para a Grã-Bretanha, e, então, para os Estados Unidos em busca de proteção militar. Do lado negativo, o governo de

Allende no Chile foi desestabilizado pela retirada do auxílio americano e pela imposição de barreiras à economia chilena; e a República de Weimar, após a Primeira Guerra Mundial, foi desestabilizada pela cobrança britânica e francesa de reparações de guerra. Para a Austrália, os choques do fracasso da proteção militar britânica após a queda de Singapura e o cancelamento de seu status alfandegário preferencial como resultado das negociações da Grã-Bretanha com a CEE contribuíram para a busca de uma nova identidade nacional. Nosso exemplo mais destacado de ausência de auxílio foi a Finlândia durante a Guerra de Inverno contra a União Soviética, quando todos os seus potenciais aliados não puderam ou escolheram não fornecer a esperada assistência militar. Essa cruel experiência se tornou a fundação da política externa finlandesa pós-1945: o reconhecimento de que a Finlândia não podia esperar ajuda em caso de um novo conflito com a União Soviética e tinha de desenvolver com ela uma relação de trabalho a fim de preservar tanto quanto possível de sua independência.

5. **Usando outras nações como modelos.** Assim como modelos frequentemente são valiosos na resolução de crises individuais, eles também foram significativos, positiva ou negativamente, para a maioria de nossos países. Adotar e modificar modelos ocidentais foi especialmente importante para a transformação do Japão Meiji e, em menor extensão, para o Japão após a Segunda Guerra Mundial, quando novamente adotou e modificou (ou lhe foram impostos) alguns modelos americanos de governo democrático. As ditaduras militares do Chile e da Indonésia usaram modelos americanos (ou o que imaginavam ser modelos americanos) de economias de livre mercado. A Austrália, durante a maior parte de sua história antes da Segunda Guerra Mundial, usou intensamente os modelos britânicos antes de começar a rejeitá-los cada vez mais.

Inversamente, nossos países também forneceram dois exemplos de falta real ou presumida de modelos. Para a Finlândia, não há modelo de outro vizinho da União Soviética que tenha conseguido preservar sua independência e ao mesmo tempo atender às demandas soviéticas; essa foi a essência da política da finlandização. O reconhecimento da singularidade da situação finlandesa foi a base da declaração do presidente Kekkonen: "A finlandização não é para exportação." Um exemplo de suposta falta de modelos é fornecido pelos Estados Unidos, onde a crença na excepcionalidade americana se traduz na crença de que o país nada tem a aprender com o Canadá e as democracias da Europa Ocidental, nem mesmo com suas soluções para questões que surgem em todos os países, como assistência médica, educação, imigração, prisões e segurança na terceira idade — questões em relação às quais muitos estão insatisfeitos com as soluções americanas, mas mesmo assim se recusam a aprender com as soluções canadenses ou europeias ocidentais.

6. **Identidade nacional.** Dos doze preditivos de resultado para crises individuais, alguns se traduzem facilmente em preditivos para crises nacionais. Um que não se traduz facilmente é a característica individual da "força do ego", que, em vez disso, serve como metáfora para sugerir uma característica nacional relacionada: o senso de identidade nacional.

O que é identidade nacional? Significa o orgulho partilhado pelas coisas admiráveis que caracterizam uma nação e a tornam única. Há muitas fontes diferentes de identidade nacional, incluindo língua, realizações militares, cultura e história. Essas fontes variam entre os países. Por exemplo, a Finlândia e o Japão têm línguas únicas, que não são faladas por nenhum outro país e que são vistas com orgulho. Os chilenos, ao contrário, falam a mesma língua da maioria dos países da América do Sul e da América Central, mas, paradoxalmente, transformam isso em uma identidade única: "Nós, chilenos, somos diferentes de todos os outros países latino--americanos falantes de espanhol, em razão de nossa estabilidade política e de nossas tradições democráticas. Somos mais europeus do que latino--americanos!" Os feitos militares contribuem intensamente para a identidade nacional de alguns países: Finlândia (Guerra de Inverno), Austrália

(Galípoli), Estados Unidos (Segunda Guerra Mundial) e Grã-Bretanha (muitas guerras, mais recentemente a Segunda Guerra Mundial e a Guerra das Malvinas). Em muitos países, o orgulho e a identidade nacionais focam na cultura, como a proeminência da Itália na arte, na culinária e no estilo, da Grã-Bretanha em literatura e da Alemanha em música. Muitos países sentem orgulho de sua história e de sua importância mundial; no caso da Itália, memórias do Império Romano de 2 mil anos atrás.

De nossos sete países, um senso partilhado de identidade nacional é forte em seis. A exceção é a Indonésia, onde a identidade nacional é mais fraca. Isso não é uma crítica aos indonésios, pois somente reflete o fato óbvio de que a Indonésia só passou a existir como país independente em 1949 e só foi efetivamente unificada, mesmo como colônia, por volta de 1910. Assim, não surpreende que tenha experimentado movimentos de secessão e rebeliões. No entanto, a identidade nacional indonésia tem crescido rapidamente nos últimos tempos, estimulada pela difusão da unificadora língua indonésia e pelo crescimento da democracia e do envolvimento dos cidadãos.

A identidade nacional tem contribuído de modo importante para a resolução de crises em todos os países mais antigos. O senso de identidade nacional manteve os japoneses Meiji e os finlandeses unidos, deu a esses países a coragem para resistirem a poderosas ameaças externas e motivou seus cidadãos a sobreviverem a privações e humilhações e a fazerem sacrifícios pessoais pela causa nacional. Os finlandeses até mesmo entregaram suas alianças de casamento para ajudar a Finlândia a pagar reparações de guerra para a União Soviética. A identidade nacional permitiu que a Alemanha e o Japão pós-1945 sobrevivessem à esmagadora derrota militar e à subsequente ocupação. Na Austrália, a identidade nacional foi o foco da reavaliação e das mudanças seletivas, revolvendo em torno da pergunta: quem somos nós? O senso de identidade nacional contribuiu para que os esquerdistas chilenos agissem com moderação quando retornaram ao poder após a queda de Pinochet: mesmo quando o medo do exército diminuiu, os esquerdistas no poder, embora continuassem a odiar os apoiadores de Pinochet, adotaram uma política conciliatória de construir um "Chile para todos os chilenos", incluindo os admiradores de direita de Pinochet e os admiradores de esquerda de Allende. Esse foi um feito notável. Em contraste, nos Estados Unidos se encontra muita ênfase na identidade subgrupal e menos na identidade nacional mais ampla.

Povos e governos buscam reforçar regularmente a identidade nacional ao recontar a história de uma maneira que promova o orgulho nacional. Tais recontagens constituem os "mitos nacionais". Não uso a palavra "mito" no sentido pejorativo de "mentira", mas no sentido neutro de "narrativa tradicional, ostensivamente com base histórica, que serve para explicar um fenômeno ou promover um objetivo". Na realidade, os mitos nacionais, contados e recontados com propósitos políticos, abrangem todo um espectro que vai da narrativa verdadeira às mentiras.

Em um extremo, estão relatos do passado que são factualmente acurados e focam na coisa mais importante que aconteceu à nação na época, mas a recontagem ainda serve a propósitos políticos. Exemplos incluem a promoção do orgulho nacional britânico e finlandês através de relatos da história britânica durante o verão de 1940 que focam somente na batalha da Grã-Bretanha, ou relatos da história finlandesa durante o período entre dezembro de 1939 e março de 1940 que focam somente na Guerra de Inverno. Sim, pode-se argumentar que essas foram, de longe, as coisas mais importantes que aconteceram na Grã-Bretanha e na Finlândia na época *e* que esses eventos ainda são recontados repetidas vezes para atender a objetivos políticos.

Um estágio intermediário é um relato do passado que é factualmente correto, mas foca em somente uma das múltiplas coisas que aconteceram naquela época da história do país e omitem outras coisas importantes.

Exemplos incluem as histórias americanas do início do século XIX que enfatizam a expedição transcontinental de Lewis e Clark e outros estágios da exploração europeia branca e da conquista do Oeste, mas omitem os assassinatos e deslocamentos de nativos americanos e a escravização de afro-americanos; histórias sobre a luta indonésia pela independência que descrevem as batalhas da república contra os holandeses, mas não mencionam os grandes grupos de indonésios lutando contra a república; e histórias do início do século XX na Austrália que recontam somente Galípoli e omitem os assassinatos e deslocamentos de australianos aborígines.

A extremidade oposta desse *continuum* são relatos do passado que se baseiam fortemente em mentiras. Exemplos incluem os relatos alemães que atribuem sua derrota na Primeira Guerra Mundial à traição de civis alemães, e os relatos japoneses que minimizam ou negam a violação de Nanjing.

Os historiadores debatem se é possível obter um conhecimento exato do passado, se a história inevitavelmente envolve uma pluralidade de interpretações e se todas essas interpretações merecem receber o mesmo peso. Quaisquer que sejam as respostas, o fato é que as identidades nacionais são reforçadas com objetivos políticos pelos mitos nacionais, que as identidades nacionais são importantes para as nações e que os mitos que as apoiam variam em suas bases históricas.

7. Autoavaliação honesta. Um visitante totalmente racional do espaço sideral que nada soubesse sobre os seres humanos e nossas sociedades poderia ingenuamente assumir que, quaisquer que fossem os fatores levando ao fracasso dos indivíduos e das nações na superação de crises, a falta de autoavaliação honesta não seria um deles. Por que, perguntaria nosso racional visitante extraterrestre, qualquer indivíduo ou nação nesse estranho mundo dos humanos escolheria a ruína ao ser desonesto consigo mesmo?

Na verdade, a autoavaliação honesta requer dois passos. Primeiro, um indivíduo ou nação precisa possuir conhecimento acurado. Mas isso pode ser difícil de conseguir; a falha em responder de maneira bem-sucedida a uma crise pode se dever à falta de informação, e não ao vício moral da desonestidade. O segundo passo é avaliar honestamente o conhecimento. Infelizmente, qualquer indivíduo familiarizado com nações ou outros indivíduos sabe que o autoengano é comum nos assuntos humanos.

Os casos mais facilmente compreensíveis de honesta autoavaliação nacional, ou sua ausência, envolvem líderes fortes ou ditadores. Nesses casos, a nação realiza ou não a autoavaliação honesta dependendo de o líder realizá-la ou não. Bem conhecidos internacionalmente são os contrastantes casos dos líderes alemães modernos. Bismarck, um realista de destaque, conseguiu o difícil objetivo de unificar a Alemanha. O imperador Guilherme II, um irrealista emocionalmente volátil, desnecessariamente criou inimigos para a Alemanha e entrou aos tropeços na Primeira Guerra Mundial, que a Alemanha perdeu. Hitler, muito mais esperto, mas cruel, anulou seus sucessos iniciais pelo irrealismo de atacar a União Soviética e, desnecessária e simultaneamente, declarar guerra contra os Estados Unidos já estando em guerra contra a União Soviética e a Grã-Bretanha. Mais recentemente, a Alemanha teve a felicidade de ser liderada durante vários anos por outro realista, Willy Brandt, que teve a coragem de reconhecer a necessidade de uma política dolorosa, porém honesta, no Leste Europeu (reconhecendo a Alemanha Oriental e a perda dos territórios para além dela) e, consequentemente, cumprindo os pré-requisitos para a reunificação da Alemanha vinte anos depois.

Menos conhecido no Ocidente, mas igualmente notável como contraste entre líderes sucessivos, é o caso da Indonésia. Seu presidente fundador, Sukarno, iludiu-se ao pensar que conseguia interpretar os desejos inconscientes do povo indonésio. Negligenciando os problemas da própria Indonésia, envolveu-se no movimento anticolonialista mundial e ordenou que o Exército indonésio tentasse tomar a Bornéu malaia, contra os desejos da população e apesar do ceticismo de seus próprios oficiais. Infelizmente para ele, o general Suharto, que se tornou o segundo presidente da Indonésia, foi (até o fim de sua carreira política) um grande realista cujo estilo era agir cautelosamente e somente quando tinha certeza do sucesso. Dessa maneira, lentamente conseguiu deixar Sukarno de lado, abandonou suas pretensões mundiais e a campanha da Malásia e se concentrou nas questões indonésias (embora frequentemente por meios cruéis).

Os três casos seguintes envolvem nações que não foram dominadas por um líder poderoso, mas chegaram ao consenso nacional através da auto-avaliação honesta. O Japão Meiji enfrentou a dolorosa verdade de que os odiados bárbaros ocidentais eram mais fortes e que o Japão só podia ganhar força aprendendo com o Ocidente. Então adquiriu acurado conhecimento sobre o Ocidente ao enviar muitos oficiais governamentais e cidadãos para a Europa e os Estados Unidos. Em contraste, a desastrosa entrada do Japão na Segunda Guerra Mundial ocorreu parcialmente porque, na década de 1930, oficiais jovens mas poderosos do exército não tinham conhecimento em primeira mão sobre o Ocidente e seu poder. De modo similar, os finlandeses confrontaram a dolorosa realidade de que a Finlândia continuaria a não receber quase nenhum apoio de seus potenciais aliados e sua política em relação aos soviéticos dependeria de conquistar sua confiança e tentar entender seu ponto de vista. Finalmente, a Austrália chegou ao consenso nacional ao enfrentar a realidade de que a antiga importância econômica e militar da Grã-Bretanha desaparecera e a Ásia e os Estados Unidos haviam se tornado mais importantes.

Nossos últimos dois casos envolvem a falta de autoavaliação honesta em duas nações hoje. Como já mencionado, o Japão reconhece alguns de seus problemas, mas falha em ser realista em relação a outros. Os Estados Unidos também são deficientes em autoavaliação honesta, particularmente pelo fato de que um número insuficiente de cidadãos e políticos levam nossos principais problemas a sério. Muitos americanos também se iludem culpando outros países, e não a si mesmos, por nossos problemas.

O ceticismo sobre a ciência é cada vez mais disseminado, e isso é um péssimo presságio, porque a ciência é básica e simplesmente uma descrição e um entendimento acurados do mundo real.

8. Experiência histórica com crises nacionais anteriores. A confiança derivada de ter sobrevivido a crises anteriores é um importante fator para indivíduos lidando com uma nova crise pessoal. Um fator correspondente no nível nacional é significativo para várias das nações que consideramos neste livro e também para outras. Um exemplo é o Japão moderno, com confiança derivada das extraordinárias realizações do Japão Meiji em mudar rapidamente e ganhar suficiente força para resistir ao risco de desmembramento pelo Ocidente e, enfim, derrotar duas potências ocidentais (a Rússia em 1904-1905 e as tropas coloniais da Alemanha em 1914). O sucesso do Japão Meiji é ainda mais impressionante quando contemplamos o simultâneo fracasso do muito maior e aparentemente muito mais forte Império Chinês em resistir à pressão ocidental.

A Finlândia fornece outro caso de autoconfiança nacional derivada de sucessos anteriores. Para os finlandeses, o orgulho de rechaçar os ataques soviéticos durante a Segunda Guerra Mundial é tão importante que o aniversário de cem anos da independência, em 2017, focou tanto na Guerra de Inverno quanto na independência. Entre os países que não foram discutidos neste livro, um exemplo é o Reino Unido, com sua história de sucesso em derrotar Hitler na Segunda Guerra Mundial tendo os Estados Unidos e a União Soviética como aliados e, mais ainda, lutar completamente sozinho contra Hitler durante um ano, da queda da França em junho de 1940 até a invasão da União Soviética em junho de 1941 — especialmente na batalha da Grã-Bretanha, na qual a Força Aérea britânica (a RAF), na segunda metade de 1940, derrotou a Força Aérea alemã (a Luftwaffe) em combates aéreos sobre a ilha, frustrando os planos alemães de invasão. Quaisquer dificuldades que a Grã-Bretanha tenha enfrentado de 1945 para cá, os britânicos frequentemente refletiram: nada pode ser mais difícil do que a batalha da Grã-Bretanha; tivemos sucesso naquela época e teremos sucesso contra qualquer coisa hoje.

Os sucessos passados também contribuem para a autoconfiança americana. Os sucessos para os quais olhamos incluem a Revolução Americana; a aquisição, exploração e conquista de toda a extensão do continente norte--americano; a manutenção da união americana durante a longa guerra civil, que ainda é a guerra mais sangrenta e com o maior número de baixas de nossa história; e os sucessos militares simultaneamente contra a Alemanha e o Japão na Segunda Guerra Mundial.

Finalmente, a Indonésia, o mais jovem país discutido neste livro, tem a mais curta história de superação da qual derivar confiança. Mas, como vi na exposição do lobby de meu hotel em 1979, os indonésios ainda recontam o sucesso de seus conflitos pela independência contra os holandeses em 1945-1949 e de sua retomada da Nova Guiné Holandesa em 1961. Esses sucessos têm grande papel na autoconfiança nacional.

9. Paciência com os fracassos nacionais. Ainda mais do que problemas individuais, os problemas nacionais não se prestam a soluções rápidas ou ao sucesso garantido na primeira tentativa. Sejam os problemas nacionais ou individuais, as crises tendem a ser complexas, requerer uma série de possíveis soluções antes que se identifique qual funciona e exigir paciência e tolerância à frustração, à ambiguidade e ao fracasso. Mesmo as decisões nacionais tomadas por um ditador absoluto requerem paciência. Mas a maior parte das decisões nacionais envolve negociações entre grupos com interesses divergentes, o que faz com que a solução das crises nacionais exija paciência adicional.

A maioria dos países que discutimos adquiriu paciência experimentando fracasso e derrota. Isso foi especialmente verdadeiro para o Japão Meiji, a Alemanha, a Finlândia e o Japão moderno. Foram necessários mais de cinquenta anos desde que a visita indesejada de Perry em 1853 pôs fim ao isolamento japonês antes que o Japão fosse capaz de lutar e vencer sua primeira guerra contra uma potência ocidental. Foram necessários 45 anos, após a divisão da Alemanha em 1945, para que ela conseguisse a reunificação. Durante décadas, após o fim da Guerra da Continuação contra a União Soviética em 1944, a Finlândia reavaliou constantemente sua política e tentou determinar quais pressões podia recusar com segurança e quais ações independentes podia adotar sem provocar outra invasão. Desde a Segunda Guerra Mundial, o Japão teve de sobreviver à ocupação americana, a décadas de reconstrução material e econômica, a problemas econômicos e sociais crônicos e a desastres naturais como terremotos, tufões e tsunamis. Esses quatro países (contando o Japão duas vezes) experimentaram frustração, mas resistiram à armadilha de agir de modo rápido e tolo. A paciência se provou essencial para seu sucesso.

A exceção a essas histórias de paciência são os Estados Unidos modernos. É claro que se pode objetar que os americanos sem dúvida toleraram o fracasso inicial, demonstraram paciência e persistiram apesar dos contratempos durante muitas épocas de sua história, notadamente durante os quatro anos da Guerra Civil, os doze anos da Grande Depressão e os quatro anos da Segunda Guerra Mundial. Mas os Estados Unidos não sofreram esmagadora derrota e ocupação, como sofreram a Alemanha, o Japão, a França e muitos outros países. Tendo vencido as quatro guerras internacionais de que participaram desde a Guerra do México, em 1846-1848, até a Segunda Guerra Mundial, os americanos acharam difícil lidar com o impasse que pôs fim à Guerra da Coreia, engolir a derrota na Guerra do Vietnã e tolerar o prolongado impasse no Afeganistão. Nessas primeiras décadas do século XXI, os Estados Unidos têm enfrentado complexos problemas sociais, econômicos e políticos que não se prestam a soluções rápidas. Eles requerem paciência e disposição para o compromisso, algo que ainda não exibimos.

10. Flexibilidade nacional específica à situação. Os psicólogos usam a dicotomia flexibilidade *versus* rigidez para caracterizar pessoas. Flexibilidade pessoal significa que uma pessoa é receptiva a considerar diferentes

abordagens para um problema. Rigidez pessoal significa que uma pessoa acredita que há somente uma abordagem para cada problema. Essa dicotomia se provou importante para entender as diferenças entre indivíduos em seu sucesso na resolução de crises através da criação de novas abordagens. Embora um indivíduo possa ser flexível em uma área e rígido em outra, os psicólogos também reconhecem um traço de flexibilidade e rigidez que pode permear o caráter de uma pessoa, que varia entre indivíduos e é influenciado especialmente pela criação e pelas experiências de vida.

Quando passamos dos indivíduos para as nações, exemplos convincentes de flexibilidade ou rigidez nacional me parecem raros. O único exemplo que me é familiar e para o qual há compreensíveis razões é uma nação que não foi discutida neste livro: a Islândia histórica. Durante os séculos em que a Islândia foi governada pela Dinamarca, os islandeses frequentemente frustraram os governadores dinamarqueses com sua aparente rigidez e sua hostilidade às mudanças propostas. Quaisquer que fossem as bem-intencionadas sugestões de melhoria que o governo dinamarquês oferecesse, a resposta dos islandeses era usualmente "Não, não queremos tentar algo diferente; queremos continuar a fazer as coisas da maneira tradicional". Os islandeses recusaram as sugestões dinamarquesas para aprimorar barcos, exportações e redes de pesca, plantação de cereais, mineração e fabricação de cordas.

Essa rigidez é compreensível quando consideramos a fragilidade ambiental da Islândia. Ela está situada em altas latitudes, com clima frio e uma curta estação de semeadura. Seus solos formados por cinzas vulcânicas são frágeis e leves, suscetíveis à erosão, e demoram para se regenerar. A vegetação é facilmente arrancada pelos animais de pasto ou pela erosão do vento e da água e apresenta lento crescimento. Nos séculos iniciais de colonização viking, os islandeses tentaram várias estratégias de subsistência, todas com resultados desastrosos, até que finalmente desenvolveram um conjunto de métodos agrícolas sustentáveis. Tendo desenvolvido esse conjunto, não queriam considerar mudanças em seus métodos de subsistência ou outros aspectos da vida por causa de suas dolorosas experiências: tendo enfim descoberto uma estratégia que funcionava, qualquer outra coisa que tentassem pioraria as coisas.

Talvez haja outros países, para além da Islândia histórica, que possam ser caracterizados como flexíveis ou rígidos em muitos aspectos. Mas parece muito mais comum que a flexibilidade nacional seja específica a uma situação: um país é flexível em algumas esferas, mas rígido em outras. Os finlandeses se recusaram terminantemente a permitir que seu país fosse ocupado, mas se mostraram extraordinariamente flexíveis nos compromissos em relação ao que outras nações consideram direitos inalienáveis de uma democracia, como não permitir que outros países alterem as regras da eleição presidencial em seu próprio país. O Japão Meiji se recusou a negociar o papel do imperador e a religião tradicional, mas foi extraordinariamente flexível em relação às instituições políticas. A Austrália durante muito tempo se recusou a abrir mão de sua identidade britânica, ao mesmo tempo desenvolvendo uma sociedade muito mais individualista e igualitária do que a da Grã-Bretanha.

Os Estados Unidos suscitam interessantes questões a respeito da flexibilidade. Os americanos podem ser caracterizados como indivíduos flexíveis, com base, por exemplo, em suas mudanças frequentes de casa, a cada cinco anos em média. A história da política americana foi marcada por sinais de flexibilidade, como as frequentes transições de controle do governo federal entre os principais partidos políticos, com esses partidos frequentemente cooptando os programas de partidos nascentes e, consequentemente, abortando seu desenvolvimento. Inversamente, todavia, a política americana nas duas últimas décadas foi caracterizada pela crescente recusa do compromisso.

Desse modo, acho que não seria útil para os cientistas sociais generalizar sobre uma nação ser uniformemente flexível ou rígida. Mas pode se provar útil considerar se podem ser classificadas como flexíveis ou rígidas em múltiplos eixos independentes. Essa questão permanece um desafio para o futuro.

11. Valores nacionais essenciais. Os valores essenciais dos indivíduos são subjacentes a seu código moral e frequentemente constituem aquilo pelo que estão dispostos a morrer. Podem tornar mais fácil ou mais difícil solucionar uma crise. Do lado positivo, podem fornecer clareza e uma posição de força da qual contemplar a mudança de outros aspectos da vida. Do lado negativo, as pessoas podem se agarrar a seus valores essenciais mesmo quando já não são adequados às circunstâncias e interferem com a resolução da crise.

As nações também possuem valores essenciais que são aceitos pelos cidadãos e pelos quais, em alguns casos, eles estão dispostos a morrer. Os valores essenciais estão relacionados à identidade nacional, mas há diferenças. A identidade nacional da Finlândia está relacionada especialmente a sua língua única e a suas realizações culturais, mas o valor essencial pelo qual tantos finlandeses morreram na guerra contra a União Soviética foi a independência; foi a independência finlandesa, e não a língua, que a União Soviética tentou destruir. Similarmente, a identidade nacional alemã revolve em torno da língua e da cultura alemãs e da história partilhada dos povos germânicos. Mas seus valores essenciais incluem o que muitos americanos chamam de "socialismo" e que a maioria dos alemães vê como admirável: o apoio governamental aos benefícios públicos; a restrição dos direitos individuais a fim de favorecer o bem comum; e o fato de não permitirem que importantes benefícios públicos dependam de interesses privados egoístas que podem ou não achar lucrativo apoiá-los. O governo alemão fornece financiamento de larga escala para as artes (incluindo companhias de ópera, orquestras sinfônicas e teatros), fornece assistência médica de qualidade e segurança financeira na terceira idade para todos e impõe a manutenção dos estilos

438

arquitetônicos tradicionais e das florestas; esses são alguns dos valores essenciais modernos alemães.

Assim como é verdade para os indivíduos, os valores essenciais das nações podem tornar mais fácil ou mais difícil a adoção de mudanças seletivas. Os valores essenciais do passado podem continuar a ser adequados no presente e motivar os cidadãos a fazerem sacrifícios em seu nome. Eles motivaram os finlandeses a morrerem na defesa bem-sucedida da independência de seu país, os japoneses Meiji a fazerem grandes esforços para alcançar o Ocidente e os alemães e os japoneses após a Segunda Guerra Mundial a trabalharem duro e suportarem privações a fim de reconstruírem seus países destroçados. Mas os valores essenciais do passado também podem se mostrar inadequados, e se agarrar a eles pode impedir que uma nação adote as mudanças seletivas necessárias. Isso foi uma questão essencial na crise que se desdobrou lentamente na Austrália após a Segunda Guerra Mundial: seu papel como posto avançado da Grã-Bretanha fazia cada vez menos sentido, mas abandoná-lo se provou muito doloroso para muitos australianos. Outro exemplo é fornecido pelo Japão após a Segunda Guerra Mundial: embora os valores essenciais da cultura japonesa e do respeito ao imperador dessem força ao Japão, o fato de ele se agarrar a sua antiga política de exploração ilimitada dos recursos naturais ultramarinos hoje o prejudica.

12. Liberdade das restrições geopolíticas. Para os indivíduos, as restrições externas que limitam sua habilidade de adotar mudanças seletivas incluem impossibilidades financeiras, o fardo da responsabilidade por outras pessoas e o perigo físico. As nações também enfrentam restrições a sua liberdade de escolha, mas elas são diferentes das que limitam os indivíduos, especialmente as restrições geopolíticas resultantes de vizinhos poderosos e as limitações econômicas. Dos doze fatores, esse é o que *historicamente* exibe a maior variação entre nossa amostra de nações. Os Estados Unidos têm sido notavelmente irrestritos; quatro nações (Japão Meiji, Chile,

Indonésia e Austrália) têm sido restritas em alguns aspectos e relativamente livres em outros; e duas (Finlândia e Alemanha) têm sido extremamente restritas. Discutirei a seguir como as restrições geopolíticas de hoje diferem das históricas, que resumirei primeiro.

Os Estados Unidos têm sido historicamente livres por causa do isolamento fornecido por oceanos dos dois lados, fronteiras terrestres com vizinhos não ameaçadores dos dois outros lados, geografia interna naturalmente vantajosa e grande população e riqueza. Mais do que em qualquer outro país, os americanos são livres para fazer o que quiserem no interior de suas fronteiras. No extremo oposto, Finlândia e Alemanha são severamente restritas. A Finlândia tem o infortúnio de possuir a mais longa fronteira europeia com a Rússia (anteriormente União Soviética). A história finlandesa recente foi dominada pelo dilema de como preservar tanta liberdade de escolha quanto possível a despeito dessa severa limitação. A Alemanha teve o infortúnio de estar no centro da Europa e estar exposta a mais vizinhos (vários deles grandes e poderosos) através de fronteiras terrestres e marítimas do que qualquer outro país europeu. Os líderes que ignoraram esse fato geográfico básico (imperador Guilherme II e Hitler) lançaram o país no desastre duas vezes no século XX. Por duas vezes, a Alemanha precisou de líderes excepcionalmente talentosos (Bismarck e Willy Brandt) para administrar o campo minado de suas restrições geopolíticas.

Nossos outros quatro países fornecem um retrato misto. O Japão Meiji, a despeito de ser um arquipélago, foi seriamente ameaçado pelas potências ocidentais à espreita. O Chile, protegido pelos Andes a leste e pelos desertos ao norte, agora não enfrenta nenhuma ameaça significativa na América do Sul, mas sua economia foi enfraquecida pela pressão dos distantes Estados Unidos durante a Presidência de Allende. A Indonésia é geograficamente protegida por oceanos e não possui nenhum vizinho ameaçador, mas teve de lutar por sua independência contra holandeses a meio mundo de distância. Os governos indonésios desde a independência foram restringidos pelos problemas internos da pobreza e do rápido crescimento populacional. Finalmente, a Austrália, a despeito de ser remota e geograficamente protegida pelos oceanos, foi ameaçada e bombardeada pelo Japão durante a Segunda Guerra Mundial. Todos esses países experimentaram restrições intermitentes a sua liberdade de ação, mas não tão sérias e crônicas quanto as enfrentadas constantemente pela Finlândia e pela Alemanha.

Obviamente, as restrições geopolíticas mudaram em termos globais no último milênio. No passado remoto, as populações humanas eram bastante autossuficientes, recebiam e enviavam mercadorias e informações somente a distâncias relativamente curtas e só enfrentavam ameaças militares de seus vizinhos imediatos. Nos últimos cinco séculos, as comunicações e as conexões econômicas e militares se tornaram globais. As ameaças militares pelo mar chegaram de todo o mundo: os holandeses começaram a ocupar a Indonésia em 1595, e a frota do comodoro Perry rompeu o isolamento do Japão em 1853. O Japão era economicamente autossuficiente, com importações e exportações insignificantes; hoje, é uma economia industrial severamente limitada pelos recursos naturais e dependente de importações e exportações. Os Estados Unidos também são um grande importador e exportador. O Chile dependeu de capital e tecnologia americanos para desenvolver suas minas de cobre. O presidente chileno Allende e, em menor extensão, o presidente indonésio Sukarno foram submetidos à pressão econômica americana e ao apoio americano a seus oponentes domésticos. Três das sete nações deste livro foram bombardeadas por aeronaves de porta-aviões inimigos que partiram de portos a milhares de quilômetros: os Estados Unidos pelo ataque japonês a Pearl Harbor em dezembro de 1941, a Austrália pelo ataque japonês a Darwin em fevereiro de 1942, e o Japão pelo ataque Doolittle em abril de 1942. A Alemanha e o Japão sofreram grandes ataques de bombardeiros baseados em terra durante a Segunda Guerra Mundial. Os primeiros ataques com mísseis foram com V-2s alemães contra a Grã-Bretanha, a França e a Bélgica, em 1944 e 1945, lançados a 320 quilômetros de distância. Hoje, os MBIs podem atingir alvos em qualquer lugar do mundo, atravessando as amplas barreiras oceânicas.

Esses desenvolvimentos significam que as restrições geopolíticas históricas são muito mais débeis hoje em dia. Isso significa que a geografia se tornou irrelevante? É claro que não! A política externa da Finlândia ainda é ditada por sua longa fronteira terrestre com a Rússia. A política externa da Alemanha ainda é ditada por seus nove vizinhos terrestres e pelas oito outras nações que a encaram do outro lado dos mares Báltico e do Norte. Os desertos e as altas montanhas do Chile asseguraram que ele não fosse invadido nos dois séculos desde sua independência; é improvável que seja invadido no futuro próximo. Os Estados Unidos poderiam ser atingidos por mísseis, mas permanecem proibitivamente difíceis de invadir e conquistar, e a Austrália é quase tão difícil de invadir quanto os Estados Unidos. Em resumo, o lema da Finlândia, "Nossa geografia jamais mudará", continua a se aplicar a todos os países.

———

Isso resume o que aprendemos sobre a questão que motivou este livro: a relevância da transposição para as crises nacionais dos doze fatores sugeridos para os resultados das crises individuais. Consideremos agora duas perguntas que não foram meu motivo inicial para este estudo, mas que são as que as pessoas me fazem com mais frequência durante as conversas sobre crises nacionais. Essas duas perguntas se relacionam ao papel das crises como motores da mudança política e ao papel dos líderes.

Os países necessitam de uma crise para motivá-los a agir ou podem se antecipar aos problemas? As crises discutidas neste livro ilustram dois tipos de resposta a essa pergunta frequente.

O Japão Meiji evitou lidar com o perigo crescente representado pelo Ocidente, até que foi forçado a responder à visita de Perry. Mas, da Restauração Meiji, em 1868, em diante, o Japão não exigiu nenhum choque externo para motivá-lo a embarcar em seu rápido programa de mudanças; em vez disso, ele se antecipou ao risco de pressão adicional do Ocidente.

Similarmente, a Finlândia ignorou as preocupações com os soviéticos até que foi forçada a prestar atenção depois do ataque de 1939. Mas, de 1944 em diante, os finlandeses não necessitaram de nenhum novo ataque para galvanizá-los, em vez disso: sua política externa se dedicou a constantemente antecipar e evitar a pressão soviética.

No Chile, as políticas de Allende foram uma resposta à polarização crônica, e não a uma crise súbita, de modo que Allende estava tanto se antecipando a problemas futuros quanto tentando solucionar os problemas correntes. Em contraste, os militares chilenos iniciaram seu golpe em resposta ao que perceberam como crise aguda provocada pela intenção declarada de Allende de transformar o Chile em um Estado marxista.

Na Indonésia, as duas respostas tiveram vez. Os militares que eram simpatizantes comunistas participaram do golpe para se antecipar às possíveis ações de um conselho de generais anticomunista. O restante dos militares aparentemente reagiu à crise causada pelo golpe de 1º de outubro de 1965, mas há razões para suspeitar que se anteciparam ao golpe e já haviam preparado sua resposta.

Na história moderna, a Alemanha do pós-guerra oferece dois dos mais notáveis exemplos de ação antecipada, e não como resposta, às crises. O programa do chanceler Konrad Adenauer para criar a Comunidade Europeia de Carvão e Aço, mais tarde configurando as estruturas econômicas e políticas que levaram ao Mercado Comum Europeu e à União Europeia, foi adotado explicitamente para se antecipar a uma crise e evitar que ocorresse (capítulo 11). Após os horrores da Segunda Guerra Mundial, Adenauer e outros líderes europeus tentaram evitar a Terceira Guerra Mundial integrando a Europa Ocidental, de modo que seus países não quisessem atacar uns aos outros. Similarmente, a *Ostpolitik* de Willy Brandt não foi implementada em resposta a uma crise imediata no Leste Europeu (capítulo 6). Brandt não tinha nenhuma necessidade urgente de reconhecer a Alemanha Oriental ou outros governos comunistas do Leste Europeu, nem de reconhecer a perda dos territórios orientais. Ele fez isso para se antecipar a uma oportunidade em um futuro distante e criar condições estáveis para a reunificação da Alemanha, quando fosse possível — como finalmente se provou ser o caso.

O Japão de hoje está lutando com seus sete principais problemas, sem tomar ações decisivas em relação a nenhum deles. Será que conseguirá solucioná-los através de mudanças lentas, como fez a Austrália do pós--guerra, ou precisará de uma crise súbita para motivá-lo a agir vigorosamente? Similarmente, os Estados Unidos não estão respondendo de modo decisivo a nossos grandes problemas, exceto pela rápida reação ao ataque ao World Trade Center com a invasão do Afeganistão e a reação à suposta presença de armas de destruição em massa no Iraque.

Assim, em quatro dos casos discutidos neste livro, os governos precisaram de crises para levá-los à ação e, em dois casos, não estão agindo decisivamente na ausência de crises que os estimulem. Quando foram atingidos pela crise, porém, o Japão Meiji, a Finlândia, o Chile e a Indonésia criaram programas de mudança que exigiram anos ou décadas, sem precisar de crises adicionais para mantê-los motivados. Mas nossas nações também fornecem exemplos de ações preventivas para impedir que crises se materializassem (Indonésia e Alemanha) ou piorassem (Chile). É claro que todos os governos agem constantemente visando ao futuro, para lidar com problemas antecipados ou problemas atuais menos urgentes.

Assim, a resposta à pergunta, "É necessária uma crise para levar uma nação a adotar grandes mudanças seletivas?", é similar à resposta para indivíduos. Como indivíduos, agimos constantemente para lidar com problemas atuais ou antecipados. Ocasionalmente, prevemos um grande problema e tentamos lidar com ele antes que nos atinja. Mas, tanto para nações quanto para indivíduos, há muita inércia e resistência a vencer. Quando algo grande e ruim acontece subitamente, isso nos fornece mais motivação para a ação do que problemas que se desenvolvem lentamente ou a perspectiva de que algo grande e ruim possa acontecer no futuro. Como disse Samuel Johnson: "Pode confiar, senhor, quando um homem sabe que será enforcado em quinze dias, sua mente se concentra de modo admirável."

———

Líderes fazem a diferença? A outra pergunta que as pessoas fazem frequentemente quando conversamos sobre crises nacionais se relaciona ao longo debate histórico sobre se os líderes nacionais têm efeito significativo sobre a história ou se ela teria se desdobrado da mesma maneira independentemente do líder do país em um momento particular. Em um extremo, está a visão do "Grande Homem" do historiador britânico Thomas Carlyle (1795-1881), que afirma que a história é dominada pelos feitos dos grandes homens, como Oliver Cromwell e Frederico, o Grande. Visões similares ainda são comuns entre os historiadores militares, que tendem a enfatizar as decisões de generais e líderes políticos de tempos de guerra. No oposto extremo está o autor Leon Tolstoi, que afirmou que líderes e generais têm influência mínima sobre o curso da história. Para comprovar seu ponto de vista, Tolstói incluiu em seu romance *Guerra e paz* relatos fictícios nos quais os generais davam ordens, mas elas eram irrelevantes para o que realmente acontecia no campo de batalha.

Essa visão, de que o curso da história depende de vários detalhes, e não das políticas ou decisões dos grandes homens, agora é comum entre os historiadores. Eles frequentemente argumentam que um líder só é influente porque defende políticas que refletem as visões de seus compatriotas; que políticos não muito impressionantes podem parecer excepcionais por causa das oportunidades da época, e não de suas qualidades pessoais (os exemplos sugeridos com mais frequência são os dos presidentes americanos James Polk e Harry Truman); e que líderes só podem escolher entre um número limitado de opções determinadas por fatores históricos. Uma visão intermediária entre a do Grande Homem e a dos líderes-não-importam é exemplificada pelo sociólogo alemão Max Weber (1846-1920), que defendeu que certos tipos de líder, os carismáticos, podem influenciar a história em certas circunstâncias.

Esse debate permanece sem solução. Cada historiador tende a defender alguma visão generalizada e apriorística — baseada em princípios, e não em algum método válido de avaliação das evidências empíricas — e aplicá--la aos casos individuais estudados. Todas as biografias de Hitler têm de narrar os mesmos eventos-chave de sua vida. Mas os proponentes da visão do Grande Homem relatam esses eventos e afirmam que ele foi um líder incomumente efetivo e cruel que fez com que os eventos na Alemanha fossem diferentes do que teriam sido sob outro líder. Os oponentes da visão do Grande Homem relatam esses mesmos eventos retratando Hitler como a voz que refletiu características disseminadas da sociedade alemã na época. O debate é impossível de solucionar com narrativas e casos individuais.

Uma abordagem promissora vem de análises recentes que combinam três características: uma grande amostra de muitos eventos históricos ou todos os eventos históricos de um tipo definido; o uso de "experimentos naturais de história", ou seja, a comparação entre trajetórias históricas similares nas quais certa perturbação ocorreu ou não (darei dois exemplos nos parágrafos seguintes); e a mensuração quantitativa dos resultados. Dois artigos marcantes dessa natureza foram publicados por Benjamin Jones, da Universidade Northwestern, e Benjamin Olken, do Instituto de Tecnologia de Massachusetts.

No primeiro artigo, Jones e Olken perguntam: o que acontece com a taxa de crescimento econômico quando um líder morre de causas naturais durante o mandato, quando comparado ao que acontece em momentos aleatoriamente selecionados nos quais o líder não morreu de causas naturais durante o mandato? Essa comparação oferece um experimento natural para testar o efeito da mudança de liderança. Se a visão do Grande Homem estiver correta, a morte do líder deve apresentar mais probabilidade de alterar a taxa de crescimento da economia — para cima ou para baixo, dependendo de suas políticas terem sido ruins ou boas, respectivamente — do que em momentos aleatórios no qual nenhum líder morreu. Para seu banco de dados, Jones e Olken selecionaram todas as vezes que um líder nacional morreu de causas naturais enquanto estava no cargo entre 1945 e 2000. Eles conseguiram reunir 57 casos; na maioria, mortes devidas a ataques cardíacos ou câncer, além de alguns acidentes de avião, um afogamento, uma queda de cavalo, um incêndio e uma perna quebrada. Esses eventos realmente constituem uma perturbação aleatória: as políticas econômicas de um líder não afetam a probabilidade de que ele se afogue. Descobriu-se que é muito mais provável que as taxas de crescimento econômico mudem após a morte natural de um líder do que após momentos aleatórios nos quais nenhum líder morreu. Isso sugere que, na média de muitos casos, a liderança tende a afetar o crescimento econômico.

Em seu segundo artigo, Jones e Olken perguntam: o que acontece quando um líder é assassinado, em vez de morrer de causas naturais? É claro que assassinatos não são eventos aleatórios; há mais probabilidade de haver tentativas em certas condições (quando os cidadãos estão insatisfeitos com o baixo crescimento econômico, por exemplo) do que em outras. Assim, Jones e Olken compararam as tentativas *bem-sucedidas* de assassinato com as tentativas *malsucedidas*, quando a bala não atingiu o alvo. Essa realmente é uma diferença aleatória: as condições da política nacional podem ter influenciado a frequência das tentativas de assassinato, mas não a mira dos assassinos. O banco de dados consistiu em todas as 298 tentativas de assassinato de líderes nacionais de 1875 a 2005: 59 delas bem-sucedidas e 239 malsucedidas. Descobriu-se que as tentativas bem-sucedidas tinham mais tendência do que as malsucedidas de serem seguidas por uma mudança nas instituições políticas nacionais.

Em ambos os estudos, o efeito da morte de um líder autocrático foi mais forte do que o da morte de um líder democrático, e mais forte no caso de autocratas sem restrições a seu poder do que no caso de autocratas restritos por legislaturas ou partidos políticos. Assim, é como esperávamos: líderes fortes com poder ilimitado podem produzir mais efeitos (bons ou ruins) do que líderes com poderes limitados. Esses estudos concordam na conclusão geral: os líderes *às vezes* fazem a diferença. Mas depende do tipo de líder e do tipo de efeito examinado.

———

Vamos agora ligar esses experimentos naturais aos papéis dos líderes nos sete países que discutimos neste livro. Meu objetivo é ver se nossos líderes se enquadram nos padrões reconhecidos por Jones e Olken e quais questões adicionais eles suscitam para teste. As histórias de nossos sete países sugeriram a muitos historiadores as seguintes avaliações de suas lideranças:

No Japão Meiji, nenhum líder era dominante; vários líderes partilhavam políticas similares.

Na Finlândia, líderes políticos e cidadãos foram praticamente unânimes na crença de que a Finlândia deveria fazer todo o possível para resistir ao ataque soviético. (Mas às vezes se sugere que as habilidades do marechal de campo Mannerheim como comandante militar e a capacidade dos presidentes Paasikivi e Kekkonen de ganharem a confiança dos líderes soviéticos após a guerra afetaram positivamente o destino da Finlândia.)

REVIRAVOLTA

No Chile, Pinochet foi considerado (mesmo por seus colegas generais) decisivo e incomum em sua crueldade, sua tenacidade ao se agarrar ao poder e sua escolha de políticas econômicas.

Na Indonésia, Sukarno e Suharto são considerados líderes decisivos, mas os presidentes subsequentes, não.

Na Alemanha do pós-guerra, frequentemente se sugere que Willy Brandt desempenhou papel crucial na reversão da política externa do governo anterior, reconhecendo os governos comunistas do Leste Europeu e as fronteiras alemãs e, assim, possibilitando a subsequente reunificação da Alemanha. Na história alemã inicial, Bismarck, o imperador Guilherme II e Hitler são regularmente citados como exemplos de líderes únicos que fizeram diferença, para melhor ou para pior.

Na Austrália, não houve um líder único e claramente dominante. O exemplo mais próximo é o primeiro-ministro Gough Whitlam e seu programa intensivo de mudanças, mas o próprio Whitlam afirmou que suas reformas eram "um reconhecimento do que já aconteceu".

Nos Estados Unidos, o presidente Franklin Roosevelt recebe o crédito por gradualmente ter preparado o país para a Segunda Guerra Mundial, contra a vontade dos isolacionistas (que inicialmente eram maioria), e por seus esforços para tirá-lo da Grande Depressão. Na história americana do século XIX, considera-se que o presidente Lincoln teve um papel único durante a guerra civil.

Em resumo, nossos sete países oferecem exemplos de nove líderes (seis autocráticos, três democráticos) frequentemente citados como tendo feito a diferença. Além disso, em outros países, que não os sete discutidos neste livro, os líderes mais citados como tendo feito a diferença em tempos modernos incluem Winston Churchill no Reino Unido, Lenin e Stalin na União Soviética, Mao na China, de Gaulle na França, Cavour na Itália e Gandhi na Índia. Com isso, temos uma curta lista de dezesseis líderes comumente vistos como tendo feito diferença. Dos dezesseis, onze fizeram

449

parte de regimes autocráticos, e cinco, de democracias. À primeira vista, esse resultado parece confirmar a conclusão de Jones e Olken sobre o efeito mais intenso de líderes em autocracias. Mas não tabulei os números relativos de todos os líderes autocráticos e democráticos em todo o mundo durante esse período, de modo que não posso dizer qual tipo de líder está desproporcionalmente representado, ou se algum está.

Nossa pequena base de dados sugere duas hipóteses que merecem ser testadas por métodos similares aos empregados por Jones e Olken, com a compilação de uma grande base de dados constituindo um experimento natural e a mensuração quantitativa dos resultados.

Uma hipótese deriva da observação de que, dos quatro líderes democráticos mais citados como tendo sido particularmente influentes (Roosevelt, Lincoln, Churchill e de Gaulle), ao menos três foram mais influentes em tempos de guerra. Quase toda a Presidência de Lincoln ocorreu durante a Guerra Civil Americana. Churchill, Roosevelt e de Gaulle serviram tanto na guerra quanto na paz, mas dois deles, ou todos os três, são vistos como tendo exercido a influência mais decisiva durante a guerra (Churchill, como primeiro-ministro entre 1940 e 1945, mas não como primeiro-ministro de tempos de paz entre 1951 e 1955; de Gaulle, como general durante a guerra e então como presidente durante o levante argelino de 1959-1962; e Roosevelt, após o início da Segunda Guerra Mundial na Europa em 1939, mas também durante a Depressão). Esses resultados se adaptam à observação de Jones e Olken de que líderes possuem influência mais decisiva quando há menos restrições a seu poder: os líderes democráticos exercem poderes mais concentrados em tempos de guerra.

A outra hipótese que nosso resultado apresenta para teste é que os líderes fazem mais diferença em circunstâncias nas quais enfrentam forte oposição (em democracias ou autocracias) de pessoas que esposam uma política muito diferente e, mesmo assim, fazem com que suas visões prevaleçam, usualmente através de cautelosos esforços passo a passo. Os exemplos são o primeiro-ministro de Piemonte, Cavour, e o chanceler da Prússia, Bismarck, que conseguiram a unificação da Itália e da Alemanha, respectivamente, a despeito da forte oposição de potências estrangeiras, de outros italianos ou alemães e mesmo de seus próprios reis; Churchill, que convenceu um gabinete de guerra britânico inicialmente dividido a rejeitar a proposta de Lord Halifax de buscar uma paz negociada com Hitler e então persuadiu os americanos a transformarem em prioridade a guerra contra a Alemanha, e não contra o Japão (a prioridade óbvia dos Estados Unidos após o ataque japonês a Pearl Harbor); Roosevelt, que lentamente preparou os Estados Unidos para a Segunda Guerra Mundial, enfrentando a oposição dos isolacionistas americanos; de Gaulle, que convenceu franceses e argelinos a chegarem a um acordo negociado durante a luta argelina pela independência; Suharto, que empurrou para a berlinda o amado presidente e fundador da Indonésia, o presidente Sukarno; e Willy Brandt, que persuadiu os alemães ocidentais a engolirem a amarga pílula de renunciar a amplos territórios, apesar da feroz oposição do Partido CDU, que governara a Alemanha Ocidental ininterruptamente durante duas décadas.

———

Este livro foi um passo inicial em um programa de estudos comparativos sobre crises nacionais; a exploração de uma pequena amostra de nações, investigadas pelo método narrativo. Como esse estudo pode ser estendido a fim de aprofundar nosso entendimento? Tenho duas sugestões: uma amostra maior e mais aleatória e uma análise mais rigorosa, que transforme resultados e previsores hipotéticos de conceitos verbais em variáveis operacionalizadas.

Primeiro, a amostra. Minha amostra é não somente pequena, como também não aleatória. Selecionei esses países não porque oferecem um subconjunto aleatório das 216 nações do mundo, mas porque são os que conheço melhor. Como resultado, eles consistiram em duas nações europeias, duas nações asiáticas, uma nação norte-americana, uma nação sul-americana e a Austrália. Cinco dos sete são ricos. Todos os sete são democracias, embora dois tenham sido ditaduras durante o período que discuto. Todos, com exceção da Indonésia, têm longas histórias de independência ou (no caso finlandês) autonomia e fortes instituições. Somente um emergiu recentemente do colonialismo para a independência. Não há nenhuma nação africana, nenhuma ditadura atual e nenhuma nação muito pobre. Todos os seis em relação aos quais discuti crises passadas sobreviveram a elas com algum grau de sucesso. Nenhum ilustra o fracasso inequívoco de responder a uma crise através das mudanças seletivas apropriadas. Obviamente, trata-se de uma amostra não aleatória. Assim, permanece o desafio futuro de ver quais conclusões uma amostra mais ampla de nações revelará.

Segundo, o mais importante desafio metodológico para o futuro é estender as análises narrativas, verbais e qualitativas de meu livro através de uma análise quantitativa mais rigorosa. Como mencionei na introdução, uma tendência recente em algumas ciências sociais, especialmente na economia, na história econômica e em algumas áreas da psicologia, tem sido a de substituir as narrativas baseadas em um único estudo de caso por abordagens combinando dados quantitativos, gráficos, grandes amostras, testes estatísticos de significância, experimentos naturais e medidas operacionalizadas. Com "medidas operacionalizadas" quero dizer a tradução de um conceito verbal em algo que pode ser medido por uma série de operações em supostos correlatos ou expressões desse conceito.

Os dois artigos de Jones e Olken discutidos neste capítulo são exemplos dessa abordagem. Eles substituíram o estudo de caso sobre o que algum líder fez ou não fez por uma análise simultânea de 57 ou 298 líderes. Tiraram vantagem dos experimentos naturais a fim de comparar resultados associados à presença ou à ausência de um líder particular, examinando países antes e depois de o líder morrer de formas naturais ou países onde uma tentativa de assassinato teve ou não sucesso. Finalmente, expressaram operacionalmente as variáveis putativas de resultado, através de quantidades numericamente mensuráveis (uma escala de instituições governamentais indo das autocracias, com restrições mínimas ao líder, às democracias, com restrições máximas ao líder).

A fim de aplicar essa abordagem a meu estudo das crises nacionais, precisaríamos de medidas operacionalizadas para os resultados e para os fatores que descrevi, incluindo "reconhecimento", "aceitação da responsabilidade", "identidade nacional", "ausência de restrições", "paciência ao lidar com o fracasso", "flexibilidade", "autoavaliação honesta", "mudança ou ausência de mudança" e "sucesso ou fracasso em solucionar uma crise nacional". Possíveis pontos de partida para desenvolver tais medidas operacionalizadas incluem as informações dos bancos de dados de ciências sociais, como o World Values Survey, liderado por Ronald Inglehart, o Economic Values Survey, o European Social Survey, o Economic and Social Survey of Asia and the Pacific, e livros de Geert Hofstede, Michael Minkov e outros. Tentei usar essas bases de dados para criar medidas operacionalizadas para algumas de minhas variáveis, antes de concluir, relutantemente, que isso exigiria um grande projeto, muito além do escopo da pesquisa narrativa deste livro, que já me tomou seis anos mesmo sem criar medidas operacionalizadas. Tais abordagens quantitativas precisam ser desenvolvidas não somente para as crises nacionais, que são o foco deste livro, mas também para as crises individuais que discuti no capítulo 1. Embora os psicólogos tenham operacionalizado e testado algumas das variáveis postuladas naquele capítulo como afetando os resultados das crises individuais, muito mais precisa ser feito. Assim, as mesmas limitações do estilo narrativo que se aplicam a meu estudo das crises nacionais e à maioria dos estudos históricos de liderança também se aplicam à maioria dos estudos sobre crises individuais.

453

———

O que podemos aprender com a história? Essa é uma pergunta geral, da qual uma subpergunta específica é: o que podemos aprender com as respostas à crise das sete nações discutidas neste livro? A resposta niilista é: nada! O curso da história, dizem muitos historiadores, é complicado demais, sendo o resultado de variáveis independentes e incontroláveis e de mudanças imprevisíveis, para nos permitir aprender algo com o passado. Em junho de 1944, quem poderia ter previsto corretamente o mapa pós-guerra do Leste Europeu? Ele teria sido muito diferente se o candidato a assassino Claus von Stauffenberg tivesse conseguido levar sua maleta, contendo uma bomba-relógio de 50 centímetros, para mais perto de Hitler em 20 de julho de 1944 e se, como resultado, Hitler tivesse sido assassinado, em vez de apenas ferido, naquela data, quando os exércitos soviéticos ainda estavam além das fronteiras alemãs, em vez de ter se suicidado em 30 de abril de 1945, quando os exércitos soviéticos já haviam conquistado Berlim, todo o Leste Europeu e a Alemanha Oriental.

Sim, é claro que grande parte da história é imprevisível. Mesmo assim, há dois tipos de lições a serem aprendidas. Mas primeiro, como pano de fundo, consideremos as lições correspondentes a serem retiradas da compreensão de indivíduos, porque (novamente) há paralelos entre as histórias das nações e as vidas desses indivíduos.

O que podemos aprender, se é que podemos aprender algo, com histórias de vida e biografias? As pessoas, assim como as nações, não são tão complicadas, tão diferentes umas das outras e tão sujeitas a eventos imprevisíveis que é difícil prever o comportamento de uma pessoa, quem dirá extrapolar o comportamento de uma para o comportamento de outra? É claro que não! A despeito das dificuldades, a maioria de nós ainda acha útil devotar grande parte de nossas vidas à tentativa de antecipar o provável comportamento futuro dos indivíduos que nos são próximos, com base em nosso entendimento de suas histórias de vida. Além disso, o treinamento permite que os psicólogos — assim como as "habilidades interpessoais" permitem que muitos de nós, leigos — generalizem nossa experiência com pessoas que já conhecemos a fim de antecipar o comportamento de pessoas que ainda não conhecemos. É por isso que é instrutivo ler biografias mesmo de pessoas que jamais encontraremos e, desse modo, ampliar nossa base de dados para compreender o comportamento humano.

Escrevo estas linhas após ter me reunido com duas amigas, uma delas otimista e psicologicamente ingênua, em seus 20 e poucos anos; e a outra, uma mulher perceptiva de cerca de 70. A mais jovem estava devastada pelo término recente de seu relacionamento com um homem fascinante que parecera atencioso, mas, subitamente e após vários anos, a abandonara de modo cruel e sem aviso. Mas, conforme ela contava sua história, mesmo antes de chegar ao devastador final, a mais velha (sem ter conhecido o homem) reconheceu os sinais de alerta de que ele era charmoso, mas um narcisista destrutivo, a respeito dos quais ela entendia bastante. Isso ilustra por que conhecer uma ampla variedade de pessoas e refletir sobre elas é útil. Esses são temas amplos do comportamento humano, mesmo que todo mundo seja diferente nos detalhes.

Quais são os tipos correspondentes de lição que podem ser retirados da atenção à história? Um tipo consiste nas lições específicas sobre o provável comportamento futuro de um país, com base no entendimento de sua história. A Finlândia é um pequeno país democrático que trabalha duro para manter boas relações com sua autocrática vizinha Rússia, mantém um exército bem treinado e não conta com outros países para protegê-la. As razões para essas políticas se tornaram claras na história finlandesa recente. Qualquer um que ignore a história finlandesa provavelmente não compreenderá por que a Finlândia adota e continuará a adotar essas políticas — ou seja, qualquer um como eu, que visitei a Finlândia pela primeira vez em 1959 e, ignorando sua história, perguntei a meu anfitrião por que ela não enfrentava a pressão soviética se sabia que os Estados Unidos a protegeriam.

Outro tipo de lição a ser aprendida com a história consiste em temas gerais. Novamente, tome a Finlândia e a Rússia como exemplos. Juntamente com as características específicas desses dois países, seu relacionamento exemplifica um tema geral: o perigo que paira sobre países pequenos próximos de países grandes e agressivos. Não há solução universal para esse perigo. Ele é o assunto de uma das primeiras e ainda mais citadas e absorventes passagens da história: as páginas do Livro 5 da história da Guerra do Peloponeso, escrita pelo historiador ateniense Tucídides no século V a.C. Tucídides descreve como os cidadãos da pequena ilha grega de Melos responderam à pressão do poderoso Império Ateniense. Em uma passagem conhecida como Diálogo Meliano, Tucídides reconstruiu as angustiantes negociações entre os melianos e os atenienses: os melianos barganhando por sua liberdade e suas vidas, tentando convencer os atenienses a não usarem força, e os atenienses avisando aos melianos para serem realistas. Tucídides relata brevemente o resultado: os melianos recusaram as demandas atenienses, assim como os finlandeses, 2 mil anos depois, inicialmente recusaram as demandas soviéticas; os atenienses sitiaram Melos, os melianos resistiram com sucesso durante algum tempo, mas finalmente se renderam. Os atenienses então mataram todos os homens melianos e escravizaram as mulheres e crianças.

Os finlandeses, é claro, não terminaram massacrados e escravizados pelos russos, ilustrando que o resultado do dilema meliano e a melhor estratégia variam imensamente de caso para caso. Mesmo assim, há uma lição universal: países pequenos ameaçados por países grandes devem permanecer alertas, considerar opções e avaliá-las realisticamente. Embora essa lição possa parecer tão constrangedoramente óbvia que não merece menção, infelizmente ela é ignorada com frequência. Ela foi ignorada pelos melianos; foi ignorada pelos paraguaios, que iniciaram uma guerra desastrosa contra as forças combinadas do Brasil, muito maior, da Argentina e do Uruguai entre 1865 e 1870, resultando na morte de 60% da população paraguaia; foi ignorada pela Finlândia em 1939; foi ignorada pelo Japão em 1941, quando ele atacou simultaneamente os Estados Unidos, a Grã--Bretanha, a Holanda, a Austrália e a China enquanto a Rússia era hostil; e foi ignorada pela Ucrânia em seu recente e desastroso confronto com a Rússia.

Se consegui persuadi-lo a não ignorar a possibilidade de aprendermos algo útil com a história, o que podemos aprender especificamente com a história das crises nacionais discutidas neste livro? Muitos temas gerais emergiram. Um conjunto de temas consiste nos comportamentos que ajudaram nossas sete nações a lidar com as crises. Esses comportamentos incluem: reconhecer quando a nação está em crise; aceitar a responsabilidade pela mudança, em vez de apenas culpar outras nações e recair na vitimização; construir uma cerca para identificar as características nacionais que precisam ser mudadas, a fim de não ser tomado pela sensação de que nada no país está funcionando adequadamente; identificar outros países aos quais pedir ajuda; identificar modelos de outros países que solucionaram problemas similares aos enfrentados pelo país; ser paciente e reconhecer que a primeira solução pode não funcionar e que várias tentativas sucessivas podem ser necessárias; refletir sobre quais valores essenciais continuam a ser apropriados e quais já não o são; e praticar a autoavaliação honesta.

Outro tema se relaciona à identidade nacional. Países jovens precisam construí-la, como Indonésia, Botsuana e Ruanda vêm fazendo. Para países mais antigos, as identidades nacionais podem precisar de revisão, assim como os valores essenciais; a Austrália ilustra tal revisão em tempos recentes.

Outro tema são os fatores incontroláveis que influenciam o resultado da crise. Uma nação está presa a sua experiência real com a solução de crises anteriores e a suas restrições geopolíticas. Mais experiência não pode ser construída subitamente e restrições não podem desaparecer de uma hora para outra. Mas uma nação ainda pode levá-las realisticamente em conta, como fez a Alemanha sob Bismarck e Willy Brandt.

Os pessimistas podem responder a essas sugestões protestando: "Quão absurdamente óbvio! Não precisamos que o livro de Jared Diamond nos diga para praticarmos autoavaliação honesta, olharmos para outros países em busca de modelos, evitarmos recair na vitimização e assim por diante!" Mas, sim, precisamos de um livro, porque é inegável que esses requisitos "óbvios" foram e ainda são frequentemente ignorados. As pessoas que pagaram com suas vidas por ignorar requisitos "óbvios" no passado incluem todos os homens melianos, centenas de milhares de paraguaios e milhões de japoneses. As pessoas que ignoram esses requisitos "óbvios" e têm o próprio bem-estar ameaçado hoje em dia incluem minhas centenas de milhões de compatriotas americanos.

Um pessimista também poderia responder: "Sim, infelizmente, ignoramos com frequência o óbvio, mas um livro não pode mudar essa cegueira. O Diálogo Meliano de Tucídides está disponível há mais de 2 mil anos e, mesmo assim, as nações cometem os mesmos erros. Qual a vantagem de ter mais um livro sobre o assunto?" Bem, há razões encorajadoras para os autores continuarem tentando. Mais indivíduos são leitores cultos hoje do que em qualquer outro momento da história mundial. Sabemos muito mais sobre a história mundial e podemos argumentar de maneira muito mais documentada do que Tucídides. Mais países são democracias, o que significa que mais cidadãos podem realizar contribuições políticas do que em qualquer momento do passado. Embora os líderes ignorantes sejam abundantes, alguns leem muito, e agora é mais fácil para eles aprenderem com a história do que no passado. Fiquei agradavelmente surpreso ao encontrar chefes de Estado e muitos outros políticos que me disseram ter sido influenciados por meus livros anteriores. O mundo agora enfrenta problemas globais, mas, no século passado, especialmente em décadas recentes, desenvolveu instituições para tratar desses problemas.

Essas são algumas de minhas razões para não ouvir os pessimistas e desistir da esperança, mas continuar a escrever sobre história, a fim de que tenhamos a opção de aprender com ela se desejarmos. Em particular, crises frequentemente desafiaram nações no passado, e continuam a desafiá-las hoje. Mas nossas nações e nosso mundo moderno não precisam tatear no escuro enquanto tentam reagir. A familiaridade com as mudanças que funcionaram ou não no passado pode nos servir como um guia.

Agradecimentos

Reconheço, com prazer e gratidão, os muitos amigos e colegas cujas contribuições tornaram este livro possível. Eles deveriam receber medalhas de heroísmo por seus devotados esforços.

Devo a ideia do livro à minha esposa Marie Cohen.

Minha editora Tracy Behar e meu agente John Brockman modelaram e conduziram o texto da concepção à finalização. Eileen Chetti o refinou como copidesque, e Betsy Uhrig como editora de produção.

Lynda e Stewart Resnick, Peter Kaufman, Sue e Keith Tibbles, Frank Caufield, Skip e Heather Brittenham e a Conservation International tornaram este projeto de seis anos possível, graças a seu apoio.

Meus assistentes de pesquisa, Michelle Fisher, Yuki Shimura e Boratha Yeang rastrearam informações e referências. Michelle digitou e redigitou o manuscrito, vezes sem conta. Yuki partilhou seu entendimento do Japão. Ruth Mandel localizou todas as fotografias. Minha prima Evelyn Hirata encontrou a ilustração da capa. Matt Zebrowski preparou todos os mapas.

Várias centenas de estudantes universitários da UCLA que assistiram às minhas aulas nos seis últimos anos e meus professores-assistentes Katja Antoine, Katie Hale e Ali Hamdan me ajudaram a explicar e entender as crises.

Oito amigos heroicamente leram todo ou quase todo meu esboço inicial e me ajudaram a melhorar suas ideias e sua apresentação. Eles são Marie Cohen, Paul Ehrlich, Alan Grinnell, Rebecca Kantar, Kai Michel, Ian Morris, Michael Shermer e Sue Tibbles.

Dezenas de outros amigos e colegas comentaram esboços de capítulos individuais, partilharam comigo sua experiência, enviaram-me artigos ou referências ou fizeram várias ou todas essas coisas. Eles incluem: Eldon Ball, Barbara Barrett, Scott Barrett, Nicolas Berggruen, K. David Bishop, Heidi Borhau, Daniel Botsman, David Brown, Frank Caufield, Kamala Chandrakirana, Alejandra Cox, Sebastian Edwards, Ernst Peter Fischer, Kevin Fogg, Mikael Fortelius, Zephyr Frank, Howard Friedman, Eberhard Frömter, Nathan Gardels, Al Gore, James Green, Verity Grinnell, Karl-Theodor zu Guttenberg, Jeffrey Hadler, Yasu Hibi, Stefan-Ludwig Hoffmann, Antero Holmila, David Howell, Dian Irawati, Ivan Jaksic, Martin Jay, Benjamin Jones, Peter Kaufman, Joseph Kellner, Hiroshi Kito, Jennifer Klein, Matti Klinge, Sho Konishi, Markku Kuisma, Robert Lemelson, Hartmut Leppin, Tom Lovejoy, Harriet Mercer, Robin Miller, Norman Naimark, Monika Nalepa, Olivia Narins, Peter Narins, Tom Narins, Nathan Nunn, Benjamin Olken, Kaija Pehu-Lehtonen, William Perry, Louis Putterman, Johanna Rainio-Niemi, Geoffrey Robinson, Frances McCall Rosenbluth, Charly Salonius-Pasternak, Ken Scheve, Yuki Shimura, Chantal Signorio, Nina Sillem, Kerry Smith, Laurence Smith, Susan Stokes, Greg Stone, Mark Suster, Mak Takano, Jurist Tan, Spencer Thompson, Sirpa Tuomainen, Julio Vergara, Gary Waissi, D. A. Wallach, Stuart Ward, Tim Wirth e Yoshinori Yasuda.

A todas essas pessoas, expresso meus sinceros agradecimentos.

Leituras adicionais

Capítulo 1: Crises pessoais

As referências deste capítulo consistem em livros recentes, para ilustrar o status atual do campo da terapia de crises; e livros, capítulos e artigos mais antigos, para ilustrar o desenvolvimento do campo.

———

AGUILERA, Donna C. e MESSICK, Janice M. *Crisis Intervention: Theory and Methodology*. 3. ed. St. Louis: Mosby, 1978.

CALSYN, Robert, PRIBYL, Joseph e SUNUKJIAN, Helen. "Correlates of successful outcome in crisis intervention therapy." *American Journal of Community Psychology*, n. 5, pp. 111-119, 1977.

CAPLAN, Gerald. *Principles of Preventive Psychiatry*. Nova York: Basic Books, 1964.

———. "Recent developments in crisis intervention and the promotion of support service." *Journal of Primary Prevention*, n. 10, pp. 3-25, 1985.

DASS-BRAILSFORD, Priscilla. *A Practical Approach to Trauma*. Los Angeles: Sage, 2007.

GREENSTONE, James L. e LEVITON, Sharon C. *Elements of Crisis Intervention: Crises and How to Respond to Them*. 3. ed. Belmont: Brooks-Cole, 2011.

HOLAHAN, Charles e MOOS, Rudolf. "Life stressors, resistance factors, and improved psychological functions: An extension of the stress resistance paradigm." *Journal of Personality and Sociopsychology*, n. 58, pp. 909-917, 1990.

JACOBSON, Gerald. "Programs and techniques of crisis intervention". CAPLAN, G. (org.). *Child and Adolescent Psychiatry, Socioculture and Community Psychiatry.* Nova York: Basic Books, 1974. pp. 810-825.

_____. "Crisis-oriented therapy". *Psychiatric Clinics of North America* 2, n. 1, pp. 39-54, 1979.

_____, STRICKLER, Martin e MORLEY, Wilbur. "Generic and individual approaches to crisis intervention". *American Journal of Public Health*, n. 58, pp. 338-343, 1968.

JAMES, Richard e GILLILAND, Burt. *Crisis Intervention Strategies.* 8. ed. Boston: Cengage, 2016.

LINDEMANN, Erich. *Beyond Grief: Studies in Crisis Intervention.* Nova York: Jason Aronson, 1979.

MYER, Rick A. *Assessment for Crisis Intervention: A Triage Assessment Model.* Belmont: Brooks Cole, 2001.

PARAD, Howard J. (org.) *Crisis Intervention: Selective Readings.* Nova York: Family Service Association of America, 1965.

Yeager, Kenneth e Roberts, Albert (orgs.), *Crisis Intervention Handbook: Assessment, Treatment, and Research.* 4. ed. Nova York: Oxford University Press, 2015.

Artigos do jornal *Crisis*: "The Journal of Crisis Intervention and Suicide Prevention". v. 1-38, 1980-2017.

Capítulo 2: Guerra da Finlândia contra a União Soviética

É prática comum, em livros acadêmicos, devotar dezenas de páginas às notas. Essas notas encaminham os leitores a artigos especializados e fontes em bibliotecas de pesquisa e fornecem a base para as declarações detalhadas do corpo do texto. Essa prática pareceu apropriada em meus livros anteriores (*The Third Chimpanzee* [O terceiro chimpanzé]; *Armas, germes e aço; Why Is Sex Fun?* [Por que sexo é divertido?]; *Colapso*; e *Natural Experiments of History* [Experimentos naturais de história]), que fizeram uso de artigos sobre assuntos tão altamente técnicos que a maioria dos leitores teria dificuldades para descobrir fontes — assuntos como a distribuição de cereais selvagens de grãos grandes durante o período neolítico ou a frequência de ossos de peixes nos depósitos de lixo da Groenlândia viking durante a era medieval. Mas a resultante proliferação de referências aumentou consideravelmente a extensão, o peso e o custo de meus livros. Um amigo se queixou: "Jared, gostei de seu livro, mas meu pescoço e meus braços ficaram doendo ao segurá-lo sobre a cabeça enquanto lia na cama à noite. Espero que seu próximo livro seja mais leve."

Meu livro mais recente (*O mundo até ontem: O que podemos aprender com as sociedades tradicionais?*) economizou em extensão, peso e custo ao relegar as notas e referências a um website, em vez de imprimi-las ao fim do volume. Desse modo, descobri quantos leitores realmente consultam as notas e referências: somente um ou dois por ano em todo o mundo.

Assim, este livro tenta algo diferente: fornecer referências que os leitores realmente achem úteis e acessíveis. A maioria das referências consiste em livros disponíveis em grandes livrarias, e não em artigos de jornais acadêmicos. Os leitores que quiserem saber mais sobre um país que discuti verão que muitos desses livros são interessantes e de fácil compreensão. Para guiar-me na decisão de que tipo de referência fornecer no próximo livro, ficarei muito grato aos leitores dispostos a me escrever falando sobre suas preferências.

—

HENTILÄ, Seppo, KUISMA, Markku, HAAPALA, Pertti e MANNINEN, Ohto. "Finlandization for better and for worse". *Historical Journal/Historiallinen Aikakauskirja*, n. 2, pp. 129-160, 1998.

JAKOBSON, Max. *Finland Survived: An Account of the Finnish-Soviet Winter War 1939-1940*. 2. ed. Helsinque: Otava, 1984.

JUTIKKALA, Eino e PIRINEN, Kauko. *A History of Finland*. 6. ed. Helsinque: WS Bookwell Oy, 2003.

JUTILA, Sakari. *Finlandization for Finland and the World*. Bloomington: European Research Association, 1983.

KEKKONEN, Urho. *A President's View*. Londres: Heinemann, 1982.

KINNUNEN, Tiina e KIVIIMAKI, Ville (orgs.). *Finland in World War 2: History, Memory, Interpretations*. Leiden: Brill, 2012.

KLINGE, Matti. *A Brief History of Finlandi*. 3. ed. Helsinque: Otava, 2000.

LAQUEUR, Walter. *The Political Psychology of Appeasement: Finlandization and Other Unpopular Essays*. New Brunswick: Transaction Books, 1980.

MANNINEN, Ohto et al. "Suomi — Finland". *Historical Journal/Historiallinen Aikakauskirja*, n. 2, pp. 129-160, 1997.

MAUDE, George. *The Finnish Dilemma: Neutrality in the Shadow of Power*. Londres: Oxford University Press, 1976.

RAINIO-NIEMI, Johanna. *The Ideological Cold War: The Politics of Neutrality in Austria and Finland*. Nova York: Routledge, 2014.

SALMINEN, Esko. *The Silenced Media: The Propaganda War between Russia and the West in Northern Europe*. Nova York: St. Martin's Press, 1999.

TROTTER, William. *A Frozen Hell: The Russo-Finnish Winter War of 1939-40*. Chapel Hill: Algonquin Books, 1991.

ZALOGA, Steven. *Gustaf Mannerheim*. Oxford: Osprey, 2015.

———

https://www.sotasampo.fi/en/cemeteries/list   Essa base de dados de todos os cemitérios de Guerra da Finlândia fornece não somente o número de enterrados e desaparecidos como também os nomes e as datas de nascimento de cada pessoa enterrada.

www.sotasampo.fi   Essa base de dados contém uma quantidade maciça de informações sobre a Finlândia e os finlandeses durante a Segunda Guerra Mundial.

Capítulo 3: As origens do Japão moderno

AUSLIN, Michael. *Negotiating with Imperialism: The Unequal Treaties and the Culture of Japanese Diplomacy*. Cambridge: Harvard University Press, 2004.

BEASLEY, W.G.. *The Japanese Experience: A Short History of Japan*. Berkeley: University of California Press, 1999.

BOTSMAN, Daniel. *Punishment and Power in the Making of Modern Japan*. Princeton: Princeton University Press, 2005.

FUJITANI, Takashi. *Splendid Monarchy: Power and Pageantry in Modern Japan*. Berkeley: University of California Press, 1996.

GLUCK, Carol. *Japan's Modern Myths: Ideology in the Late Meiji Period.* Princeton: Princeton University Press, 1985.

HELLYER, Robert. *Defining Engagement: Japan and Global Contexts, 1640-1868.* Cambridge: Harvard University Press, 2009.

JANSEN, Marius. *Sakamoto Ryōma and the Meiji Restoration.* Princeton: Princeton University Press, 1961.

KEENE, Donald. *Emperor of Japan: Meiji and His World, 1852-1912.* Nova York: Columbia University Press, 2002.

KIM, Kyu Hyun. The Age of Visions and Arguments: Parliamentarianism and the National Public Sphere in Early Meiji Japan. Cambridge: Harvard University Press, 2007.

KIRYAKU, Hyoson. *Drifting Toward the Southeast: The Story of Five Japanese Castaways.* New Bedford: Spinner, 2003.

SATOW, Ernest. *A Diplomat in Japan.* Londres: Seeley Service, 1921.

TOBY, Ronald. *State and Diplomacy in Early Modern Japan: Asia in the Development of the Tokugawa Bakufu.* Princeton: Princeton University Press, 1984.

WHITE, James. "State building and modernization: The Meiji Restoration". ALMOND, G. A., FLANAGAN, S.C. e MUNDT, R.J. (orgs.). *Crisis, Choice and Change: Historical Studies of Political Development.* Boston: Little, Brown, 1973. pp. 499-559.

Capítulo 4: Um Chile para todos os chilenos

AZOCAR, Patricio Aylwin. *El Reencuentro de los Democratas: Del Golpe al Triunfo del No.* Santiago: Ediciones Grupo Zeta, 1998.

BOENINGER, Edgardo. *Democracia en Chile: Lecciones para la Gobernabilidad.* Santiago: Editorial Andres Bello, 1997.

CHENOWETH, Erica e STEPHAN, Maria. *Why Civil Resistance Works: The Strategic Logic of Nonviolent Conflict.* Nova York: Columbia University Press, 2011.

COLLIER, Simon e SATER, William. *A History of Chile, 1808-1994.* Cambridge: Cambridge University Press, 1996.

CONSTABLE, Pamela e VALENZUELA, Arturo. *A Nation of Enemies: Chile under Pinochet.* Nova York: Norton, 1991.

EDWARDS, Sebastian. *Left Behind: Latin America and the False Promise of Populism*. Chicago: University of Chicago Press, 2010.

HUNEEUS, Carlos. *El Regimen de Pinochet*. Santiago: Editorial Sudamericana Chilena, 2000.

KRONBLUH, Peter. *The Pinochet File: A Declassified Dossier on Atrocity and Accountability*. Nova York: New Press, 2013.

SKIDMORE, Thomas, SMITH, Peter e GREEN, James. "Chile: Repression and democracy". *Modern Latin America*. 8. ed. Oxford: Oxford University Press, 2014, cap. 10. pp. 268-295.

VALENZUELA, Arturo. "Chile". LINZ, Juan e STEPAN, Alfred (orgs.). *The Breakdown of Democratic Regimes*. Baltimore: Johns Hopkins University Press, 1978. pp. 1-133.

VYLDER, Stefan de. *Allende's Chile: The Political Economy of the Rise and Fall of the Unidad Popular*. Cambridge: Cambridge University Press, 1976.

WILLIAMSON, Edwin. "Chile: Democracy, revolution and dictatorship". *The Penguin History of Latin America*. ed. rev. Londres: Penguin, 2009, cap. 4. pp. 485-510.

CAPÍTULO 5: INDONÉSIA, O SURGIMENTO DE UM NOVO PAÍS

ANDERSON, Benedict. *Java in a Time of Revolution*. Ítaca: Cornell University Press, 1972.

ASPINALL, Edward. *Opposing Suharto: Compromise, Resistance, and Regime Change in Indonesia*. Stanford: Stanford University Press, 2005.

CROUCH, Harold. *The Army and Politics in Indonesia*. ed. rev. Ítaca: Cornell University Press, 1988.

_____, *Political Reform in Indonesia after Soeharto*. Singapura: Institudo de Estudos sobre o Sudeste Asiático, 2010.

ELSON, R.E. *Suharto: A Political Biography*. Cambridge: Cambridge University Press, 2001.

_____, *The Idea of Indonesia: A History*. Cambridge: Cambridge University Press, 2008.

FEITH, Herbert. *The Decline of Constitutional Democracy in Indonesia*. Ítaca: Cornell University Press, 1962.

KAHIN, George. *Nationalism and Revolution in Indonesia*. Ítaca: Cornell University Press, 1970.

_____e KAHIN, Audrey. *Subversion as Foreign Policy: The Secret Eisenhower and Dulles Debacle in Indonesia*. Nova York: New Press, 1995.

LEGGE, J.D. *Sukarno: A Political Biography*. 3. ed. Singapura: Archipelago Press, 2003.

LEV, Daniel. *The Transition to Guided Democracy: Indonesian Politics 1957-59*. Ítaca: Cornell University Press, 1966.

MCGREGOR, Katharine. *History in Uniform: Military Ideology and the Construction of Indonesia's Past*. Singapura: NUS Press, 2007.

OPPENHEIMER, Joshua. *The Act of Killing*. (2012). [Documentário].

_____, *The Look of Silence*. (2014). [Documentário].

PISANI, Elizabeth. *Indonesia etc.: Exploring the Improbable Nation*. Nova York: Norton, 2014.

RICKLEFS, M.C. *A History of Modern Indonesia*. Londres: Macmillan Education, 1981.

ROBINSON, Geoffrey. *The Dark Side of Paradise: Political Violence in Bali*. Ítaca: Cornell University Press, 1995.

_____, *If You Leave Us Here, We Will Die: How Genocide Was Stopped in East Timor*. Princeton: Princeton University Press, 2010.

_____, *The Killing Season: A History of the Indonesian Massacres, 1965-66*. Princeton: Princeton University Press, 2018.

ROOSA, John. *Pretext for Mass Murder: The September 30th Movement and Suharto's Coup d'Etat in Indonesia*. Madison: University of Wisconsin Press, 2006.

SIDEL, J. *Riots, Pogroms, Jihad: Religious Violence in Indonesia*. Ítaca: Cornell University Press, 2006.

SIMPSON, Bradley. *Economists with Guns: Authoritarian Development and U.S.-Indonesian Relations, 1960-1968*. Stanford: Stanford University Press, 2008.

CAPÍTULO 6: RECONSTRUINDO A ALEMANHA

BASCOMB, Neal. *Hunting Eichmann*. Boston: Mariner, 2010.

BECKER, Jillian. *Hitler's Children: The Story of the Baader-Meinhof Terrorist Gang*. 3. ed. Londres: Pickwick, 1989.

CRAIG, Gordon. *The Germans*. Nova York: Putnam, 1982.

FREI, Norbert. *1968: Jugendrevolte und Globaler Protest*. Munique: Deutscher Taschenbuch Verlag, 2008.

HERBERT, Ulrich (org.). *Wandlungsprozesse in Westdeutschland*. Gottingen: Wallstein, 2002.

HERBERT, Ulrich. *Geschichte Deutschlands im 20. Jahrhundert*. Munique: C.H. Beck, 2014.

HUGHES, Michael. *Shouldering the Burden of Defeat: West Germany and the Reconstruction of Social Justice*. Chapel Hill: University of North Carolina Press, 1999.

MERSEBURGER, Peter. *Willy Brandt 1913-1992: Visionar und Realist*. Stuttgart: Deutsche Verlags, 2002.

NOACK, Hans-Joachim. *Willy Brandt: Ein Leben, ein Jahrhundert*. Berlim: Rowohlt, 2013.

RODDER, Andreas. *Die Bundesrepublik Deutschland 1969-1990*. Munique: Oldenbourg, 2004.

SCHILDT, Axel. *Die Sozialgeschichte der Bundesrepublik Deutschland bis 1989/90*. Munique: Oldenbourg, 2007.

SCHISSLER, Hanna. (org.) *The Miracle Years*. Princeton: Princeton University Press, 2001.

SCHOLLGEN, Gregor. *Willy Brandt: Die Biographie*. Berlim: Propylaen, 2001.

SHEFFER, Edith. *Burned Bridge: How East and West Germans Made the Iron Curtain*. Oxford: Oxford University Press, 2011.

STOLTZFUS, Nathan e FRIEDLANDER, Henry (orgs.) *Nazi Crimes and the Law*. Cambridge: Cambridge University Press, 2008.

WACHSMANN, Nikolaus. *KL: A History of the Nazi Concentration Camps*. Nova York: Farrar, Straus and Giroux, 2015.

WEHLER, Hans-Ulrich. *Deutsche Gesellschaftsgeschichte: Bundesrepublik und DDR 1949-1990.* , v. 5. Munique: C.H. Beck, 2008.

WELZER, Harald, MOLLER, Sabine e TSCHUGGNALL, Karoline. *Opa war kein Nazi: Nationalsozialismus und Holocaust im Familiengedachtnis*. Frankfurt: Fischer, 2002.

WOJAK, Irmtrud. *Fritz Bauer 1903-1968*. Munique: C.H. Beck, 2011.

YURCHAK, Alexei. *Everything Was Forever, Until It Was No More: The Last Soviet Generation*. Princeton: Princeton University Press, 2006.

Capítulo 7: Austrália: quem somos nós?

BRUNE, Peter. *A Bastard of a Place: The Australians in Papua*. Crows Nest: Allen & Unwin, 2003.

BURKE, Anthony. *Fear of Security: Australia's Invasion Anxiety*. Cambridge: Cambridge University Press, 2001.

CURRAN, James e WARD, Stuart. *The Unknown Nation: Australia after Empire*. Carlton South: Melbourne University Press, 2010.

EDWARDS, Peter. *Crises and Commitments: The Politics and Diplomacy of Australia's Involvement in Southeast Asian Conflicts 1948-1965*. North Sydney: Allen & Unwin, 1992.

LAKE, Marilyn. "British world or new world?" *History Australia* 10, n. 3, pp. 36-50, 2013.

MACINTYRE, Stuart. *A Concise History of Australia*. 4. ed. Port Melbourne: Cambridge University Press, 2016.

MEANEY, Neville. "The end of 'white Australia' and Australia's changing perceptions of Asia, 1945-1990". *Australian Journal of International Affairs* 49, n. 2, pp. 171-189, 1995.

MEANEY, Neville. "Britishness and Australia: Some reflections". *Journal of Imperial and Commonwealth History* 31, n. 2, pp. 121-135, 2003.

PEEL, Mark e TWOMEY, Christina. *A History of Australia*. Houndmills: Palgrave Macmillan, 2011.

SCHREUDER, Deryck e WARD, Stuart (orgs.). *Australia's Empire*. Oxford: Oxford University Press, 2008.

TAVAN, Gwenda. "The dismantling of the White Australia policy: Elite conspiracy or will of the Australian people?" *Australian Journal of Political Science* 39, n. 1, pp. 109-125, 2004.

WALKER, David. *Anxious Nation: Australia and the Rise of Asia 1850-1939*. St. Lucia: University of Queensland Press, 1999.

WARD, Stuart. *Australia and the British Embrace: The Demise of the Imperial Ideal*. Carlton South: Melbourne University Press, 2001.

WELSH, Frank. *Australia: A New History of the Great Southern Land*. Nova York: Overlook, 2004.

CAPÍTULO 8: O QUE VEM PELA FRENTE PARA O JAPÃO?

BEASLEY, W.G. *The Japanese Experience: A Short History of Japan*. Berkeley: University of California Press, 1999.

BURUMA, Ian. *The Wages of Guilt: Memories of War in Germany and Japan*. Nova York: Farrar, Straus and Giroux, 1994.

DOWER, John. *Embracing Defeat: Japan in the Wake of World War Two*. Nova York: Norton, 1999.

HOTTA, Eri. *Japan 1941: Countdown to Infamy*. Nova York: Knopf, 2013.

McKinsey Global Institute. *The Future of Japan: Reigniting Productivity and Growth*. Tóquio: McKinsey, 2015.

PILLING, David. *Bending Adversity: Japan and the Art of Survival*. Londres: Penguin, 2014.

ROSENBLUGH, Frances McCall (org.). *The Political Economy of Japan's Low Fertility*. Stanford: Stanford University Press, 2007.

STEINMO, Sven. *The Evolution of Modern States: Sweden, Japan, and the United States*. Cambridge: Cambridge University Press, 2010.

TSUIA, N.O. e BUMPASS, L.S. (orgs.). *Marriage, Work, and Family Life in Comparative Perspective: Japan, South Korea, and the United States*. Honolulu: University of Hawaii Press, 2004.

YEW, Lee Kuan. *From Third World to First: The Singapore Story: 1964-2000*. Nova York: HarperCollins, 2000.

CAPÍTULOS 9 E 10: O QUE VEM PELA FRENTE PARA OS ESTADOS UNIDOS?

BARTELS, Larry. *Unequal Democracy: The Political Economy of the New Gilded Age*. 2. ed. Princeton: Princeton University Press, 2016.

BERMAN, Ari. *The Modern Struggle for Voting Rights in America*. Nova York: Farrar, Straus and Giroux, 2015.

CALIFANO JR., Joseph. *Our Damaged Democracy: We the People Must Act*. Nova York: Touchstone, 2018.

FLANNERY, Tim. *The Eternal Frontier: An Ecological History of North America and Its Peoples*. Melbourne: Text, 2001.

FRIEDMAN, Howard. *The Measure of a Nation: How to Regain America's Competitive Edge and Boost Our Global Standing*. Nova York: Prometheus, 2012.

GORE, Al. *The Assault on Reason*. Nova York: Penguin, 2017.

HILL, Steven. *Fixing Elections: The Failure of America's Winner Take All Politics*. Nova York: Routledge, 2002.

KAPLAN, Robert. *Earning the Rockies: How Geography Shapes America's Role in the World*. Nova York: Random House, 2017.

LEPORE, Jill. *These Truths: A History of the United States*. Nova York: Norton, 2018.

LEVITSKY, Steven e ZIBLATT, Daniel. *How Democracies Die: What History Reveals about Our Future*. Nova York: Crown, 2018.

MANN, Thomas e ORNSTEIN, Norman. *It's Even Worse than It Looks: How the American Constitution System Collided with the New Politics of Extremists*. Nova York: Basic Books, 2012.

MATTHEWS, Chris. *Tip and the Gipper: When Politics Worked*. Nova York: Simon & Schuster, 2013.

MOUNK, Yascha. *The People vs. Democracy: Why Our Freedom Is in Danger and How to Save It*. Cambridge: Harvard University Press, 2018.

PUTNAM, Robert. *Bowling Alone: The Collapse and Revival of American Community*. Nova York: Simon & Schuster, 2000.

STIGLITZ, Joseph. *The Price of Inequality: How Today's Divided Society Endangers Our Future*. Nova York: Norton, 2012.

TURKLE, Sherry. *Reclaiming Conversation: The Power of Talk in a Digital Age*. Nova York: Penguin, 2015.

CAPÍTULO 11: O QUE VEM PELA FRENTE PARA O MUNDO?

BARRETT, Scott. *Environment and Statecraft: The Strategy of Environmental Treaty-making*. Oxford: Oxford University Press, 2005.

_____, *Why Cooperate? The Incentive to Supply Global Public Goods*. Oxford: Oxford University Press, 2007.

BOSTROM, Nick e CIRKOVIC, Milan (orgs.). *Global Catastrophic Risks*. Oxford: Oxford University Press, 2011.

DIAMOND, Jared. *Colapso: como as sociedades escolhem o fracasso ou o sucesso*. Rio de Janeiro: Record, 2007.

FLANNERY, Tim. *Atmosphere of Hope: Searching for Solutions to the Climate Crisis*. Nova York: Atlantic Monthly Press, 2015.

HAMILTON, Clive. *Earthmasters: The Dawn of the Age of Climate Engineering*. New Haven: Yale University Press, 2013.

KLARE, Michael T. *The Race for What's Left: The Global Scramble for the World's Last Resources*. Nova York: Metropolitan Books, 2012.

PEARCE, Fred. *Confessions of an Eco-sinner: Tracking Down the Sources of My Stuff*. Boston: Beacon Press, 2008.

PERRY, William. *My Journey at the Nuclear Brink*. Stanford: Stanford University Press, 2015.

SMITH, Laurence. *The World in 2050: Four Forces Facing Civilization's Northern Future*. Nova York: Dutton Penguin Group, 2010.

WILKINSON, Richard e PICKETT, Kate. *The Spirit Level: Why More Equal Societies Almost Always Do Better*. Londres: Allen Lane, 2009.

Epílogo: Lições, perguntas e perspectivas

CARLYLE, Thomas. *On Heroes, Hero-Worship, and the Hero in History*. Londres: James Fraser, 1841.

DIAMOND, Jared e ROBINSON, James (orgs.). *Natural Experiments of History*. Cambridge: Harvard University Press, 2010.

HOFSTEDE, Geert. *Culture's Consequences: International Differences in Work-Related Values*. Beverly Hills: Sage, 1980.

_____, HOFSTEDE, Gert Jan e MINKOV, Michael. *Cultures and Organizations: Software of the Mind*. Nova York: McGraw Hill, 2010.

INGLEHART, Ronald. *Modernization and Postmodernization: Cultural, Economic, and Political Change in 43 Societies*. Princeton: Princeton University Press, 1997.

JONES, Benjamin e OLKEN, Benjamin. "Do leaders matter? National leadership and growth since World War II". *Quarterly Journal of Economics* 120, n. 3, pp. 835-864, 2005.

_____, "Hit or miss? The effect of assassinations on institutions and war". *American Economic Journal: Macroeconomics*, n. 1/2, pp. 55-87, 2009.

MINKOV, Michael. *What Makes Us Different and Similar: A New Interpretation of the World Values Survey and Other Cross-Cultural Data*. Sófia: Klasika I Stil, 2007.

TUCÍDIDES. *The Peloponnesian War*. Trad. de Steven Lattimore. Hackett, 1988.

TOLSTOI, Leon. *Guerra e paz*. Curitiba: Paulus, 2017.

Sobre o autor

O interesse de Jared Diamond por história e geografia deriva de ter nascido em 1937 e, portanto, crescido durante a Segunda Guerra Mundial, com mapas que mudavam todos os dias pendurados por seu pai na parede de seu quarto, retratando as dinâmicas linhas de batalha nos teatros de guerra na Europa e no Pacífico. Seus primeiros vinte e um anos de vida são resumidos na primeira parte do capítulo 1 deste livro. Quatro anos passados na Europa como estudante universitário (de 1958 a 1962) reforçaram para Jared a importância da geografia. Seus amigos britânicos, alemães, iugoslavos e finlandeses, todos nascidos, como ele, por volta de 1937, tiveram vidas muito diferentes da sua e umas das outras, como resultado acidental da localização geográfica de seus locais de nascimento.

O treinamento universitário de Jared o preparou para uma carreira de pesquisa e ensino em fisiologia laboratorial, que ele exerceu na Faculdade de Medicina da Universidade da Califórnia, em Los Angeles (UCLA). Mas seu interesse por outros assuntos o levou a iniciar uma segunda carreira paralela em ecologia e evolução de pássaros na Nova Guiné, onde liderou 31 expedições. Entre os ornitólogos, Jared é conhecido especialmente por sua redescoberta, em um cume das não habitadas montanhas Foja, até onde foi levado de helicóptero, o há muito perdido jardineiro-de-fronte-dourada da Nova Guiné, anteriormente conhecido somente em função de quatro espécimes surgidos em uma chapelaria de Paris em 1895. Nova Guiné e seu maravilhoso povo foram uma grande influência na vida de Jared.

477

O nascimento dos filhos gêmeos de Jared fez com que ele percebesse que seus futuros não dependeriam da fisiologia da vesícula biliar ou dos pássaros da Nova Guiné, por mais fascinantes que fossem, mas da situação mundial. Assim, ele começou uma terceira carreira, escrevendo livros sobre história e geografia. Por causa de seus amplos interesses, um crítico escreveu: "Suspeita-se que 'Jared Diamond' é na verdade um pseudônimo usado por um comitê de especialistas."

Hoje, com mais de 80 anos, Jared ainda ensina geografia para alunos da UCLA, sem planos de se aposentar. Além de passar tempo com sua esposa Marie, seus filhos Max e Joshua e seus amigos, as principais atividades de Jared são caminhadas diárias para observação de pássaros em um cânion de Los Angeles, fazer musculação em uma academia várias vezes por semana, ter aulas de conversação em italiano uma vez por semana e tocar piano em grupos de música clássica de câmara.

Índice

Indonésia e, 185-186, 189-190

Coreia e, 237, 250, 307, 309-312, 317-318, 329, 421

casamentos, 302-303

era Meiji, 23-24, 29, 291

forças armadas e, 310

forças armadas no, 293, 317

Coreia do Norte e, 383

armas nucleares e, 382

reconciliação, 237, 249

revoltas estudantis, 228

vs. EUA, 321-324, 348-349, 367-368, 372-373, 377

na Segunda Guerra Mundial, 58, 67, 85, 100, 132, 138, 164, 217, 307, 311, 329, 380, 423-424, 442, 451

Ver também economia japonesa; fatores nos resultados

Japão Tokugawa

daimiô, 111, 1113, 115, 117-18

isolamento, 27, 130

Restauração Meiji e, 106, 113-118, 139, 316, 420-421

abertura, 27, 106. 111-113, 137, 239, 316, 319

aprendizado ocidental, 110, 115

Ver também Perry, Matthew

Jara, Victor, 157, 171

Java (Indonésia), 182-183, 185-187, 275

Johnson, Samuel, 445

Joko Widodo, 205

Jones, Benjamin, 446-447, 450, 452

judeus, 85, 224-227, 245

julgamentos de Nuremberg, 222-223

K

Kaczynski, Theodore, 409

Kalevala (poema épico finlandês), 68, 99, 103

Keating, Paul, 272

Kekkonen, Urho, 89-90, 93, 96-97, 102, 427, 448

Kennedy, John F., 381, 382-383

Kiesinger, Kurt, 231

Kim Jong-Un, 382

Kissinger, Henry, 162

Klarsfeld, Beate, 231

Kohl, Helmut, 237, 243, 247

Kruchev, Nikita, 76, 90, 150, 382-383

Kuusinen, Otto Wilhelm, 76, 81

Kuwait, 324

L

Lagos, Ricardo, 165

Laos, 212, 277

Laple, 86

Lappalainen, Klara, 65-66

latinos, EUA, 357

Lee Kuan Yew, 310, 317

Lei de Imigração na Comunidade das Nações (1962), 280

Lei de Migração (1958, Austrália), 282

Leigh, Gustavo, 160

Lenin, Vladimir, 449

Leningrado (São Petersburgo, Rússia), 73, 85, 90

Letelier, Orlando, 158

Letônia, 66, 74, 100, 240, 276, 277

Levi, Primo, 53

Líbano, 414

líderes, 19, 31, 54, 419, 443, 458

pela Finlândia, 97-98, 422
pela Alemanha, 243-245, 423-424
por indivíduos, 45-47, 54-55, 56-57, 422
pelo Japão Meiji, 422
pelo Japão moderno, 245, 309-312, 318, 423-424
pelas nações, 54-55, 57, 422-424
pelos EUA, 374, 377
restrições geopolíticas (fator 12), 19, 413, 439-442, 453, 457
Austrália, 263, 285-286
Chile, 144-145, 173-174
Finlândia, 68, 96, 101-102, 138, 141, 425
Alemanha, 101-102, 138, 217, 240-243, 245-246, 247-248
Islândia, 436
indivíduos, 46-47, 54, 439
indivíduos *vs.* nações, 57, 58-59
Indonésia, 182, 209
Japão, 103, 138-139, 141, 294-295, 317-318
EUA, 372, 377
revolta comunista (Indonésia; 1965), 180, 187, 193-200, 203-205, 212-213
revoltas estudantis (1968), 227-235, 239, 248-251
Revolução Industrial, 389, 394
Revolução Russa (1917), 72
Richardson, Charles, 117
Rigby, David, 16
Rodney King, tumultos (1992, EUA), 364-365
Roesler, Hermann, 137
Rojas, Rodrigo, 162-163, 171, 177
Roma antiga, 16, 24

Romênia, 89
Roosevelt, Eleanor, 49
Roosevelt, Franklin D., 80, 185, 449-450
Roosevelt, Theodore, 373
Ruanda, 72, 173, 457
Rudd, Kevin, 258
Rússia pós-soviética, 247, 329
  Finlândia e, 440, 442
  armas nucleares e, 380, 382, 384-385
  EUA e, 322, 385-386
Rússia pré-soviética
  Finlândia e, 62-63, 68, 71, 93, 97, 99, 138, 141, 287, 456
  Alemanha e, 241-242, 245
  Japão e, 113-115, 131-133, 134, 433
  Ver também União Soviética

S

Saarinen, Eero, 71
San Marino, 324
Sawhill, Isabel, 363
Schmidt, Helmut, 237, 247
Segunda Guerra Mundial, 416, 443
  bombas atômicas, 67, 132, 138, 307, 311, 380, 424
  Austrália e, 26, 29, 132-133, 255, 270-274, 285, 287, 441
  Grã-Bretanha e, 59, 74, 75, 99, 107, 131, 246, 331, 429, 433
  China e, 67, 132, 237, 329
  Guerra Fria e, 150-151
  educação em relação à, 228, 312, 318
  fatores nos resultados, 53, 57-58, 377, 428
  Finlândia e, 65-66, 99, 433
  France e, 73, 329, 342, 442

Three Miland Island, acidente com o reator de, 400
Tien, Madam (Ibn Tien, esposa de Suharto), 202
Timor Leste, 203, 202-206, 277
Timor, 182, 276
Timor-Leste, 206
Tolstoi, Leo, 445
tortura
    no Chile, 144, 157-160, 162, 165, 169-171, 175, 177
    na Indonésia, 180, 198, 208
    no Japão, 12
    tradições inventadas, 121, 136
Tratado de Versalhes, 133, 244-245, 423
Truman, Harry, 446
Trump, Donald, 25
Tucídides, 21, 456, 458

U
Ucrânia, 237, 381, 457
União Europeia (UE), 166, 371, 415-416, 443
    Grã-Bretanha e, 14, 16, 25, 416
    economia, 314, 407, 415
    Alemanha e, 216-217
União Soviética (URSS), 443, 449, 454
    na Guerra Fria, 151, 220
    crise dos mísseis cubanos e, 382-383
    queda, 150, 164
    Finlândia e, 26, 63-103, 420, 422, 425-428, 432, 434, 438, 448
    Alemanha e, 73-74, 84, 215-218, 220, 223, 236-238, 241, 243-245, 246, 250, 431
    Japão e, 310, 456

forças armadas, 75-76, 82-83
armas nucleares e, 380-381, 384-385
na Segunda Guerra Mundial, 67, 73-75, 132, 245, 331, 433
Ver também Rússia
Unidade Popular, coalizão (Chile), 149, 157
Uruguai, 158, 456
Utzon, Jorn, 283

V
valores essenciais (fator 11), 413, 438-439, 457-458
    Austrália, 284, 287-288
    Chile, 174
    Finlândia, 97, 100, 141
    indivíduos, 46-47, 53, 56, 59, 438
    indivíduos *vs.* nações, 57
    Indonésia, 174, 208-209
    Japão Meiji, 119, 128, 137, 141
    Japão moderno, 318-319
    EUA, 373-374
Ver também Indonésia
Ver também países individuais
Victoria (Austrália), 263-264
Vietnã, 212, 237, 276-277, 282, 329, 391
Viipuri (Finlândia), 66, 82
Vitória, rainha (Grã-Bretanha), 265
von Ribbentrop, Joachim, 222
vulcão Cracatoa (Indonésia), 181

W
Wallace, George, 373
Wallace, Henry, 373
Weber, Max, 446

Este livro foi composto na tipografia Minion
Pro, em corpo 11/16, e impresso em
papel off-white no Sistema Cameron da
Divisão Gráfica da Distribuidora Record.